Neues Jahrbuch für das Bistum Mainz
Basilica nova Moguntina

BASILICA NOVA MOGUNTINA

1000 Jahre Willigis-Dom St. Martin in Mainz

Beiträge zum Domjubiläum 2009
herausgegeben von
Felicitas Janson und Barbara Nichtweiß

Mit Vorträgen zum Mainzer Dom von
Luzie Bratner, Franz J. Felten, Ernst-Dieter Hehl, Verena Kessel,
Clemens Kosch, Hans-Jürgen Kotzur, Karl Kardinal Lehmann,
Ursula Mende, Stefan Weinfurter und Dethard von Winterfeld

Publikationen Bistum Mainz

Mainz 2010

Neues Jahrbuch für das Bistum Mainz
Beiträge zur Zeit- und Kulturgeschichte der Diözese
Doppelband 2009/2010
herausgegeben von Barbara Nichtweiß

Umschlagmotiv:

Der hl. Martin, Patron des Mainzer Domes und des Bistums Mainz,
hält in der rechten Hand ein Modell des Domes,
in der linken ein Buch mit der Inschrift:
„Friede diesem Haus und allen, die darin wohnen" (siehe Abb. S. 6).
Detail aus dem Tympanon des romanischen Portals (Anfang 13. Jh.)
in der Memorie des Mainzer Domes; es handelt sich um die älteste,
wenngleich stark schematisierte Darstellung
der Mainzer Bischofskirche. Foto Nichtweiß

Bibliografische Information der Deutschen Bibliothek
Die Deutsche Bibliothek verzeichnet diese Publikation
in der Deutschen Nationalbibliografie;
detaillierte Daten sind im Internet abrufbar unter:
<http://dnb.ddb.de>

ISSN 1432-3389
ISBN 978-3-934450-43-1

© Publikationen Bistum Mainz 2010

in Zusammenarbeit mit dem

Alle Rechte, insbesondere das der Übersetzung in fremde Sprachen, vorbehalten.
Ohne ausdrückliche Genehmigung von Verlag und Bischöflichem Ordinariat Mainz
ist es auch nicht gestattet, dieses Buch oder Teile daraus auf fotomechanischem
oder elektronischem Wege zu vervielfältigen oder zu publizieren.

Bildbearbeitung, Layout, Satz und Umschlag:
Barbara Nichtweiß

Druck: Zeidler, Mainz-Kastel

Inhalt

Felicitas Janson, Barbara Nichtweiß
Vorwort 7

Karl Kardinal Lehmann
Warum Domjubiläum? 9

Domvorträge im Jubiläumsjahr

Stefan Weinfurter
Kollegen des Königs
Die Bischöfe im Reich in der Zeit des Erzbischofs Willigis von Mainz 23

Ernst-Dieter Hehl
Ein Dom für König, Reich und Kirche
Der Dombau des Willigis und die Mainzer Bautätigkeit im 10. Jahrhundert 45

Ursula Mende
„Was das Feuer nahm, das Erz hat es wiedergegeben"
Das Bronzeportal am Dom zu Mainz 79

Dethard von Winterfeld
Willigis und die Folgen
Bemerkungen zur Baugeschichte des Mainzer Domes 105

Clemens Kosch
Zur sakralen Binnentopographie des Mainzer Domes im Hochmittelalter 137

Hans-Jürgen Kotzur
Trennend – Verbindend – Raumprägend
Die Lettner und Chorschranken des Mainzer Domes und ihre Wirkung
auf die Raumbilder im Wandel der Zeit 159

Franz J. Felten
Das Domkapitel – Geistliche Gemeinschaft und politischer Entscheidungsträger? 199

Verena Kessel
Zur Memorialfunktion der erzbischöflichen Grabdenkmäler im Dom zu Mainz ... 231

Luzie Bratner
**Bestattungs- und Gedächtniskultur im Spiegel der Grabdenkmäler
des 17. und 18. Jahrhunderts im Mainzer Dom** 245

Inhalt

Dokumentation

Karl Kardinal Lehmann
Wo wohnt Gott?
Predigt zur Eröffnung des Jubiläumsjahres am 1. Februar 2009 271

Bundespräsident Horst Köhler
Hier ist Geschichte greifbar
Grußwort zum Domjubiläum am 11. Oktober 2009 im Mainzer Dom 277

Papst Benedikt XVI.
Wir sind selbst lebendige Steine
Grußwort zum Abschluss des Jubiläumsjahres am 15. November 2009 280

Karl Kardinal Lehmann
„Gottes Tempel ist heilig – und das seid ihr"
Predigt zum Abschluss des Jubiläumsjahres am 15. November 2009 282

Der hl. Martinus im Kreis der Mainzer Heiligen: Fürbitten 286

Karl Kardinal Lehmann
Dank
Ansprache zum Abschluss des Jublilämsjahres am 15. November 2009 288

Auswahlbibliographie zum Mainzer Dom 295
Nachweis der Abbildungen 299
Autorinnen und Autoren 301

Der hl. Martin im romanischen Portal der Dom-Memorie (siehe S. 4)

Vorwort

„Basilica nova" wird der Mainzer Dom in den „Quedlinburger Annalen" genannt; es ist die älteste Quelle, die von ihm berichtet. Diese Bezeichnung „neue Basilika" klingt tausend Jahre später ungewohnt. Sie erinnert daran, dass auch der altehrwürdige Mainzer Dom einmal neu gewesen ist, ja geradezu „brandneu", wenn dieses Wortspiel erlaubt ist: Denn am Datum seiner Weihe, dem 29./30. August 1009, ging diese von Erzbischof Willigis erbaute „neue Basilika" zu Mainz schon wieder in Flammen auf. Werden und Vergehen, Vergänglichkeit und doch auch wieder Dauer sind also von Anfang an eng und unauflöslich in der Geschichte der Mainzer Bischofskirche miteinander verwoben.

Das Jubiläumsjahr der 1000-jährigen Wiederkehr dieses denkwürdigen ersten Weihetermins der neuen Bischofskathedrale entfaltete ein großes Spektrum an Gottesdiensten und Feierlichkeiten, Veranstaltungen aller Art sowie medialen Großereignissen in und um den Mainzer Dom, das weit über Stadt und Region hinaus die Aufmerksamkeit unzähliger Menschen erweckte. Inmitten dieser Vielfalt bot die katholische Akademie des Bistums Mainz „Erbacher Hof" eine Vortragsreihe an, in der Experten aus unterschiedlichen Fachgebieten Anfang und Weiterentwicklung des Domes genauer in den Blick nahmen. Diese neun Vorträge, die zwischen Mai und November 2009 im Mainzer Dom selbst und im Erbacher Hof gehalten wurden, fanden große Resonanz. In ausgearbeiteter Form werden sie hiermit in der Reihe des „Neuen Jahrbuchs für das Bistum Mainz" veröffentlicht.

Die Beiträge bieten einen aktuellen Forschungsüberblick zu verschiedenen historischen, liturgiegeschichtlichen und kunsthistorischen Fragen. Dabei wird weit über die Epoche des Willigisdomes hinaus auf die späteren Entwicklungen des Dombaus eingegangen. Das Anliegen der Akademie, den Dom in seiner Komplexität zu erschließen, hat nicht nur Experten und Interessierte zusammengeführt, sondern auch unter den Fachkollegen zu einem fruchtbaren wissenschaftlichen Austausch geführt.

Deshalb gilt unser herzlicher Dank zunächst den Vortragenden für Bereitschaft, persönliches Engagement sowie Ausarbeitung ihrer Texte für die Drucklegung: Den Historikern Prof. Dr. Stefan *Weinfurter*, Prof. Dr. Ernst-Dieter *Hehl* und Prof. Dr. Franz Josef *Felten* gelingt es einerseits, den Mainzer Dombau vor 1000 Jahren in das damalige Panorama des christlichen Glaubens und kirchenpolitischen Lebens einzuzeichnen, andererseits den Blick auf spezielle Gegebenheiten, Interessenlagen und Entwicklungen in Mainz zu fokussieren. In den Brennpunkt der Aufmerksamkeit gerät dabei das monumentale Bronzeportal, das Erzbischof Willigis seiner „neuen Basilika" stiftete und das als einziges originales Bauelement die Zeiten weitgehend unbeschadet überstanden hat: Dr. Ursula *Mende* erschließt es in einer wesentlich vertieften Perspektive mit überraschenden Einsichten. Die Rekonstruktion der weiteren Baugeschichte des mittelalterlichen Domes sowohl im Äußeren wie im Inneren erfordert, gerade weil relativ wenige Bauzusammenhänge ungestört überdauert haben, eine geradezu detektivische Detailgenauigkeit, gepaart mit dem Mut tiefer Kenntnis, die Puzzleteile zu größeren Bildern wieder anschaulich zusammenzusetzen. Dies wird in den Beiträgen von Prof. Dr. Dethard *von Winterfeld*, Dr. Hans-Jürgen *Kotzur* und Dr. Clemens *Kosch* beispielhaft demonstriert und anhand von neu gefertigten Plänen, Zeichnungen und Modellen illustriert. Auch die außerordentlichen Leistungen der mittelalterlichen Bauhütten und der Handwerkskunst finden ihre Würdigung. Insbesondere die Beachtung von Funktion und Nutzung der verschiedenen Räume und Bauelemente im konkreten kirchlichen Leben früherer Epochen erleichtert und vertieft unser heutiges Verständnis. Dies gilt auch für die reiche Ausstattung des Mainzer Domes mit Grabdenkmälern über acht Jahrhunderte hinweg, eine der Besonderheiten der Mainzer Bischofskirche: Die beiden Kunsthistorikerinnen Dr. Luzie *Bratner* sowie Dr. habil. Verena *Kessel* erschließen uns diese Grabdenkmäler bzw. ganze Ensembles von Gedächtnis-Stiftungen vor dem Hintergrund des Glaubens und Selbstverständnisses ihrer Stifter.

Der Bischof von Mainz, Karl Kardinal Lehmann, hat zusammen mit Domdekan Heinz Heckwolf und dem Domkapitel das ganze Jubiläumsjahr intensiv begleitet und immer wieder gemäß dem Leitwort des Jubiläums den spirituellen Brückenschlag vom Bauwerk des Domes zur Erbauung des lebendigen Volkes Gottes vollzogen: „Der Tempel Gottes ist heilig – und das seid ihr." (1 Kor 3,17) Zwei seiner Predigten sind im Dokumentationsteil dieses Bandes abgedruckt, zusammen mit den Fürbitten des Abschlussgottesdienstes am 15. November. Ein besonderes Glanzlicht dieses Tages stellte das Grußwort von Papst Benedikt XVI. dar, so wie bereits am 11. Oktober der Besuch und das Grußwort von Bundespräsident Horst Köhler im Rahmen einer feierlichen Pontifikalvesper eine besondere Ehre bedeutet hatten. Auch diese Texte sind im Dokumentationsteil abgedruckt, zusammen mit einem rückblickenden Dank des Kardinals, einigen Bildern vom Jubiläumsjahr und weiterführenden Publikationshinweisen, die allerdings nur pars pro toto die überreiche Veranstaltungsfülle des Domjubiläums zu würdigen vermögen.

Wir danken allen sehr herzlich, die in verschiedenen Phasen seiner Entstehung zum weiten Panorama dieses „Neuen Jahrbuchs" beigetragen haben, nicht zuletzt jenen Personen und Institutionen, die die reiche Bebilderung des Buches ermöglicht haben (vgl. dazu die Abbildungsnachweise) und, wie vor allem Frau Gabriela Hart, bei der Gesamtredaktion sowie bei der Klärung von Einzelfragen sehr behilflich waren.

Mainz, zu Pfingsten 2010

Dr. Felicitas Janson
Akademie „Erbacher Hof"

Dr. Barbara Nichtweiß
Publikationen Bistum Mainz

Warum Domjubiläum?

Karl Kardinal Lehmann

Zur Feier unseres 1000-jährigen Willigis-Domjubiläums muss man sich Rechenschaft geben, warum wir dies tun.[1] Dies gilt zunächst einmal in historischer Hinsicht, zumal die Quellenlage in so früher Zeit etwas schwieriger ist. Zugleich soll auch ein wenig die Geschichte des Doms in späteren Jahrhunderten weiterverfolgt werden. Der Mainzer Dom hat durch seine geschichtliche Bedeutung und seine Stellung in Staat und Stadt einen hohen Stellenwert auch für das bürgerliche und städtische Leben. Doch wir wollen gerade als Kirche den Dom nicht nur als ein historisches Monument und städtisch-kulturelles Wahrzeichen feiern, sondern auch die innere Achse betrachten, die durch die 1000 Jahre hindurch diesem Gebäude seine letzte Sinn- und Zielbestimmung gibt, nämlich der Gottesdienst und darin Gottes Lob und Preis. Im Übrigen muss jede Generation sich das Wissen um Ursprung, Geschichte und Bedeutung des Domes wieder selbst aneignen. Dazu dienen in besonderer Weise auch die Jubiläen, die an entscheidende Daten anknüpfen. Viele neue Erkenntnisse bereichern uns.

Pressekonferenz in der Memorie des Mainzer Domes zur Vorstellung der Planungen des Jubiläumsjahres zusammen mit den Medienpartnern

---

[1] Es handelt sich um eine durchgesehene Fassung des Textes zur Pressekonferenz anlässlich der Ankündigung des 1000-jährigen Jubiläums des Willigis-Domes am 1. Dezember 2008 bzw. dessen erweiterter Publikation in: RU (Religionsunterricht) heute, Heft 1–2/2009, S. 4–11. Der Redestil des Textes wurde beibehalten.

Karl Kardinal Lehmann

Der Jubilar über den Dächern von Mainz

I.

Zu Beginn ist es gut, einen Gesamtüberblick zu geben über die Entwicklung des Willigis-Domes im Zusammenhang der Geschichte des Erzbistums Mainz.

Unübersehbar erhebt sich inmitten der Mainzer Altstadt der Bau des Mainzer Doms St. Martin mit seinen sechs Türmen. Er ist ein Wahrzeichen für die Stadt und die ganze Region, ebenso ein lebendiges Denkmal für die Kraft des Glaubens in einer mehr als tausendjährigen Geschichte. Mainz war der erste und vornehmste Bischofssitz im Heiligen Römischen Reich, und seine Kathedrale zählt zu den Höhepunkten romanischer Baukunst.

Die Mainzer Erzbischöfe nahmen seit dem Wirken des heiligen Bonifatius (gest. 754) im mittelalterlichen Reich eine außerordentliche Position ein. Neben der religiös-kirchenpolitischen Prägekraft hatte das 780/82 zum Erzbistum erhobene Mainz eine entscheidende Bedeutung in der Reichspolitik. Nicht zuletzt aufgrund der

Größe der Erzdiözese und des Mainzer Metropolitanverbandes – es war die größte Kirchenprovinz nördlich der Alpen – beanspruchten die Mainzer gegenüber den anderen Metropoliten im Reich eine besondere Vorrangstellung. Die Beziehungen zum Königtum waren eng und vertrauensvoll. So bekleideten die Erzbischöfe bedeutende Ämter und Funktionen im Reich, z.B. das Erzkanzleramt, und seit der Goldenen Bulle von 1356 die herausgehobene Stellung des ranghöchsten Kurfürsten mit Vorsitz und entscheidender Stimme bei der Königswahl.

Einen Höhepunkt der weltlich-politischen Stellung stellt die lange Regierungszeit von Erzbischof Willigis (975–1011) dar. Die Verleihung des Pallium durch Papst Benedikt VII. im Jahr 975 wurde verbunden mit dem Privileg, dass der Mainzer Erzbischof bei kirchlichen Handlungen nördlich der Alpen stets den Papst vertrat. Für Willigis wurde dies ein wichtiger Anstoß zu einem repräsentativen Neubau der Mainzer Kathedrale nach dem Vorbild der konstantinischen Peterskirche in Rom. Ob dies schon 975 oder erst gegen die Jahrtausendwende hin geschah, ist umstritten.

Für Ende August 1009 war die Weihe des neuen Doms festgesetzt. Darum feiert das Bistum Mainz im Jahr 2009 das 1000-jährige Jubiläum des sogenannten Willigis-Domes, der allerdings schon am Tag der Weihe (*ipso die consecrationis suae*[2]) einem Brand zum Opfer gefallen ist. Überdauert haben die beiden mächtigen Bronzetürflügel des heutigen Marktportals. Sofort begann man mit dem Wiederaufbau der Kathedrale; 1036 konnte der neue Bau durch Erzbischof Bardo geweiht werden.

Durch die Untersuchung der Fundamente gilt als einigermaßen gesichert, dass der Mainzer Dom schon damals im Wesentlichen seine heutige Größe erhalten hatte: eine dreischiffige Basilika, vermutlich mit Pfeilern anstelle von Säulen, einem weiter als heute ausladenden Querhaus im Westen und einer direkt anschließenden Westapsis des Hauptchores. Ein zweiter Chor befand sich im Osten, vermutlich einbezogen in einen schmalen, östlichen Querbau. Aus dieser Phase der Wiederherstellung nach 1009 sind bis heute die beiden Osttürme erhalten, das Fundament des Langhauses sowie die nördliche Giebelwand des Westquerhauses.

Der Dom wurde mehrfach zerstört durch Unwetter, Brände, Beschießungen und Bombardierungen. 1793 wurde der Dom so sehr beschädigt, dass er abgebrochen werden sollte. In den Jahren 1803 und 1804 gelang dem ersten Bischof der neu umschriebenen Diözese Mainz, Joseph Ludwig Colmar (1802–1818), der Elsässer war und besonders über die Kaiserin gute Beziehungen zu Napoleon hatte, die Rettung des Mainzer und Speyerer Domes. Er begann auch mit seiner Restaurierung, die Bischof Wilhelm Emmanuel von Ketteler (1850–1877) nochmals vorangetrieben hat. Im 20. Jahrhundert wurde der in seinen Fundamenten gefährdete Dom durch eine Unterfangung gerettet und der Westturm gesichert. Die Wiederherstellung des

---

2 Vgl. Johann Friedrich BÖHMER und Cornelius WILL (Hg.), Regesta Archiepiscoporum Maguntinensium. Regesten zur Geschichte der Mainzer Erzbischöfe Bd. 1: Von Bonifatius bis Arnold von Selenhofen 742?–1160. Innsbruck 1877, ND Aalen 1966, S. 141 Nr. 164.

Vorstellung des Jubiläumsprogramms mit Domdekan Heinz Heckwolf, Kardinal Lehmann und Generalvikar Dietmar Giebelmann

Äußeren und Inneren nach dem Dombrand durch den Fliegerangriff im Jahr 1942 wird zurzeit fortgesetzt durch eine gründliche Gesamtsanierung, die vermutlich noch zehn Jahre beanspruchen wird.

So ist der heutige Dom aus zahlreichen Veränderungen, bedingt durch Zerstörungen, Wiederaufbau oder Wandlungen des Stils hervorgegangen. Er ist umgeben von alten Plätzen und barocken Häusern, über die er eindrucksvoll aufragt. Der Kreuzgang, die Memorie und das große Domgewölbe, in denen heute das Dommuseum untergebracht ist, ergänzen das Ensemble der Kathedrale. Kunsthistorisch bedeutende Grab- und Denkmäler schmücken die Pfeiler des Langhauses; in den gotischen Seitenkapellen laden kostbare Plastiken zum Verweilen, Betrachten und zum Gebet ein.

Päpste und Kardinäle, Kaiser und Könige fanden sich im Dom zu Mainz ein, um Synoden abzuhalten, Hochzeiten zu feiern und Krönungen zu zelebrieren. Nicht weniger geprägt wurde und wird die Bischofskirche, die dem heiligen Martin, ein altes fränkisches Patrozinium, geweiht ist, von den unzähligen Menschen, die im Dom von Mainz über tausend Jahre ihre geistliche Heimat fanden, ihn mit ihren Gebeten und ihren Liedern erfüllten, in ihm als „lebendige Steine" das „geistige Haus" der Kirche aufbauten. Es geht nicht nur um eine altehrwürdige Vergangenheit, sondern um die lebendige Gegenwart des Glaubens in unserer Zeit. Darauf ist noch zurückzukommen.

II.

Wir wollen ein Problem noch etwas genauer erörtern. Wir haben für das Domjubiläum ein konkretes Datum: Am 29./30. August des Jahres 1009 ist der von Willigis erbaute Dom kurz vor oder nach der Weihe einem Brand zum Opfer gefallen. Das ist zwar eine negative Nachricht, aber sie sagt zugleich, dass der Dom in diesem Jahr wenigstens für kurze Zeit als fertiggestellt oder zumindest als gottesdienstlich nutzbar galt. Die damaligen Quellen sind verständlicherweise dürftig. Die Annalen von Quedlinburg stellen den neuen Dom dem vom Brand verschonten alten gegenüber: „Die neue Mainzer Basilika ist mit allen zusammenhängenden Gebäuden elend durch das Feuer verbrannt worden, nur die alte Kirche blieb."[3] Vom stolzen Bauwerk standen nur noch die Grundmauern und die Stümpfe der beiden Rundtürme des Ostwerks. Die Forschung vertritt mehrheitlich die Ansicht, Willigis habe seinen Dom auf einem seit langem unbebauten Gelände errichtet, das sumpfig gewesen sei, und zwar vor der heutigen Johanniskirche, bei deren Vorgängerbau es sich um den alten Dom handele. Der hochbetagte Erzbischof Willigis war jedoch nicht bereit, der Katastrophe den Sieg zu überlassen. Ungebrochen ordnete er den sofortigen Wiederaufbau an. So wird wiederum deutlich, warum wir vom Mainzer „Willigis-Dom" sprechen. Willigis starb freilich bald, nämlich am 23. Februar 1011, und wurde in dem von ihm gegründeten Stift St. Stephan begraben.

Bei den Daten um die Weihe von Kirchen und Klöstern stehen wir nicht nur wegen der lückenhaften historischen Dokumentation vor manchem Rätsel. Manchmal gibt es keine Jahresangaben, manchmal mehrere. Dies hängt auch damit zusammen, dass man lange Zeit an einem Großbau arbeitete; es gab Teilfertigungen; Katastrophen, darunter Unwetter, Brände und Blitzschläge, die manches in Asche legten – so gab es auch manchmal Weihen von Kirchen, die noch nicht fertig gestellt waren; manchmal wissen wir nur von Teilweihen, aber nicht immer von einer abschließenden Weihe des gesamten Gebäude-Komplexes.

In diesem Sinne muss man das Jubiläumsjahr 1009/2009 immer in einem größeren Kontext sehen, auch wenn es wie in unserer Situation ziemlich genau auf den 29./30. August 1009 bezogen werden kann. Dies wird gerade bei der Geschichte unseres Domes deutlich.

Früher galt es als ziemlich unumstößlich, Erzbischof Willigis habe sofort nach Amtsantritt im Jahr 975 den Bau des Domes begonnen. Er wollte offensichtlich mit diesem Neubau, der nach mancher Meinung aufgrund des Zustandes des alten Domes eigentlich gar nicht so notwendig war, einen ganz neuen Akzent setzen. Darüber soll später noch ein Wort gesagt werden. Aus diesem Grunde hat das Bistum im Jahr 1975 „1000 Jahre Mainzer Dom" gefeiert und dafür auch wichtige Studien gefördert. Das setzen wir voraus und schließen daran an.

---

3   Vgl. dazu auch unten S. 46–49 bzw. S. 49 Anm. 10.

In der Zwischenzeit ist die Forschung jedoch mit einem konkreten Datum wie 975 zurückhaltender geworden. So nennt man z.B. das Jahr 997/98 als Beginn des Neubaus oder man bleibt noch zurückhaltender und setzt den Beginn des Neubaus etwa „vor 1000" an, wobei allerdings dann die Bauzeit bis 1009 erstaunlich kurz wäre.

Wir haben schon darauf hingewiesen, dass die Nachfolger des Erzbischofs Willigis, der selber energisch den Neubau betrieb, den Wiederaufbau förderten. Erst Erzbischof Bardo (1031–51) stellte den Dom endgültig wieder her und weihte ihn im Jahr 1036. Ob der neue Dom zu dieser Zeit schon in Benutzung war oder ob man sich bis dahin mit dem alten Dom begnügte, ist im Einzelnen nicht bekannt. Ebenso wenig wissen wir Genaueres darüber, inwieweit Veränderungen an der Konzeption von Willigis vorgenommen worden sind. Jedenfalls trägt der erste Bau an der heutigen Stelle mit Recht auch den Namen „Willigis-Bardo-Dom".

Wenn wir das tausendjährige Jubiläum des Willigis-Domes im Blick auf das Jahr 1009 feiern, dann sollte man also immer diesen Dreiklang vor Augen haben: 975 bzw. „vor 1000" Beginn des Neubaus, Vollendung und Brand 1009, Wiederaufbau und feierliche Weihe 1036. Man muss unser eigenes Jubiläum also immer wieder, wie auch noch von inhaltlicher Seite aus zu zeigen sein wird, in diesen zeitlichen Gesamtzusammenhang hineinstellen.

Bei der Bedeutung, die Erzbischof Willigis für Mainz hat, kann man auch nicht an den Lebensdaten von Erzbischof Willigis (um 940 geboren) vorbeigehen. Er ist nämlich, wie schon gesagt, bald nach der Vollendung des mit ihm

Der hl. Willigis. Federzeichnung in einer historisch-hagiographischen Handschrift aus Metz (um 1154/57); die namentliche Bezeichnung wurde allerdings erst im 17. Jahrhundert hinzugefügt.
Bayerische Staatsbibliothek München, Clm 28565 fol. 7v (Ausschnitt)

eng zusammenhängenden Domes am 23. Februar 1011 verstorben. Dieses Datum gehört in den weiteren Rahmen des Domjubiläums von 2009. Wir werden im Jahr 2011 den tausendjährigen Todestag des Erzbischofs Willigis mit einem feierlichen Gottesdienst, Vorträgen und anderen Veranstaltungen würdigen. Im selben Jahr ist außerdem am 25. Dezember des 200. Geburtstags von Bischof Wilhelm Emmanuel Frhr. von Ketteler zu gedenken, der von 1850 bis 1877 als Bischof von Mainz weit über das Bistum hinaus auf das katholische Leben in Deutschland und auf die Sozialverkündigung der Kirche überhaupt einwirkte. Ketteler hat nicht zuletzt auch viel zur Wiederherstellung des Mainzer Domes beigetragen (1859–1864: Ausmalung des Inneren, 1867–1879: Umbau der Osttürme und Einrichtung der Ostkrypta).

Im Hinblick auf diese beiden Gedenktage bereitet das Dommuseum für 2011 die große Sonderausstellung „Der verschwundene Dom" vor. Die umfangreiche monographische Schau widmet sich den verschiedenen, heute nicht mehr sichtbaren Erscheinungsbildern des Domes und will eine lebendige Vorstellung davon geben, in welchen Dom ein Mensch des 11., 15. oder 18. Jahrhunderts eintrat, welchen Raumeindruck er wahrnahm und wie er den Raum nutzte. Neben der Präsentation materieller Zeugnisse wird dem „verschwundenen" Dom mittels hypothetischer Rekonstruktionen nachgespürt. Unser Domjubiläum findet damit eine konsequente Fortsetzung.

In diesem Kontext darf auch darauf hingewiesen werden, dass wir schon früher einzelne Jubiläen, die eng mit der frühen Mainzer Kirchengeschichte zu tun haben, begangen haben, nämlich 1997 den 1600. Todestag des hl. Martin von Tours (8.11.397), Patron des Bistums Mainz und des Mainzer Doms; 1996 die 1250-Jahrfeier der Ernennung des hl. Bonifatius zum Erzbischof von Mainz und 2004 seinen 1250-jährigen Todestag; 1990 das 1000-jährige Jubiläum von St. Stephan in Mainz und 2006 den 1150. Todestag (4.2.856) des Erzbischofs Hrabanus Maurus (sein 1200. Geburtstag wurde 1980 gefeiert). Diese „Säulen der Mainzer Kirche im ersten Jahrtausend" gehören zusammen, gerade wenn vom Dom und der Stellung der Mainzer Kirche um die Jahrtausendwende die Rede ist. Zu diesen Gedenktagen gibt es eine reiche Literatur.[4]

III.

Die Bedeutung dieser Zusammenhänge versteht man erst ganz, wenn man *vor* die Zeit der Erbauung des Domes zurückgeht. Dann werden die geistigen und politischen Fundamente für seine Entstehung ganz deutlich. Mainz ist am Zusammenfluss von Rhein und Main eine uralte Siedlung und hatte, von noch früheren Zeiten abgesehen, bei den Kelten, Germanen und Römern eine kaum zu überschätzende Bedeutung. Das Christentum und der Bischofssitz in Mainz sind ziemlich alt, reichen auf jeden Fall in das 4. Jahrhundert zurück, aus dem die ersten Quellen stammen. Wir haben aber auch Nachrichten aus sehr viel früherer Zeit, nämlich vom hl. Irenäus, Bischof

---

4 Vgl. einige Hinweise im Anhang des Buches S. 295–298.

von Lyon, der um das Jahr 180 die Anwesenheit von Christen in Mainz erwähnt (Adversus haereses 1,10,2), auch wenn nicht von einem Bischofssitz die Rede ist. Wahrscheinlich kam das Christentum zuerst durch Soldaten, Kaufleute oder Handwerker zu uns. Über manche Zeiten, besonders der Völkerwanderung, fehlen uns Dokumente. Eine größere Kirche muss im 7. oder 8. Jahrhundert Martinus geweiht gewesen sein, wahrscheinlich ist sie identisch mit dem Vorgängerbau der heutigen Johanniskirche, die 1828 evangelisch wurde.

Als Willigis „vor 1000" den neuen Dom erbaut, gibt es einige Besonderheiten. Er baute offensichtlich nicht an der Stelle eines Vorgängerbaus, wie es eher üblich war, sondern wollte ein ganz neues Bauwerk, das er auf sumpfigem Gelände errichten ließ; bei der Neuunterfangung des Doms im 20. Jahrhundert stieß man auf Eichenholzpfähle, die über so viele Jahrhunderte das Fundament des Doms gebildet hatten. Der Grundriss weicht schon dadurch von dem normalen Plan ab, dass das Querhaus im Westen und nicht wie üblich im Osten liegt. Als Vorbild hat wahrscheinlich die St. Peterskirche in Rom gedient (ähnlich beim Bonifatiusdom in Fulda und dem Kaiserdom in Aachen). Auch sonst werden neue Maßstäbe gesetzt. Als erster unter den oberrheinischen Domen erhielt der Mainzer damals bereits seine heutige Größendimension. Der Mainzer Erzbischof als Primas Germaniae (969/74) drückte seinen Anspruch durch einen neuen Dom von der Form der Mutterkirche der Christenheit aus. Willigis erhielt ja schon im März 975 mit dem Pallium das Privileg, als Vikar und Stellvertreter des Papstes in Deutschland und Gallien bei allen kirchlichen Amtshandlungen, besonders bei der Kaiserkrönung und auf den Synoden, die nach Rom höchste und alle anderen Bischöfe überragende Stellung einzunehmen. Damit war Mainz die seit langem beanspruchte Führungsrolle im deutschen Episkopat von höchster Autorität zuerkannt worden. Der Erzbischof war Metropolit der größten Kirchenprovinz, Apostolischer Vikar, Primas und Päpstlicher Legat, Erzkapellan, Kanzler und zeitweilig noch Reichsverweser. Mainz wird zur Metropole und größten Erzdiözese Europas mit 15 Suffraganbischöfen, die von Chur im Süden bis Verden an der Aller im Norden und Prag im Osten reicht.

Willigis hohe Stellung in Kirche und Reich manifestiert sich im Neubau der Bischofskirche, die aus vielen Gründen zu einer der großartigsten, bedeutsamsten Leistungen der mittelalterlichen Architektur wurde. Der Dom ragt aber noch durch andere Dinge hervor: Die Türflügel aus der Willigiszeit am Marktportal sind ein besonderes Kunstdenkmal. Außerdem erhielt der Dom in Laufe der Zeit die aufwendigste Ausstattung aller deutschen Bischofskirchen. Er hat auch deshalb eine große kunsthistorische Bedeutung, weil seine Umbauung in einzigartiger Weise erhalten blieb. Er wurde nicht wie viele Dome dieser und späterer Zeit freigestellt (vgl. z.B. Frankfurt, Köln), sondern der Markt, Höfchen, Schöfferstraße, Kreuzgang, Bibliothek, Memorie, Kapitelsaal, Kellergewölbe (die Räume des heutigen Dommuseums), die Plätze und vieles mehr (früher z.B. die Liebfrauenkirche, die erst zu Beginn des 19. Jahrhunderts abgebrochen wurde) sind als lebendiger Ausdruck all dessen, was

Warum Domjubiläum?

*Blick in den Westchor und in die Vierungskuppel des Mainzer Domes
mit Festbeleuchtung für eine ZDF-Fernsehaufzeichnung
am 14. Juni 2009*

zum Dom gehört. Dies gilt auch für die Gotthardkapelle (1137). So ist der Dom auch für andere Sakralbauten dieser Zeit Vorbild geworden, z.B. für Speyer und Worms, aber auch für Regensburg und Augsburg, um nur diese zu nennen.

Ich will hier, da es ja um den Anfang des Willigis-Domes geht, abbrechen. Einige weitere Stationen haben wir früher schon erwähnt. Die folgenden Jahrhunderte haben jedenfalls viele Erweiterungen, Ergänzungen und Erneuerungen gebracht. Alle großen Stilepochen von der Frühromanik über die Gotik und die Renaissance bis Barock, Rokoko und Historismus haben z.T. kräftige Spuren hinterlassen und doch ein erstaunliches Ganzes geformt und erhalten. Alle großen Stilepochen der europäischen Kulturgeschichte sind hier vereint; an dieser Stelle darf ich auch auf die jüngste Neugestaltung der Sakramentskapelle verweisen (2007). Kunsthistoriker sprechen darum von einem „Stelldichein der Stilgeschichte" im Mainzer Dom. In diesem Zusammenhang darf ich nur noch ein Beispiel aus späterer Zeit nennen, nämlich der weithin als sehr gelungen angesehene Bau des Vierungsturmes von Franz Ignaz Michael Neumann, einem Sohn von Balthasar Neumann (1767). Dies alles können wir uns heute durch neue Forschungen zum Dom und seiner Baugeschichte besser aneignen.

In dieser tausendjährigen Geschichte gibt es natürlich, wie schon erwähnt, immer wieder Wetterkatastrophen, Brände und Beschädigungen. Es gibt Nachrichten über große Brände für 1081 und 1767, aber auch Berichte über den Beschuss des Domes durch die Preußische Armee im Jahr 1793, über den geplanten Abbruch des Domes – wir haben den ersten Bischof des neuen Bistums, Joseph Ludwig Colmar (1802–1818), als Retter des Domes schon genannt –, die Profanierung und den Raub vieler Ausstattungsgegenstände in den Jahren 1797–1803 sowie schließlich die Verwendung des Domes als Kaserne, Lazarett und Viehstall im Jahr 1813/14. Die Hälfte der Ausstattung ging verloren. Die Renovierungen 1913–29 schufen neue Fundamente als Ersatz für die verfaulten Pfahlroste. Gott sei Dank, dass der Fliegerangriff des Jahres 1942 – man zählt ihn als siebten Dombrand – keine so großen Schäden verursachte. Bis 1960 verwendete man ein Notdach. Seit 2001 gibt es die bekannten Außenrenovierungen, für die auch der Dombauverein und die Domstiftung mit dem Domkapitel und dem Bistum, außerdem die staatliche Denkmalpflege eingeschlossen, Sorge tragen. Wir rechnen – wie schon erwähnt – für die noch notwendigen Sanierungen mit einem Zeitraum von ca. zehn Jahren.

IV.

Wir haben also viele gute Gründe, um 1000 Jahre Mainzer Willigis-Dom zu feiern. Daran wird uns auch weit über Mainz hinaus eine offizielle Briefmarke erinnern, die das Bundesfinanzministerium im August 2009, gleichsam dem Jubiläumsmonat, übergeben hat.

Warum Domjubiläum?

Vorstellung der im Auftrag des Bundesfinanzministeriums von Ernst Kößlinger gestalteten Sonderbriefmarke zum Domjubiläum am 14. August 2009 in Mainz

Aber dies alles darf nicht darüber hinwegtäuschen, dass wir das tausendjährige Jubiläum eines heute noch „im Gebrauch" befindlichen, lebendigen Gotteshauses feiern. Es ist nicht nur ein bedeutsames historisches Monument und eine kunstgeschichtliche Kostbarkeit, sondern der Dom ist – und dies verleiht ihm eine eigene Kontinuität und Identität – über ein Jahrtausend ein Ort unaufhörlichen Gotteslobes, und zwar in aller Öffentlichkeit. Daran müssen auch wir Christen immer wieder erinnert werden. Es braucht eine neue Aufmerksamkeit für den spirituellen Charakter des Domes, der uns mit der tausendjährigen Kunst und Kultur auch heute zum Glauben hinführen kann.

Dazu habe ich für das Jubiläumsjahr ein Leitwort, ein Motto, ausgewählt. Es traf sich dabei gut, dass in der katholischen Kirche von Mitte 2008 bis Mitte 2009 das „Paulusjahr" gefeiert wurde. Das ausgewählte Leitwort ist dem 1. Korintherbrief des hl. Paulus entnommen und heißt: *„Denn der Tempel Gottes ist heilig – und das seid ihr."* (1 Kor 3,17). Es ist eine Aufforderung, ein Appell, ein Aufmerksammachen darauf, dass wir dem, was wir sind, auch in unserem Leben entsprechen. Mit dem „Tempel" wird auf den Dom angespielt. Damit wird die Vorstellung vom Dom etwas „verfremdet" und macht uns nachdenklich. Wir werden an den „Tempel" in Jerusalem und seine Bedeutung auch für unseren Glauben und alle christlichen Kirchen erinnert.

Es ist der Tempel *Gottes*. Das Haus gehört also Gott. *Er* wohnt darin. Dies unterscheidet Tempel und Dom von unseren anderen Häusern. Dennoch steht der Dom mitten in unserer Wohnwelt. Dies ist gerade beim Mainzer Dom so auffällig. Darum hat er auch eine große Nähe zum bürgerlichen und städtischen Mainz. „Tempel" in christlichem Sinne besagt an dieser Stelle aber auch, dass es nicht auf Steine allein ankommt, und seien sie noch so kostbar. Die Glaubenden müssen selbst lebendige Steine, Zeugen sein (vgl. 1 Petr 2,5). Es geht um einen spirituellen Bau, der freilich unsere leibhaftige Welt und auch unseren Leib einschließt. Darum passen hier viele Aussagen über die Kirche als „Bau" zusammen (1 Kor 3,9; 6,16.19; Eph 2,21f, vgl. auch die Konstitution „Lumen gentium" des II. Vatikanischen Konzils, Art. 6). Das Bildwort von der Kirche als Bau wird vom heiligen Paulus sehr grundsätzlich verwendet, auch in dem Sinne, dass der Bau/Aufbau der Kirche „konstruktiv" sein muss. Unser Wort „Erbauung/erbaulich" lässt dies leider nicht mehr erkennen, aber es ist ein wichtiges Merkmal und auch ein Kriterium der Mitarbeit in der Kirche, dass sie „aufbauend, hilfreich, konstruktiv" ist. Dies gilt auch als Kriterium für Kritik in der Kirche (vgl. dazu 1 Kor 8,1.10; 10,29; 14,3–5.12.17.26).

In diesem Sinne will uns das Leitwort „*Denn der Tempel Gottes ist heilig – und das seid ihr*" zu einem lebendigen Zeugnis des Glaubens heute provozieren.

Ich möchte schließen mit einem Wort des Schriftstellers Rudolf Krämer-Badoni (1962), der uns in einer Besinnung auf den Mainzer Dom mahnt „nur das zu bauen, was aus der eigenen Zeit stammt, und zwar das Beste und Neueste aus der eigenen Zeit. – Dies jedenfalls ist die Lehre des Mainzer Doms für uns Heutige. Die großartigen Spannungen und gelungenen Lösungen stammen aus den genial zueinander in Beziehung gesetzten Teilen vieler Jahrhunderte. Ein gewachsenes Kunstprodukt. Ein Gebirge, von Künstlern erbaut."[5]

---

5   Ein uralter Riese mit Phantasie-Hüten. In: Jens Frederiksen (Hg.), Mainz. Ein literarisches Porträt. Frankfurt/Leipzig 1998, S. 114–118; Zitat S. 118. – Mein Beitrag entstand im Jahr 2008 und ist im Lauf des Jubiläumsjahres mehrfach überarbeitet worden. Ich habe mich dabei weitgehend auf die bis dahin erschienene Literatur gestützt. So konnte ich die in dem vorliegenden Band enthaltenen Vorträge und Beiträge nicht mehr im Einzelnen berücksichtigen; wohl habe ich da und dort, wo die Meinung der Forschung sich änderte, zurückhaltender formuliert. Zur verwendeten Literatur vgl. unten S. 295f.

Domvorträge im Jubiläumsjahr

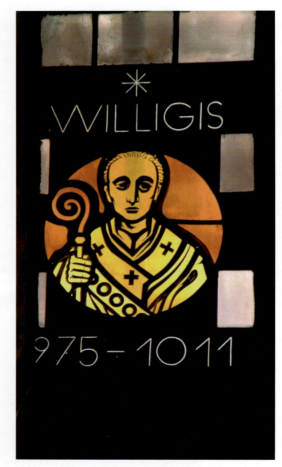

Willigis-Fenster im Mainzer Dom

Kollegen des Königs

Die Bischöfe im Reich in der Zeit des Erzbischofs Willigis von Mainz

Stefan Weinfurter

Im Jahre 1007, zur Zeit Erzbischof Willigis' von Mainz (975–1011), traf sich König Heinrich II. (1002–1024) mit seinen Bischöfen in Frankfurt am Main.[1] Die Bischöfe aus den Ländern nördlich der Alpen, so erfahren wir von Thietmar, einem zeitgenössischen Chronisten, seien alle dort zusammengekommen – eine Versammlung der kirchlichen Elite des Reichs also. In Frankfurt nun, so fährt Thietmar fort, habe sich der König vor all den Erzbischöfen und Bischöfen demütig zu Boden geworfen (*humotenus prosternitur*). Dabei habe er beteuert, er wolle das Bistum Bamberg gründen und erbitte dafür die Zustimmung der Bischöfe. Doch als er erkannte, dass sich bei den Kirchenfürsten großer Widerstand gegen sein Vorhaben formierte, habe er sich erneut demütig niedergeworfen und sich auf diese Weise erniedrigt: *prostratus humiliatur*. Da hätten die Bischöfe nachgegeben und die Erlaubnis zur Bistumsgründung in Bamberg unterschrieben.[2]

Diese Episode könnte uns heute zu dem Eindruck verleiten, wir hätten es vor eintausend Jahren mit einem extrem schwachen König zu tun, der ganz von den Bischöfen und ihrem Urteil abhängig war. Bestimmten die Bischöfe unter Heinrich II. die Regierung? Musste der König kniefällig um ihre Erlaubnis bitten? Was war das für eine Welt, was für eine Ordnung, in der sich der König vor den Bischöfen demütigte, um seinen Willen durchzusetzen?

Ersten Aufschluss über solche Fragen gibt uns die Erhebung Heinrichs II. zum König im Jahre 1002.[3] Im Februar dieses Jahres zogen die hohen Reichsfürsten aus Italien über die Alpen zurück ins Reich. Mit sich führten sie den Leichnam des jung

---

1 Stefan WEINFURTER, Heinrich II. Herrscher am Ende der Zeiten. 3. verb. Aufl. Regensburg 2002, S. 257ff. – Der Beitrag ist in leicht veränderter Form und ohne Fußnoten auch im Meinwerk-Katalog erschienen: Kollegen des Königs. Die Bischöfe und ihre Stellung im Reich vor eintausend Jahren. In: Für Königtum und Himmelreich. 1000 Jahre Bischof Meinwerk von Paderborn. Ausstellungskatalog, hg. von Christoph Stiegemann und Martin Kroker. Regensburg 2009.

2 Thietmar von Merseburg, Chronik, hg. von Robert HOLTZMANN, Die Chronik des Bischofs Thietmar von Merseburg und ihre Korveier Überarbeitung (= MGH SS rer. Germ. N.S. 9). Berlin 1935, lib. VI, cap. 30–32, S. 311–313.

3 Stefan WEINFURTER, Der Anspruch Heinrichs II. auf die Königsherrschaft 1002. In: Papstgeschichte und Landesgeschichte. Festschrift für Hermann Jakobs zum 65. Geburtstag, hg. von Joachim Dahlhaus und Armin Kohnle. Köln, Weimar, Wien 1995, S. 121–134.

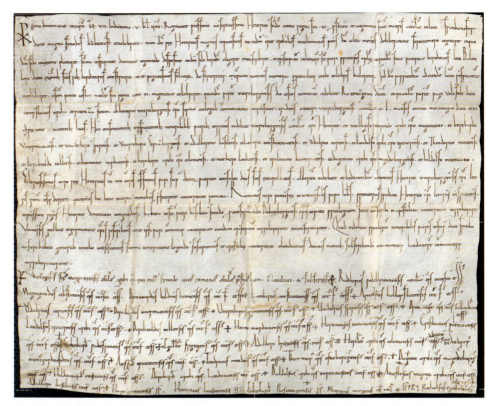

Das Protokoll der Frankfurter Synode am 1. November 1007 über die Gründung Bambergs. Als Zeichen der Zustimmung setzte vor allen anderen Teilnehmern auch Erzbischof Willigis eigenhändig ein Kreuz vor den Vermerk: „Willigisus sanctę Mogontiensis aecclesiae achiepiscopus, qui eidem synodo vice Romanae aecclesiae presidebam, conlaudavi et subscripsi" (vgl. Detail unten). Staatsarchiv Bamberg (Bamberger Urkunden) Nr. 21

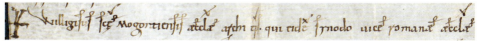

verstorbenen Kaisers Otto III. (984–1002), den sie nach Aachen zum Begräbnis bringen wollten. Auf dem Weg durch Bayern wurden sie jedoch vom bayerischen Herzog aufgehalten. Dieser war kein anderer als der spätere König Heinrich II. Er beschlagnahmte den kaiserlichen Leichnam und die Reichsinsignien, darunter die Heilige Lanze mit einem Nagel vom Kreuz Christi. Dann setzte er die Großen unter Druck: Sie sollten ihn zu ihrem Herrn und König wählen. Ihn allein nämlich habe Gott zum König bestimmt. Außerdem sei er der nächste Verwandte des verstorbenen Kaisers.

So also führte sich der künftige Herrscher ein: ziemlich rigoros und kompromisslos, aber erfüllt von seinem göttlichen Auftrag. Als die Mehrheit der Fürsten einen anderen Kandidaten, den Herzog Hermann von Schwaben (997–1003), für das Königsamt bevorzugten, kam es zu Droh- und Kampfhandlungen. Am Ende aber setzte sich Heinrich II. durch – und diesen Sieg verdankte er vor allem der Hilfe mächtiger Bischöfe. An ihrer Spitze stand Erzbischof Willigis von Mainz (975–1011).[4] Dieser besaß seit 975 das päpstlich bestätigte Privileg, dass nur er den neuen König salben und krönen dürfe.[5] Ja noch mehr: Willigis besaß die *Präeminenz*, die Amtshoheit über die gesamte Reichskirche, das heißt, er verkörperte die höchste Autorität.[6] Ein enger Vertrauter von ihm war Bischof Burchard von Worms (1000–1025).[7] Beide stellten sich 1002 auf die Seite Heinrichs von Bayern. In einer gemeinschaftlichen Aktion brachten sie es dazu, dass Heinrich über den Rhein übersetzen und heil nach Mainz gelangen konnte. Hier wurde er – wohl noch im alten Dom von Mainz, der heutigen Johanniskirche – von Willigis in großer Eile, so möchte man hinzufügen, am 7. Juni 1002 zum König gesalbt und geweiht. „Zusammen mit der Heiligen Lanze", so erfahren wir aus der Vita Bischof Bernwards von Hildesheim (993–1022), „übertrug ihm Erzbischof Willigis das Reich und die königliche Gewalt"[8]. „Durch den Ruhm der Salbung und der Krone" (*benedictionis et corone gloria*), so der Chronist Thietmar, habe er von da an „nach dem Beispiel des Herrn alle Sterblichen überragt"[9].

Das klingt für unsere heutigen Vorstellungen überraschend. Allein durch den Akt der Salbung und die Krönung durch den Mainzer Erzbischof konnte sich Heinrich II. als König sehen. Eine Wahl durch die Großen des Reichs hatte gar nicht stattgefunden, ganz im Gegenteil: Die Mehrheit der Großen hatte ihn gar nicht gewollt. Wir sehen, dass die Königserhebung vor eintausend Jahren offensichtlich ganz andere Grundlagen und Legitimations-Voraussetzungen hatte, als wir sie gewöhnlich mit einer „Königswahl" in Verbindung bringen. Nicht die Willensbildung der Fürsten war entscheidend, sondern die Salbung, also die Königsweihe, vorgenommen vom höchsten Würdenträger der Reichskirche. Der neue König wurde gesalbt – und von diesem Augenblick an war er König. Nicht ein weltlicher Auftrag durch die Fürsten

---

4 Werner GOEZ, Leben und Werk des heiligen Willigis. In: 1000 Jahre St. Stephan in Mainz. Festschrift, hg. von Helmut Hinkel. Mainz 1990, S. 15–32; Werner GOEZ, Der heilige Willigis. Ein Bischof voller Mut und Tatkraft. In: Säulen der Mainzer Kirche im ersten Jahrtausend. Martinus, Bonifatius, Hrabanus Maurus, Willigis (= Mainzer Perspektiven. Aus der Geschichte des Bistums 3). Mainz 1998, S. 63–80.

5 Harald ZIMMERMANN (Hg.), Papsturkunden 896–1046, Bd. 1: 896–996. Wien 1984, Nr. 237.

6 Georg MAY, Der Erzbischof von Mainz als Primas. In: Archiv für katholisches Kirchenrecht 164 (1995) S. 76–122.

7 Wilfried HARTMANN (Hg.), Bischof Burchard von Worms 1000–1025 (= Quellen und Abhandlungen zur mittelrheinischen Kirchengeschichte 100). Mainz 2000; Stefan WEINFURTER, Die Anfänge von St. Paulus in Worms. In: Der Wormsgau 22 (2003) S. 9–18.

8 Thangmar, Vita Bernwardi episcopi Hildesheimensis, hg. von Georg Heinrich PERTZ. In: MGH Scriptores 4. Hannover 1841, cap. 38, S. 775.

9 Thietmar, Chronik (wie Anm. 2), lib. I, cap. 26, S. 35.

war dafür nötig, sondern der Auftrag durch Gott – vermittelt durch den Erzbischof von Mainz. Durch die Salbung wurde die göttliche Gnade auf den neuen Herrscher gelenkt. Er war von diesem Augenblick an ein „Gesalbter des Herrn", ein *christus domini*, und überragte von da an alle Sterblichen.[10]

*

Um diese Zusammenhänge zu verstehen, müssen wir noch einen Schritt weitergehen. Wir müssen berücksichtigen, dass vor eintausend Jahren noch gar kein weltlicher Staat existierte. Vielmehr herrschte die Überzeugung, dass der eigentliche König des christlichen Reichs Christus selbst sei. Er, der König der Könige, der im Himmel herrscht, setze aber in seinem Reich auf Erden einen Stellvertreter ein. Dieser war somit der *vicarius Christi*, der Stellvertreter Christi, in einem „Gottesreich".[11] Mit anderen Worten: Das irdische Reich gehörte gar nicht den Menschen, sondern Christus selbst. Daher gab es in diesem Reich zwar die Gewohnheitsrechte der Stammesvölker, aber die eigentlichen Rechtsprinzipien gingen von den Geboten Gottes und seiner Kirche aus. Der König regierte nicht nur durch die Gnade Gottes, sondern er war als Stellvertreter Christi auch an der göttlichen Autorität beteiligt. Sein Wort war wie das Wort Christi, denn durch ihn sprach Christus.

Der König sah sich infolgedessen nur Christus selbst verantwortlich. Stets war er daher von den christlich-religiösen Verpflichtungen erfüllt, die ihm als Stellvertreter des himmlischen Königs auf Erden auferlegt waren. Er hatte das Reich zusammenzuhalten, für Frieden und Ausgleich zu sorgen, die Kirchen, den Klerus und die Armen zu schützen und ihnen Gerechtigkeit widerfahren zu lassen. Heinrich II. selbst war zutiefst von diesen Gedanken geleitet, wie man seinen eigenen Verlautbarungen entnehmen kann. Es sei ihm, so soll er sich geäußert haben, stets bewusst, dass ein Gebiet, in dem der König mit seiner Autorität und seiner Gewalt nicht präsent ist, nur allzu häufig vom Schreien und Seufzen der Armen überströme.[12] In einer von

---

10 Stefan WEINFURTER, Autorität und Herrschaftsbegründung des Königs um die Jahrtausendwende. In: Macht und Ordnungsvorstellungen im hohen Mittelalter. Werkstattberichte, hg. von Stefan Weinfurter und Frank Martin Siefarth (= Münchner Kontaktstudium Geschichte 1). Neuried 1998, S. 47–65.

11 Hagen KELLER, Zum Charakter der „Staatlichkeit" zwischen karolingischer Reichsreform und hochmittelalterlichem Herrschaftsaufbau. In: Frühmittelalterliche Studien 23 (1989) S. 248–264; Hagen KELLER, Die Idee der Gerechtigkeit und die Praxis königlicher Rechtswahrung im Reich der Ottonen. In: La giustizia nell'alto medioevo (secoli IX–XI) (= Settimane di studio del Centro italiano di studi sull'alto medioevo 44), Bd. 1. Spoleto 1997, S. 91–128; Gerd ALTHOFF, Die Ottonen. Königsherrschaft ohne Staat. 2. erw. Aufl. Stuttgart, Berlin, Köln 2005.

12 Adelbold von Utrecht, Vita Heinrici II. imperatoris, hg. von Hans VAN RIJ, De Vita Heinrici II imperatoris van bisschop Adelbold van Utrecht. In: Nederlandse Historische Bronnen, Bd. 3. Amsterdam 1983, cap. 19, S. 66.

ihm selbst diktierten Urkunde vom 7. Juli 1005 klingt durch, wie tief ihn dieses Verantwortungsgefühl durchdrang.[13] „Im reich gefüllten Haus Gottes", so heißt es da, „sind wir die obersten Verwalter. Wenn wir die Verwaltung getreu ausführen, werden wir selig werden und, indem wir in die Freuden des Herrn eingehen, dessen Güter besitzen. Wenn wir aber untreu sind, dann werden wir in die Folterkammer hinabgestoßen und bis zum letzten Glied gefoltert werden." Der ganz persönliche Auftrag Gottes ließ ihm keinen Spielraum. Jedes Missgeschick in seinem Reich musste er auf seine Sünden zurückführen. Mit jedem Abweichen von seinen Pflichten würde er sich selbst der ewigen Verdammnis und unablässigen Folterqualen ausliefern. Drastischer konnte die Auffassung von den Pflichten des Königs, die ihn zum Handeln trieben, kaum formuliert werden.

Heinrich II. wurde aber nicht erst als König mit diesen Vorstellungen konfrontiert, vielmehr war er schon als Herzog von Bayern in dieser Gedankenwelt geformt worden.[14] In den letzten Jahren und Jahrzehnten vor der ersten Jahrtausendwende hatte sich in Bayern, genauer gesagt: in Regensburg ein Zentrum dieser theokratischen Herrscheridee herausgebildet. Bischof Wolfgang von Regensburg (972–994) war ihr geistliches Oberhaupt, und sein wichtigster Helfer war Abt Ramwold von St. Emmeram in Regensburg (975–1000). Beide waren hochgelehrt, förderten den Aufbau exzellenter Bibliotheken und pflanzten die Klosterreform von Gorze (Lothringen), St. Maximin (bei Trier) und Einsiedeln (Schwaben) in die bayerischen Klöster ein.[15] Im Kern verfolgten sie das Ziel, die Ordnung der Kirche auch zur Ordnung der Welt zu machen. Ihr Vorbild war dabei Moses, der vom Herrn dazu ausersehen war, seinem Volk die Gesetze Gottes zu überbringen und das Volk Gottes zu retten. Als Ramwold in der neuen Krypta seines Klosters 985 fünf Altäre weihte, wurde dieser Akt ausdrücklich in Beziehung zu den fünf Büchern Mose gesetzt.[16]

Wie einst Moses von den Hohepriestern Aaron und Hur gestützt wurde, so war schon der Herzog von Bayern, Heinrich der Zänker (gest. 995), ein enges Bündnis mit den Häuptern seiner bayerischen Kirche eingegangen, die seiner Herrschaft ebenso eine feste Stütze waren. Um Wolfgang von Regensburg sammelte sich ein Kreis von geistlichen und weltlichen Anhängern, die sich gleichsam als die Auserwählten des Herrn sahen. Wie weit diese Überzeugung von ihrem einzigartigen Auftrag ging, zeigt sich am Verhalten des Regensburger Bischofs selbst. Sein Lieblingsschüler war Tagino. Wolfgang, so erfahren wir, habe ihn so geliebt, dass er ihn von klein auf wie

---

13 MGH D H I. Nr. 99.

14 Stefan WEINFURTER, Kaiser Heinrich II. (1002–1024) – ein Herrscher aus Bayern. In: Oberbayerisches Archiv 122 (1998) S. 31–55.

15 Hagen KELLER, Kloster Einsiedeln im ottonischen Schwaben (= Forschungen zur oberrheinischen Landesgeschichte 13). Freiburg i.Br. 1965.

16 Arnold von St. Emmeram, De miraculis sancti Emmerammi, hg. von Georg WAITZ. In: MGH Scriptores 4. Hannover 1841, lib. II, cap. 40, S. 568.

einen Sohn gehalten und ihn in späteren Jahren über alle seine Güter gesetzt habe. Mit dem Herzog habe er schon vereinbart, dass Tagino sein Nachfolger werden sollte, wenn er, Wolfgang, dereinst nach Gottes Gebot aus diesem Lichte scheiden sollte. In der Todesstunde schließlich habe er zu Tagino gesagt: „Lege deinen Mund auf meinen und empfange so von Gott den Hauch meines Geistes, damit du durch die himmlische Gewalt und durch mein Wohlwollen das richtige Maß findest." Durch den Hauch seines Mundes übertrug er seinem Schüler die richtige Gesinnung, geradezu den Heiligen Geist.[17]

Zu diesem Kreis gehörte auch der junge Herzogssohn, Heinrich IV. von Bayern, der 995 seinem Vater im Herzogsamt nachfolgte und 1002 König wurde. „Es nährte Bischof Wolfgang den herausragenden Schüler", so heißt es beim Chronisten Thietmar.[18] Schon zuvor hatte der junge Heinrich, der offenbar zunächst für die geistliche Laufbahn vorgesehen war, intensiven Unterricht bei Bischof Abraham von Freising (957–993/994) genossen. Daher verfügte er in hervorragender Weise über theologische und literarische Bildung. Als Herzog führte er die Ideen der Gottesmänner aus und unterzog die Klöster Regensburgs und andere große Abteien der Reform. Den Beginn machte er mit Niederaltaich an der Donau, wo Godehard 996 als Reformer eingesetzt wurde. Dieser, der später noch andere Klöster reformierte und schließlich Bischof von Hildesheim (1022–1038) wurde, erstrahlte durch sein heiligmäßiges Leben derart, dass er nach seinem Tod zur Ehre der Altäre erhoben wurde. Die St. Gotthard-Kappelle in Mainz aus dem 12. Jahrhundert zeugt von der besonderen Verehrung, die man ihm auch an diesem zentralen Ort der Reichskirche entgegenbrachte.

Wir erkennen an diesen Vorgängen, dass der Herzog von Bayern schon vor seiner Erhebung zum König in besonderer Weise von der Moses-Idee und der Stellvertreterschaft Christi erfüllt war. Schon in Bayern nannte man ihn den „einzigen Herrn nach Gott"[19]. Als sein Vetter, Otto III., 1002 gestorben war, war Heinrich II. von der Überzeugung geleitet, dass er nunmehr nicht nur Bayern, sondern das gesamte Reich auf den Weg zur Ordnung Gottes zu führen habe.

Für Erzbischof Willigis wiederum eröffnete sich damit die Gelegenheit, seine Rolle als Königsmacher zu demonstrieren. Für dieses Königtum, das die Stellvertretung Christi bedeutete, war, wie geschildert, die Salbung ausschlaggebend. Dies bedeutete, dass durch einen kirchlich-liturgischen Akt, durch die Königsweihe, der himmlische Auftrag vermittelt wurde. Diese Weihe war vollständig der Bischofsweihe nachgebildet, denn auch die Bischöfe, die Nachfolger der Jünger Christi, erhalten ihre Berufung unmittelbar durch Christus. An dieser Stelle zeigt sich gleichsam die

---

17 Thietmar, Chronik (wie Anm. 2), lib. V, cap. 42, S. 268.
18 Ebd., lib. V, Prolog, Vers 6, S. 220: *Nutrit praeclarum Wolfgangus presul alumnum*.
19 Die Tegernseer Briefsammlung (Froumund), hg. von Karl STRECKER (= MGH Epistolae selectae 3). Berlin 1925, S. 55, Nr. 49: *unicissimus post deum nobis estis domnus*.

Ritual der Königskrönung: Der Herrscher (später als REX HENRICUS gekennzeichnet) wird von zwei Erzbischöfen geleitet. In der Ehrenposition zur Rechten des Königs führt ihn der ältere Erzbischof. Eine ähnliche Rolle könnte seinerzeit bei der Krönung in Mainz Erzbischof Willigis ausgeübt haben.
Pontifikale und Benediktionale, Seeon oder Salzburg, um 1020, fol. 2v, Staatsbibliothek Bamberg, Msc. Lit. 53

Schnittmenge: König und Bischöfe waren „Geweihte des Herrn" und bildeten eine gemeinsame Sondergruppe, eine geweihte Elite.[20] So konnte das Wort vom Bischof als dem „Kollegen" des Königs entstehen.[21] Der dafür verwendete Begriff *simpnista* bezeichnet denjenigen, der im gleichen Atem – das heißt, im gleichen Geist und Auftrag – spricht wie der König. Auch das Wort *coepiscopus* ist anzutreffen. Auf einem Hoftag in Dortmund, so erfahren wir von Thietmar, habe sich Heinrich II. mit den *coepiscopi* getroffen, also mit seinen Mitbischöfen.[22] Natürlich war der König damit nicht ein Bischof, aber er stand mit ihnen als Gesalbter und Geweihter auf einer Stufe. Gemeinsam suchten sie die Ordnung Gottes im Reich durchzusetzen.

Erzbischof Willigis hatte den Kampf um die Königswürde also einfach dadurch entschieden, dass er in Mainz an Heinrich II. die Salbung vornahm. Sein Handeln enthielt gleichsam die Entscheidung Gottes und war für alle bindend. Dieses Vorgehen des Mainzer Oberhirten stand in einer engen Beziehung zum Neubau des Mainzer Domes. Der neue Mainzer Dom – davon wird man heute ausgehen dürfen – entstand nicht an der Stelle des früheren Domes.[23] Der „alte" Dom war, so scheint es, identisch mit der heutigen Johanniskirche in unmittelbarer Nähe (Abb. S. 71, 120). Der neue Dom wurde demnach völlig neu konzipiert und benötigte daher auch ein neues Areal. Vorbild für den Neubau war der Petersdom in Rom. Wahrscheinlich begannen die Bauarbeiten im Jahre 997. Wie der Kirche St. Peter in Rom waren dem neuen Dom in Mainz ein Atrium und eine Marienkirche (*S. Maria ad gradus*) nach Osten zum Fluss hin vorgelagert (Abb. S. 112, 116). Vom Atrium und von der Mariengredenkirche sind heute nur noch die Andeutungen im Pflaster erkennbar (Abb. S. 142). Von dem hehren Geist einer bewusst vollzogenen, epochalen Neuschöpfung zeugt vor allem das Bronzetor am seitlichen Hauptportal. Es trägt noch heute die ursprüngliche, von Selbstbewusstsein getragene Umschrift: „Als erster nach dem großen Kaiser Karl (…) ließ Erzbischof Willigis derartige Türflügel aus Metall anfertigen." (Abb. S. 87)

Die Idee dieser Konzeption ist überaus beeindruckend: So wie in St. Peter vom Papst der Kaiser gekrönt wurde – wobei dort die Kirche Santa Maria in Turri eine wichtige Rolle im Krönungszeremoniell spielte –, so sollte der neue Mainzer Dom die Krönungskirche für den König sein. Bei der Königsweihe, so das Signal, verleihe ausschließlich der Mainzer Oberhirte in seinem Dom das Herrscheramt. Mit dem

---

20 Ernst SCHUBERT, Der Reichsepiskopat. In: Bernward von Hildesheim und das Zeitalter der Ottonen. Katalog der Ausstellung Hildesheim 1993, Bd. 1, hg. von Michael Brandt und Arne Eggebrecht. Hildesheim, Mainz 1993, S. 93–102.

21 Thietmar, Chronik (wie Anm. 2), lib. VI, cap. 38, S. 321.

22 Ebd., lib. VI, cap. 18, S. 294.

23 Dethard von WINTERFELD, Die Kaiserdome Speyer, Mainz, Worms und ihr romanisches Umland. Würzburg 1993, S. 120; Karl-Heinz ESSER, Der Mainzer Dom des Erzbischofs Willigis. In: Willigis und sein Dom. Festschrift zur Jahrtausendfeier des Mainzer Domes 975–1975, hg. von Anton Ph. Brück (= Quellen und Abhandlungen zur mittelrheinischen Kirchengeschichte 24). Mainz 1975, S. 135–184.

neuen Mainzer Domkirchen-Ensemble, das Rom imitierte, war in gewisser Weise auch die Idee der Gleichrangigkeit mit dem Bischof von Rom verbunden[24]. Mainz wurde das „Rom" für den König.

Diese Nachahmung Roms liefert übrigens auch die Begründung dafür, dass der neue Mainzer Dom den Hauptchor nicht im Osten, sondern im Westen hatte und bis heute hat: Auch der Petersdom in Rom war nicht geostet, sondern gewestet. Mit den großartigen Bronzetüren nahm Willigis schließlich Bezug auf das Aachener Marienmünster. Mainz – so konnte damit zum Ausdruck gebracht werden – sollte nunmehr Aachen ablösen. Dort war 936 Otto der Große zum König erhoben worden; fortan aber sollte der König in Mainz gekrönt werden. Der neue Mainzer Dom mit seinem Atrium sollte schließlich auch ein Abbild des Tempels Salomons in Jerusalem sein. Auch dieser hatte Bronzetüren. Sie dienten dem König des auserwählten Volkes als Hintergrund für seine Handlungen als Herrscher und Richter.

*

Wir können auf Grund dieser Zusammenhänge nun erkennen, wie innig sich in diesem Jahr 1002 die von Mainz und den Bischöfen repräsentierte kirchliche Ordnungsvorstellung und die von Heinrich II. verinnerlichte Überzeugung von einem Gottesreich, das von ihm geleitet wurde, miteinander verbunden haben. König und Bischöfe wurden zu einer unzertrennlichen Handlungsgemeinschaft. Sie war nicht nur von denselben Vorstellungen und Zielen geleitet, sondern in ihr waren beide – König und Bischöfe – auch in höchstem Maße aufeinander angewiesen. Dabei ging es nicht nur um die Erhebung Heinrichs II. 1002 zum König, sondern auch um die ständig wiederholte Inszenierung des Königs als Stellvertreter Christi. In Texten, Bildern und liturgischen Riten und Ritualen wirkten die Bischöfe unermüdlich daran mit, die einzigartige Stellung des irdischen Königs der ganzen Welt vor Augen zu führen. Insbesondere anlässlich der kirchlichen Hochfeste, zu Weihnachten, Ostern und Pfingsten, zeigte sich der König in festlichem Aufzug. Nur zu diesen Anlässen trug er in der Regel die Königkrone, das heißt, „ging er unter der Krone". Damit zeigte er sich als höchster Repräsentant eines Reichs, das als „Haus Gottes" (domus Dei) aufgefasst wurde. Die Inszenierungen an den hohen Kirchenfesten waren regelrechte Staatsakte.

Besonders wichtig für die Symbiose von König und Bischöfen waren die Synoden, die Heinrich II. in neuartiger Regelmäßigkeit einberief. Fünfzehn Versammlungen sind bis zu seinem Tod 1024 nachzuweisen. Jedes Mal waren so gut wie alle Bischöfe

---

24 Ernst-Dieter Hehl, Goldenes Mainz und Heiliger Stuhl. Die Stadt und ihre Erzbischöfe im Mittelalter. In: Mainz. Die Geschichte der Stadt, hg. von Franz Dumont, Ferdinand Scherf und Friedrich Schütz. Mainz 1998, S. 839–858.

des Reichs anwesend. Alle diese Bischofssynoden wurden vom König einberufen, und er setzte auch die Tagesordnung fest. Auf einer Synode in Merseburg im Jahre 1004 erreichte er, dass das Bistum Merseburg wieder eingerichtet wurde.[25] Später, 1019, ging es auf einer Synode in Goslar darum, ob es einem unfreien Priester, der eine Freie zur Frau nimmt, erlaubt sei, seine Kinder ebenfalls zu Freien zu erklären und sie so dem Dienst ihrer geistlichen Herren zu entziehen. Auch solche Themen wurden also unter dem Vorsitz des Herrschers behandelt. Über diese Frage – so erfahren wir – sei auf der Synode lange nachgedacht worden. Die Bischöfe hätten gezögert und sich nicht einigen können. Da habe Heinrich II. autoritativ gehandelt und das Urteil einfach vorweggenommen: Kinder aus solchen Ehen sollten unfrei sein, wie der Priester, und künftig der Kirche gehören. Damit sollte verhindert werden, dass durch Erbansprüche der Kirche Güter entfremdet würden. Dieser Entscheidung schlossen sich die Bischöfe an, und dieser Beschluss der kaiserlichen Autorität, so fügten sie hinzu, dürfe durch kein Recht jemals wieder aufgehoben werden.[26]

Die Bischöfe ihrerseits hatten angesichts eines solchen Ordnungsmodells hohen Ansprüchen zu genügen. „Sie herrschen nun im Reich", so formulierte es Thietmar treffend[27] – doch dafür mussten sie auch fähig sein und entsprechenden Einsatz zeigen. Gleich zu Beginn seiner Herrschaft ließ Heinrich II. keinen Zweifel darüber aufkommen, wie er sich brauchbare Bischöfe vorstellte. Am 15. Januar 1003 hielt er seine erste große Reichsversammlung ab. Sie fand in Diedenhofen statt, in Thionville in Lothringen, am linken Moselufer gelegen, etwa 20 Kilometer nördlich von Metz.[28] Alle bedeutenden Bischöfe des Reiches hatten sich hier versammelt. Man habe, so lesen wir in der Vita Bischof Adalberos II. von Metz (984–1005), über verschiedene Themen dieses und jenes disputiert.[29] Dann aber habe Heinrich II. die Bischöfe ganz unvermittelt angegriffen, weil sie seiner Meinung nach in ihren Diözesen die synodalen Beschlüsse, also das Kirchenrecht, nicht ausreichend zur Geltung gebracht

---

25 Ernst-Dieter HEHL, Merseburg – eine Bistumsgründung unter Vorbehalt. Gelübde, Kirchenrecht und politischer Spielraum im 10. Jahrhundert. In: Frühmittelalterliche Studien 31 (1997) S. 96–119; Bernd SCHNEIDMÜLLER, „Eifer für Gott"? – Heinrich II. und Merseburg. In: Zwischen Kathedrale und Welt. 1000 Jahre Domkapitel Merseburg. Aufsätze, hg. von Holger Kunde, Andreas Ranft, Arno Sames und Helge Wittmann (= Schriftenreihe der Vereinigten Domstifter zu Merseburg und Naumburg und des Kollegiatstifts Zeitz 2). Petersberg 2005, S. 19–34.

26 Constitutiones et acta publica imperatorum et regum, Bd. 1, hg. von Ludwig WEILAND (= MGH Constitutiones 1). Hannover 1893, Nr. 31.

27 Thietmar, Chronik (wie Anm. 2), lib. VI, Prolog Vers 33, S. 275.

28 Stefan WEINFURTER, Konfliktverhalten und Individualität des Herrschers am Beispiel Kaiser Heinrichs II. (1002–1024). In: Rechtsverständnis und Konfliktbewältigung. Gerichtliche und außergerichtliche Strategien im Mittelalter, hg. von Stefan Esders. Köln, Weimar, Wien 2007, S. 291–311.

29 Constantinus, Vita Adalberonis II, episcopi Mettensis, hg. von Georg Heinrich PERTZ. In: MGH Scriptores 4. Hannover 1841, cap. 15–18, S. 663f.

hätten. Vor allem die Bestimmungen über das Verbot der Nahehe würden sie viel zu nachlässig behandeln. Die Bischöfe ihrerseits seien von den Ausbrüchen des neuen Königs völlig überrascht worden und hätten nun betreten und schweigend dagesessen. Daraufhin habe sie Heinrich II. aufs neue beschimpft: Sie hätten es sich auf ihren Bischofsstühlen bequem gemacht und seien nur noch „stumme Hunde" (*canes muti*), welche die ihnen anvertraute Herde in den Abgrund führen. Der dienstfertige Metzer Bischof, so erfahren wir weiterhin, habe diese Beurteilung sogleich eilfertig bestätigt. Dadurch sei in der Versammlung große Unruhe entstanden. Die erste große Reichsversammlung Heinrichs II. war von einer Bischofsbeschimpfung ganz ungewöhnlicher Art gekennzeichnet. Von nun wussten alle Bischöfe, was der König von ihnen erwartete.

Einer unter ihnen, den Heinrich II. als König sogleich förderte, war Bischof Burchard von Worms (1000–1024). Ihm verschaffte er die Stadtherrschaft über Worms, indem er die bisherigen Herren, das salische Grafenhaus, dazu zwang, die Stadt und ihren Herrschaftspalast zu verlassen.[30] Burchard war eine besondere Aufgabe zugedacht: Er, der Schüler und Vertraute von Willigis, sollte das Kirchenrecht und die Gebote Gottes in einem neuen, umfassenden Gesetzesbuch zusammenfassen. Seine ausgezeichnete Bildung und die Bibliotheken in Mainz verhalfen ihm zu dieser ungewöhnlichen Leistung. So entstand das berühmte *Decretum Burchardi*, das erste normativ wirkende Rechtsbuch, in dem das Kirchenrecht nachzulesen war, das ebenso für die weltliche Ordnung maßgeblich war (Abb. S. 34).[31] Das Haus Gottes, die *domus dei*, erhielt ihre verbindliche Rechtsbasis, so könnte man diesen Vorgang umschreiben.

In welchem Ausmaß das Kirchenrecht in der Tat das weltlich-politische Leben mitbestimmte, zeigt sich am Beispiel des Markgrafen der bayerischen Nordmark. Dieser hatte sich gegen den König aufgelehnt und wurde von ihm militärisch niedergeworfen. Als Strafe ereilte ihn strenge Kerkerhaft und eine Kirchenbuße. Als er dann, wie es heißt, an einem Tag 150 Kniebeugen machte und dabei den gesamten Psalter sang[32], konnte man daran seine große Bußfertigkeit erkennen. Nicht lange danach wurde er wieder freigelassen.

*

---

30 Gerold BÖNNEN, Bischof, Stifte, Stadt, Bevölkerung. Burchard von Worms und seine Civitas am Beginn des 11. Jahrhunderts. In: Hartmann, Bischof Burchard (wie Anm. 7), S. 311–348.

31 Burchard von Worms, Decretorum libri XX. Neuausgabe der Editio princeps (Köln 1548) von Gérard FRANSEN und Theo KÖLZER. Aalen 1992.

32 Thietmar, Chronik (wie Anm. 2), lib. VI, cap. 2, S. 277. Zu den politischen Hintergründen Bernd SCHNEIDMÜLLER, Die Schweinfurter Fehde und die Landschaft am Obermain 1003. Zur Einführung. In: Vor 1000 Jahren – Die Schweinfurter Fehde und die Landschaft am Obermain 1003, hg. von Erich Schneider und Bernd Schneidmüller (= Schweinfurter Museumsschriften 118). Schweinfurt 2004, S. 9–19.

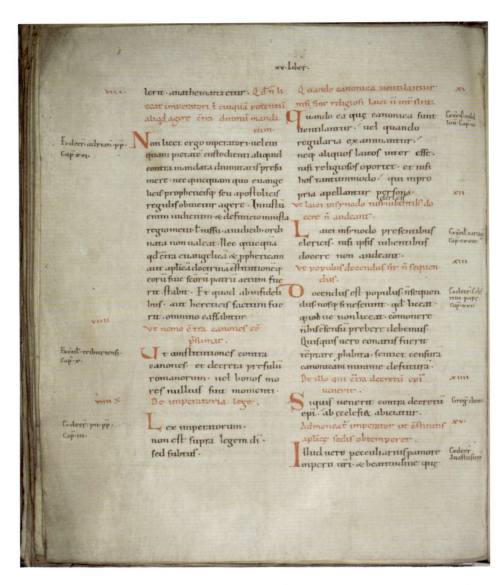

Die wahrscheinlich zwischen 1008 und 1012 von Burchard von Worms zusammengestellte kirchenrechtliche Sammlung „Decretum", hier in einer Handschrift, die um 1020 im Wormser Domstift entstanden sein wird. Die aufgeschlagene Seite fol. 125v zeigt Bestimmungen aus dem „Liber XV De Laicis", in denen es auch um die Stellung des Herrschers geht, vgl. oben Cap. X: De imperatoria lege: „Lex imperatorum non est supra legem Dei, sed subtus" (Das Gesetz der Herrschenden steht nicht über dem Gesetz Gottes, sondern ist ihm unterstellt).
Dombibliothek Köln, Codex 119

Besondere Sorgfalt legte Heinrich II. auf die Auswahl neuer Bischöfe. Hier ließ er sich von keinem beirren. In seiner Zeit waren 64 mal Bistümer neu zu besetzen, und nur in einem einzigen Fall konnte sich ein Bischof behaupten, der sein Amt nicht vom König erhalten hatte. Zwar versuchten sich die Domkapitel gegen diese Fremdbestimmung vereinzelt zur Wehr zu setzen, aber sie konnten sich nicht behaupten. Als 1004 ein neuer Erzbischof für Magdeburg zu erheben war, pochten die Domkanoniker auf ihr freies Wahlrecht. Die Freiheit des Volkes, so argumentierten sie, sei gefährdet, wenn man allen Weisungen des Herrschenden folgen müsse.[33] Es half nichts, neuer Erzbischof wurde Tagino (1004–1012), der einstige Musterschüler Bischof Wolfgangs von Regensburg. Ihn nannte Heinrich II. seinen „ganz engen Vertrauensmann" (*familiaris noster*)[34].

So baute Heinrich II. den Kreis seiner Bischöfe auf. Mindestens 24 von ihnen, also über ein Drittel, kamen aus der Hofkapelle. Die Hofkapelle wurde vom Klerus am Königshof gebildet. Dort konnten die jungen Kleriker lernen, welche theologischen und politischen Grundsätze dem König und seinem Hof wichtig waren. Vor allem für die Erzbistümer Magdeburg, Trier, Hamburg-Bremen, Köln und Mainz legte Heinrich II. Wert darauf, dass sie von ehemaligen Hofkaplänen geleitet wurden. Aber ebenso wichtig war ihm, dass seine ehemaligen Gefährten aus alten bayerischen Tagen in Schlüsselpositionen gelangten. Neuer Erzbischof von Köln wurde Pilgrim (1021–1036), der Sohn eines bayerischen Grafen und verwandt mit dem mächtigen bayerischen Adelshaus der Aribonen. Diese Familie gehörte schon in der Herzogszeit zum Regensburger Freundeskreis. Auch der Nachfolger von Erzbischof Willigis von Mainz, Aribo (1021–1031), ein Onkel Pilgrims, war Mitglied dieser Familie. Als Mainzer Erzbischof suchte er die kirchlichen Gesetze mit großer Strenge und unbeugsamer Härte durchzusetzen. Darüber konnte sich sogar Bern, der glaubensstrenge Abt von Reichenau (1008–1048), einer leicht spöttischen Bemerkung nicht enthalten, als er ihm schrieb: „Dir hat die göttliche Vorsehung eine solche Fülle des Wissens verliehen, dass sie Dich durch das Wasser der heiligen Schriften nicht bloß bis zu den Knöcheln oder zu den Knien, sondern sogar bis zur Taille hindurchgeführt hat"[35]. Auch Erzbischof Poppo von Trier (1016–1047) stammte aus Bayern. Sein Namensvetter Poppo aus dem Haus der Chiemgaugrafen wurde Patriarch von Aquileia (1019–1045), und dessen Verwandter Hartwig erhielt den Bischofsstuhl von Brixen (1022–1039). Die Liste könnte man fortsetzen, und man kann geradezu von einer „Bajuwarisierung" des Reichsepiskopats sprechen. Alle diese Männer zeichneten

---

33 Ebd., lib. V, cap. 41, S. 267 und 269.
34 MGH D H II. (= Die Urkunden Heinrichs II. und Arduins, hg. von Harry BRESSLAU). Hannover 1900–1903, Nr. 474.
35 Franz-Josef SCHMALE (Hg.), Die Briefe des Abtes Bern von Reichenau (= Veröffentlichungen der Kommission für geschichtliche Landeskunde in Baden-Württemberg, Reihe A6). Stuttgart 1961, Nr. 13.

Mainzer Handschriftenkunst zur Zeit von Willigis: Dieses um 1000 in St. Alban entstandene Sakramentar wurde wahrscheinlich von Erzbischof Willigis als Geschenk für Bischof Burchard in Worms in Auftrag gegeben. Fol. 109v zeigt die Herabkunft des Hl. Geistes auf die zwölf Apostel an Pfingsten. Bischöfliches Dom- und Diözesanmuseum Mainz, Inv. Nr. B 325

sich dadurch aus, dass sie in ihren Ordnungsvorstellungen ganz der Linie des Königs folgten und dass für sie Gehorsam gegenüber dem König einen hohen Stellenwert einnahm.

Auch aus Sachsen rekrutierte Heinrich seine geistlichen Helfer. Unter ihnen ragte Meinwerk von Paderborn (1009–1036) heraus. Er stammte aus einer sächsischen Hochadelsfamilie, die man in der Forschung unter dem Namen Immedinger zusammenfasst. Von Beginn an legte er in seinem Auftreten hohes adliges Bewusstsein an den Tag – eine Grundhaltung, die von Heinrich II. sehr geschätzt wurde. „Wegen der Eleganz seiner Sitten", so weiß sein Biograph zu berichten, sei er „für den Königsdienst für würdig erachtet worden"[36]. Von einem geschätzten Mann sei er zu einem höchst

---

[36] Vita Meinwerci episcopi Patherbrunnensis, hg. von Franz TENKHOFF (= MGH Scriptores rer. Germ. [59]). Hannover 1921, cap. 5, S. 7.

Mainzer Goldschmiedekunst um 1000: Teilvergoldetes Silberblechkreuz mit jugendlicher Christus-Darstellung, das vielleicht einst den Buchdeckel eines von Erzbischof Willigis in Auftrag gegebenen Evangeliars geschmückt hat. Bischöfliches Dom- und Diözesanmuseum Mainz, Inv. Nr. S 62

geschätzten aufgestiegen und habe die Stellung eines für den König unverzichtbaren Begleiters in öffentlichen und privaten Angelegenheiten erlangt.[37] Nach seinen Jahren als Hofkapellan wurde er 1009 zum Bischof von Paderborn erhoben. Nun zeigte sich, dass er in ganz ungewöhnlicher Weise dem König nacheiferte. So wie Heinrich II. sein ganzes Vermögen der Kirche von Bamberg stiftete, so übergab Meinwerk seine Besitzungen der Kirche von Paderborn. Unermessliche Summen investierte er in einen völligen Umbau und Neubau des Bischofssitzes. Paderborn blühte auf. Ein neuer Dom, der heiligen Maria geweiht, entstand, die Pfalzanlage wurde erneuert und mit Abdinghof ein besonders kunstvoll gestaltetes Kloster errichtet.[38]

---

37 Ebd., cap. 9, S. 15.
38 Manfred Balzer, Zeugnisse für das Selbstverständnis Bischof Meinwerks von Paderborn. In: Tradition als historische Kraft. Interdisziplinäre Forschungen zur Geschichte des früheren Mit-

*

Großes Gewicht legte der König auf hervorragende geistige Bildung seiner Bischöfe. Er selbst ließ in seiner Gründung Bamberg eine einzigartige Bibliothek mit kostbaren Büchern anlegen. In Bamberg sollte eine Art Musterschule entstehen, und zwar nach dem Vorbild der damals berühmten Domschule von Lüttich. Der Scholaster Egbert von Lüttich erstellte um 1023 ein Lehrbuch, das uns gut in den Stoff einer Domschule einführt. Hier finden wir Sätze wie: „Der König kann das Recht, das schlecht ist, ändern"[39]. Das war nicht so gemeint, als wäre der König der Gesetzgeber, sondern es bedeutete, dass der König das gute Recht, also die Gebote Gottes, durchzusetzen hatte. Die Lütticher Schule vertrat ganz die Auffassung Heinrichs II.

Von mehreren der von Heinrich II. eingesetzten Bischöfe weiß man, dass sie theologische oder sonstige Werke verfasst haben. So wurde Bischof Heribert von Eichstätt (1022–1042), der aus der Familie der Konradiner stammte, als Dichter gepriesen. Er verfasste Hymnen und Mariengebete und legte größten Wert auf eine gute Domschule. Er habe sogar, so erfahren wir, den Leiter seiner Domschule, den Scholaster Gunderam, einer Evaluation durch einen auswärtigen Experten unterzogen.[40] Vor allem muss man in diesem Zusammenhang die Geschichtsschreiber Bischof Thietmar von Merseburg (1009–1018) und Bischof Adelbold von Utrecht (1010–1026) nennen. Der Utrechter Bischof hat darüber hinaus mathematische Abhandlungen über die Fläche des Kreises und den Inhalt der Kugel verfasst, also ganz besonders anspruchsvolle Wissenschaften betrieben. Von ihm stammt ferner ein Kommentar zur *Consolatio philosophiae* des Boethius, und mit anderen Gelehrten, wie dem Abt Bern vom Inselkloster Reichenau, stand er in Kontakt und pflegte mit ihnen wissenschaftlichen Austausch. Auch die Erzbischöfe Erkanbald (1011–1021) und Aribo von Mainz (1021–1031) könnte man hier nennen, die *Sermones* und Kommentare verfasst haben.

Viele Bischöfe dieser Zeit wandten große Mühen und Kosten auf, um ihre Domschulen mit Büchern reich auszustatten. So hat sich Bischof Bernward von Hildesheim (993–1022), der selbst nicht nur die *artes liberales*, sondern auch die *artes mechanicae* (Baukunst, Architektur) beherrscht haben soll, um die Bibliothek seiner Domkirche sehr bemüht.[41] Er holte den Diakon Guntpald, einen Schreiber

---

telalters, hg. von Norbert Kamp und Joachim Wollasch. Berlin, New York 1982, S. 267–296; Manfred BALZER, Meinwerk von Paderborn 1009–1036. Ein Bischof in seiner Zeit. In: Katalog der Ausstellung Bischof Meinwerk von Paderborn. Paderborn 1986, S. 11–41.

39 Ernst VOIGT (Hg.), Egberts von Lüttich Fecunda ratis. Halle 1889, S. 56.

40 Stefan WEINFURTER (Hg.), Die Geschichte der Eichstätter Bischöfe des Anonymus Haserensis. Edition – Übersetzung – Kommentar (= Eichstätter Studien NF 24). Regensburg 1987, cap. 28, S. 56f.

41 Thangmar, Vita Bernwardi (wie Anm. 8), cap. 1, S. 758; Joachim EHLERS, Dom- und Klosterschulen in Deutschland und Frankreich im 10. und 11. Jahrhundert. In: Schule und Schüler im Mit-

Gelehrter Erzbischof: Metrischer Eintrag in einem Mainzer Augustinus-Codex (De civitate Dei) aus der Willigiszeit: „In diesem Bande stehen die 22 Bücher, die der große Lehrer und Autor Augustinus erstmals herausgab, erfüllt von heiligem Geiste. Der große und nicht weniger verehrungswürdige Bischof Willigis ließ sie in dieser Bibliothek schreiben und hat sie selbst mit seinen Schülern sorgfältig korrigiert und sie dem Nießbrauch des Heiligen Martin zu ewigem Eigentum vermacht mit der Androhung, dass aus dem Buch des Lebens getilgt, dem Untergang geweiht und dem Zorn Gottes anheimfallen soll, wer auch immer versuchen sollte, diese Bücher jemals von hier zu entwenden." (Übers. Johannes Staub / Ernst-Dieter Hehl). *Der Codex ist heute im Besitz der Forschungsbibliothek Gotha, Memb I 58 (Abb. Bl 16vb, Detail)*

und Miniaturenmaler aus St. Emmeram in Regensburg, nach Hildesheim, der dort im Stil der Regensburger Malschule mehrere Handschriften für den Bischof schuf. Ebenfalls von St. Emmeram in Regensburg wurde die Buchmalerei beeinflusst, die sich in Salzburg unter Erzbischof Hartwig (991–1023) entfaltete. Von Bischof Sigibert von Minden (1022–1036) wiederum wissen wir, dass er in St. Gallen acht liturgische Bücher herstellen ließ.[42] An der Mainzer Domkirche schließlich muss es in dieser Zeit eine umfassende und höchst bedeutende Bibliothek gegeben haben.[43] In dieser Reihe ist auch wieder Bischof Meinwerk von Paderborn (1009–1036) zu nennen, der die Schule an seinem Bischofssitz in solchem Maße förderte, dass sie sich zu schier unglaublicher Blüte entwickelt haben soll.[44] In allen Bereichen der Wissenschaften habe man hier studiert, in Musik und Dialektik, Rhetorik und Grammatik, und ebenso hätten sich gerne Mathematiker, Astronomen, Physiker und Geometer in Paderborn versammelt.

---

telalter. Beiträge zur europäischen Bildungsgeschichte des 9. bis 15. Jahrhunderts, hg. von Martin Kintzinger, Sönke Lorenz und Michael Walter (= Beihefte zum Archiv für Kulturgeschichte 42). Köln, Weimar, Wien 1996, S. 29–52, hier S. 47ff.

42 Kurt ORTMANNS, Das Bistum Minden in seinen Beziehungen zu König, Papst und Herzog bis zum Ende des 12. Jahrhunderts. Weimar 1953, S. 39–43.

43 Hartmut HOFFMANN, Buchkunst und Königtum im ottonischen und frühsalischen Reich (= MGH Schriften 30). Stuttgart 1986, S. 226ff.

44 Vita Meinwerci (wie Anm. 36), cap. 160, S. 84.

*

Alle diese Bischöfe, so sehen wir, hatten schon vor ihrer Amtszeit in enger persönlicher Bindung zum König gestanden und waren, wie Thietmar es ausdrückte, bereit, „alle Anweisungen der von Gott eingesetzten Autorität zu erfüllen"[45]. „Die von Gott eingesetzte Autorität" – diese Formel wurde zu einer Kernforderung an die Bischöfe. Allein dem König war zu gehorchen, wie Thietmar es formulierte. Er sei der Stellvertreter Christi auf dieser irdischen Pilgerfahrt, daher stünde er zu Recht über allen Bischöfen.[46] Dabei wurde immer wieder Bezug genommen auf den berühmten Paulus-Brief an die Römer, Kap. 13. Dort heißt es: „Jeder leiste den Trägern der staatlichen Gewalt den schuldigen Gehorsam, denn es gibt keine staatliche Gewalt, die nicht von Gott stammt. Jede ist von Gott eingesetzt. Wer sich daher der staatlichen Gewalt widersetzt, wendet sich gegen die Ordnung Gottes, und wer sich ihm entgegenstellt, wird dem Gericht verfallen sein." (Röm 13,1–2)

Seine besondere Schärfe erhielt der biblische Satz vom Gehorsam gegenüber der Obrigkeit dadurch, dass mit ihr auch die Verdammung beim Jüngsten Gericht verknüpft wurde, falls sich jemand ungehorsam zeige: „Wer sich der von Gott eingesetzten Obrigkeit widersetzt, wird dem Gericht verfallen sein!" Die Naherwartung des Jüngsten Gerichts aber war um die Jahrtausendwende und auch noch in den darauf folgenden Jahrzehnten in der geistlichen und politischen Elite besonders stark ausgebildet.[47] Endzeiterwartung gab es im Mittelalter zwar immer, aber nach dem Ablauf von 1000 Jahren musste man den letzten Tagen doch besondere Aufmerksamkeit widmen. In der geheimen Offenbarung des Johannes, der Apokalypse, heißt es (Offb 20,7–15), nach 1000 Jahren sei die Zeit vollendet. Dann werde der Satan aus seinem Gefängnis freigelassen. Er werde ausziehen, um die Völker der Erde, Gog und Magog, zu verführen und zusammenzuholen für den Kampf. Diese Völker würden das Lager der Heiligen und die Stadt Gottes umzingeln, bis Feuer vom Himmel falle und sie vertilge. Dann werde das Endgericht gehalten, dann würden die Toten nach ihren Werken gerichtet. Wer nicht im Buch des Lebens verzeichnet sei, werde in den Feuersee geworfen.

Die Gelehrten begannen zu rechnen, wann die 1000 Jahre abgelaufen seien. Man begann Naturereignisse und Katastrophen danach zu befragen. Schon bei Otto III. ist eine gesteigerte Unruhe in diesem Sinne zu beobachten.[48] Von Heinrich II. wird gar berichtet, er sei schon als Herzog von Bayern davon überzeugt gewesen, dass in

---

45   Thietmar, Chronik (wie Anm. 2), lib. VI, cap. 38, S. 323.
46   Ebd., lib. I, cap. 26, S. 35.
47   Johannes FRIED, Endzeiterwartung um die Jahrtausendwende. In: Deutsches Archiv 45 (1989) S. 381–473.
48   Ebd., S. 431.

seinen Tagen „das Ende der Zeiten bevorstünde"[49]. Der König ließ im Kloster auf der Insel Reichenau Apokalypsen-Handschriften herstellen, die reich mit Bildern ausgeschmückt waren.[50] Solche Endzeithandschriften gab es vorher im Reich nicht. Hier war nun zu sehen, wie beim Jüngsten Gericht Christus als Weltenrichter auf dem Thron sitzt und, umgeben von Engeln und Aposteln, das Kreuz als Zeichen des Lebens in seiner Rechten hält. Unter ihm werden die Guten und die Bösen voneinander getrennt, indem ihnen zwei Engel die auf Schriftrollen eingetragenen guten oder bösen Taten vorhalten und das Urteil verkünden. So gelangen die Gerechten zur ewigen Seligkeit, die Bösen aber werden in den aufgerissenen Rachen des bösen Tiers geworfen.

Diese gesteigerte Endzeiterwartung führte dazu, dass die Bischöfe in ihrem Eifer noch weiter angetrieben wurden. Der gute Christ, das gehört zu allen Zeiten zu den Grundregeln des Christentums, erwartete den Jüngsten Tag nicht in Lethargie und Untätigkeit, sondern in dem Bemühen, bereit zu sein. Mit dieser Einstellung ist auch zu erklären, dass in diesen Jahrzehnten um die Jahrtausendwende die Bischöfe in einem unglaublichen Kraftakt ihre Kirchen prachtvoll ausbauen oder ganz neu errichten ließen.[51] „Es war, als würde die Kirche ihr altes Gewand ablegen und ein neues, hell strahlendes Kleid aus neuen Bauwerken überstreifen", so kommentierte der Mönch Rodulfus Glaber aus Burgund um 1030 diese Vorgänge.[52]

In dieser Phase wandten sich die Bischöfe ganz bestimmten Heiligen zu, von denen am Jüngsten Tag besondere Hilfe zu erwarten war. An vorderster Stelle stand der heilige Stephan.[53] Er war der erste Märtyrer, und er hat als erster den gewöhnlichen Sterblichen den Weg in den Himmel gezeigt. So ließ Erzbischof Willigis das Stift St. Stephan in Mainz errichten[54], und Heinrich II. selbst stiftete in Bamberg dem Heiligen ein Kloster. Auch der Erzengel Michael erfuhr nunmehr besondere Verehrung, denn er ist am Jüngsten Tag einer der Engel, der die Bösen von den Guten trennen

---

49 Wolfher, Vita Godehardi episcopi prior, hg. von Georg Heinrich Pertz. In: MGH SS 11. Hannover 1854, cap. 11, S. 176.

50 Das Buch mit 7 Siegeln. Die Bamberger Apokalypse. Eine Ausstellung der Staatsbibliothek Bamberg in Zusammenarbeit mit dem Haus der Bayerischen Geschichte. Katalog, hg. von Gude Suckale-Redlefsen und Bernhard Schemmel. Luzern 2000.

51 Frank G. Hirschmann, Der Ausbau der Kathedralstädte im frühen 11. Jahrhundert. In: Aufbruch ins zweite Jahrtausend. Innovation und Kontinuität in der Mitte des Mittelalters, hg. von Achim Hubel und Bernd Schneidmüller (= Mittelalter-Forschungen 16). Ostfildern 2004, S. 73–116.

52 Rodulfus Glaber, Historiarum libri quinque, hg. und übersetzt von John France, Rodulfus Glaber. The Five Books of the Histories (= Oxford Medieval Texts). Oxford 1989, lib. III, cap. 4, S. 116.

53 Stefan Weinfurter, Der heilige Stephan im Mittelalter. In: Gonsenheimer Jahrbuch 14 (2006) S. 5–17.

54 Helmut Hinkel (Hg.), 1000 Jahre St. Stephan in Mainz. Festschrift (= Quellen und Abhandlungen zur mittelrheinischen Kirchengeschichte 63). Mainz 1990.

Der Originalbericht in der Chronik des Merseburger Bischofs Thietmar (1009–1018), entstanden zwischen 1012 und 1018, über den Eklat auf dem Hoftag zu Frankfurt 1007, lib. VI, cap. 30–32.
Die Handschrift mit eigenhändigen Randbemerkungen Thietmars wurde bei der Bombardierung Dresdens 1945 stark beschädigt, aber es war bereits 1905 ein gutes Faksimile angefertigt worden. Chronicon Thietmari Merseburgensis, fol. 111b und 112a, Bild: Digitale Edition, MGH-Bibliothek Projekt Merseburger Schriftlichkeit

wird.⁵⁵ Bischof Bernward von Hildesheim gründete das Kloster St. Michael in seiner Stadt⁵⁶, und erneut reihte sich auch der König ein, der in Bamberg das Kloster auf dem Michelsberg errichten ließ.

Vor dieser hoch gesteigerten Erwartungshaltung auf das bevorstehende Welten-Ende erhält die Idee des Moses-Königtums plötzlich einen ganz besonderen Stellenwert. Gerade diese Zeit erforderte den König, der wie das alttestamentliche Vorbild die Gebote Gottes in Kirche und Welt zur Geltung zu bringen vermochte. Umso mehr musste man ihm gehorchen, umso mehr konnte er verlangen, dass ihm unbedingter Gehorsam geleistet würde. Mitunter erhoben sich zaghaft auch kritische Stimmen gegen diese Gehorsamsforderung, aber letztlich wurde sie doch nicht öffentlich und direkt in Zweifel gezogen.

*

Nur ein einziges Mal drohte der Eklat. Damit kommen wir auf die eingangs geschilderte Situation auf dem Hoftag zu Frankfurt von 1007 zurück. Die Gründung des Bistums Bamberg stellte insofern ein gravierendes Problem dar, als dafür ein anderer Bischof, derjenige von Würzburg, Teile von seinem Bistum abtreten musste. Ein Bischof aber war gemäß dem Kirchenrecht mit seiner Diözese in eine unauflösbare Verbindung getreten und musste darauf achten, dass seiner Kirche niemals Schaden zugefügt werde. Mit diesem Rechtssatz argumentierte Bischof Heinrich von Würzburg (996–1018), der sich weigerte, die Gebiete seines Bistums für die Neugründung Bamberg abzutreten. Vorsichtshalber blieb er selbst der Synode fern und schickte seinen Kaplan Berengar. Dieser trug nun die Würzburger Position vor: Würden die Kollegen zustimmen, so sei damit ein Präzedenzfall geschaffen, der für sie alle böse Auswirkungen hätte, denn das Recht der Kirche, das mit dem Gesetz Gottes identisch war, würde missachtet.⁵⁷ Das Projekt Bamberg stand auf der Kippe.

Damit wird die ganze Dimension dieser Situation deutlich. Heinrichs II. königlicher Wille, die Forderung also des von Gott beauftragten Königs, stieß mit dem Rechtsgebäude der Bischöfe, mit ihren kirchlichen Rechtsgrundsätzen zusammen. Auf der Frankfurter Versammlung kam es zur entscheidenden Auseinandersetzung zweier Ordnungsprinzipien. Auf der einen Seite stand das Kirchenrecht der Bischöfe, das, wie geschildert, in diesen Jahren zu einer Art Grundgesetz der gesamten politischen Ordnung wurde. Auf der anderen Seite waren die Ordnungsvorstellungen des Königs verbindlich, der sich als Stellvertreter Christi sah und unbedingten Gehorsam

---

55 Fried, Endzeiterwartung (wie Anm. 47), S. 466.

56 Johannes Cramer, Werner Jacobsen und Dethard von Winterfeld, Die Michaeliskirche. In: Bernward von Hildesheim, Ausstellungskatalog (wie Anm. 20), S. 369–382.

57 Thietmar, Chronik (wie Anm. 2), lib. VI, cap. 32, S. 313.

verlangte – auch von den Bischöfen. Niemals sonst war die Autorität Heinrichs II. so gefährdet wie in dieser Situation auf dem Konzil von Frankfurt am 1. November 1007. Würden die Bischöfe sich seinem Wunsch versagen, dann würden sie seine gesamte Autorität in Zweifel ziehen. Frankfurt war, so kann man sagen, der entscheidende Prüfstein für Heinrichs II. Königtum.

Die Vertrauten des Herrschers haben in dieser Situation einmal mehr mit Römer 13 argumentiert. Ungehorsam gegenüber der von Gott eingesetzten Obrigkeit, so ihre Warnung, würde für die widerspenstigen Bischöfe zur ewigen Verdammnis führen[58]. Außerdem sei doch das Gebiet um Bamberg noch von Heiden bewohnt und habe für den Würzburger Bischof gar keinen Wert.[59] Auf der anderen Seite wurden, wie es heißt, die Privilegien der Würzburger Kirche mit „lauter Stimme" verlesen[60]. Das Recht der Kirche, so wurde damit zum Ausdruck gebracht, stand fest und unverrückbar. Der König drohte zu scheitern, ja mehr noch, seine ganze Autoritätsbasis drohte wegzubrechen.

Da warf er sich demütig zu Boden. Diese Aktion änderte die Situation schlagartig. Angesichts der demütigenden Bitte waren den Bischöfen die Hände gebunden, denn im König demütigte sich Christus selbst. So konnten die engen Freunde des Königs das Ruder herumreißen. Erzbischof Willigis, der die Synode leitete, stellte die Frage nach dem Urteil, und Erzbischof Tagino von Magdeburg ergriff sogleich das Wort, indem er einen Kompromiss vorschlug: Königlicher Wille und kirchliches Recht der Bischöfe müssten sich nicht widersprechen – heute würde man sagen: ein Verhandlungstrick, der wie ein Kompromissvorschlag wirkte[61]. Damit war der Durchbruch erreicht, und die anderen Bischöfe schlossen sich an. So setzte sich 1007 eine Ordnungskonzeption durch, bei der sich die Reichsbischöfe ganz in den Dienst ihres Kollegen, des Königs, stellten. Niemals mehr zogen sie die theokratische Herrscherautorität Heinrichs II. in Zweifel. Der König war fortan mächtiger denn je. Erst 70 Jahre später, 1076/1077, brach dieses Modell der Einheit von König und Bischofskirche dann doch auseinander. „Canossa" steht hierfür als Chiffre[62] – einer der heftigsten Umbrüche der mittelalterlichen Geschichte, wenn man das Denken und Ordnungsgefüge der Zeit Heinrichs II., des Erzbischofs Willigis und seiner Bischofskollegen damit in Beziehung setzt.

---

58 Philipp JAFFÉ, Monumenta Bambergensia (= Bibliotheca rerum Germanicarum 5). Berlin 1869, S. 472–479.
59 Ebd., S. 31.
60 Thietmar, Chronik (wie Anm. 2), lib. VI, cap. 32, S. 313.
61 Ebd.: *Iusta voluntas et peticio regis consensu omnium vestrum legaliter potest impleri.*
62 Stefan WEINFURTER, Canossa. Die Entzauberung der Welt. München ³2007.

Ein Dom für König, Reich und Kirche

Der Dombau des Willigis und die Mainzer Bautätigkeit im 10. Jahrhundert[1]

Ernst-Dieter Hehl

Zur Erinnerung an Walter G. Rödel (1940–2009),
den Freund und Kenner des Mainzer Domes

Von dem Dom, den Erzbischof Willigis von Mainz (975–1011) in seiner Bischofsstadt hat erbauen lassen, ist heute nur noch wenig zu sehen.[2] Das gewaltige Ausmaß des westlichen Querhauses ist noch zu erkennen. Die Untergeschosse der östlichen, dem Rhein zugewandten Treppentürme dürften noch von seinem Bau stammen. Vor allem aber nennen die bronzenen Türen des Marktportals den Namen des Willigis.[3] Diese Türen bilden das gedankliche Zentrum der folgenden Überlegungen. Denn die Inschrift auf den Türen scheint mir die Antwort auf die Fragen zu geben, für die sich ein Historiker besonders interessiert. Wann hat Erzbischof Willigis mit dem Bau des Domes begonnen? Und vor allem: Warum hat er in Mainz überhaupt einen neuen Dom gebaut? Das ist eine komplizierte Geschichte.

---

[1] Der Beitrag führt Überlegungen meines in Anm. 24 genannten Aufsatzes weiter. Vgl. auch meine in Anm. 13 und 77 genannten Abschnitte in: Mainz. Die Geschichte der Stadt, hg. von Franz DuMONT u. a. Mainz 1998; Handbuch der Mainzer Kirchengeschichte, hg. von Friedhelm JÜRGENSMEIER, Bd. 1: Christliche Antike und Mittelalter, Teil 1 (= Beiträge zur Mainzer Kirchengeschichte 6/1,1). Würzburg 2000. Die in den Monumenta Germaniae Historica (= MGH) erschienenen Quellenausgaben zitiere ich in Anlehnung an die üblichen Abkürzungen. Nach Möglichkeit verweise ich zusätzlich auf die lateinisch-deutschen Ausgaben in: Ausgewählte Quellen zur Geschichte des Mittelalters. Freiherr vom Stein Gedächtnisausgabe (= FSGA), der dann auch die Übersetzungen entnommen sind. Weitere Abkürzungen: DI Mainz = Die Inschriften der Stadt Mainz von frühmittelalterlicher Zeit bis 1650, gesammelt und bearbeitet von Fritz Viktor ARENS aufgrund der Vorarbeiten von Konrad F. BAUER (= Die Deutschen Inschriften 2). Stuttgart 1958.

[2] Vgl. im vorliegenden Jahrbuch den Beitrag von Dethard VON WINTERFELD; Karl Heinz ESSER, Der Mainzer Dom des Erzbischofs Willigis. In: Willigis und sein Dom. Festschrift zur Jahrtausendfeier des Mainzer Domes 975–1975, hg. von Anton Ph. Brück (= Quellen und Abhandlungen zur mittelrheinischen Kirchengeschichte 24). Mainz 1975, S. 135–185, hier S. 140.

[3] DI Mainz (wie Anm. 1), S. 7, Nr. 5; Siste viator et lege. Bleib stehen, Wanderer, und lies. Die lateinischen Inschriften der Stadt Mainz von der Antike bis zur Neuzeit. Texte mit Übersetzungen und kurzen Erläuterungen, hg. von Jürgen BLÄNSDORF. Mainz 2008, S. 13, Nr. 1a. Siehe Text und Interpretation unten bei Anm. 65.

An ihrem Ende steht ein großes Fest. Siebzehn Bischöfe waren anwesend. Der Kaiser und seine Frau waren gekommen, ebenso der Thronfolger mit seiner Gemahlin. Am 10. November 1036 weihte Erzbischof Bardo den neuen Dom zu Mainz, am folgenden Martinstag wird hier nochmals ein feierlicher Gottesdienst zu Ehren des Bistumsheiligen stattgefunden haben, mit dem die Domweihe ihren Abschluss fand.[4] Und doch: Obwohl Kaiser Konrad II. und sein bereits zum König gekrönter Sohn Heinrich III. mit ihren Ehefrauen zugegen waren, erstrahlte Mainz nicht in dem Glanz, den es in den Augen von Erzbischof Willigis hatte, als dieser den Bau eines neuen Domes ins Werk setzte. Trotz allem: Es war ein großes Fest.

*

Ein großes Fest war auch die Weihe des Domes, die Willigis selbst im Jahre 1009 vorgenommen hat oder vornehmen wollte und nicht vollenden konnte. Die Quellen berichten aber nur über das Unglück, das den Erzbischof und den Dom damals heimsuchte.[5] Der Bau brannte am Tag der Weihe nieder. Ungewiss ist, ob er schon geweiht war oder ob der Brand unmittelbar davor ausgebrochen ist. Die Quellen nennen entweder den 29. oder 30. August als Tag des Brandes. Beide Tagesangaben sind sinnvoll. Denn die Weihe einer neu errichteten Kirche konnte zwei Tage dauern und am Abend des Vortages beginnen, an dem die Reliquien für den Hauptaltar bereitgestellt wurden.[6] Deshalb heißt es auch, „am Tag der Weihe" sei der Dom niedergebrannt. Seine Weihe hatte, dies ist die einfachste Erklärung, nicht zu Ende geführt werden können. Auf welchen der beiden für die Weihe vorgesehenen Tage

---

4   Johann Friedrich BÖHMER, Regesta archiepiscoporum Maguntinensium. Regesten zur Geschichte der Mainzer Erzbischöfe von Bonifatius bis Heinrich II. 742?–1288, bearb. und hg. von Cornelius WILL, Bd. 1: Von Bonifatius bis Arnold von Selehofen 742?–1160. Innsbruck 1877, ND Aalen 1966, S. 169–170, Nr. 25; Johann Friedrich BÖHMER, Regesta Imperii III/1: Die Regesten des Kaiserreiches unter Konrad II. 1024–1039, neubearb. von Heinrich APPELT. Graz 1951, Nr. 244a.

5   Die Nachrichten sind verzeichnet bei BÖHMER/WILL (wie Anm. 4), S. 141, Nr. 164.

6   Vgl. den Ordo 40 des Pontificale Romano-Germanicum, ed. Cyrille VOGEL und Reinhard ELZE, Le Pontifical Romano-Germanique du dixième siècle, 3 Bde. (= Studi e Testi 226, 227, 269). Città del Vaticano 1963–1972, hier 1, S. 124–173; das Bereitstellen der Reliquien am Vorabend der Weihe in 40,1: *Primum veniat episcopus ... ad tentorium in quo reliquie praeterita nocte cum vigiliis fuerunt* (S. 124). Nur einen Tag für die Kirchweihe sieht der Ordo 33 des Pontificale vor (S. 82–89). Das Pontificale ist um 960 in Mainz (St. Alban) zusammengestellt worden. Bei der Weihe der Gandersheimer Klosterkirche 1007 ist der Ordo 40 verwendet worden, vgl. Karl Josef BENZ, Untersuchungen zur politischen Bedeutung der Kirchweihe unter Teilnahme der deutschen Herrscher im hohen Mittelalter. Ein Beitrag zum Studium des Verhältnisses zwischen weltlicher Macht und kirchlicher Wirklichkeit unter Otto III. und Heinrich II. (= Regensburger Historische Forschungen 4). Kallmünz 1975, S. 292–296.

der Berichterstatter den Brand datierte, war ihm überlassen, erst recht, wenn der Brand in der Nacht vom 29. auf den 30. August ausgebrochen sein sollte. Doch barg der Ritus, mit dem eine Kirche geweiht wurde, selbst eine Möglichkeit, die zu dem Brand geführt haben könnte.

Das Weihedatum selbst legt aber noch eine weitere Spur zur Rekonstruktion der Vorgänge. Anders als bei der Weihe von 1036, in deren Mitte das Martinsfest stand, scheint es nicht an Mainzer Eigentümlichkeiten anzuknüpfen. Und doch ist dies der Fall. Denn am 29. August gedachte die kirchliche Liturgie der Enthauptung Johannes des Täufers.[7] Die Weihe des Martinsdomes ist 1009 mit einem Fest des Patrons der heutigen Johanniskirche verknüpft, während sie sich 1036 mit dem Martinstag verband.

Die Johanniskirche und das zugehörige Stift sind erstmals 1128 unter diesem Namen bezeugt.[8] Die Gründung des Stifts hat – so die allgemeine Meinung der Forschung – Erzbischof Bardo bei der Domweihe 1036 vorgenommen. Doch das eigentliche Problem ist ein anderes. War die Johanniskirche mit dem alten Dom identisch, der jetzt durch einen „Neubau auf grüner Wiese" ersetzt wurde? Oder hatte die Johanniskirche in der Zeit des Dombaus als Ausweichquartier gedient und nur vorübergehend die Funktion des alten Domes übernommen, den man niedergelegt hatte, um ihn durch einen Neubau zu ersetzen?[9] Da der Neubau des Willigis 1009 dem Feuer zum Opfer fiel, diente sie jedenfalls bis 1036 als Domkirche.

Die wichtigste Nachricht über die Vorgänge von 1009 deutet darauf hin, dass es sich bei der heutigen Johanniskirche um den alten Mainzer Dom handelt. Die Quedlinburger Annalen unterscheiden zwischen einer „alten" und einer „neuen" Basilika. Sie schreiben:

---

7   Auf den Johannistag weist hin Josef HEINZELMANN, Mainz zwischen Rom und Aachen. Erzbischof Willigis und der Bau des Mainzer Domes. In: Jahrbuch für westdeutsche Landesgeschichte 30 (2004) S. 7–32, hier S. 24; siehe dazu unten bei Anm. 57.

8   Ludwig FALCK, Mainz im frühen und hohen Mittelalter. Mitte 5. Jahrhundert bis 1244 (= Geschichte der Stadt Mainz 2). Düsseldorf 1972, S. 92.

9   Hubert BÖCKMANN, Das Stift St. Johannes Baptista in Mainz (Geschichte, Verfassung, Besitz), 2 Teile. Diss. phil. (masch.). Mainz 1955, hier 1, S. 126–142, sieht in der Johanniskirche den ursprünglichen Mainzer Dom, der durch den nebenan errichteten Neubau des Willigis abgelöst werden sollte. Ihm folgt Fritz ARENS, Die Kunstdenkmäler der Stadt Mainz, Teil 1: Die Kirchen St. Agnes bis Hl. Kreuz (= Die Kunstdenkmäler von Rheinland-Pfalz 4/1). München 1961, S. 415–422. Für die Johanniskirche als „Ausweichquartier" plädiert zuletzt Franz STAAB, Mainz vom 5. Jahrhundert bis zum Tod des Erzbischofs Willigis (407–1011). In: Mainz. Die Geschichte der Stadt (wie Anm. 1), S. 71–107, hier S. 100.

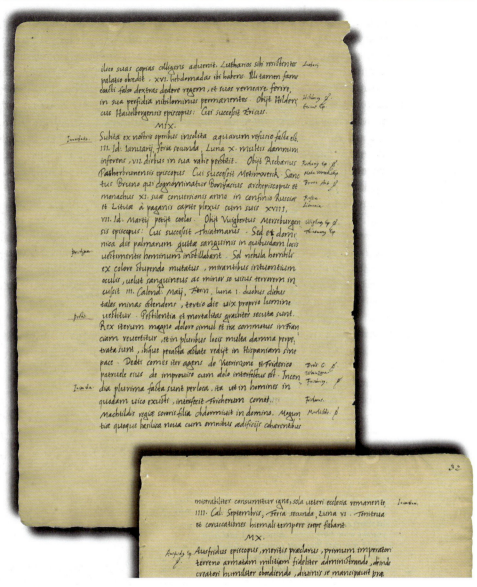

Die älteste Nachricht über den Mainzer Willigis-Dom bzw. zugleich seine Zerstörung am Termin der geplanten Weihe 29./30. August 1009 in den „Quedlinburger Annalen". Ursprünglich wurden diese Annalen wahrscheinlich von einer der Damen des Quedlinburger Servatiusstiftes zwischen 1008 und 1030 aufgezeichnet. Das Originalmanuskript ging jedoch verloren. So sind die Annalen einzig in der oben abgebildeten Abschrift, die für die 1556 vom Kurfürst August von Sachsen gegründete Dresdener Bibliothek angefertigt wurde, erhalten.
Sächsische Landesbibliothek – Staats und Universitätsbibliothek Dresden,
Mscr. Dresd. Q. 133,4; S. 64 und 65

„Am 29. August, einem Montag, wurde beklagenswerterweise in Mainz die neue Basilika und alle angrenzenden Gebäude durch ein Feuer verzehrt und nur die alte Basilika blieb verschont".[10]

Aber die Brandkatastrophe überschattete alles. Nur über sie berichten die Quellen. Kein Wort verlautet darüber, was sonst in diesen Tagen in Mainz geschah. Wie viele Bischöfe zur Domweihe gekommen waren, sagen die Quellen nicht. Und anders als zur geglückten Weihe von 1036 erfahren wir auch nicht, ob der Herrscher 1009 in Mainz anwesend war.

Und doch müssen wir das annehmen. Denn nur wenige Tage später stellte König Heinrich II. am 3. September 1009 in Ingelheim zwei Urkunden für das Kanonissenstift Gandersheim aus.[11] Am 6. Juli 1009 hatte Heinrich in Frankfurt und Mainz geurkundet.[12] Dann war er zu einem Feldzug gegen den Bischof von Metz und dessen Bruder nach Oberlothringen aufgebrochen. Anfang September finden wir ihn in Ingelheim, wo sich seit der Karolingerzeit eine königliche Pfalz befand. Hier könnte während des Feldzugs seine Frau Kunigunde zurückgeblieben sein, deren Fürbitte und Zustimmung in den Urkunden aus Frankfurt und Mainz erwähnt ist. Die Urkunden für Gandersheim ergehen mit Fürbitte oder Zustimmung Sophias, der Äbtissin des Stifts und der Schwester Ottos III., des Vorgängers Heinrichs II. auf dem Königsthron. Auch Sophia dürfte an den Mittelrhein gekommen sein, um der Domweihe in Mainz beizuwohnen. Sie tat das aus gutem Grund, aus Ehrerbietung und aus Dankbarkeit gegenüber Willigis. Denn der Mainzer Erzbischof war der wichtigste Verbündete des Stifts Gandersheim gewesen, als sich Gandersheim der Zugehörigkeit zu dem Bistum Hildesheim entziehen und Mainz unterstellen wollte. Auch wenn Gandersheim dann bei Hildesheim blieb, so hatte während dieser Auseinandersetzung doch Willigis und nicht der Hildesheimer Bischof Bernward im Jahre 1002 Sophia zur Äbtissin geweiht, am gleichen Tag, als er in Paderborn Kunigunde, Heinrichs II. Gemahlin zur Königin krönte.[13] Sophia dürfte zur Domweihe eingeladen gewesen sein. Sie nutzte die Gelegenheit, um zwei Königsurkunden für ihr Stift zu erwerben. Sie wusste, dass sie bei der Domweihe mit Heinrich II. zusammentreffen würde.

---

10 Annales Quedlinburgenses ad annum 1009: *Moguntiae quoque basilica nova cum omnibus aedificiis cohaerentibus miserabiliter consumitur igne sola veteri remanente IIII. Cal. Septembris, feria secunda, luna VI.*, ed. Martina GIESE (= MGH SS rer. Germ. 72). Hannover 2004, S. 529.

11 Johann Friedrich BÖHMER, Regesta Imperii II/4: Die Regesten des Kaiserreiches unter Heinrich II. 1002–1024, neubearb. von Theodor GRAFF. Wien u. a. 1971, Nr. 1717 und 1718.

12 BÖHMER/GRAFF (wie Anm. 11), Nr. 1711–1716. Kunigunde wird in Nr. 1714 und 1716 genannt.

13 Zu den Auseinandersetzungen zwischen Willigis und Bischof Bernward von Hildesheim vgl. zusammenfassend Ernst-Dieter HEHL, Die Mainzer Kirche in ottonisch-salischer Zeit (911–1122). In: Handbuch der Mainzer Kirchengeschichte 1/1 (wie Anm. 1), §§ 7–9, S. 195–280, hier S. 237–242; zur Krönung Kunigundes und Weihe Sophias ebd., S. 244.

Heinrich hingegen hätte den Mainzer Erzbischof auf das Tiefste gekränkt, wenn er nicht zur Domweihe gekommen wäre, obwohl er sich zu dieser Zeit eine knappe Tagesreise von Mainz entfernt aufgehalten hatte. Mit Willigis hätte er den Erzbischof brüskiert, der ihn 1002 bei dem Erwerb der Königswürde unterstützt und in Mainz zum König gekrönt hatte.[14]

Am 29. und 30. August 1009 waren – davon müssen wir ausgehen – König Heinrich und seine Gemahlin Kunigunde, sowie als Angehörige der Familie Ottos III. Sophia von Gandersheim und vermutlich auch ihre Schwester Adelheid, die Äbtissin von Quedlinburg, in Mainz versammelt. Zahlreiche Bischöfe aus der Mainzer Kirchenprovinz waren zugegen, unter ihnen wohl Burchard von Worms, der seine Bischofswürde Willigis von Mainz verdankte, sowie Bischöfe aus anderen Regionen des Reichs. Das alles spielte angesichts des Dombrandes keine Rolle mehr. Keine Quelle berichtet darüber. Was über die Feier erzählt werden konnte, war gleichsam in den Flammen des Brandes aufgegangen. Die Historiographie wollte den König und die illustre Gesellschaft nicht in Verbindung mit einem schwarzen Tag der Mainzer Kirche und ihres Erzbischofs Willigis bringen.

Deshalb fehlen Nachrichten, denen sich entnehmen ließe, welche Absichten Willigis mit dem Dombau verfolgte. Auch wann er damit begonnen hat, lässt sich nicht ohne weiteres bestimmen, denn die Angaben der Quellen sind nur scheinbar präzis.[15] Dass aber bei einer Kirchweihe kirchenpolitische Ansprüche und Entscheidungen öffentlich demonstriert werden konnten, hatte Willigis an anderem Ort selbst erlebt, und er war in die liturgische Festschreibung solcher Entscheidungen selbst eingebunden gewesen.

*

Am 16. Oktober 992 hatte Bischof Hildeward von Halberstadt den Dom seiner Bischofsstadt geweiht.[16] Er hatte einen neuen Dom errichten müssen, denn der alte, aus der Karolingerzeit stammende, war eingestürzt. Am gleichen Platz war der neue von den Fundamenten aufwärts neu gebaut worden. Der alte und der neue Dom standen unter dem Patrozinium des hl. Stephan. Aber kein Stephansfest hatte man für die Weihe gewählt. Stattdessen entschied sich Hildeward für das Fest des hl. Gallus.

---

14   Vgl. Stefan WEINFURTER, Heinrich II. (1002–1024). Herrscher am Ende der Zeiten. Regensburg 1999, S. 36–58, zu Willigis bes. S. 47–52.

15   Siehe unten bei Anm. 24.

16   Zur Halberstädter Domweihe vgl. BENZ, Kirchweihe (wie Anm. 6), S. 21–54 und 223–267; Gerd ALTHOFF, Magdeburg – Halberstadt – Merseburg. Bischöfliche Repräsentation und Interessenvertretung im ottonischen Sachsen. In: Herrschaftsrepräsentation im ottonischen Sachsen, hg. von Gerd Althoff und Ernst Schubert (= Vorträge und Forschungen 46). Sigmaringen 1998, S. 267–293, hier S. 282–285. Siehe auch unten bei Anm. 22.

Er tat das bewusst und aus persönlichen Gründen. Denn Hildeward hatte im Kloster St. Gallen seine geistliche Ausbildung erhalten.[17] Die Domweihe am Gallustag bezeugte seine Verbundenheit mit dem Kloster und seine Dankbarkeit gegenüber dessen Schutzheiligen.

Willigis als Oberhaupt der Mainzer Kirchenprovinz, zu der Halberstadt gehörte, war gekommen[18], der benachbarte Magdeburger Erzbischof Giselher war erschienen, zugegen waren der Erzbischof von Hamburg-Bremen und zahlreiche Bischöfe aus den Kirchenprovinzen der drei Metropoliten. Auch der erst 12-jährige und damit noch minderjährige König Otto III. war anwesend. Seine Großmutter Adelheid, die Witwe Ottos des Großen, begleitete den jungen König. Nach dem Tod seiner Mutter Theophanu, die nach dem Tod des Vaters die Regentschaft übernommen hatte, führte 992 Adelheid für ihren Enkel die „Regierungsgeschäfte".

Bischof Hildeward weihte den Hauptaltar seines neuen Domes, wie es ihm als Bischof der Diözese gebührte. Sein Metropolit Willigis vollzog die Weihe des Altars auf der Westempore. Die übrigen Bischöfe wurden geehrt, indem man auch ihnen die Weihen einzelner Altäre überließ. Doch neben das liturgische Fest trat kirchenpolitische Demonstration. Der junge König legte sein Szepter auf dem Hauptaltar nieder. Zwei der Altäre wurden auf einen Heiligen geweiht, dem für Halberstadt 992 eine besondere Rolle zukam. In einen der Altäre wurden Reliquien des Märtyrers Laurentius eingeschlossen, in einen anderen solche des Bischofs Ulrich von Augsburg. Den Laurentius-Altar weihte der Wormser Bischof Hildebald, den Ulrichaltar Liudolf, der dritte Nachfolger Ulrichs in der Augsburger Bischofswürde.

Beide Altarweihen stehen in einem kirchenpolitischen Zusammenhang.[19] Ulrich von Augsburg hatte 955 seine Bischofsstadt gegen die Ungarn verteidigt, bis Otto der Große mit einem Heer herbeigeeilt war und die Ungarn am 10. August auf dem Lechfeld entscheidend besiegte. Laurentius ist der Tagesheilige des 10. August. Ihm gelobte Otto die Gründung eines Bistums, der siegbringende Heilige sollte im Reich Ottos in einer Bischofskirche verehrt werden. Verwirklichen ließ sich der Plan, in Magdeburg ein Erzbistum und in Merseburg ein dem Patronat des Laurentius stehendes Bistum zu errichten, erst nach langem Hin und Her, nämlich 967/68.[20] Denn diese neuen kirchlichen Einrichtungen sollten auf dem Boden des Halberstädter Bistums und damit der Kirchenprovinz Mainz entstehen. Sowohl der Mainzer

---

17 Die Chronik des Bischofs Thietmar von Merseburg und ihre Korveier Überarbeitung, hg. von Robert HOLTZMANN (= MGH SS rer. Germ. N. S. 9). Berlin 1935, hier IV,18, S. 152 = FSGA 9: Thietmar von Merseburg, Chronik, hg. von Werner TRILLMICH. Darmstadt 1957, S. 134/135.

18 BÖHMER/WILL (wie Anm. 4), S. 127, Nr. 82.

19 Vgl. HEHL, Mainzer Kirche (wie Anm. 13), S. 229–231.

20 Zum Problem der Gründung, Auflösung und Wiederherstellung des Bistums Merseburg vgl. Ernst-Dieter HEHL, Merseburg. Eine Bistumsgründung unter Vorbehalt. In: Frühmittelalterliche Studien 31 (1997) S. 96–119, hier S. 114–115 zur Halberstädter Domweihe.

Erzbischof als auch der Bischof von Halberstadt widersetzten sich den Plänen Ottos. Erst eine Vakanz auf dem Halberstädter Bischofssitz bot Otto dem Großen, seit 962 Kaiser, die Möglichkeit, den Widerstand aus Halberstadt zu überwinden und dem neuen Bischof, nämlich Hildeward, eine Zustimmung zu seinen Plänen abzuringen. Der Mainzer Erzbischof hatte seine Opposition schon früher aufgegeben.

Hinsichtlich des Bistums Merseburg war die Halberstädter Zustimmung von fragwürdiger Natur. So konnte Hildeward 981 erreichen, dass Papst Benedikt VII. auf einer römischen Synode das Bistum wieder auflöste, dessen Gründung Hildeward nie ausdrücklich zugestimmt habe. Die Diözese wurde unter Magdeburg und Halberstadt aufgeteilt. Die Autorität Kaiser Ottos II. stand hinter dieser päpstlichen Entscheidung über die Organisation der Kirche des nordalpinen Reiches.[21]

Heilige sterben nicht. Für Laurentius bedeuteten deshalb die Maßnahmen von 981, dass man ihm etwas genommen hatte, was man ihm 955 gelobt und 967/68 übertragen hatte: nämlich eine Bischofskirche in Merseburg. So sahen das zumindest diejenigen, die auf eine Wiederherstellung des Bistums hinarbeiteten. In ihren Augen waren die Niederlage, die Otto II. 982 in Süditalien gegen die Sarazenen erlitten hatte, und sein baldiger Tod die Strafe für den Frevel, den er an dem Märtyrer begangen hatte. Die Kaiserin Theophanu, Ottos II. Witwe, soll sich während ihrer Regentschaft für ihren Sohn Otto III. (Abb. S. 64) um eine Wiederherstellung Merseburgs und eine Versöhnung des Heiligen bemüht haben.

Erreichen konnte Theophanu nichts, 991 ist sie gestorben. Und nun, 992, wurde die Auflösung Merseburgs liturgisch festgeschrieben. Laurentius erhielt wieder einen Altar in einer Bischofskirche, seine Verehrung wurde gleichsam von Merseburg nach Halberstadt übertragen. Den Bischof, der ihm nun einen Altar weihte, hatte man sorgfältig ausgesucht. Denn auch in der Domkirche von Worms gab es einen Laurentiusaltar. Neben ihm hatte man Konrad den Roten beigesetzt, der auf dem Lechfeld den Tod gefunden hatte und nun als neuer Märtyrer im Wormser Dom neben dem siegbringenden römischen Märtyrer die letzte Ruhe finden und das ewige Leben erwarten sollte. Wenn man gleichzeitig Ulrich von Augsburg im Halberstädter Dom zur Ehre der Altäre erhob, dann ist dieser neue Heilige der Garant dafür, dass man die Verpflichtungen gegenüber Laurentius erfüllt habe und weiterhin erfüllen wolle.[22] Der Kindkönig Otto III. verkündete mit der Niederlegung seines Szepters auf dem Altar die Unwiderruflichkeit dieser kirchenpolitischen Maßnahmen. Dass Otto III. dann seit 997 – inzwischen volljährig und zum Kaiser gekrönt – auf die Wiederherstellung Merseburgs hinarbeitete und diese schließlich 1004 unter seinem Nachfolger

---

21 MGH Concilia 6: Die Konzilien Deutschlands und Reichsitaliens 916–1001, hg. von Ernst-Dieter HEHL unter Mitarbeit von Horst FUHRMANN und Carlo SERVATIUS. Hannover 1987–2007, S. 362–376, Nr. 41: Rom, 10. und 11. September 981.

22 Zu Ulrich vgl. Ernst-Dieter HEHL, Lucia/Lucina – Die Echtheit von JL 3848. Zu den Anfängen der Heiligenverehrung Ulrichs von Augsburg. In: Deutsches Archiv für Erforschung des Mittelalters 51 (1995) S. 195–211, hier S. 207–209.

Heinrich II. erfolgte, muss uns hier nicht weiter kümmern. Entscheidend ist: Die Halberstädter Domweihe diente zur Demonstration und Sicherstellung der Position und der Rechte des Bistums Halberstadt in der Kirche des Reiches. Erzbischof Willigis von Mainz hat daran mitgewirkt und war als Metropolit von Halberstadt davon selbst betroffen.

*

Die Domweihe von Halberstadt spiegelt eine konkret zu beschreibende kirchenpolitische Problematik und deren Lösung im Rahmen einer Kirchweihliturgie. Deshalb ist es sinnvoll zu fragen, ob sich auch für Mainz derartige Zusammenhänge erkennen lassen. Die Forschung hat sich lange nur wenig darum gekümmert. Überwiegend war (und ist) sie der Auffassung, Willigis habe bald nach seinem Amtsantritt im Jahre 975 mit dem Bau des neuen Domes begonnen. Kirchenpolitische Absichten, die über den Versuch hinausgehen, die Bedeutung der Mainzer Kirche sichtbar zu machen, schienen nicht erkennbar zu sein. Das liegt zum einen daran, dass der Brand von 1009 in den Quellen alles andere überdeckt hat, zum anderen daran, dass ein Baubeginn um das Jahr 975 stillschweigend vorausgesetzt wurde. Nur beiläufig ist die im gleichen Jahr erfolgte außerordentliche Privilegierung des Mainzer Erzbischofs durch den Papst in Rechnung gestellt worden, sie schien ohne Weiteres zu einem Neubau aus Prestigegründen zu passen.[23]

Zwei annalistische, also nach Jahren geordnete Quellen scheinen zu belegen, dass Erzbischof Willigis sofort oder bald nach seinem Amtsantritt mit dem Bau des neuen Domes begonnen hat. Beide stehen in enger Verbindung zu Mainz.[24] Die zu Beginn des 12. Jahrhunderts im Mainzer Kloster St. Alban entstandenen sogenannten Würzburger Annalen verknüpfen den Dombau mit dem Amtsantritt des Willigis, den sie fälschlich in das Jahr 977 setzen. Nur noch ein einziges Mal erwähnen sie den Erzbischof, als sie seinen Tod im Jahre 1011 vermelden.[25] Nur drei Dinge erfahren wir aus dieser Quelle über Willigis: Amtsantritt, Dombau und Tod. Als einzige

---

23 Zu dem Papstprivileg für Willigis siehe unten bei Anm. 44.

24 Zum Folgenden bereits Ernst-Dieter HEHL, Herrscher, Kirche und Kirchenrecht im spätottonischen Reich. In: Otto III. – Heinrich II. Eine Wende?, hg. von Bernd Schneidmüller und Stefan Weinfurter (= Mittelalter-Forschungen 1). Stuttgart 1997, S. 169–204, hier S. 200 mit Anm. 94; Gerhard WEILANDT, Geistliche und Kunst. Ein Beitrag zur Kultur der ottonisch-salischen Reichskirche und zur Veränderung künstlerischer Traditionen im späten 11. Jahrhundert (= Beihefte zum Archiv für Kulturgeschichte 35). Köln u.a. 1992, S. 160–161.

25 Annales Wirziburgenses ad annum 977, ed. Georg Heinrich PERTZ. In: MGH Scriptores 2. Hannover 1829, S. 238–247, hier S. 242. Vgl. Wilhelm WATTENBACH und Robert HOLTZMANN, Deutschlands Geschichtsquellen im Mittelalter. Die Zeit der Sachsen und Salier. Neuausgabe, besorgt von Franz-Josef SCHMALE, 3 Bde. Darmstadt 1967–71, hier 2, S. 450–451.

seiner Handlungen berichten die Annalen über den Dombau. Allein zu dem Jahr des Amtsantritts oder dem des Todes ließ sich diese Nachricht einordnen. Es ging in den Annalen nicht um eine chronologisch exakte Datierung des Dombaus. Sie wollten vielmehr diejenige Handlung des Erzbischofs nennen, die ihnen als die wichtigste erschienen ist. Den Brand des Domes am Tag der Weihe übergehen die Würzburger Annalen mit Stillschweigen, und auch die Weihe des 1036 vollendeten Domes durch Erzbischof Bardo erwähnen sie nicht. Ihnen galt der Mainzer Dom als Großtat des Willigis, als Willigis-Dom.

Die Annalen aus Disibodenberg übernehmen diesen Bericht über den Amtsantritt des Willigis und den Dombau. Sie setzen den Pontifikatsbeginn richtig in das Jahr 975, und sie ergänzen ihre Vorlage um zwei weitere Nachrichten. Zum einen vermelden sie, dass Willigis auf dem Disibodenberg Kanoniker eingesetzt habe, womit hier wieder Gottesdienst und geistliches Leben ermöglicht wurden. Das betraf den Entstehungsort der Annalen selbst. Zum anderen wissen sie für das Jahr 975, Willigis habe auch das Mainzer Stephansstift errichtet. Dort liege er auch begraben.[26] Die Methode der Berichterstattung in den Disibodenberger Annalen ist klar zu erkennen. Bei der ersten und in diesem Falle einzigen Nennung des Willigis werden seine kirchlichen Großtaten benannt, die in Mainz und diejenige, die Disibodenberg selbst betraf: in Mainz der Bau des Domes und des Stephanstifts, in Disibodenberg die Einrichtung der Kanonikergemeinschaft.

Wiederum geht es nicht um die exakte Datierung eines einzelnen Vorgangs, sondern um eine Gesamtcharakteristik des handelnden Erzbischofs. Datierungen für den Beginn eines Kirchenbaus dürften in dieser Zeit ohnehin selten sein.[27] Festgehalten werden musste aber der Tag der Kirchweihe, der als lokaler Feiertag galt.

Bei dem Mainzer Stephansstift ist das Fest, an dem man liturgisch der Kirchweihe gedachte, später etwas verschoben worden. Willigis hatte seine Gründung am Fest der sogenannten Auffindung des hl. Stephan geweiht, also am 3. August, der später übliche Termin war der Sonntag vor dem Fest der Enthauptung des Johannes, der Sonntag vor dem 29. August.[28] Das Jahr der Weihe war 992, denn in einer Urkunde Ottos III. für St. Stephan aus dem Herbst 992 heißt es, die Kirche sei erst vor kurzem (*noviter*) geweiht worden.[29] Bald nach der Weihe der Mainzer Stephanskirche

---

26 Annales S. Disibodi ad annum 975, ed. Georg WAITZ. In: MGH Scriptores 17. Hannover 1861, S. 4–30, hier S. 6.

27 Siehe unten Anm. 69 das Merseburger Beispiel.

28 Franz STAAB, Die Verehrung des heiligen Stephan. In: 1000 Jahre St. Stephan in Mainz, hg. von Helmut Hinkel (= Quellen und Abhandlungen zur mittelrheinischen Kirchengeschichte 63). Mainz 1990, S. 163–186, hier S. 182.

29 MGH Diplomata regum et imperatorum Germaniae 2/2: Die Urkunden der deutschen Könige und Kaiser 2/2: Die Urkunden Otto des III. Hannover 1893, S. 518–519, DO III. Nr. 107; Manfred STIMMING, Mainzer Urkundenbuch, Bd. 1: Die Urkunden bis zum Tode Erzbischof Adalberts I. (1137). Darmstadt 1932, ND Darmstadt 1972, S. 140–141, Nr. 231. Eine Beteili-

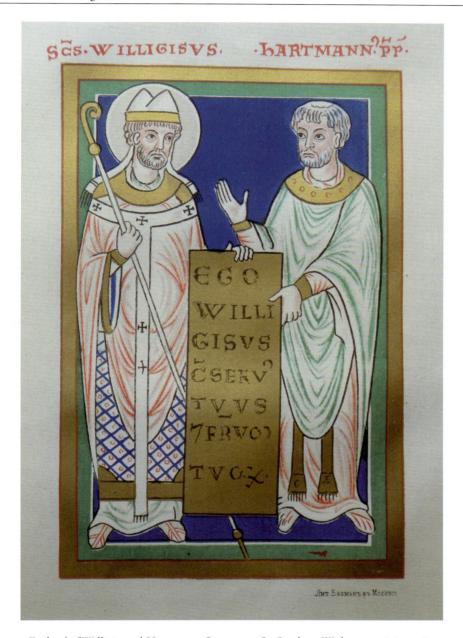

Erzbischof Willigis und Hartmann, Propst von St. Stephan. Widmungsminiatur in: Officium et Miracula Sancti Willigisi (1147). Die Handschrift befand sich bis zum Ende des 18. Jahrhunderts in St. Stephan und liegt heute in der Moskauer Staatsbibliothek. Abbildung nach der Faksimile-Ausgabe des Officium, hg. v. W. Guerrier. Moskau/Leipzig 1869 (Martinus-Bibliothek Mz 341)

hat sich Willigis nach Halberstadt begeben, um dort an der Weihe des dortigen Stephandomes mitzuwirken.

Folgt man der Auffassung, Willigis habe unmittelbar nach seinem Amtsantritt mit dem Bau des neuen Domes begonnen, dann muss er vor Vollendung des Domes eine weitere Großbaustelle in Mainz eröffnet haben, nämlich die des Stephanstifts.[30] Nicht genug damit. Burchard, den späteren Bischof von Worms, unterstützte Willigis bei dem Ausbau des verarmten Victorstifts, im Süden der Stadt, im heutigen Weisenau. Am Bonifatiusfest des Jahres (994 oder) 995 weihte Willigis die Kirche des Stifts, Otto III., der seit 994 mündige König, war zugegen.[31] Sowohl St. Stephan als auch St. Victor wären demnach während des Baus des Domes entstanden und vor diesem fertig geworden. Die ganze finanzielle Kraft des Erzbistums wäre nicht in den Dombau geflossen, dieser hätte nicht einmal unbedingte Priorität genossen.

Für die Stephanskirche ist das vielleicht denkbar. Falls Willigis sie als seine Grabeskirche geplant hatte, wie es allgemein vermutet und worauf noch zurückzukommen sein wird[32], dann musste hier möglichst schnell gebaut werden. Doch zusätzlich zu Dom und St. Stephan noch den Bau des Victorstifts zu finanzieren, wäre ein waghalsiges Unternehmen gewesen. Warum das Victorstift aber vor dem Dom fertiggestellt sein musste, dafür gibt es keinen Grund. Doch es gibt einen Hinweis darauf, dass sich Willigis schon früh um die Victorkirche kümmerte. Denn das große Privileg, das ihm Papst Benedikt VII. 975 verliehen hat, nennt auch die Tage, an denen der neue Erzbischof das Pallium tragen durfte, darunter auch das Fest des hl. Victor, und

---

gung des Königs an der Errichtung des Stephanstifts vermutet Josef HEINZELMANN, Spuren der Frühgeschichte von St. Stephan in Mainz. Ein Beitrag zu einer noch nicht geführten Diskussion. In: Archiv für mittelrheinische Kirchengeschichte 56 (2004) S. 89–100. Heinzelmanns Belege betreffen nur die Güterausstattung des bestehenden Stifts, nicht die Erbauung. Als Bauherr erscheint vielmehr Willigis, er und die Mainzer Kirche werden deshalb auch die Hauptlast der Finanzierung getragen haben. Entscheidend ist die eben genannte Urkunde Ottos III. von 992: ... *ad ecclesiam sancti Stephani protomartyris Christi infra muros Mogontiae in summitate eiusdem civitatis a Vuilligiso venerabili praelibatae ecclesiae archiepiscopo noviter constructam et consecratam.*

30   Einen Überblick über die bischöfliche Bautätigkeit gibt Frank HIRSCHMANN, Stadtplanung, Bauprojekte und Großbaustellen im 10. und 11. Jahrhundert. Vergleichende Studien zu den Kathedralstädten westlich des Rheins (= Monographien zur Geschichte des Mittelalters 43). Stuttgart 1998. Zu Mainz dort S. 257–313, zum Dom des Willigis S. 296–302 und 304–305. Zum „Bischof als Bauherr" vgl. Stephanie HAARLÄNDER, Vitae episcoporum. Eine Quellengattung zwischen Hagiographie und Historiographie, untersucht an Lebensbeschreibungen von Bischöfen des Regnum Teutonicum im Zeitalter der Ottonen und Salier (= Monographien zur Geschichte des Mittelalters 47). Stuttgart 2000, S. 200–224. Generell WEILANDT, Geistliche und Kunst (wie Anm. 24).

31   BENZ, Kirchweihe (wie Anm. 6), S. 55–57.

32   Siehe unten bei Anm. 70 zum Dom als möglicherweise von Willigis vorgesehenen Begräbnisort.

Die sogenannte Willigiskasel (byzantinisch, um 1000) wurde in St. Stephan noch bis 1945 am Festtag des Diözesanheiligen (23. Februar) getragen; seit 1962 wird diese kostbare Glockenkasel im Bischöflichen Dom- und Diözesanmuseum aufbewahrt (Inv. Nr. T 5). Solche Erzeugnisse kamen seit der Hochzeit Theophanus mit Kaiser Otto II. (972) in den Umkreis des ottonischen Herrscherhauses. Theophanu war eine Nichte des oströmischen Kaisers Johannes I. Tzimiskes und regierte nach dem Tod ihres Mannes von 985 bis zu ihrem Tod 991 das Reich für ihren noch unmündigen Sohn Otto III. Nach Theophanus Tod führte dessen Großmutter Adelheid bis 994 die Regierungsgeschäfte.

zwar vor dem Albansfest.[33] Die Victorkirche gehört zu den alten Kirchen von Mainz. Wie sehr sich Willigis um sie und das neue Stift sorgte, spiegeln die unterschiedlichen Nachrichten zur Stiftsgründung. Stellt die Lebensbeschreibung Burchards von Worms dessen Rolle als Erbauer heraus sowie die Förderung durch Willigis, so sieht

---

[33] Vgl. STAAB, Stephan (wie Anm. 28), S. 178; DERS., Das Erzstift Mainz im 10. und 11. Jahrhundert. Grundlegung einer Geschichte der Mainzer Erzbischöfe. Von Hatto I. (891–913) bis Ruthard (1089–1109). Bruchsal 2008, S. 135–136. Bei diesem Buch handelt es sich um den Druck der 1984 eingereichten Mainzer Habilitationsschrift des 2004 verstorbenen Gelehrten, die der „Vereinigung der Heimatfreunde am Mittelrhein e.V. Bingen" zu verdanken ist. Staab hat seine Darstellung bis zum Tod des Willigis (1011) geführt.

eine bald danach im Stift entstandene Vita des hl. Bonifatius in dem Erzbischof den eigentlichen Gründer des Stifts.[34] Dass man das Bonifatiusfest für den Tag der Weihe wählte, bezeugt den Rang, den die Victorkirche im Ensemble der Mainzer Kirchen einnahm, und wie eng sie mit der Tradition der bischöflichen Kirche verknüpft war. Die Anwesenheit Ottos III. bei der Weihe bezeugt das ebenso. Denn man muss annehmen, dass Willigis den Herrscher dazu eingeladen hatte.

Sollte der Bau des Domes also erst nach der Vollendung von St. Stephan und St. Victor begonnen worden sein? Dass sich ein Baubeginn des Domes nach 995 leichter in die technischen und finanziellen Möglichkeiten der Mainzer Kirche einfügen lassen, liegt auf der Hand. Für andere Bischofssitze sind die wirtschaftlichen Folgen bischöflicher Baumaßnahmen überliefert.

*

In Eichstätt begann eine Neubauwelle unter Bischof Heribert (1021/22–1042). Um 1078 heißt es in der Eichstätter Bistumsgeschichte:

> „Jener Bischof aber und alle seine Nachfolger erstellten entweder neue Kirchen oder neue Pfalzbauten oder auch Befestigungen und trieben, indem sie fortdauernd daran bauen ließen, die Bevölkerung, die ihnen dienen musste, durch äußerste Verarmung zur Erschöpfung. Indem nämlich beinahe die ganze Zeit, die für das Düngen, Pflügen und den gesamten Ackerbau benötigt worden wäre, immer nur für das Zusammensetzen von Steinen aufgewandt wurde und gleichwohl die schuldigen Abgaben mit größter Härte eingefordert wurden, verkümmerten der frühere Wohlstand zur Not und der höchste Frohsinn, der unter den früheren Bischöfen geherrscht hatte, zur bittersten Betrübnis."[35]

Derartige wirtschaftlichen und finanziellen Rahmenbedingungen sind auch für Mainz in Rechnung zu stellen. Überblickt man dazu die Bautätigkeit in Mainz in der Zeit vor Willigis, findet man nichts, was auf einen Beginn des Dombaus bereits 975 hinweist. Der alte Dom dürfte damals noch den Ansprüchen des neuen Erzbischofs genügt haben. Denn so alt ist er damals gar nicht gewesen.

---

34 Vita Burchardi episcopi c. 2, ed. Georg WAITZ. In: MGH Scriptores 4. Hannover 1841, S. 829–846, hier S. 833; Vita quarta Bonifatii auctore Moguntino c. 12, ed. Wilhelm LEVISON, Vitae sancti Bonifatii archiepiscopi Moguntini (= MGH SS rer. Germ. [57]). Hannover, Leipzig 1905, S. 105. Deutsche Übersetzung bei Stephanie HAARLÄNDER, Die „Mainzer" Vita IV eines unbekannten Autors. In: Bonifatius in Mainz (= Neues Jahrbuch für das Bistum Mainz 2005), hg. von Barbara Nichtweiß. Mainz 2005, S. 239–276, hier S. 249.

35 Stefan WEINFURTER, Die Geschichte der Eichstätter Bischöfe des Anonymus Haserensis. Edition – Übersetzung – Kommentar (= Eichstätter Studien NF 24). Regensburg 1987, hier c. 29, lat. Text S. 57, Übersetzung S. 85. Zur Bautätigkeit Heriberts siehe unten bei Anm. 56.

Für Erzbischof Hatto (891–913), durch die Sage vom Binger Mäuseturm bekannt[36], sind nämlich Baumaßnahmen im Dombereich überliefert. Hatto galt nicht nur als Ränkeschmied, sondern auch als ein „Mann von großer Weisheit, der in der Zeit Ludwigs des Kindes in eifriger Sorge über das Reich der Franken wachte, vielen Streit im Reich zum Ausgleich brachte und den Dom zu Mainz durch einen edlen Bau schmückte."[37] Die Quelle spricht an dieser Stelle von *templum Maguntie*. Das lässt sich wohl nur auf die Hauptkirche von Mainz, eben den Dom, beziehen. Hatto war Abt der Reichenau gewesen, von dort war er 891 zur Mainzer Erzbischofswürde aufgestiegen, die er bis zu seinem Tod 913 innehatte. Auf der Reichenau hatte er die Georgskirche errichtet, bei der die kunsthistorische Forschung wichtige Parallelen zur Mainzer Johanniskirche herausgearbeitet hat.[38] Auch das Mainzer Mauritiusstift verdankte Hatto bauliche Förderung, wie das mit seinem Namen versehene reich geschmückte Fenster zeigt, das sich jetzt im Dommuseum befindet.[39]

Die zeitlich folgende Nachricht über Bautätigkeit an Mainzer Kirchen betrifft nicht den Dom, sondern eine Stiftskirche. Erzbischof Friedrich (937–954) ersetzte die alte Peterskirche durch eine neue, die näher an der Stadt lag, und gründete hier ein Stift. Offensichtlich hat er das neue Stift und seine Kirche bewusst nicht innerhalb der Mainzer Stadtmauern errichtet. Die Kirche sollte außerhalb der Mauern bleiben,

---

36   Dass die Sage ursprünglich auf Hatto II. (968–970) bezogen wurde und sich das Motiv häufiger findet, zeigt Staab, Erzstift Mainz (wie Anm. 33), S. 125.

37   Die Sachsengeschichte des Widukind von Korvei, hg. von H.-E. Lohmann und Paul Hirsch (= MGH SS rer. Germ. [60]). Hannover 1935, hier I,22 (Fassung A), S. 34 = FSGA 8: Quellen zur Geschichte der sächsischen Kaiserzeit, hg. von Albert Bauer und Reinhold Rau. Darmstadt ²1977, S. 54/55.

38   Arens, Kunstdenkmäler Mainz (wie Anm. 9), S. 424–425; Friedrich Oswald, Leo Schaefer und Hans Rudolf Sennhauser, Vorromanische Kirchenbauten. Katalog der Denkmäler bis zum Ausgang der Ottonen (= Veröffentlichungen des Zentralinstituts für Kunstgeschichte 3). München 1966–1971, S. 196–197 (im Nachtragsband zu diesem Werk, München 1991, S. 263–264 spricht sich Werner Jacobsen aus stilistischen Gründen für eine Datierung der heutigen Bausubstanz von St. Johannis in das späte 10. Jahrhundert aus und sieht in dem Bau eine „vorläufige Ersatzkirche des Willigis für seinen damals begonnenen Domneubau …, dessen liturgisch-bauliches Programm mit Doppelchor und Westquerhaus hier vorweggenommen scheint."). Gegen St. Johannis als alten Dom sprachen sich zuletzt aus: Falck, Mainz (wie Anm. 8), S. 96–97; Staab, Mainz (wie Anm. 9), S. 101. In seiner Habilitationsschrift war Staab noch von dieser Gleichsetzung ausgegangen; vgl. Ders., Mainzer Erzstift (wie Anm. 33), S. 55. Zur Reichenauer Georgskirche (Oberzell) vgl. Oswald/Schaefer/Sennhauser, Vorromanische Kirchenbauten, S. 282–283.

39   DI Mainz (wie Anm. 1), S. 2–4 Nr. 2; Blänsdorf, Siste viator (wie Anm. 3), S. 125. Zum Stift vgl. Falck, Mainz (wie Anm. 8), S. 44–45; Staab, Mainzer Erzstift (wie Anm. 33), S. 55; vgl. auch Oswald/Schaefer/Sennhauser, Vorromanische Kirchenbauten (wie Anm. 38), S. 198. Zum Hatto-Fenster jetzt Mechthild Schulze-Dörlamm, Archäologische Denkmäler des karolingischen Mainz. In: Mainz im Mittelalter, hg. von Mechthild Dreyer und Jörg Rogge. Mainz 2009, S. 17–33, hier S. 23–25.

durch ein Gewässer, nämlich den Stadtgraben, von der Stadt getrennt.[40] Friedrich „imitierte" damit die Lage der römischen Peterskirche – *extra muros* und *trans Tiberim*. Er imitierte damit die Lage der zwar berühmtesten Kirche in Rom, die aber nicht die Bischofskirche der Stadt war. Das nämlich war die innerhalb der römischen Stadtmauern gelegene Lateranbasilika. Für eine derartige Romimitation in Mainz hatte Erzbischof Friedrich gute Gründe. Denn kurz nach seinem Pontifikatsantritt hatte er 937 von Papst Leo VII. ein Privileg erhalten, das ihn zum päpstlichen Vikar ernannte.[41] Als Stellvertreter des Papstes sollte er in allen Regionen der „Germania" agieren. Einige Jahre später wurde das präzisiert: das Vikariat gelte auch für die „Gallia", das Mainzer Vikariat erstreckte sich auf das ganze ottonische Reich. In seiner Eigenschaft als päpstlicher Vikar baute Erzbischof Friedrich in Mainz gewissermaßen ein „Rom am Rhein". An seinem Dom aber musste er dafür nichts ändern.

Friedrichs Nachfolger Erzbischof Wilhelm (954–968) erhielt ebenfalls ein Vikariatsprivileg.[42] Von ihm sind keine Baumaßnahmen in Mainz bekannt. Die nächsten beiden Erzbischöfe rückten nicht in die Stellung eines päpstlichen Vikars ein.[43] Erst Willigis erhielt wieder unmittelbar nach seinem Amtsantritt ein Vikariatsprivileg.[44] Dieses beschrieb und definierte die Mainzer Position in der Kirche des nordalpinen Reiches in besonderer Weise. Musste bisher jeder Erzbischof ein eigenes Vika-

---

40 Zum Folgenden grundlegend Michael MATHEUS, Zur Romimitation in der Aurea Moguntia. In: Landesgeschichte und Reichsgeschichte. Festschrift für Alois Gerlich zum 70. Geburtstag, hg. von Winfried Dotzauer u. a. (= Geschichtliche Landeskunde 42). Stuttgart 1995, S. 35–49.

41 Regesten: BÖHMER/WILL (wie Anm. 4), S. 101, Nr. 5; Philipp JAFFÉ, Regesta pontificum Romanorum ab condita ecclesia ad annum post Christum natum 1198, 2. Aufl. bearb. von Samuel LÖWENFELD, Ferdinand KALTENBRUNNER und Paul EWALD. Leipzig 1885–1888, ND Graz 1956, Nr. 3613; Johann Friedrich BÖHMER, Regesta Imperii II/5: Papstregesten 911–1024, bearb. von Harald ZIMMERMANN. Wien ²1998, Nr. 137; Drucke: STIMMING, Mainzer Urkundenbuch (wie Anm. 29), S. 118–119, Nr. 193; Harald ZIMMERMANN, Papsturkunden 896–1046, 3 Bde. (= Österreichische Akademie der Wissenschaften. Phil.-Hist. Klasse. Denkschriften 174, 177, 198). Wien 1988–1989 (Bd. 1 und 2 in 2. Aufl.), hier 1, S. 133–134, Nr. 79.

42 Regesten: BÖHMER/WILL (wie Anm. 4), S. 108, Nr. 4; JAFFÉ/LÖWENFELD (wie Anm. 41), Nr. 3668; BÖHMER/ZIMMERMANN (wie Anm. 41), Nr. 246; Drucke: STIMMING, Mainzer Urkundenbuch (wie Anm. 29), S. 122–123, Nr. 199; ZIMMERMANN, Papsturkunden (wie Anm. 41), 1, S. 237–238, Nr. 133.

43 Einen Überblick über die päpstliche Privilegierung der Mainzer Erzbischöfe ermöglicht: Regesta Pontificum Romanorum. Germania Pontificia 4: Provincia Maguntinensis, pars IV (S. Bonifatius, archidioecesis Maguntinensis, abbatia Fuldensis), bearb. von Hermann JAKOBS. Göttingen 1978, zu unserem Zeitraum S. 72–89.

44 Regesten: BÖHMER/WILL (wie Anm. 4), S. 118, Nr. 3; JAFFÉ/LÖWENFELD (wie Anm. 41), Nr. 3784; BÖHMER/ZIMMERMANN (wie Anm. 41), Nr. 542; Drucke: STIMMING, Mainzer Urkundenbuch (wie Anm. 29), S. 133–134, Nr. 217; ZIMMERMANN, Papsturkunden (wie Anm. 41), 1, S. 471–473, Nr. 237. – Zur folgenden Interpretation des Vikariatsprivilegs und der Mainzer Präeminenz vgl. HEHL, Herrscher, Kirche und Kirchenrecht (wie Anm. 24), S. 176–181; zusammenfassend DERS., Mainzer Kirche (wie Anm. 13), S. 224–225.

Die einzige uns überlieferte zeitgenössische Willigis-Darstellung ist das Bildnis seines Siegels; Originale scheinen davon jedoch nicht erhalten zu sein, lediglich ein Gips-Abdruck im Germanischen Nationalmuseum Nürnberg (Abb. links, Inv.-Nr. Si 11098). Rechts die Wiedergabe in Form eines Stiches aus dem 18. Jahrhundert, in: Alexander Würdtwein, Nova Subsidia Diplomatica ad selecta juris Ecclesiastici Germaniae etc. Tom. 1. Heidelberg 1781 (Martinus-Bibliothek Mainz).

riatsprivileg von dem jeweiligen Papst erhalten, das Privileg also bei dem Tod eines Papstes oder eines Erzbischofs erneuert werden, so erhielt Willigis die Ernennung zum päpstlichen Vikar auf Lebenszeit.

*

Ausgedrückt wurde das in dem Papstprivileg durch den Begriff „herausragen" (*praeeminere*). Mit diesem Wort bezeichnete die kirchliche Tradition den Vorrang des hl. Petrus vor den übrigen Aposteln, die mit ihm die Berufung durch Christus gemeinsam hatten, und dann den Vorrang der Päpste, die als Bischöfe von Rom die Nachfolger Petri waren, vor den übrigen Bischöfen, die als Nachfolger der übrigen Apostel galten. Willigis sollte auf vergleichbare Weise den Vorrang, die Präeminenz, vor den übrigen Erzbischöfen und Bischöfen des nordalpinen Reiches besitzen. Und offensichtlich sollte diese Präeminenz auf seine Nachfolger übergehen, wie das auch bei den Päpsten der Fall war. Von seiner Präeminenz Gebrauch machen sollte Willigis bei zwei ausdrücklich genannten Gelegenheiten: bei der Veranstaltung von Synoden und bei der Weihe und Krönung des Königs.

So hat man auch angenommen, die mit dem Papstprivileg verliehene Auszeichnung habe Willigis 975 zur Planung und zum Bau eines neuen Domes veranlasst, in dem er dann seine Präeminenz in würdigem Rahmen hätte darstellen können.[45] Aber im zehnten und frühen elften Jahrhundert ist Mainz ausgesprochen selten Veranstaltungsort für eine Synode gewesen. In der Regierungszeit von Willigis ist das nur einmal der Fall gewesen, nämlich 1007. Dreimal hingegen haben sich in diesen Jahren die Bischöfe des Reichs in Ingelheim zu einer Synode zusammengefunden, zweimal in Frankfurt.[46] Man kann zwar für die ottonische und frühsalische Zeit insgesamt feststellen, dass die Synoden, zu denen sich die Bischöfe aus den sechs (bis 967/68 fünf) Kirchenprovinzen des nordalpinen Reichs zu einer Synode versammelten, an Orten der Mainzer Kirchenprovinz stattfanden, die Metropole Mainz jedoch fast ausgespart wurde.

Vor allem aber: Weder in Mainz noch in der Mainzer Kirchenprovinz ließ sich ein spezieller Vorrang des Mainzer Erzbischofs überhaupt darstellen. Als zuständiger Erzbischof besaß er nämlich hier ohnehin den Vorrang vor seinen erzbischöflichen Amtsbrüdern, allenfalls ein päpstlicher Legat konnte ihm den ersten Platz streitig machen.

Anders lagen die Dinge bei der Königskrönung.[47] Otto der Große hatte 936 in Aachen die Königskrone und die Königssalbung erhalten. 961 hat er, wiederum in Aachen, seinen Sohn Otto II. krönen und salben lassen. Schauplatz dieser liturgischen Handlungen war das von Karl dem Großen errichtete Münster. Aachen gehörte zur Diözese Lüttich und damit zur Kölner Kirchenprovinz. So hätte hier an sich der Kölner Erzbischof als der für Aachen zuständige die Krönung und Salbung des neuen Königs vornehmen müssen. 936 hat ihm der Erzbischof von Trier das streitig gemacht. Der Kölner Hinweis auf die Lage Aachens in der Kirchenprovinz Köln fruchtete nichts. Doch die Trierer Ambitionen ließen sich nicht verwirklichen. Otto der Große erhielt Salbung und Krone von dem Mainzer Erzbischof Hildibert, der

---

45 Staab, Mainz (wie Anm. 9), S. 100.

46 Grundlegend Heinz Wolter, Die Synoden im Reichsgebiet und in Reichsitalien von 916 bis 1056. Paderborn 1988, vgl. dort die Übersicht S. 496. Wolter nimmt auch für 976 eine Mainzer Synode an, zu der einige Bischöfe der Mainzer Kirchenprovinz zusammengekommen seien. Die Quellengrundlage hierfür ist eine gefälschte Urkunde, die überdies den Begriff „Synode/Konzil" nicht enthält. Die Synode ist deshalb zu streichen, vgl. MGH Concilia 6 (wie Anm. 21), S. 793. Für die ottonisch-frühsalische Zeit bis 1056 sind nur vier in Mainz zusammengetretene Synoden belegt: 950 (954), 1007, 1023 und 1049.

47 Zur Mainzer Rolle bei den Königserhebungen vgl. zusammenfassend Ernst-Dieter Hehl, Die Erzbischöfe von Mainz bei Erhebung, Salbung und Krönung des Königs (10. bis 14. Jahrhundert). In: Krönungen. Könige in Aachen – Geschichte und Mythos. Katalog der Ausstellung, hg. von Mario Kramp, 2 Bde. Mainz 2000, hier 1, S. 97–102; zur Bedeutung von Aachen Egon Boshof, Aachen und die Thronerhebung des deutschen Königs in salisch-staufischer Zeit. In: Zeitschrift des Aachener Geschichtsvereins 97 (1991) S. 5–32.

Kölner Erzbischof assistierte, Trier ging leer aus. An Ottos II. Salbung und Krönung waren dann alle drei Erzbischöfe beteiligt, ohne dass wir Näheres erfahren.

An allen Königssalbungen und -krönungen des 10. Jahrhunderts hat der Mainzer Erzbischof mitgewirkt. Bei Ottos III. Krönung im Jahre 983 zeigte das Papstprivileg seine Bedeutung.[48] Kaiser Otto II. hatte seinen Sohn im italienischen Verona zum König wählen lassen. Willigis war dazu nach Verona gereist. Salbung und Krone erhielt das dreijährige Kind in Aachen, am ersten Weihnachtstag, dem 25. Dezember 983. Willigis und Erzbischof Johannes von Ravenna nahmen diese liturgischen Handlungen vor. Willigis repräsentierte hierbei das nordalpine Reich und dessen Kirche, Johannes von Ravenna den oberitalienischen Reichsteil. Keiner der bischöflichen Kollegen des Mainzer Erzbischofs aus dem nordalpinen Reich war an der Salbung und Krönung beteiligt, auch nicht der Kölner Erzbischof, der bei den zwei vorausgegangenen Krönungen mitgewirkt hatte und in dessen Kirchenprovinz der Krönungsort Aachen lag. Der Vorrang von Willigis, genau wie das Papstprivileg ihn definiert hatte, war offenkundig. Eine besondere Nähe zum König zeichnete ihn aus, sowie dass er diese Nähe außerhalb der eigenen Kirchenprovinz in einer liturgischen Handlung demonstrieren konnte – und dies kraft eines eigenen Rechts, das ihm das Papstprivileg verliehen hatte. Die Kölner Rechte in Aachen spielten demgegenüber keine Rolle.

Unmittelbar nach der Krönung Ottos III. kam die Nachricht, sein kaiserlicher Vater sei verstorben. In der Folgezeit gehörte Willigis zu den entschiedenen Verteidigern der Königswürde des Kindes. Hätte er sich anders verhalten, hätte er die Bindekraft der Aachener Salbung und Krönung in Frage gestellt, bei denen sein Vorrang so augenscheinlich geworden war. Im nordalpinen Reich und dessen Kirche stand Willigis nach 983 auf der Höhe seines Ansehens. Mit seiner Teilnahme an der Weihe von St. Victor 994 oder 995 hat Otto III. ausgedrückt, welches Ansehen Willigis am Hof des Herrschers genoss.

*

Nach Ottos III. Kaiserkrönung am Himmelfahrtstag des Jahres 996 wendete sich das Blatt. Die Ursachen dafür sind nicht genau zu erkennen. Persönliches mag eine Rolle gespielt haben. Denn Willigis hatte das Fest empfindlich gestört. Er hatte – überdies zum zweiten Mal – durchgesetzt, dass Bischof Adalbert von Prag in seine Diözese zurückkehren sollte. Adalbert hatte aufgrund politischer Rivalitäten seinen Bischofssitz, der zur Mainzer Kirchenprovinz gehörte, verlassen und in einem römischen Kloster

---

48 Zur Rolle von Willigis bei der Wahl und Krönung Ottos III. sowie den folgenden Auseinandersetzungen um dessen Königtum vgl. zusammenfassend HEHL, Mainzer Kirche (wie Anm. 13), S. 228–229.

Der jugendliche Kaiser Otto III. wirft sich in Verehrung nieder vor Christus, der in seiner himmlischen Herrlichkeit erscheint, und wird von ihm gesegnet. Doppelseite (fol. 20v/21r) aus dem Königsgebetbuch für Otto III., das zwischen 984 und 991 in Mainz entstanden ist, nachdem Ottos III. Mutter Theophanu und Großmutter Adelheid im Zusammenwirken mit Willigis die Anerkennung des Königtums ihres Sohnes bzw. Enkels erreicht hatten.

Dieses einzige erhaltene Königsgebetbuch aus ottonischer Zeit wurde 1994 von der Bayerischen Staatsbibliothek München erworben (Clm 30111).
Abbildungen aus:
Das Königsgebetbuch für Otto III. – Ein geistiger Leitfaden für den künftigen Kaiser
© Faksimile Verlag in der wissen media GmbH Gütersloh/München

Zuflucht gesucht. Gegen den erklärten Willen von Kaiser und Papst, aber gestützt auf das zeitgenössische Kirchenrecht, erzwang Willigis, dass eine römische Synode Adalbert zur Rückkehr auf seinen verlassenen Bischofssitz aufforderte.[49] Sollte dies nicht möglich sein, blieb ihm nur die Tätigkeit als Missionar unter den Heiden. Adalbert hat Rom und Italien verlassen. In Mainz ist er nochmals mit Otto III. zu langen Gesprächen zusammengetroffen, den Namen des Willigis übergeht die Quelle hierbei mit eisigem Schweigen.[50] Am 23. April 997 erschlugen ihn die Prussen. Als Missionar hatte Adalbert den Märtyrertod gefunden. Otto III. ist im Jahre 1000 zu seinem Grab in Gnesen gepilgert. Der Kaiser hat den Kult des neuen Märtyrers in seinem Reich verbreitet: in Aachen, in Ravenna, in Rom.

In Aachen selbst hat Otto auch den Vorrang des Mainzer Erzbischofs außer Kraft gesetzt. Denn auf kaiserliches Betreiben hatte Papst Gregor V. noch vor dem Tod des Adalbert der Pfalzkapelle am 8. Februar 997 ein besonderes Privileg verliehen.[51] Er gestattete, dass in der Pfalzkapelle sieben Kardinalpriester und sieben Kardinaldiakone eingesetzt wurden. Eine derartige Auszeichnung gab es auch an anderen Kirchen, im Reich Ottos III. waren das Ravenna, Trier und Magdeburg. Wurde so die Kirche, in der die deutschen Könige Salbung und Krone empfingen, auf besondere Art und Weise ausgezeichnet und an die römische Kirche gebunden, so wurde Willigis in Aachen entmachtet. Am Hauptaltar des Aachener Münsters sollten nämlich nur die neuen Kardinäle, der Lütticher Bischof als Ortsbischof und der Kölner Erzbischof,

---

49 MGH Concilia 6 (wie Anm. 21), S. 527–533, Nr. 54; die Nachrichten zu Adalbert sind dort S. 530–532 wiedergegeben. Die Vorgänge sind nur aus erzählenden Quellen, nicht aus Akten der Synode bekannt; vgl. auch die folgende Anm. Bereits 992 hatte Willigis auf einer römischen Synode die Rückkehr Adalberts nach Prag durchgesetzt, nachdem Adalbert sein Bistum im Spätjahr 988 verlassen und im römischen Kloster SS. Bonifacio e Alessio auf dem Aventin Zuflucht gefunden hatte. 994/95 hatte Adalbert seinen Bischofssitz erneut aufgeben müssen und war in das Aventinskloster zurückgekehrt. In den Ereignissen um Adalbert wird das Verständnis von Willigis über die bischöflichen Pflichten und seine Aufgaben als Metropolit besonders deutlich; vgl. dazu Ernst-Dieter HEHL, Willigis von Mainz. Päpstlicher Vikar, Metropolit und Reichspolitiker. In: Bischof Burchard von Worms, 1000–1025, hg. von Wilfried Hartmann (= Quellen und Abhandlungen zur mittelrheinischen Kirchengeschichte 100). Mainz 2000, S. 51–77, hier S. 65–68; DERS., Mainzer Kirche (wie Anm. 13), S. 232–235.

50 Zur römischen Synode von 996 und Adalberts Zusammentreffen mit Otto III. in Mainz vgl. die (ottonische) Vita Adalberti c. 22 und 23, FSGA 23: Heiligenleben zur deutsch-slawischen Geschichte. Adalbert von Prag und Otto von Bamberg. Unter Mitarbeit von Jerzy STRZELCZYK hg. von Lorenz WEINRICH. Darmstadt 2005, S. 56/57–58/59.

51 Regesten: JAFFÉ/LÖWENFELD (wie Anm. 41), Nr. 3875; BÖHMER/ZIMMERMANN (wie Anm. 41), Nr. 788; Druck: ZIMMERMANN, Papsturkunden (wie Anm. 41), 2, S. 663–664, Nr. 340. Zur Interpretation des Privilegs und seinen Folgen für Mainz vgl. HEHL, Herrscher, Kirche und Kirchenrecht (wie Anm. 24), S. 186–203; vgl. auch DERS., Mainzer Kirche (wie Anm. 13), S. 235–236; DERS., Aachen an der ersten Jahrtausendwende. Ein Bistumsplan Ottos III. im Zeichen Karls des Großen und Adalberts von Prag. In: Geschichte im Bistum Aachen 6 (2001/2002) S. 1–27.

zu dessen Kirchenprovinz Aachen gehörte, die Messe lesen dürfen. Eine Messe war jedoch fester Bestandteil des Krönungszeremoniells.

Die liturgische Auszeichnung des Aachener Münsters ist deshalb mehr als eine besondere Ehrung der Stätte, an der der neue König Salbung und Krone empfing. Denn sie hatte für den Mainzer Erzbischof die Konsequenz, bei der Erhebung eines neuen Herrschers nicht mehr das tun zu dürfen, was seinen besonderen Rang unter den Erzbischöfen und Bischöfen des Reiches ausmachte. Er konnte nicht mehr außerhalb seines geistlichen Amtsbereichs, außerhalb der Mainzer Kirchenprovinz und Diözese, kraft eigenen, ihm vom Papst verliehenen Rechts die liturgischen Handlungen der Salbung und Krönung vollziehen. Für Aachen war nunmehr der Kölner Erzbischof auch für die Liturgie der Erhebung eines neuen Herrschers zuständig. Wie seine erzbischöflichen und bischöflichen Kollegen wurde Willigis auf seinen eigenen Sprengel beschränkt. Kaiser und Papst lehnten eine sprengelübergreifende Amtsgewalt des Mainzer Erzbischofs ab und nahmen in diesem Sinne kurz darauf in einem lang andauernden Streit um die Zuordnung des Kanonissenstifts Gandersheim zu Mainz oder Hildesheim für Bischof Bernward von Hildesheim Partei.[52] Nach 997 ist der Mainzer Vikariat in der Praxis erloschen. Eine mehrere Kirchenprovinzen überwölbende Zwischeninstanz zwischen dem Papst und den Bischöfen entsprach nicht mehr den kirchenrechtlichen Ordnungsvorstellungen in Rom und am Hof des Herrschers. Ottos III. früher Tod im Januar 1002 und der Herrschaftsantritt Heinrichs II. änderten nichts mehr daran, obwohl Willigis die Ambitionen Heinrichs auf den Thron nachdrücklich unterstützt hatte. Als der Wormser Bischof Burchard, der seine Karriere bei Willigis begonnen hatte, das Kirchenrecht seiner Zeit in den 20 Büchern seines Dekrets zusammenfasste (Abb. S. 34), ist die Präeminenz wieder eine ausschließlich päpstliche Eigenschaft. Allein die päpstliche Amtsgewalt übersteigt die Grenzen von Kirchenprovinzen und Diözesen.[53]

In Aachen von der Königssalbung und -krönung kraft eigenen Rechtes ausgeschlossen, versuchte Willigis zu retten, was zu retten war. Damals, nach 997, begann er mit dem Bau des neuen Domes. Dieser sollte als Krönungskirche an die Stelle des Aachener Münsters treten. In Mainz konnten Willigis und seine Nachfolger einen König krönen, ohne einen kirchenrechtlichen Vorrang vor den übrigen Bischöfen zu behaupten, denn in Mainz handelten sie als für diesen Ort Zuständige.

*

---

52 Zusammenfassend zum Streit zwischen Willigis und Bernward siehe Hehl, Mainzer Kirche (wie Anm. 13), S. 237–246.

53 Vgl. Hehl, Willigis von Mainz (wie Anm. 49), S. 76–77; Ders., Mainzer Kirche (wie Anm. 13), S. 249.

Die Absichten, die Willigis mit seinem Dombau verfolgte, hat er geradezu plakatiert. Darüber wird noch zu handeln sein. Aber auch andere ungewöhnliche Eigenheiten des Dombaus legen den Schluss nahe, dass Willigis in einer besonderen Situation und mit spezifischer Zielsetzung den Neubau in Angriff nahm. Denn Willigis baute seinen Dom gleichsam auf grüner Wiese. Sein Neubau gründete nicht auf den Fundamenten einer Vorgängerkirche.[54] Das von Willigis gewählte Bauverfahren war damals nicht üblich. Vielmehr versuchte man durch Erweiterungen und Umbauten eine bestehende Domkirche den eigenen Erfordernissen anzupassen.[55] Allzu scharfe Eingriffe in das bauliche Ensemble stießen auf Kritik. Bischof Heribert von Eichstätt (1021/22–1042) plante seinen Dom so zu verlegen, dass der bisherige Ostteil in Zukunft den Westteil bilden werde. Der Eichstätter Dom wäre dann auf eine höhere Stelle des Domhügels gerückt. Die Mauern der neuen Bauteile müssen schon recht hoch gezogen gewesen sein, als man das Unternehmen abbrach. „Weil aber das Vorhaben dem heiligen Willibald nicht gefiel, waren Mühen und Aufwand vergebens", heißt es eine Generation später.[56] Technische Schwierigkeiten dürften zum Abbruch der Arbeiten geführt haben. Die Quelle erweckt jedoch den Eindruck, als habe sich der Patron der Eichstätter Bischofskirche gegen die Verlegung seines Altars gewehrt. Der völlige Neubau des Domes in Mainz legt den Schluss nahe, dass Willigis den alten Dom nicht in eine Baustelle verwandeln wollte. Er glaubte, kontinuierlich, bis zur Fertigstellung und Weihe des Neubaus, über eine repräsentative Domkirche verfügen zu müssen.

Der 29. August, der Johannes dem Täufer gewidmete Tag, der 1009 mit den Weihefeierlichkeiten des neuen Domes verknüpft wurde, symbolisiert die Umwandlung

---

54 Vgl. im vorliegenden Jahrbuch den Beitrag von Dethard von Winterfeld; dazu auch Esser, Der Mainzer Dom des Willigis (wie Anm. 2), S. 136–140.

55 Vgl. etwa die Vergrößerung und Verschönerung des Kölner Domes durch Erzbischof Bruno († 965), in der Bruns Biograph eine der Großtaten seines Helden sieht: Vita Brunonis c. 31, ed. Irene Ott, Die Lebensbeschreibung des Erzbischofs Bruno von Köln (= MGH SS rer. Germ. N.S. 10). Weimar 1951, S. 31–32 = FSGA 22: Lebensbeschreibungen einiger Bischöfe des 10.–12. Jahrhunderts, hg. von Hatto Kallfelz. Darmstadt 1973, S. 224/225. Für das Konstanzer Münster beschreibt Hermann von Reichenau Baumaßnahmen Bischof Lamberts († 1018): Chronicon, ed. Georg Heinrich Pertz. In: MGH Scriptores 5. Hannover 1844, hier ad annum 995, S. 118 = FSGA 11: Quellen des 9. und 11. Jahrhunderts zur Geschichte der Hamburgischen Kirche und des Reiches, hg. von Werner Trillmich und Rudolf Buchner. Darmstadt 1961 (⁵1978), S. 652/653. Die Nachricht wird mit der zum Amtsantritt Lamberts verknüpft, der danach noch zweimal erwähnt wird (1008 bei der Weihe des Reichenauer Abtes, 1018 sein Tod). Vgl. auch oben bei Anm. 24 die Nachrichten zum Dombau des Willigis. Topographische Kontinuität zeigt auch der Trierer Dom, für den im späten 10. und früheren 11. Jahrhundert Baumaßnahmen unter den Erzbischöfen Egbert († 993) und Poppo († 1047) bezeugt sind, vgl. Oswald/Schaefer/Sennhauser, Vorromanische Kirchenbauten (wie Anm. 38), S. 340.

56 Anonymus Haserensis c. 30; ed. Weinfurter (wie Anm. 35), lat. S. 57, Übersetzung S. 86; vgl. auch den Kommentar S. 153–154 (Nr. 140–142).

des alten Domes in die Johanniskirche. Denn für den alten Dom war das Martinspatrozinium aufzugeben und auf den Neubau zu übertragen. Deshalb wählte man überhaupt ein Fest Johannes des Täufers für die Weihe des neuen Domes, die ja gleichzeitig die Umwidmung des alten Domes bedeutete, der nun dem Patrozinium des Täufers unterstellt werden sollte.[57] Genauer: Johannes der Täufer rückte für den alten Dom in die Stellung des Hauptpatrons ein, denn schon für die Zeit vor Willigis scheint hier im alten Dom ein Johannisaltar belegt zu sein; er stand im Osten, während der Hauptaltar, dem Bistumspatron Martin geweiht, sich im Westen befand.[58] Der Baubefund entspricht dieser Angabe einer Prozessionsbeschreibung. Denn die Johanniskirche besaß sowohl im Osten wie im Westen eine Apsis (Abb. S. 119).[59] Am Martinsaltar weihte und krönte Willigis 1002 den Bayernherzog Heinrich zum König.[60]

Auch die am alten Dom lebende Klerikergemeinschaft hätte 1009 umziehen, der neue Dom fortan den Mittelpunkt ihres religiösen Lebens bilden sollen. Nach dem Brand ließ sich das jedoch erst 1036 nach der Wiederherstellung und Weihe des „Willigis-Domes" durch Erzbischof Bardo verwirklichen.[61] Das Domstift ist sich

---

57 Mit der Bedeutung des Johannistages für die Domweihe setzt sich HEINZELMANN, Mainz (wie Anm. 7), auseinander. Er neigt, ohne sich festzulegen, der Auffassung zu, die heutige Johanniskirche sei der alte Dom gewesen (vgl. S. 22–23). Danach überlegt er, Willigis könne auch seinen Dom am Platz einer älteren Johanniskirche errichtet haben, deren „Patron man durch das Weihedatum ... entschädigte" (S. 28 Anm. 64). Das Problem, dass bei der Gleichsetzung der Johanniskirche mit dem alten Dom 1009 zwei Martinskirchen direkt nebeneinander gestanden haben und deshalb ein Patroziniumswechsel für den alten Dom erforderlich war, erörtert er nicht. Zur bewussten Wahl des Tages für eine Kirchweihe, falls er nicht mit dem Fest des Heiligen identisch war, siehe oben die Beispiele für den Dom von Halberstadt (bei Anm. 17) und die Mainzer Victorkirche (bei Anm. 31).

58 STAAB, Mainzer Erzstift (wie Anm. 33), S. 170–173, in Auswertung einer aus dem Albanskloster stammenden Troparhandschrift des 10. Jahrhunderts, die eine Palmprozession beschreibt: *Intrantibus eclesiam incipitur Antiphona „Osanna filio David", cum psalmo usque in finem, Psalmus „Benedictus dominus", in coro sancti Iohannis. Procedente autem clero ad corum sancti Martini incipiantur versus „Gloria laus et" usque in finem* (ebd., S. 171–172). Zur Handschrift (London, British Library Add. 19768) vgl. jetzt Hartmut HOFFMANN, Buchkunst und Königtum im ottonischen und frühsalischen Reich (= Schriften der MGH 30). Stuttgart 1986, S. 242 (Datierung in das „dritte Viertel des 10. Jahrhunderts").

59 Siehe die Anm. 38 genannte Literatur. Grundlegend ist ARENS, Kunstdenkmäler (wie Anm. 9), S. 409–441, dort bes. S. 422–423 die Rekonstruktionszeichnungen. Die dem Rhein und damit dem heutigen Dom zugewandte Ostapsis wurde 1737/38 abgerissen, ebd., S. 412; zum gotischen Westchor S. 428–432.

60 BÖHMER/GRAFF (wie Anm. 11), Nr. 1483yy (S. 863–864). Den Altar nennt Marianus Scottus, Chronicon, ed. Georg WAITZ. In: MGH Scriptores 5. Hannover 1844, S. 481–564, hier ad annum 1024 (= 1002), S. 555: *Quique (= Heinricus secundus) ... ab archiepiscopo Mogontino Willigiso ante altare sancti Martini confessoris consecrando in regem Mogontiae coronatus*.

61 Vgl. Vita Bardonis auctore Vulculdo, ed. Wilhelm WATTENBACH. In: MGH Scriptores 11. Hannover 1854, S. 317–321, hier c. 10, S. 321: *Deinde ... eandem domum Dei honorifice dedicavit,*

aber seines Ortswechsels bewusst geblieben. Denn es feierte später sein Kirchweihfest in St. Johannis und errichtete dem Johannisstift einen Zins⁶², war es doch seinem Ursprung mit der Kirche verbunden, die nun den Namen des Täufers trug und an der nach 1036 eine eigene Stiftsgemeinschaft gegründet worden war.

Wie im alten Dom stand auch in dem neuen Dom der Hauptaltar im Westen. Das entsprach dem Vorbild der Klosterkirche von Fulda, in der Bonifatius begraben lag, und orientierte sich an der Anlage des römischen Petersdomes. Die Bindungen an die römische Kirche und an den Papst sollten auch im neuen Dom symbolisiert sein, so wie sie bereits unter Erzbischof Friedrich die Anlage der Mainzer Peterskirche bestimmt hatten. Diese Mainzer Tradition aufzugeben, kam Willigis nicht in den Sinn. Er verstärkte sie vielmehr, indem er der Ostseite seines Baues eine Marienkirche vorlagerte, die mit dem Neubau durch ein Atrium verbunden war.⁶³ Es ist die spätere Liebfrauenkirche. Auch hierbei orientierte sich Willigis an der römischen Peterskirche (Abb. S. 112).⁶⁴

*

Doch neben Rom tritt in dem Neubau ein zweiter Bezugspunkt, den eine technische Großtat der Zeit für alle sichtbar werden ließ. Willigis hat für seinen neuen Dom eine zweiflügelige Bronzetür herstellen lassen. Sie ist das heutige Marktportal. Die horizontalen Rahmenleisten sind mit einer beide Flügel überspannenden Inschrift versehen (Abb. S. 87).⁶⁵ Auf der untersten Leiste ist der Meister genannt, dem der Guss verdankt wird. Er heißt Berenger, was auf eine Herkunft aus Oberitalien verweisen könnte. Für

---

veteris ecclesiae rebus cunctis cum dote et congregatione in novam translatis … In veteri ecclesia, de qua priorem congregationem transtulit, pro remedio anime sue in honorem Dei et sancti Martini sua industria acquisitis praediis alteram congregationem restituit. Vg. ARENS, Kunstdenkmäler (wie Anm. 9), S. 418.

62 Vgl. das Zinsregister von St. Johannis von 1327 (Abschrift um 1400): *In dedicatione ecclesiae nostrae capitulum ecclesiae Moguntinae (debet) quinque solidos Moguntinensium denariorum ad pictantiam illo die in signum recognitionis, quod ecclesia Moguntina fuit translata ab ecclesia S. Joannis, quae fuit antiquitus cathedralis ecclesia Moguntina.* Vgl. ARENS, Kunstdenkmäler (wie Anm. 9), S. 419, mit der Annahme, der Martinstag sei der ursprüngliche Weihetag von St. Johannis; FALCK, Mainz (wie Anm. 8), S. 97.

63 Margarete DÖRR, Das St. Mariengredenstift in Mainz (Geschichte, Recht und Besitz). Diss. phil. (masch.) Mainz 1953, S. 3–7.

64 WEINFURTER, Heinrich II. (wie Anm. 14), S. 48–49.

65 DI Mainz (wie Anm. 1), S. 7, Nr. 5: *Postquam magnus imperator Karolus / Suum esse dedit iuri naturae, // Willigisus archiepiscopus ex metalli specie / Valvas effecerat primus. // Berengerus, huius operis artifex, lector, / Ut pro eo deum roges, postulat supplex*; BLÄNSDORF, Siste viator (wie Anm. 3), S. 13, Nr. 1a. Zur technik- und kunstgeschichtlichen Einordnung der Domtüren des Willigis vgl. im vorliegenden Jahrbuch den Beitrag von Ursula MENDE.

Ein Dom für König, Reich und Kirche

Der „neue" Mainzer Dom und rechts der „alte Dom" (Johanniskirche) heute

sein Seelenheil soll gebetet werden. Auf der mittleren Querleiste nennt sich Willigis. Als erster habe er Türflügel aus Metall, aus Bronze, herstellen lassen, als erster, nachdem Karl der Große – wie es auf der obersten Leiste heißt – gestorben sei:

> „Nachdem der große Kaiser Karl sein Sein (sein Leben) dem Recht der Natur gegeben hatte, // hat Erzbischof Willigis als erster Türen aus Bronze hergestellt. // Berenger, der Künstler dieses Werkes, bittet Dich, Leser, demütig, dass du Gott für ihn bittest."

Was aber soll hier der Verweis auf Karl den Großen? Was hatte der fränkische Kaiser in den Augen eines Lesekundigen, der das technische Wunderwerk sah, mit Mainz zu tun? Wenig oder nichts, wäre 1009 bei der Weihe des Domes die Antwort gewesen. Aber man wusste, dass Karl der Große im Aachener Münster begraben lag. Otto III. hatte an Pfingsten des Jahres 1000 nach dem Grab des Kaisers suchen und es öffnen lassen. Er plante die Heiligsprechung seines Vorgängers im Kaisertum, das lässt die sprachliche Gestaltung der Quellen erkennen.[66] Ottos früher Tod im Januar 1002 ließ solche Pläne zunichte werden. Sie hatten aber großes Aufsehen erregt.

Das von Karl dem Großen errichtete Aachener Münster besaß Türen aus Bronze (Abb. S. 89). Das wusste Willigis aus eigener Kenntnis, den geistlichen und weltlichen Großen des Reiches dürfte das ebenfalls bekannt gewesen sein. Die Kirche, in der die letzten drei Herrscher des Reiches Salbung und Krone empfangen hatten, zeichnete

---

66 Knut Görich, Otto III. öffnet das Karlsgrab in Aachen. Überlegungen zu Heiligenverehrung, Heiligsprechung und Traditionsbildung. In: Herrschaftsrepräsentation im ottonischen Sachsen (wie Anm. 16), S. 381–430.

sich durch ein bronzenes Portal aus, welches nun das Vorbild für den Bronzeguss des Willigis war.

Willigis orientierte sich mit seinem Neubau nicht allein an Rom, sondern durch die Inschrift auf geradezu plakative Art und Weise auch an Aachen und an dem, was das Aachener Münster in der Kirche des Reiches auszeichnete. Mit anderen Worten: Der neue Dom sollte zur Krönungskirche werden. Denn nur hier, in seinem eigenen Dom konnte Willigis das Mainzer Krönungsrecht ausüben, nachdem das Papstprivileg für Aachen ihm 997 das dort unmöglich gemacht hatte.

Das Privileg für Aachen aus dem Jahre 997 ist gleichsam die Geburtsurkunde für den Mainzer Dom des Willigis.[67] Erst jetzt bestand für ihn überhaupt die Notwendigkeit für einen Neubau. Erklären lässt sich nun auch, warum der alte Dom nicht umgebaut wurde, sondern neben ihm ein völliger Neubau in die Höhe gezogen wurde. Der aufwendige und nicht zuletzt teure Bronzeguss für die Türen, vor allem aber die Türinschrift mit dem Verweis auf Karl den Großen und damit auf Aachen sind weniger Selbstlob als politische Botschaft und politischer Anspruch. Doch nicht allein die Bauabsicht des Willigis lässt sich erfassen, wenn man von einem Beginn des Dombaus nach 997 ausgeht. Willigis erscheint dann auch nicht als ein Bischof, der leichtfertig und ohne Rücksicht auf die wirtschaftlichen Belastungen unmittelbar nach seinem Amtsantritt in Mainz eine Großbaustelle nach der anderen eröffnet hätte.[68] Was er bisher angefangen hatte, das war 997 alles fertig. Das finanzielle Wagnis eines neuen großen Baues konnte man auf sich nehmen, und ebenso hatte man genügend Erfahrungen mit der Organisation eines Großbaues.

Dass Willigis seinen neuen Dom innerhalb von etwa zehn Jahren so weit fertig stellen konnte, dass 1009 eine Weihe möglich war, zeugt sicher von der Energie, mit der man das Bauvorhaben vorantrieb. Doch so ungewöhnlich, wie diese kurz bemessene Bauzeit erscheinen mag, ist sie nicht. Den Dom zu Bamberg, wo Heinrich II. 1007 ein Bistum hatte errichten lassen und den er zur Stätte seines Grabes bestimmt hatte, weihte man bereits 1012, zehn Jahre nach dem Herrschaftsantritt Heinrichs, nach höchstens zehnjähriger Bauzeit.[69] Der kinderlose Herrscher hatte allen Grund, auf eine baldige Vollendung zu dringen. Denn ob sein Nachfolger im Königtum den

---

67 Dazu oben bei Anm. 51.

68 Zur Baufinanzierung vgl. HAARLÄNDER, Vitae episcoporum (wie Anm. 30), S. 201–202; HIRSCHMANN, Stadtplanung (wie Anm. 30), S. 505–507; WEILANDT, Geistliche und Kunst (wie Anm. 24), S. 71–97.

69 Vgl. OSWALD/SCHAEFER/SENNHAUSER, Vorromanische Kirchenbauten (wie Anm. 38), S. 32. Für den Dom von Merseburg ist der Beginn eines Neubaus unter Bischof Thietmar für 1015 bezeugt (Thietmar von Merseburg, Chronik VII,13, ed. HOLTZMANN, wie Anm. 17, S. 412 = FSGA 9, wie Anm. 16, S. 366/367). Thietmar nennt hier das Tagesdatum (18. Mai), das Jahr ergibt sich aus seinen weiteren Meldungen, die Nachricht war ihm so wichtig, dass er sie am Rande seines Autographs nachgetragen hat. Geweiht wurde der Dom 1021; vgl. OSWALD/SCHAEFER/SENNHAUSER, Vorromanische Kirchenbauten, S. 205. Eine Übersicht zu Bauzeiten gibt WEILANDT, Geistliche

zu Heinrichs Seelenheil errichteten Bau weiter fördern werde, konnte er nicht wissen, und natürlich auch nicht, wann er aus diesem Leben abgerufen werden würde, um im Bamberger Dom die ewige Ruhe zu finden.

Möglicherweise hat auch Willigis seinen neuen Dom zur Stätte seines Grabes bestimmt. Erzbischof Hildebert hatte die Gräber von zehn verstorbenen Mainzer Bischöfen bereits 935 im Mainzer Albanskloster zusammengeführt.[70] Die Idee einer institutionellen Begräbnisstelle lag in der Luft. Mit dem Grab im Dom hätte Willigis nochmals die Bindung von Mainz an die römische Kirche verdeutlichen können sowie die Nachahmung von Rom durch die Mainzer Kirche. Denn an der ersten Jahrtausendwende lassen sich die Päpste in ihrer Bischofskirche, der Lateranbasilika, beisetzen. St. Peter als päpstliche Begräbnisstätte tritt vorübergehend in den Hintergrund, aber auch das Papstgrab in St. Peter ist auf die „Institution Papsttum", nicht auf die Person des Verstorbenen ausgerichtet und könnte ebenso Vorbild für Willigis gewesen sein. Willigis ist 1011 gestorben. Begraben wurde er in St. Stephan.[71] So mag der Brand von 1009 sein Begräbnis im Dom verhindert haben. Sein zweiter Nachfolger Aribo fand hier als erster der Mainzer Erzbischöfe seine letzte Ruhestätte: 1031, noch vor Vollendung des Wiederaufbaus der 1009 niedergebrannten Kirche.[72]

Nicht erfüllt haben sich die Hoffnungen von Willigis, die Krönung des Herrschers von Aachen nach Mainz zu ziehen. Nur Heinrich II. (1002) und Konrad II. (1024) haben in Mainz vom Mainzer Erzbischof ihre Krone erhalten. Schauplatz war jeweils der alte Dom.[73] Die politischen Konstellationen dieser Thronwechsel, bei denen der Kölner Erzbischof jeweils einen unterlegenen Kandidaten unterstützt hatte, ließen Mainz zum Zuge kommen. Doch belegen die Ereignisse auch, wie wenig fest die Modalitäten eines Herrscherwechsels noch waren. Der Versuch des Willigis, die Königskrönung auf Dauer nach Mainz zu ziehen, war nicht von vornherein aussichtslos;

---

und Kunst (wie Anm. 24), S. 160–163 (der aber für Mainz mit einem Baubeginn bald nach 975 rechnet).

70 BÖHMER/WILL (wie Anm. 4), S. 99, Nr. 4; Ernst GIERLICH, Die Grabstätten der rheinischen Bischöfe vor 1200 (= Quellen und Abhandlungen zur mittelrheinischen Kirchengeschichte 65). Mainz 1990, S. 146–148.

71 Zu Tod und Begräbnis des Willigis vgl. BÖHMER/WILL (wie Anm. 4), S. 142–144, Nr. 173; GIERLICH, Grabstätten (wie Anm. 70), S. 167–168; HEHL, Mainzer Kirche (wie Anm. 13), S. 206–207 und 255–256. Zu den Papstgräbern vgl. Michael BORGOLTE, Petrusnachfolge und Kaiserimitation. Die Grablegen der Päpste, ihre Genese und Traditionsbildung (= Veröffentlichungen des Max-Planck-Instituts für Geschichte 95). Göttingen 1989, S. 127–137, bes. S. 135–137 sowie die Übersicht S. 351–353. In der Lateranbasilika sind um 1000 Silvester II. († 1003) und Sergius IV. († 1012) beigesetzt. Lateranbasilika und Petersdom (und damit die beiden für das Papsttum entscheidenden römischen Kirchen) sind im 10. Jahrhundert die Hauptbegräbnisplätze.

72 GIERLICH, Grabstätten (wie Anm. 70), S. 170–171; Erzbischof Erkenbald, der Nachfolger des Willigis, ist vermutlich in dem alten Dom (= St. Johannis) beigesetzt worden, ebd., S. 169–170.

73 BÖHMER/GRAFF (wie Anm. 11) Nr. 1483yy, S. 863–864; BÖHMER/APPELT (wie Anm. 4), Nr. n, S. 10.

für diese Krönungen mit dem neuen Dom einen Rahmen zu schaffen, der an Pracht alles überstrahlte, war gut überlegt.

Aber der Ruhm Karls des Großen überstrahlte den des hl. Martin. Als Grabeskirche und Thronsitz des Frankenherrschers bot das Aachener Münster den deutschen Herrschern eine Legitimation, die sie an keinem anderen Ort erreichen konnten. Mit der endgültigen Etablierung von Aachen als Ort für Salbung und Krönung eines neuen Königs, etablierte sich auch das Krönungsrecht des Kölner Erzbischofs. Es beruhte auf der Zugehörigkeit von Aachen zur Kölner Kirchenprovinz. Deshalb schuf es keinen kirchlichen Vorrang des Kölner Erzbischofs vor seinen Amtskollegen. Eine Mainzer Krönungskirche, wie Willigis sie geplant hatte, hätte sich in dieses System der bischöflichen Gleichwertigkeit eingefügt. Auch das war eine Botschaft, die von dem nach 997 errichteten Neubau ausging und auf Unterstützung durch die übrigen Bischöfe des Reiches für die Mainzer Pläne hoffen ließ.

Doch, Karl den Großen von Aachen gleichsam an den Rhein zu holen, wie es die Inschrift der Willigistür verkündete, ist nicht gelungen. Die Türen sind nicht zu einem Symbol der Mainzer Stellung im Reich geworden. Aber sie wurden zu einem Sinnbild der Verbindung zwischen der Mainzer Kirche und der Stadt Mainz.

Wo sich diese Türen ursprünglich befunden haben, dafür gibt es keine Quellen. 1804 befanden sie sich an der Liebfrauenkirche, an einem Portal, das aus dem 14. Jahrhundert stammte (Abb. S. 102). Als man die Liebfrauenkirche abriss und die Türen an ihrem heutigen Platz einsetzte, passten sie in die Angeln. Der Schluss liegt nahe, dass sie sich dort einmal befunden hatten und erst später in die Liebfrauenkirche gebracht wurden. Das Marktportal des Domes stammt aus dem Beginn des 13. Jahrhunderts. Wo waren die Bronzetüren früher gewesen? Am gleichen Ort oder an einer anderen Stelle des Domes, wofür vor allem dessen dem Rhein zugewandte Ostseite in Frage kommt? Wahrscheinlich befinden sie sich heute wieder an der Stelle, die Willigis für ihre Anbringung vorgesehen hatte.

Das ergibt sich aus der Geschichte der Türen im frühen 12. Jahrhundert. 1118/19 hatte Erzbischof Adalbert I. für die Mainzer ein Privileg ausgestellt, das diesen einige Selbstverwaltungsrechte verlieh und 1135 wiederholt wurde. Nicht allein die Pergamenturkunde von 1135 ist erhalten, sondern deren Text findet sich zudem auf den Willigis-Türen.[74] Die Pergamenturkunde ist sogar, wie sich zeigen ließ, von der Inschrift auf den Türen abgeschrieben worden.[75] Beide Überlieferungen verdeutlichen Adalberts Selbsteinschätzung. Die erste Zeile der Pergamenturkunde mit seinem

---

74 Böhmer/Will (wie Anm. 4), S. 258, Nr. 76 und S. 300, Nr. 278; Stimming, Mainzer Urkundenbuch (wie Anm. 29), S. 517–520, Nr. 600; DI Mainz (wie Anm. 1), S. 10–16, Nr. 10; Blänsdorf, Siste viator (wie Anm. 3), S. 14–20, Nr. 1b. Zum Inhalt des Privilegs vgl. Falck, Mainz (wie Anm. 8), S. 143–145; Ders., Die erzbischöfliche Metropole. In: Mainz. Die Geschichte der Stadt (wie Anm. 1), S. 111–137, hier S. 123–124.

75 Wolfgang Müller, Urkundeninschriften des deutschen Mittelalters (= Münchener Historische Studien. Abt. Geschichtl. Hilfswissenschaften 13). Kallmünz 1975, S. 55–58.

Namen ist in Goldtinte geschrieben. Nachgeahmt wird der goldene Glanz der Türen (Abb. S. 77), denn Bronze glänzt nach dem Guss golden und kann eine goldene Grundtönung lange bewahren bzw. lässt sich wieder aufpolieren.

Als goldene Inschrift hatte 1111 Kaiser Heinrich V. sein Privileg für Speyer an dem Dom der Stadt anbringen lassen.[76] Diesem Beispiel folgte Erzbischof Adalbert für seine Bischofsstadt. Die Willigistüren befanden sich zu Beginn des 12. Jahrhunderts am Dom. Und sie befanden sich wie heute am Marktportal, an dem Portal, das von dem Dom zu der bischöflichen Pfalz führte, zum „Höfchen". Denn genau an dieser Stelle, dem Übergang zwischen bischöflicher Kirche und bischöflicher Pfalz, hat Kaiser Friedrich Barbarossa 1184 sein Privileg für Worms anbringen lassen, nämlich als Kupfer- oder Bronzetafel mit goldenen Buchstaben über dem Nordportal des Wormser Domes, das auf den Bischofshof hinausführte.[77]

Mit dem goldenen Glanz seiner Türen hatte Willigis Aachen an den Rhein holen, seinen Rang im Reich und seine Nähe zum König demonstrieren wollen. Im 12. Jahrhundert, unter Adalbert I., verkörperten die golden glänzenden Türen die enge Verbindung zwischen dem Erzbischof und seiner Stadt. Denn mit seinem Privileg hatte Adalbert den Mainzern für die Treue gedankt, die sie ihm in seinem heftigen Konflikt mit Heinrich V. bewahrt hatten. So zeigt der Dom des Willigis in den unterschiedlichsten Konstellationen die Stellung des Mainzer Erzbischofs in Kirche und Reich, seine Beziehungen zu König und Stadt und ist zu dem wichtigsten Baudenkmal des „goldenen Mainz" geworden.

*

---

76 Zu den folgenden drei Urkundeninschriften zusammenfassend MÜLLER, Urkundeninschriften (wie Anm. 74), S. 43–48, Nr. 2 (Speyer 1111, dazu auch ebd., S. 23–26); S. 52–61, Nr. 5 (Mainz 1135); S. 69–70, Nr. 11 (Worms 1184). Edition der Wormser Inschrift jetzt in: Die Inschriften der Stadt Worms, gesammelt und bearb. von Rüdiger Fuchs (= Die Deutschen Inschriften 29). Wiesbaden 1991, S. 27–32, Nr. 26. Vgl. auch ebd., S. 32–34, Nr. 27 das der Urkundeninschrift hinzugefügte Städtelob. Beide Wormser Inschriften sind nicht erhalten, auch die Speyrer Inschrift ist verloren. Siehe auch die folgende Anm.

77 Vgl. Ernst-Dieter HEHL, Goldenes Mainz und Heiliger Stuhl. Die Stadt und ihre Erzbischöfe im Mittelalter. In: Mainz. Die Geschichte der Stadt (wie Anm. 1), S. 839–857, hier S. 848–851 und 853; in größerem Zusammenhang DERS., Stadt und Kirchenrecht, erscheint in: Rheinische Vierteljahrsblätter 74 (2010). Vgl. im vorliegenden Jahrbuch auch den Beitrag von Clemens KOSCH. Zum Zusammenwirken von Stadt, Bischof und König in Worms vgl. Gerold BÖNNEN, Dom und Stadt – Zu den Beziehungen zwischen der Stadtgemeinde und der Bischofskirche im mittelalterlichen Worms. In: Der Wormsgau 17 (1998) S. 8–55; zum Barbarossaprivileg von 1184 und der Inschrift DERS., Zur Entwicklung von Stadtverfassung und Stadtgemeinde im hochmittelalterlichen Worms. In: Zeitschrift für die Geschichte des Oberrheins 150 (2002) S. 113–159, hier S. 143–147 (ähnlich in: Geschichte der Stadt Worms, hg. von Gerold BÖNNEN. Stuttgart 2005, S. 160–164).

Die Türen des Domes eröffnen Einsichten in seine Baugeschichte und in die Absichten, die Erzbischof Willigis mit dem Dombau verfolgte. Aber nur ein Spalt dieser Türen lässt sich öffnen. Die dahinter liegende Pracht können wir nur erahnen, zu spärlich fließen die Quellen. Wir können die Probleme, die der Mainzer Dombau und die Weihe von 1009 bieten, nur immer wieder umkreisen. So hätte auch Willigis am zweiten, dem eigentlichen Tag der Domweihe dreimal seinen Dom umkreist, dreimal hätte er mit seinem Bischofsstab an dessen goldglänzendes Portal geklopft, auf dem sein Name zu lesen stand. Beim dritten Mal hätte ihm ein Kleriker, der in dem mit zwölf Kerzen illuminierten Dom eingeschlossen war, das Portal geöffnet.[78] Doch – so möchte man meinen – die Illumination des Domes hatte sich am 30. August 1009 in einen verheerenden Brand verwandelt. In dem Rauch, der Asche und dem Schutt, den dieser Brand verursacht hat, bleibt dem nachgeborenen Historiker nur mühsame Spurensuche.

Die Spuren führen für den Dombau des Willigis in die Zeit nach 997. Erst jetzt bestanden Möglichkeit und Anlass, das finanzielle Risiko der Errichtung eines neuen Domes auf sich zu nehmen. Alle kirchlichen Bauten, die Willigis nach seinem Amtsantritt (975) in Mainz begonnen oder gefördert hatte, waren fertig: St. Stephan (997) und St. Victor (994 oder 995). Der neue Dom orientierte sich nicht allein an der römischen Peterskirche, sondern auch an dem Aachener Münster, wie es die erstmals nach dem Tod Karls des Großen aus Bronze gegossenen Türen durch Wahl des Materials und Inschrift bezeugen. Der neue Dom in Mainz sollte an Stelle des Aachener Münsters zu der Kirche werden, in der die deutschen Könige ihre Krone empfingen. Nur so konnte Willigis das Recht der Mainzer Erzbischöfe wahren, den König zu krönen. Nicht zuletzt darauf beruhte ihr besonderer Rang unter den Bischöfen des Reiches, doch der Papst hatte 997 in seinem Privileg für Aachen es den Mainzer Erzbischöfen unmöglich gemacht, das Krönungsrecht in Aachen und damit außerhalb der eigenen Kirchenprovinz wahrzunehmen.

Sollte der neue Dom mit seinen damals anderen Orts nicht erreichten Ausmaßen den Anspruch und den Rang der Mainzer Erzbischöfe symbolisieren, so musste doch der „alte Dom" während der Erbauung des neuen uneingeschränkt nutzbar sein. Aus diesem Grund ließ Willigis den Neubau gleichsam „auf grüner Wiese" errichten. Am Tag der Weihe sollte der alte Dom das Martinspatrozinium an den neuen Dom abgeben, der naturgemäß unter dem Patronat des Bistumsheiligen zu stehen hatte. Gleichzeitig musste der alte Dom ein neues Patrozinium erhalten.

Wie Willigis vorgehen wollte, ist aus dem Tag ersichtlich, den er für die Weihe seines neuen Domes ausgesucht hatte. Er hatte dafür 1009 den 29. August gewählt: das Fest der Enthauptung Johannes des Täufers. An diesem Tag sollte im alten Dom

---

78 PRG Ordo 40, 11: *Primitus vero antequam introeat pontifex aecclesiam, diaconus recludatur in ipsa et illuminentur duodecim candelae per circuitum eius, stante episcopo una cum cetero clero pro foribus aecclesiae* (VOGEL/ELZE, wie Anm. 6, Bd. 1, S. 131).

Farbenspiel: So ähnlich könnten die heute schwarzblau verfärbten Bronzetüren des Willigis (siehe Abb. S. 80) am Marktportal des Mainzer Domes ursprünglich einmal geglänzt haben.

Johannes, dem hier schon in der Zeit vor Willigis ein Altar und Chor geweiht waren, zum Hauptpatron aufsteigen, während das Martinspatrozinium auf den neuen Dom übertragen werden sollte. Wie weit diese Umwidmungen und Weihen vollzogen werden konnten, bleibt unklar. Am Fest der Enthauptung Johannes des Täufers hatte man – so wird man die Abläufe rekonstruieren können – im alten Dom die Reliquien des hl. Martin bereitgestellt, um sie am folgenden Tag bei der Weihe des Neubaus zu verwenden. Nichts verlautet darüber, dass die Reliquien bei dem Brand Schaden genommen hätten – vielleicht ein Hinweis, dass die Weihe des neuen Domes nicht beendet werden konnte, der Brand vor der Überführung der Reliquien in ihr neues Zuhause ausgebrochen ist.

Die Wahl eines Johannes-Festes für die Weihe des neuen Domes dürfte jedoch der „liturgische Beweis" dafür sein, dass die heutige Johanniskirche der alte Mainzer Dom der Zeit vor 1009 ist. Als Erzbischof Bardo 1036 den von Willigis 997 begonnenen, 1009 niedergebrannten und nochmals errichteten Dom weihte, ist diese Zuordnung der beiden benachbarten Kirchen vollzogen worden. Nicht in Erfüllung gingen aber die Pläne des Willigis, den neuen Dom zu der Kirche zu machen, in der die Mainzer Erzbischöfe den deutschen König krönten. Das Aachener Münster konnte seinen Rang als Krönungskirche behaupten, der Kölner Erzbischof übernahm hier seit der Krönung Heinrichs III. 1028 die Rolle des Coronators. Nur zweimal war es unter Willigis und seinen Nachfolgern in Mainz zu einer Königskrönung gekommen (1002 und 1024), Schauplatz war jeweils der alte Dom. Geplant als Dom für König, Reich und Kirche, wurde die Mainzer Kathedrale zu einem Dom für Kirche und Stadt.

„Was das Feuer nahm, das Erz hat es wiedergegeben"

Das Bronzeportal am Dom zu Mainz

Ursula Mende

Der Titel dieses Beitrages ist Teil der Inschrift eines in Bronze gegossenen frühgotischen Löwenkopf-Paares aus dem Dom in Trier. Hier wird das Wachsausschmelzverfahren angesprochen, der überaus komplizierte und handwerklich anspruchsvolle Vorgang zur Herstellung von Bronzegüssen, der darin besteht, dass das Werk zunächst aus Wachs modelliert wird, dann von einer Lehmform umschlossen, diese erhitzt, um das Wachs ausfließen zu lassen, an dessen Stelle schließlich das flüssige Erz eingefüllt wird; nach dem Erkalten wird die Lehmform zerschlagen, und erst jetzt wird das Ergebnis sichtbar: Ob der Guss wohl gelungen ist? Die vollständige Inschrift der Trierer Löwenköpfe, hier in anderer Übersetzung, schildert das sehr genau: „Was werden soll, hat das Wachs gegeben, hat das Feuer genommen und das Erz dir zurückgegeben".

Ein Bronzegusswerk von monumentalen Ausmaßen soll hier vorgestellt werden, die Tür im Marktportal des Mainzer Domes (Abb. 1). Schon die handwerkstechnische Leistung macht einen wesentlichen Teil ihrer Bedeutung aus. Bedeutend ist sie aber in vielfacher Hinsicht. Diese Tür gehört zum Dombau des Erzbischofs Willigis von 1009. Sie begeht somit ebenfalls im Jahr 2009 ihr 1000-jähriges Jubiläum, zusammen mit dem Mainzer Dom. Bedenkt man, wie wenig vom Dom des Willigis bis in unsere Zeit erhalten geblieben ist, wird deutlich, welche Wertschätzung dieser Tür zusteht, sowohl als Kunstwerk wie auch als Geschichtsdenkmal. Bedenkt man zudem, dass das Feuer, das zur Herstellung eines Gusswerks wichtig ist, auch die größte Gefahr für ein Gusswerk darstellt, es nämlich zum Einschmelzen bringen kann, und bedenkt man dabei die vielen Brände in der Geschichte des Mainzer Domes, so darf das Vorhandensein dieser Tür nach 1000 Jahren nahezu als ein Wunder angesehen werden. Vielleicht war in dieser Hinsicht der Umstand lebenserhaltend, dass die Tür über Jahrhunderte im Portal der Liebfrauenkirche ihren Platz hatte – die allerdings auch nicht von Bränden verschont blieb –, ehe sie 1804 an den Dom zurückversetzt wurde.

*

Abb. 1: Bronzetür im Marktportal des Mainzer Domes

Abb. 2: Detail der Bronzetür des Mainzer Domes

Von der Geschichte dieser Tür und ihrem Platz im spätromanischen Marktportal (Abb. S. 77) wird später die Rede sein, ebenfalls von Einzelheiten der Gusstechnik. Zunächst soll es um die Gestalt dieser Tür gehen und wie sie kunstgeschichtlich einzuordnen ist. Die Tür ist von so zurückhaltender Formgebung, dass sie eher übersehen wird, als dass sie die Blicke auf sich zieht. So existiert sie, trotz des prominenten Standorts am Haupteingang des Domes, vom Markt her, eher unbeachtet im Bewusstsein der Öffentlichkeit wie auch im Interesse der Fachwissenschaft. Dabei handelt es sich um ein Kunstwerk von hoher Formqualität, zudem um eines, das einen wichtigen Platz in der ottonischen Kunst einnimmt, im Zeitalter von Erzbischof Willigis.

Abb. 3: Tür-Darstellung auf einer römischen Marmor-Urne, Vatikanische Museen, Cortile Ottagono, Inv. 1042

Die Tür besteht aus zwei Flügeln, jeder davon ist massiv und in einem Stück gegossen. Die Höhe wird mit 3,71 m für den linken und 3,70 m für den rechten Flügel angegeben, die jeweilige Breite beträgt ungefähr 1 m, leicht variierend oben, in der Mitte und unten. Das Gewicht ist erheblich unterschiedlich, mit ca. 1500 kg für den linken Flügel, der dünnwandiger ist, und mit ca. 1850 kg für den rechten mit dickerer Wandstärke. Besser vorstellbar sind die Dimensionen von Ausmaß und Gewicht umgerechnet in 1,5 Tonnen für den linken Türflügel und mit zusätzlichen 7 Zentnern für den rechten, bei jeweiliger Höhe von ungefähr 3,70 m.

Die Türfläche ist unterteilt in vier Felder von übereinstimmender Größe. Einziger Bildschmuck der Tür sind die Löwenköpfe in den beiden unteren Feldern, die nicht mitgegossen, sondern gesondert gegossen und dann montiert sind, die aber – wie zu zeigen sein wird – zum originalen Bestand der Tür gehören. Zugehörig sind auch die Inschriften auf den waagerechten Rahmenleisten oben, unten und in der Mitte, während der lange Text auf den beiden oberen Feldern eine Zutat des 12. Jahrhunderts ist.

Die Gliederung der Tür gibt das architektonische Gefüge aus Rahmenwerk und Füllungen wieder (Abb. 1–2), das auf die Konstruktion einer Holztür zurückgeht. Glatte Leisten bilden die äußere Rahmung jedes Flügels und queren ihn genau in halber Höhe. Die vier Felder, die Türfüllungen, sind jeweils mit einer eigenen umlaufenden Rahmung versehen, die ein zartes Profil zeigt, bestehend aus einem Karnies zwischen zwei Plättchen. Diese Gliederung der Tür folgt genau antiker Tradition, wofür hier ein Bildzeugnis aus römischer Zeit steht (Abb. 3). Es ist die Tür eines

Grabbaues, dargestellt auf einer Marmor-Urne des frühen 2. Jahrhunderts n. Chr. in den Vatikanischen Museen. Die Unterteilung antiker Türen ist oftmals von einem Rhythmus unterschiedlich hoher Felder bestimmt, kennt aber auch, wie hier im Bild, vier in der Höhe übereinstimmende Felder, ebenso wie in Mainz. Und von derselben Art ist auch das Verhältnis zwischen den glatten Rahmenleisten der Türflügel und den einzelnen Füllungen mit jeweils eigener zart profilierter Rahmung. Anders als in Mainz befinden sich vier ringtragende Tiermasken auf der dargestellten antiken Tür, in jedem Feld eine; unten, an der zotteligen Mähne zu erkennen, sind es Löwen, oben Luchse mit ihren spezifischen spitzen Ohren. Diese Vielzahl ist kennzeichnend für die apotropäische – Unheil abwehrende – Komponente, die in der Antike eine wesentliche Rolle spielte bei der Gattung dieser sogenannten Türzieher, die als Bildsymbol wichtig waren, nicht nur als zweckdienliches Gerät.

*

Die Löwenköpfe der Mainzer Tür sind gesondert gegossen und so auf der Türfläche montiert, dass das weder von der Vorderseite noch von der Rückseite her erkennbar wird (Abb. 4–5). Auf dem linken Flügel ist mit einer späteren Reparatur nachgebessert worden, auf dem rechten Flügel jedoch ist der Originalzustand erhalten. Mit einer Höhe von ca. 30 cm und einer Breite von 35 bzw. 37 cm haben diese Tierkopf-Appliken monumentale Ausmaße. Sie sind mit offenem Rachen drohend auf den Beschauer ausgerichtet und werden umrahmt von einem kunstvoll geordneten stilisierten Mähnenkranz. Beide Exemplare sind von weitgehend gleicher Formgebung, nicht aber identisch (Abb. 2); sie sind jeder für sich freihändig modelliert, mit geringen Varianten – deutlich erkennbar in der Gabelung der Zotteln über der Stirn, auch feststellbar in der Anzahl der Zotteln. Sie lassen sogar einen gewissen handwerklichen Qualitätsabstand erkennen, wie dies häufig zu beobachten ist bei mittelalterlichen Türzieher-Paaren: Einer ist von Meisterhand, der andere weniger meisterlich. So erscheinen die Mähnenzotteln auf dem rechten Flügel in der Haarzeichnung weniger scharf geschnitten, ihre eingerollten Locken weniger spannungsvoll. Die Tierköpfe sind insgesamt gut erhalten; beim Exemplar links, in Nähe eines Risses auf dem Flügel, ist eine Mähnenzottel abgebrochen (Abb. 4), je eine kleine Zottel unterhalb des Maules ist bei beiden verloren. Die Ringe in den Löwenmäulern gehören zum Originalbestand.

Es ist nötig, die Formgebung der Löwenköpfe genauer zu betrachten; erst dann erschließt sich die ganz außerordentliche Qualität dieser Tierplastik. Um mit der Mähne zu beginnen: Sie besteht aus zwei Reihen mächtiger Zotteln, die radial angeordnet sind, die in kraftvoller Bewegung, wie Strahlen, nach außen streben und jeweils am Ende mit zierlicher, dabei spannungsvoller Einrollung enden. Sie sind oben länger, greifen hier weiter aus auf der Türfläche und werden unterhalb der Ohren kürzer. Die

Abb. 4 und 5: Löwenkopf auf dem linken Flügel der Mainzer Bronzetür

beiden Reihen sind in strenger Regelmäßigkeit gegeneinander versetzt. Die Löwenmähne erscheint hier in einer Stilisierung, die eine überaus reizvolle Ornamentform ergibt. Zu den Mähnenzotteln gehört ein ganz zurückhaltendes, jedoch kunstvolles Rahmenelement, das die Dynamik der Zotteln noch steigert. Man sieht einen schmalen Wulst, der im oberen Bereich von den Zotteln überspielt wird, während er sie unten umschließt. Dies ist der Randwulst eines flach gewölbten Rundfeldes, das für den Löwenkopf eine Unterlage bildet. Dieses Rund ist jeweils reliefierter Bestandteil des Türflügels und mit diesem zusammen gegossen.

Das kunstvolle Mähnenornament umschließt ein glattflächiges Tiergesicht, das in der Vorderansicht eher naturfern und insbesondere durch die großen anthropomorphen Ohren grotesk anmutet (Abb. 4). Jedoch von der Seite gesehen scheint sich der Kopf mit Leben zu füllen, und man erkennt einen organisch gebauten Schädel mit typischen Merkmalen der Physiognomie eines aggressiven Tieres (Abb. 5). An der Stelle, wo eine Zottel abgebrochen ist, wird unter dem Tierkopf auch die Rundscheibe mit ihrem Randwulst gut sichtbar, die zur Fläche des Türflügels gehört, wie der durchgehende Riss zeigt. Der Löwenkopf ist leicht angehoben und richtet bedrohlich die mächtigen Zähne auf den Beschauer. Der geöffnete Rachen bewirkt, dass sich die Haut über dem Schädel spannt und einzelne Teile deutlich herausmodelliert, so die mächtigen Maulpolster und die Jochbeine. Weitere Kennzeichen eines erregten, drohenden Tiergesichts zeigt deutlicher die Seitenansicht, nämlich die gekrauste Nase und – ein ganz wesentliches Element – die Bewegung der Stirnmuskulatur über den Augen. Dies ist wirklich ein naturnah erscheinender Löwenkopf, in glaubhafter Drohgebärde. Natürlich ist er nicht der Natur abgeschaut, sondern er geht auf Vorlagen zurück, und nach diesen Vorlagen ist zu fragen.

Schon bevor das geklärt ist, gilt festzuhalten: Es handelt sich bei dem Löwenkopf-Paar der Mainzer Willigis-Tür um plastische Kunstwerke von hohem Rang, kraftvoll modelliert und ausdrucksstark, dabei in einer überaus reizvollen Kombination von naturnah erscheinendem Tiergesicht mit ornamental stilisierter Mähne. Diese monumentalen Bronzen sind unter die bedeutendsten Beispiele mittelalterlicher Tierplastik einzureihen.

Die gewisse Naturnähe dieser Löwenköpfe ist immer bemerkt worden, und die lange Zeit gültige und nahezu einhellige stilgeschichtliche Einordnung lautete: Sie seien entstanden um 1200 bzw. am Beginn des 13. Jahrhunderts, in einer Zeit also, die nach naturferner Stilisierung nun von Tendenzen zu neuer Verlebendigung bestimmt war. Man hielt die Löwenkopf-Appliken also für nachträgliche Ergänzungen der Mainzer Tür. Wirklich vergleichbare Werke aus der Zeit um oder nach 1200, mit denen sich eine solche Datierung der Mainzer Löwen stützen ließe, haben sich jedoch nie benennen lassen, und es gibt sie auch nicht. Aus den Worten von Rudolf Kautzsch (Kautzsch/Neeb 1919, S. 58) ist herauszulesen, dass er eigentlich Zweifel an seiner Datierung hatte: „Ich denke an den Beginn des 13. Jahrhunderts, wenn sich auch der großartige Naturalismus der Bildung nicht recht mit der um diese Zeit sonst noch herrschenden Neigung zum Stilisieren vertragen will." Und er fügt in einer Fußnote an: „Übrigens gab es römische Löwenköpfe, die recht wohl als Vorbilder gedient haben können", wobei er auf zwei Bronzen aus dem ersten Jahrhundert n. Chr. im Landesmuseum Mainz hinweist, die als Brunnenöffnung gedient haben, beide übrigens auf profilierter Rundscheibe.

Wie doch Rudolf Kautzsch mit dieser in der Anmerkung versteckten Beobachtung der Lösung nahe kam! Die Mainzer Löwen wurden wirklich nach römischen Vorbildern geschaffen; das geschah aber nicht erst um 1200, sondern bereits zur Entstehungszeit der Tür, als in der Zeit der ottonischen Kunst um 1000 die römische Antike eine wichtige Quelle darstellte – was schon der ganze Aufbau der Mainzer Tür bezeugt.

Die genaue Vorlage für die Mainzer Köpfe kennen wir nicht; es lässt sich jedoch erkennen, dass in ihnen ein römischer Löwenkopf-Typus weiterlebt. Als beliebiges römisches Beispiel sei hier einer der Türzieher aus dem Fund von Ladenburg gezeigt (Abb. 6) und dem Mainzer Kopf gegenüber gestellt. Mit einer Vielzahl von Bronzebeschlägen, die 1973 in Ladenburg ausgegraben worden sind, gehörte dieser Löwenkopf zum Schmuck einer Holztür, vermutlich einer Tempeltür, und wird in die Zeit um 125 bis 150 n. Chr. datiert. Bei diesem Beispiel zeigt sich das grimmige Tiergesicht in einer gewissen Weise barock übersteigert, dennoch organisch gebaut und lebensnah. Wir erkennen all die wesentlichen Elemente der grimmigen Physiognomie wieder: Die Faltenbildung über den Augen, die gekrauste Nase und die gegeneinander abgesetzten Wölbungen von Maulposter und Jochbeinen. Auch etwas

Abb. 6: Römischer Löwenkopf-Türzieher, aus dem Fund von Ladenburg (Exemplar K 2), Konstanz, Archäologisches Landesmuseum

von der pathetischen Ausdruckskraft römischer Löwenköpfe wie diesem scheint bei den Mainzer Artgenossen nachzuleben.

So lässt sich für die Mainzer Bronzetür festhalten, dass nicht nur die Gliederung insgesamt, das Gefüge von Rahmenwerk und Füllungen, auf Vorbilder der römischen Antike zurückgeht, sondern auch die Form ihrer Türzieher, diese eindrucksvollen Löwenkopf-Appliken, die wirklich zum originalen Bestand der Türflügel dazugehören, um 1009 entstanden. Am besten in Rom selbst waren wohl damals solche Vorbilder zu sehen. Das können einzelne Löwenköpfe als Beschlag von Holztüren gewesen sein. Das waren mit Sicherheit auch Bronzetüren, die teils an römischen Tempeln erhalten waren, teils die Portale christlicher Kirchen schmückten, und dies entweder als übernommene römische Spolien oder, nach deren Vorbild, als Gusswerke aus frühchristlicher Zeit. Eine reiche Portalausstattung hatten Eingang und Atrium von St. Peter, über die wir leider nur bruchstückhaft unterrichtet sind. Darunter befanden sich mindestens drei Bronzetüren unterschiedlicher Form und Entstehungszeit; mindestens eine war ein antikes Gusswerk, das erst im späten 8. Jahrhundert von Papst Hadrian aus Perugia nach Rom geholt worden war. So wie die Peterskirche in Rom für die Architektur des Willigis-Domes in Mainz vorbildlich war, wie von der Bauforschung aufgezeigt, so könnte sich das auch auf deren Ausstattung mit einer Bronzetür erstreckt haben. Erhalten hat sich nichts von der Portalausstattung aus Alt-St. Peter. Einen Eindruck davon, wie die Tradition römischer Türen in frühchristlicher Zeit fortlebte, vermittelt die Bronzetür des Lateransbaptisteriums, die

Papst Hilarius (461–468) stiftete (Mende 2003, S. 325, Abb. 10). Auch diese Tür ist massiv gegossen, jeder Flügel in einem Stück; auch die Gliederung aus Rahmenwerk und Füllungen mit zarten Profilen entspricht dem, wie es einige Jahrhunderte später in Mainz wieder zu finden ist, allerdings unterschiedlich in der Höhe der Türfelder. Auf den unteren Feldern in Höhe der Griffringe saß je ein großer Beschlag, wobei der Gedanke an Löwenköpfe nahe liegt, aber nicht zwingend ist. Auf den Rahmenleisten gab es eine Abfolge von Knäufen, auf den Feldern kleine silbertauschierte Kreuze, die in inhaltlichem Bezug zum kirchlichen Standort dieser Tür stehen.

*

Soweit sei skizziert, was Erzbischof Willigis in Rom hat sehen können. Dass er die Mainzer Tür hat gießen und aufstellen lassen, dass er der Stifter war, erfahren wir aus der Inschrift. Wie schon erwähnt, befinden sich zwei Inschriften auf dieser Bronzetür, der umfangreiche Urkundentext auf den beiden oberen Feldern, der erst im 12. Jahrhundert hinzugefügt wurde und von dem später die Rede sein soll, und der aus der Entstehungszeit stammende Text auf den waagerechten Leisten (Abb. 1–2). Die ursprünglich zugehörige Inschrift informiert über drei Tatsachen: Dass Willigis diese Bronzetür gestiftet hat, dass erstmals wieder seit Karl dem Großen eine Bronzetür geschaffen wurde und wer der Gießer dieser Tür war; er hieß Berenger. Dieser Text verläuft in drei Zeilen auf den waagerechten Rahmenleisten – oben, in der Mitte und unten, jeweils quer über beide Türflügel hinweg. Er ist dabei so gegliedert, dass eine hierarchische Abfolge erkennbar wird, mit dem Bezug zu Karl dem Großen auf der oberen Leiste, mit der Nennung von Willigis als Stifter auf der mittleren (Abb. 2 und 7) und mit dem Gießernamen Berenger auf der unteren. Die Inschrift ist sehr sorgfältig ausgeführt, als Meißel-Arbeit nach dem Guss, die Buchstaben in römischer Kapitalis, mit wenigen Unzialen darin. Kunstvoll ist auch die literarische Form, gereimt in Hexametern, diese allerdings nicht ganz regelmäßig. Eine Nachzeichnung gibt das schöne Schriftbild wieder (Abb. 7), wobei hier jede Inschriftleiste in zwei Zeilen dargestellt ist (nach Arens u. Bauer, 1958, S. 7): Die beiden oberen Zeilen sind der quer über beide Flügel laufende Inschriftteil mit Nennung Karls des Großen, die mittleren Zeilen geben die Rahmenleiste in halber Höhe mit der Willigis-Stiftung wieder, die beiden unteren die Nachricht über den ausführenden Meister. Der Text lautet (Arens u. Bauer, 1958, S. 7): „Postquam magnus imperator Karolus / Suum esse iuri dedit naturae, / Willigisus archiepiscopus ex metalli specie / Valvas effecerat primus./ Berengerus huius operis artifex, lector, / Ut pro eo Deum roges postulat supplex (Nachdem der große Kaiser Karl gestorben war, hat Erzbischof Willigis zuerst wieder aus Metall Türflügel machen lassen. Berenger, der Meister dieses Werkes, bittet, o Leser, dass Du für ihn zu Gott betest.)."

+ POSTQVĀ MAGNV' IMP KAROLVS ·
SVVESSEI VRI EDIT NATVRÆ ··
+ WILLIGISVS ARCHEPS · EX METALLI SPECIE
VALVAS EFFECERAT PRIMVS ··
BERENGRVS HVIVS OPERIS ARTIFEX LECTOR
VT PEO DM ROGES PS FIAT SVPPLEX

Abb. 7: Inschrift auf den waagerechten Leisten der Mainzer Bronzetür, oben: Nachzeichnung. Reproduktion nach Arens u. Bauer 1958, unten: Original der beiden Mittelleisten

Bronzetüren waren ein ganz außerordentlich aufwendiger Teil der Bauausstattung, vom Material her, wie von der handwerklichen Ausführung; im Mittelalter waren sie sehr selten, dabei von ranghöchsten Auftraggebern für ranghöchste Bauten gestiftet. In Mainz erfahren wir zudem: Seit Karl dem Großen, also nach 200 Jahren, wurde zum ersten Mal wieder ein solches Gusswerk angefertigt. Es ist nahe liegend, dass man diese Tür mit der Willigis-Inschrift als selbstverständlich zugehörig sieht zum anspruchsvollen Dombau dieses Erzbischofs mit dem Weihdatum 1009. Sie muss dort für ein besonders repräsentatives Portal bestimmt gewesen sein – vermutlich doch für das Marktportal, wovon noch die Rede sein wird.

Bemerkenswert in der Türinschrift ist der Passus um Meister Berenger, den Gusshandwerker. Er befindet sich ganz unten an der Türschwelle, hierarchisch unterhalb von Karl dem Großen und unterhalb vom erzbischöflichen Stifter. Aber dass hier in ganzer Zeilenlänge auch diese Persönlichkeit genannt ist, zudem mit einem Wortlaut, der sich an den Kirchenbesucher wendet und auf dessen Gebet für sein Seelenheil hofft, der im Bemühen um seine Memoria nur seiner Hände Werk einzubringen hat – anders als ein aus irdischen Reichtümern schöpfender Stifter –, das verdient hervorgehoben zu werden. Das ist weit entfernt von der allgemeinen Vorstellung vom Handwerker im Mittelalter, der nicht Künstler war, sondern namenlos und dienend sein Werk vollbrachte. Nun kennen wir wirklich eine ganze Reihe von mittelalterlichen Meisternamen, und dabei ist auffällig, wie diese gerade im Gusshandwerk häufig sind, das immer in besonders hohem Ansehen gestanden haben muss. Berenger, der als artifex benannt ist, hat offenbar in hohem Maße solches Ansehen genossen, nicht zuletzt von Seiten seines Auftraggebers, des Erzbischofs, der ja die ganze Inschrift veranlasst haben wird, auch die unterste Zeile.

*

Die Bronzetüren Karls des Großen, auf die Bezug genommen wird, sind vermutlich diejenigen seiner Aachener Pfalzkapelle, obwohl weitere auf ihn als Stifter zurückgehen mögen; so wird aus der von ihm reich beschenkten Abtei St. Alban in Mainz von einer Tür als goldener Pforte berichtet. In Aachen hat Karl ein vollständiges Ensemble von Bronzetüren für alle Portale der Pfalzkapelle gießen lassen, die große sogenannte Wolfstür für das Westportal und vier kleinere Türen, die im Unter- und im Obergeschoss die Verbindung zu zwei Annexbauten bildeten. Bis auf eine der kleinen Türen sind sie alle erhalten geblieben. Wie in Mainz sind diese Türen massiv gegossen, jeder Türflügel in einem Stück. Auch sie sind nach dem Vorbild antiker Türen geschaffen, wobei ihre reiche Rahmenwerk-Ornamentik das antike Erbe besonders augenfällig macht. Auch hier sind die Türen jeweils mit einem Paar Löwenkopf-Türzieher ausgestattet, diese ebenfalls gesondert gegossen und – ursprünglich nahezu unsichtbar – montiert.

Es ist nach der Formverwandtschaft zwischen den Türen in Aachen und in Mainz zu fragen. Die große Tür im Westportal der Aachener Pfalzkapelle, die sogenannte Wolfstür (Abb. 8), ist um etwa 20 cm höher und hat breitere Flügel als in Mainz, sie misst etwa 3,90 m in der Höhe, bei einer Flügelbreite von 1,35 m. Sie ist kleinteiliger gegliedert, mit zwei Achsen auf jedem Flügel und vier gleich hohen Feldern übereinander, wobei das aufwendige Rahmenwerk den Eindruck stark prägt. Die Löwenköpfe haben ihren Platz in der inneren Achse, seitlich vom Türschluss. Die kleinen Türen sind anders aufgebaut, alle weitgehend übereinstimmend mit der hier gezeigten Tür von der Karlskapelle (Abb. 9), mit drei übereinander liegenden Feldern auf jedem Flügel, diese von wechselnder Höhe, und mit Löwenköpfen im jeweils mittleren höheren Türfeld. Das Rahmenwerk hier wird durch feine ornamentbesetzte Profilierung bestimmt. Die kleinen Aachener Türen messen nur ca. 2,20 m in der Höhe und ca. 70 cm in der Türflügelbreite, sind damit wesentlich kleiner gegenüber der Tür in Mainz.

Betrachtet man das Gefüge aus Rahmenwerk und Füllungen in Aachen genauer, so fällt zunächst die üppige Ornamentik aus antiken Motiven auf. Bei der Wolfstür

(Abb. 8 und 8a S. 90) sind es Eierstab, Perlstab und Blattzungenfries, die die äußere Rahmung jedes Flügels wie auch die Rahmungen der einzelnen Felder bilden. Das ist ein Formenreichtum, der die Wolfstür als besonders kunstvoll erscheinen lässt. Verglichen damit wirkt das schmucklose Rahmenwerk in Mainz schlicht. Bewertet werden muss aber auch ein anderer Unterschied zwischen beiden Türen. In Mainz haben wir das große viergeteilte Rahmengerüst aus glatten Leisten, in das die gerahmten Füllungen als eigenständige Teile so eingesetzt erscheinen, als ob man sie wie gerahmte Bilder herausheben könnte. Das entspricht dem architektonischen Gefüge antiker Türen. Auf der Wolfstür hingegen ist das nicht der Fall. Hier sind die einzelnen ornamentgerahmten Füllungen aneinander gesetzt, jeweils nur mit einer Kehle dazwischen; und durch eine Kehle abgesetzt sind sie auch von der Ornamentleiste, die nur die Außenrahmung der Flügel bildet, nicht eine horizontale Gliederung. Das bedeutet, dass hier in Aachen die architektonische Folgerichtigkeit des antiken Gefüges aus Rahmen und Füllungen nicht wirklich verstanden und wiedergegeben wurde.

Gleiches lässt sich an den kleinen Aachener Türen beobachten (Abb. 9 und 9a S. 90). Zunächst ist wieder die Formschönheit der aus antiken Motiven bestehenden Rahmen-Ornamentik festzuhalten, die hier von besonderer Feinheit ist. Die einzelnen Felder haben eine mit Eierstab und Perlstab verzierte Rahmenleiste, die profiliert zur tiefer liegenden Fläche überleitet. Auch hier fehlen horizontale Bestandteile eines

Abb. 8: Bronzetür im Westportal des Aachener Domes (sog. Wolfstür)

Abb. 9: Bronzetür der Karlskapelle des Aachener Domes

übergeordneten Rahmengerüsts. Wo die Füllungen übereinander liegen und wo sie auf die senkrechte äußere Rahmenleiste des Türflügels treffen, findet sich jeweils ein Perlstab eingefügt. Diese isolierten Perlstäbe bilden, ebenso wie die Kehlen auf der Wolfstür, keinen wirklichen Bestandteil einer architektonischen Struktur.

Abb. 8a Detail: Wolfstür, Aachen *Abb. 9a Detail: Tür Karlskapelle, Aachen*

Es ist deshalb wichtig, diese Details anzusprechen, weil ein Irrtum auszuräumen ist. Wenn von der Bronzetür in Mainz die Rede ist, wird sie üblicherweise im Vergleich mit den Aachener Türen beurteilt, und zwar in folgender Weise (so Wesenberg 1955, S. 66, Haussherr 1973, S. 389–390): Die Tür in Mainz sei gegenüber den Aachener Türen in der Gliederung vereinfacht und in den Formen verarmt, da hier auf Ornamentik verzichtet wurde. So ist es aber nicht. Die Mainzer Willigis-Tür folgt in der Formgestaltung keineswegs den Aachener Türen, sondern sie hat ganz andere Vorbilder, sie geht nämlich – wie bereits gesehen – auf antike Quellen direkt zurück.

Die Löwenköpfe können bestätigen, dass es zwischen Aachen und Mainz keine Abhängigkeit in der Formgebung gibt. Die schönen Köpfe der Wolfstür mit ihrer lebhaft gelockten Mähne werden von einem ornamentalen Randstreifen eingefasst (Abb. 8a). Alle Elemente sind auf die Antike zurückzuführen: Der Rahmenstreifen mit radial gestellten Blättern, das Blattmotiv selbst, ein reduzierter Lotos-Palmetten-Fries, und auch der naturnah erscheinende Tierkopf. Er könnte von der damals in Aachen bereits befindlichen Bronze der Bärin, der sogenannten „Lupa" beeinflusst worden sein. Die Befestigung des Kopfes, der mit dem Rahmenstreifen zusammengegossen ist, geschah ursprünglich weitgehend unsichtbar, durch geschickt im Blattwerk untergebrachte Stifte, was jetzt durch Reparaturen teilweise gestört ist. Die Ringe bei beiden Löwenköpfen der Wolfstür sind verloren. Verglichen mit den Löwenköpfen in Mainz geben die Aachener einen völlig anderen Typus wieder; der Kopf ist abwärts gesenkt, der Rachen mit den Zähnen bleibt unsichtbar, im Ausdruck zeigt sich ein stilles und friedliches Temperament. Kein Formdetail des Aachener Löwenkopfes ist in dem wild-pathetischen Geschöpf der Mainzer Tür wieder zu finden. Beide nutzen antike, dabei jedoch völlig unterschiedliche Quellen.

Auch zu den Löwenköpfen der kleinen Aachener Türen ist keine Verwandtschaft erkennbar (Abb. 9a). Es sind relativ flache Masken, die Köpfe abwärts gesenkt, wieder von eher stillem Ausdruck, mit einer Tendenz zur Stilisierung im Tiergesicht. Das kleinteilige Mähnengelock wird außen von einem Perlkranz umschlossen. Die Befestigungsstifte sind geschickt zwischen den Zotteln versteckt. Hier sind auch die Ringe erhalten, die das Bild vervollständigen.

Zum Verhältnis zwischen den Bronzetüren in Aachen und Mainz lässt sich folgendes Fazit ziehen: Erzbischof Willigis bezieht sich in der Inschrift seiner Tür auf Bronzetüren Karls des Großen, in denen doch wohl die aufwendige Tür-Ausstattung der Pfalzkapelle in Aachen gesehen werden darf. Seitdem sind 200 Jahre vergangen, und erstmals ihm, Willigis, ist es gelungen, es dem großen Karl gleichzutun. Eine Erztür, wie in Aachen, ließ er für seinen Dom-Neubau anfertigen und war in der Lage, das kostbare Material und die dafür notwendigen Fachleute zu besorgen. Sowohl in Aachen wie auch in Mainz sind die Türflügel massiv gegossen, jeder Flügel aus einem Stück, bei Höhen knapp unter 4 Metern. Das verbindet die Mainzer Tür mit den älteren Aachenern. Die Formgebung der Aachener Türen jedoch war für Willigis nicht von speziellem Interesse. Es ist nicht so, dass er Form und Ausstattung dieser Türen zum Vorbild gewählt hat, woraufhin dann künstlerisches Unvermögen nur eine vereinfachte Version für den Mainzer Dom zustande gebracht hätte. Für Willigis waren antike Vorbilder wichtiger, die er vermutlich aus Rom kannte. Wie bereits dargestellt, geht die Mainzer Tür insgesamt auf solche antiken Quellen zurück, sowohl in der Gliederung der Türfläche, im Rahmenprofil wie auch in der Form ihrer eindrucksvollen Löwenköpfe.

In den Entwicklungsphasen der frühmittelalterlichen Kunst sprechen wir von der karolingischen Renaissance und der ottonischen Renaissance, zwei Strömungen, in denen die Kunst der Antike wiederentdeckt wurde. Antikes Formenvokabular wurde aufgenommen, kopiert, nachgeahmt und variiert. Das geschah unter Karl dem Großen, wofür die Aachener Bronzetüren ein Beispiel sind, und das wurde erneut wichtig unter den ottonischen Kaisern, also in der Zeit des Mainzer Erzbischofs Willigis. Charakteristisch für die ottonische Renaissance ist, dass sie zum einen auf karolingische Werke zurückgriff und so antike Formen quasi aus zweiter Hand aufnahm, dass sie andererseits aber auch Zugang zu antiken Werken selbst suchte. Ein großartiges Zeugnis dafür ist die Bronzetür des Mainzer Domes. Es ließ sich sogar feststellen, dass bei ihr das Antiken-Verständnis höher war als bei den Aachener Türen, sowohl in der Struktur der Flügel wie in der Form ihrer Löwenköpfe.

Abb. 10: Türzieher vom Würzburger Dom, Domschatz Würzburg

Abb. 11: Türzieher der Pfarrkirche in Dickschied (Rheingau-Taunus-Kreis)

*

Diese eindrucksvollen Löwenköpfe mit ihrem strahlenförmigen Zottelkranz sind Vorbild für eine Nachfolgeschaft gewesen, die wir nur noch aus zwei sehr unterschiedlichen Vertretern kennen, die mit Sicherheit zahlreicher war. Aus dem Dom in Würzburg hat sich ein Türzieher-Paar erhalten, das für eine Holztür bestimmt war (Abb. 10). Mit ca. 25 cm Durchmesser hat es beachtliche Ausmaße. Trotz erheblicher Veränderung erkennt man die wesentlichen Details, die auf die Mainzer Exemplare zurückzuführen sind. Das sind vor allem die Zotteln der Mähne, die energisch nach allen Seiten gerichtet und mit zierlich gelockten Enden ausgestattet sind. Sie kommen hier in größerer Anzahl vor, in einem weniger geordneten Gefüge und bilden nicht mehr die kraftvolle Ornamentform wie in Mainz. Zwischen den Zotteln verteilt befinden sich die Öffnungen für die Nägel, mit denen die Bronzen auf der Tür zu befestigen waren. Der Tierkopf hat an plastischem Volumen verloren, die charakteristischen Falten über den Augen sind ornamental verwandelt in tordierte Wulstformen, wie sie ähnlich auch Maul und Nase rahmen. Betont sind weiterhin die Ohren. Vom organischen Verständnis für einen Tierkopf ist viel verloren gegangen. Dennoch handelt es sich hier um qualitätvolle Bronzeplastik. In der Entwicklung von Mainz her ist bereits die Richtung zu mittelalterlicher Stilisierung erkennbar. Auch diese Würzburger Bronzen wurden früher für frühgotisch gehalten, was sich ebenso wenig begründen ließ wie die späte Datierung der Mainzer Löwen. Die Würzburger Exemplare gehören in die zeitliche Nachfolge der Mainzer Tür und sind wohl um die Mitte des 11. Jahrhunderts entstanden, vielleicht sogar in Mainz, jedenfalls im südlichen Deutschland. Sie könnten zum Neubau des Würzburger Domes gehört haben, der 1040 begonnen wurde. Zuletzt befanden sie sich an den Türen der Sakristei, haben ursprünglich aber mit Sicherheit an einer Außentür ihren Platz gehabt. Nach der Zerstörung des Domes im Zweiten Weltkrieg galten sie als Verlust, blieben aber erhalten, sind inzwischen am alten Bestimmungsort zurück und jetzt im Domschatz ausgestellt.

Nicht weit entfernt von Mainz hat sich ein weiterer Nachfolger erhalten (Abb. 11). Dieser ist in der Form des Tierkopfes sehr vereinfacht, ist aber durch die Zotteln in seiner Verwandtschaft deutlich zu erkennen. Diese kleine Bronze von nur etwa 14 cm Durchmesser, die für eine Holztür bestimmt ist, gehört der evangelischen Pfarrkirche in Dickschied (Heidenrod, Ortsteil Dickschied-Geroldstein, Rheingau-Taunus-Kreis). Hier sind die Zotteln in gleichartiger Weise angeordnet wie auf der Mainzer Tür, in zwei Reihen und regelmäßig gegeneinander versetzt, mit ihren gelockten Enden frei auf der Fläche auslaufend, wobei die Nagellöcher geschickt in die Locken verlegt sind. Der Tierkopf ist hier reduziert zu einer Kalotte ohne jeden Schädelbau; Akzente bilden der Knauf der Nase, die großen flachen Augen und auch hier betonte Ohren. Die Entstehung ist mit Sicherheit für das 11. Jahrhundert anzunehmen, um oder nach der Mitte. Die räumliche Nähe zu Mainz lässt überlegen, ob es dort am Ort selbst eine Tradition bis hin zu solchen Vereinfachungen gegeben haben könnte. Die Kirche des kleinen Ortes Dickschied, die sich nicht bis ins 11. Jahrhundert zurückführen lässt, war offenbar nicht der ursprüngliche Standort, den man jedoch im größeren Umkreis von Mainz vermuten darf.

Zur Nachfolgeschaft der Willigistür gehört schließlich auch die Bronzetür des Domes in Hildesheim (Abb. 12). Auf den ersten Blick scheinen beide nichts miteinander zu tun zu haben. Die Hildesheimer Tür ist eine Bilderwand mit einer Abfolge von acht Reliefs auf jedem Türflügel, auf denen mit Szenen aus dem Alten und dem Neuen Testament Sündenfall und Erlösung einander gegenübergestellt sind. Auch diese Tür nennt inschriftlich den Stifter, und sie ist sogar datiert. Im Jahr 1015 hat Bernward, Bischof von Hildesheim, diese Tür aufstellen lassen, ist auf der breiten Mittelleiste zu lesen, über beide Flügel hinweg reichend. Die Inschrift an dieser Stelle ist deutliches Indiz dafür, dass Bernward, der mit Sicherheit die wenige Jahre ältere Tür in Mainz gekannt hat, auch auf sie Bezug nahm. Insgesamt hatte er grundsätzlich andere Vorstellungen für seine Bronzetür. Für das antike Gliederungsgefüge aus Rahmenwerk und Füllungen – wie in Mainz – zeigt sich bei ihm nur geringes Verständnis. Das Rahmenwerk spielt in Hildesheim gegenüber der kraftvollen plastischen Bildsprache eine ganz untergeordnete Rolle und wird kaum wahrgenommen. Jeden Türflügel umzieht eine umlaufende glatte Rahmenleiste, und schmalere waagerechte Leisten

Abb. 12: Bronzetür des Hildesheimer Domes

grenzen die Bildfelder voneinander ab. Einen Akzent bildet aber die Mittelleiste mit der Stifterinschrift. Sie ist von etwa gleicher Breite wie die Außenrahmung und bewirkt eine Unterteilung der Tür in vier Kompartimente von gleicher Höhe. Jedes enthält vier Bildfelder, und jede dieser Vierergruppen wird durch die breite Mittelleiste und die Außenrahmen umschlossen, die sogar begleitet werden von einer ganz zarten, nahezu unsichtbaren dreistufigen Profilierung. Diese Vierteilung entspricht genau der Mainzer Tür, deren dreiteilige Inschrift zudem ebenfalls auf der Mittelleiste den Stifter nennt. So lässt sich, trotz der grundsätzlich sehr unterschiedlichen Erscheinungsweise beider Türen, eine Auswirkung von der Mainzer auf die nur wenige Jahre jüngere Hildesheimer feststellen. Auch in Hildesheim ist die Tür massiv gegossen, jeder Türflügel als ein Gussstück, hier sogar einschließlich des Löwenkopfes. Mit 4,72 m Höhe ist diese Tür um etwa einen Meter höher als diejenige in Mainz.

*

Nachfolgend sollen technische und handwerkliche Belange der Bronzetür des Mainzer Domes angesprochen werden. Das ist allerdings nur andeutungsweise möglich, denn eine detaillierte technische Untersuchung ist bisher nicht erfolgt. Das muss als dringendes Desiderat für dieses hoch bedeutende frühe Gusswerk angemahnt werden. Eine solche Untersuchung, mit allen heute zur Verfügung stehenden notwendigen Verfahren durchgeführt, wird uns wichtige neue Erkenntnisse liefern, insbesondere zum Herstellungsprozess.

Um die handwerkliche Leistung richtig einschätzen zu können, muss man sich noch einmal die monumentalen Ausmaße vergegenwärtigen, mit 3,70 m in der Höhe und mit einer Breite der Türflügel von etwa einem Meter, diese jeweils in einem Stück gegossen. Die Wandungsstärke ist leicht unterschiedlich; sie ist auf dem rechten Flügel größer, der deshalb auch ein höheres Gewicht von 1850 kg hat, während der linke Flügel nur 1500 kg wiegt. Die Rahmenleisten sind rechts 6,5 bis 7 cm dick, die Fläche der Füllungen noch recht erheblich mit 4 bis 4,5 cm. Der linke, leichtere Flügel ist besonders in der unteren Hälfte dünnwandig, hier mit 5 bis 5,5 cm starken Rahmenleisten und mit nur 2 bis 2,4 cm starken Füllungen, während in der oberen Hälfte die Rahmen um 6 cm, die Füllungen um 4 cm messen.

Wie die Türflügel im Kirchenportal eingehängt sind, das macht ein Vergleich mit der Hildesheimer Tür deutlich (Abb. 12). Diese ist heute auf einer Rückwand montiert und zeigt jeweils an den Außenseiten, oben und unten die Zapfen, mit denen die Türflügel drehbar aufgestellt waren. In Hildesheim sind diese Zapfen auf weniger geschickte Weise gebildet; in Mainz dagegen sind hier die Außenrahmen verstärkt, die sich in Form solcher Zapfen fortsetzen. Ebenso sieht es an den Aachener Türen aus. Im Portal müssen für solche Zapfen vertiefte Pfannen an Schwelle und Türsturz vorhanden sein. Als die Mainzer Türflügel 1804 ins Marktportal des

Domes übernommen wurden, stellte man fest, „dass sie ganz genau in die steinerne Einfassung und in die alten Thürangeln passten, ohne daran das geringste ändern zu müssen" (Schaab 1844, S. 36; durch Bauarbeiten 1925–1928, die auch das Marktportal betrafen, diese Situation verändert). Das heißt doch wohl, damals waren die Gegenstücke für die Zapfen, die Pfannen, noch vorhanden.

Die Türflügel sind im Wachsausschmelzverfahren gegossen worden, wie eingangs schon angesprochen. Das heißt, jeder Türflügel wird zunächst in Wachs modelliert, in seiner ganzen Größe von 3,70 m und der geringen Wandstärke von um und noch weniger als 4 cm. Dieses ganze Wachsmodell wird anschließend von Formlehm umschlossen, die Lehmform wird gebrannt, wobei das Wachs schmilzt und ausfließt und Raum gibt für das einfließende Erz. Wird die abgekühlte Gussform zerschlagen, findet sich darin der Türflügel, der nun aus Erz besteht. Ist der Guss misslungen, muss der Vorgang von Anfang an wiederholt werden – es sei denn, es handelt sich um kleinere Fehlstellen, die partiell auf geschickte Weise, im Überfangguss, repariert werden können. Guss in der verlorenen Form wird das Wachsausschmelzverfahren auch genannt. Hier ist an die Umschrift auf dem Türzieher in Trier zu erinnern, wo dieser ganze komplizierte Vorgang auf die kurze Formel gebracht wurde (hier in deutscher Übersetzung, Wolters 2008, S. 58): „Was werden soll, hat das Wachs gegeben, hat das Feuer genommen und das Erz dir zurückgegeben".

Für die einzelnen Arbeitsschritte kann man sich an den Verhältnissen in Hildesheim orientieren, da dort durch handwerkstechnische Untersuchungen viele Details zum Herstellungsprozess der Bronzetür erschlossen werden konnten (Drescher 1993, mit Zeichnungen zum anzunehmenden Werkstattbetrieb; entsprechend auch die ausführlichen Schilderungen des Wachsausschmelzverfahrens durch Theophilus, 1122–1125, dazu Wolters 2008, S. 48–52). Die Werkstatt für Gusswerke von solch monumentalen Ausmaßen, wie sie die Domtüren darstellen, muss am Ort selbst bestanden haben – wie in Hildesheim, so auch in Mainz. Dort wird man sie in unmittelbarer Nähe der Baustelle des Willigis-Domes annehmen dürfen. Die Werkleute waren mobil; sie folgten dem Ruf des Auftraggebers und hatten am jeweiligen Ort immer wieder neu ihre Werkstatt einzurichten.

Entsprechend der Hildesheimer Tür ist für die Mainzer folgendes Vorgehen anzunehmen: Das Wachsmodell jedes Türflügels erforderte eine horizontale Arbeitsplatte, die seiner Größe entsprach. Aus einzelnen, gesondert vorbereiteten Wachsplatten wurde das Modell sorgfältig zusammengefügt. Dabei mussten auch die Rahmenleisten mitberücksichtigt werden, die entlang der Außenseiten und quer verlaufend in halber Höhe wie ein Relief zu bilden waren, ebenso die flachen Rundschilde, die später die Unterlage für die Löwenköpfe bilden sollten. Das fertige Wachsmodell wurde vollständig in Formlehm eingebettet, wobei – so scheint es in Hildesheim gewesen zu sein – die untere Hälfte davon bereits vorbereitet und mit einem stabilisierenden Gittergerüst ausgestattet auf der Arbeitsplatte lag, unter dem in Arbeit befindlichen Wachsmodell. Die fertig gestellte Lehmpackung, die Gussform, wurde anschließend in eine Grube gehoben, aufrecht auf einer Längsseite stehend. Um sie herum wurde aus Steinen ein Brennofen errichtet, dessen Feuer die Form zunächst soweit erwärmte, dass das Wachs aus vorbereiteten Öffnungen ausfließen konnte; die Form wurde anschließend vollständig gebrannt, damit sie die nötige Festigkeit erhielt. Nachdem dieser Ofen wieder abgebaut war, wurde die Grube um die Form herum vollständig mit Erde gefüllt und festgestampft, die Form wurde „eingedämmt", damit sie später dem Druck des einfließenden Metalls standhielt. Zum Schmelzen des Metalls wurden Schachtöfen angelegt, aus denen das flüssige Erz über Gussrinnen in die oben liegenden Öffnungen der Gussform einfließen konnte.

Eine Analyse der Gusslegierung ergab für die Mainzer Tür eine Bronze von 75 bis 85 % Kupfer und 11 bis 16 % Zinn sowie mit geringen Mengen von Zink und Blei (Goldschmidt 1926, S. 13). Damals meinte man, die geringen Abweichungen bei den Löwenköpfen seien ein Beweis dafür, dass diese nicht ursprünglich zugehörig, sondern nachträglich hinzugefügt sind. Wir können heute solche Abweichungen bei Legierungen, die ja nicht einmal innerhalb eines Werkstücks homogen sind, besser beurteilen. Danach sind diese Zahlen sogar als Beweis für die Zugehörigkeit der Löwenköpfe zu werten.

Um fortzufahren im Arbeitsprozess: Nachdem das Metall eingefüllt war und dort erstarrte, musste die Gussform abkühlen, was langsam und mit aller Vorsicht zu geschehen hatte, weil sonst im Metall Spannungen und dadurch Risse zu befürchten waren. Die Gussform wurde freigelegt, schließlich zerschlagen und gab endlich das Gusswerk frei. Nicht immer war dieses makellos, oftmals gab es Fehlstellen oder schadhafte Stellen. Solche Gussfehler zu reparieren, gehörte zur Routine in diesem Handwerk. Auch die Mainzer Türflügel benötigten eine solche Überarbeitung nach dem Guss. Besonders in der unteren Hälfte des linken Flügels, der hier besonders dünnwandig ist, sieht man Unregelmäßigkeiten und auch Risse in der Oberfläche. Hier gab es offenbar mehrere Fehlstellen, die in der dafür üblichen Weise durch Überfangguss ergänzt wurden. Dafür wurde die entsprechende Stelle an ihren Rändern speziell vorbereitet, dann mit Wachs ergänzt, wiederum mit Formlehm eingeformt, gebrannt und anschließend mit Metall ausgegossen. An der Türschlussleiste des linken Flügels, wo sich eine größere Fehlstelle befindet, umgeben von blasiger Struktur, könnte eine solche Reparatur wieder ausgefallen sein. Es war nicht ungewöhnlich, dass zahlreiche Flickstellen solcher Art einzufügen waren, insbesondere bei großformatigen Gusswerken.

Schließlich war die Oberfläche sorgfältig zu glätten, mit Schaber und Meißel, insbesondere auf der Vorderseite. Als Meißelarbeit nach dem Guss wurde auch die Inschrift auf den Rahmenleisten hinzugefügt, die hier in Mainz außerordentlich sorgfältig ausgeführt ist. Die Löwenköpfe mit ihren Ringen entstanden in einem gesonderten Arbeitsgang, nach derselben Methode wie die Türflügel (Abb. 1–2, 4–5); dabei wurden beide Wachsmodelle freihändig modelliert, nicht etwa mit einem Hilfsnegativ verdoppelt. Nach dem Guss erforderten auch sie eine aufwendige Überarbeitung der Oberfläche, um alle Details in der gewünschten Feinheit und Schärfe sichtbar zu machen, etwa die Haarzeichnung der Zotteln, die differenzierte Augenbildung, die gekrauste Nase; schließlich wurde noch die Faltenbildung über den Augen durch feine Gravuren akzentuiert. Bis heute ist ungeklärt, auf welch raffinierte Weise diese Löwenkopf-Appliken auf der Tür befestigt worden sind. Weder auf der Vorderseite noch auf der Rückseite gibt es Anzeichen einer Montierung. Vermutet wurde diese Montierung als „ ... sehr sinnreiche Weise mittels ausgegossener Klammern ..." (Kautzsch 1919, S. 58). Im Innern des Kopfes links sieht man gekreuzte Eisenbänder, die offenbar auf eine modernere Reparatur zurückgehen. Im Originalzustand befindet sich der Kopf rechts, der innen in Höhe des Mähnenansatzes eine Art umlaufenden Wulst erkennen lässt. Diese Fixierung hält bereits ein ganzes Jahrtausend lang.

Noch einmal soll Berenger genannt werden, der Gießer, der über die handwerklichen Kenntnisse und Erfahrungen verfügte, um ein solches Werk auszuführen – das erste Mal wieder seit Karl dem Großen. Vom hohen Ansehen dieses Werkmannes zeugt die Inschriftzeile auf der Tür, die ihm ein Andenken bis in unsere Zeit und weit darüber hinaus gewährt. Wir wissen nichts Genaues über ihn, wo und wie er sein Handwerk zuvor ausgeübt hat und wie seine spätere Tätigkeit aussah. Zu vermuten ist, dass er aus dem Handwerk der Glockengießer kam, die den Umgang mit Bronze in größeren Mengen gewohnt waren. Der Name Berenger scheint darauf hin zu deuten, dass er aus der Lombardei oder aus dem Friaul stammte, beides damals Teile des Reiches. Es gab einen Namensvetter als Mönch im Kloster Tegernsee zu Anfang des 11. Jahrhunderts, der gelegentlich für identisch gehalten wurde mit dem Mainzer Gießer. Dafür fehlen jedoch überzeugende Argumente. Der Tegernseer Berenger ist lediglich als Goldschmied bezeugt.

*

Schließlich soll die Geschichte der Mainzer Bronzetür, wie sie über das Jahrtausend seit den Zeiten des Erzbischof Willigis gekommen ist, angesprochen werden. Die wesentliche Frage ist, ob sie denn wirklich für den Dom bestimmt war, und für welches Portal. Im Jahre 1804 wurde sie von der Ruine der Liebfrauenkirche übernommen und ins Marktportal des Domes versetzt, wo man – wie schon erwähnt – feststellen konnte, dass die Portalmaße und sogar die Lagerung für die Türzapfen passend waren. Dies ist nicht das einzige Argument dafür, dass das Marktportal des Domes vermutlich der ursprüngliche Standort dieser Bronzetür war. Weiteres dazu findet sich im Beitrag von Clemens Kosch im vorliegenden Band (S. 151).

Das Marktportal ist der Haupteingang zum Dom (Abb. S. 77, 144), an dessen Nordflanke gelegen, die dem Marktplatz, also der Stadt zugekehrt ist. Für ein Domportal dieses Ranges wäre eine Ausstattung mit einer besonders aufwändigen Tür durchaus angemessen. In seiner heutigen Form handelt es sich um ein spätromanisches

Stufenportal des frühen 13. Jahrhunderts. Es müsste hier einen Portal-Vorgänger gegeben haben, von dem diese bronzegegossenen Türflügel in das erneuerte, modernere Portal übernommen worden sind.

Bereits zuvor, im 12. Jahrhundert, erhielt die Tür jene umfangreiche Inschrift, die sich auf den beiden oberen Feldern befindet (Abb. 1–2). Es ist der Text einer Urkunde des Erzbischofs Adalbert I. von Saarbrücken (1110–1137), ein Gerichts- und Steuerprivileg für die Stadt Mainz. Mit 41 Zeilen, die jeweils über beide Flügel hinweg zu lesen sind, ist dies die längste mittelalterliche Inschrift in Mainz. Dieses Privileg wurde um 1118–1119 verliehen, und zwar als Belohnung für die Treue der Mainzer Bürger. Es wurde 1135 erneuert, und diese Jahreszahl trägt auch die Inschrift. Privileg und Inschrift sind im Zusammenhang mit dem Konflikt Erzbischof Adalberts mit Kaiser Heinrich V. zu sehen, dem er als Kanzler diente, dessen Gegner er aber bald wurde, indem er die antikaiserliche Opposition vertrat. Der Kaiser ließ ihn 1112 gefangen nehmen und auf der Burg Trifels festsetzen. Ein Aufstand der Mainzer Bürger erzwang im Jahre 1115, nach drei Jahren, seine Freilassung.

In Ausschnitten soll aus dem Urkundentext zitiert werden (in deutscher Übersetzung, nach Arens u. Bauer 1958, S. 16): „Die Vergangenen und die Gegenwärtigen wissen ja, was und wie Großes Gottes Barmherzigkeit an mir getan hat; so ist auch mein Wunsch, dass auch das kommende Geschlecht aus meinem Schicksal lernen möge ... Denn mitten in der Bahn meines glücklichen Lebens hat Kaiser Heinrich der Fünfte ... mich gefangen genommen und sogar in einen finsteren, verborgenen Kerker geworfen und das allein, weil ich der römischen Kirche gehorsam war. ... Endlich, nach vielen Drangsalen, hat er, der aus der Höhe zu den im Herzen Zerknirschten kommt, die getreuen Gemüter der erzbischöflichen Stadt Mainz dazu gebracht, dass sie es unternahmen, die Befreiung ihres Gefangenen zu erwirken. Daher haben sie, die Geistlichen, die Grafen und die Freien, zusammen mit den Bürgern und den Hörigen, dem genannten Kaiser so lange und so beharrlich zugesetzt, bis sie mich endlich, wie treue Söhne ihren Vater wieder zu sich nahmen. Am ganzen Körper war ich abgezehrt und kaum noch halb am Leben. Geliebte Söhne und Anverwandte hatten sich als Geiseln gestellt; aber wie schonend, wie ehrenhaft und wie gerecht diese Geiseln behandelt wurden, davon wird niemand ohne Schmerz berichten können ... Dies und Ähnliches haben die getreuen Bürger der Stadt Mainz um der Gerechtigkeit willen gelitten; was sie vollends bei der Verteidigung der Stadt und ihrer Ehre ertrugen, das ist dem ganzen Reiche wohl bekannt. Als ich nun erwog, auf welche Weise ich diese trefflichen und so großen Verdienste belohnen könne, ... Und nachdem ich also mit den Vornehmsten Rat gepflogen, ... habe ich allen, die innerhalb der Mauern der gedachten Stadt wohnen und dort bleiben wollen, dieses Recht verliehen: Dass sie außerhalb der Mauern den Geboten und der Besteuerung keines Vogtes ausgesetzt, sondern innerhalb (derselben) ihres angeborenen Rechtes sein sollen, denn sie sollen Steuern bezahlen, wem Steuern gebühren, freiwillig und ohne dass sie jemand einfordert. Und damit diese Vergabung rechtskräftig und unangetastet auf die Nachfahren komme, haben wir sie mit unserem Siegel bekräftigt und von den unterschriebenen Zeugen unterzeichnen lassen." Es folgt die lange Zahl der Zeugen, beginnend mit den Bischöfen von Speyer, Worms und Würzburg und abschließend die Formel: „So geschehen im Jahre der Fleischwerdung des Herrn 1135 in der 12. Indiktion und bestätigt unter der Herrschaft des Herrn Lothar, dritten Kaisers dieses Namens, im neunten Jahre seines Königtums und im zweiten seines Kaisertums Amen."

Dieser umfangreiche Urkundentext wurde in Meißelarbeit in die oberen vertieften Türfüllungen beider Flügel eingeschlagen, kunstvoll im Schriftbild und vielfältig in den verwandten Buchstabenformen. Unterschiedlicher Zeilenabstand, damit unterschiedliche Buchstabengröße, auch unterschiedlich dicht stehende Buchstaben sind nicht Zeichen von geringer Sorgfalt, sondern sind inhaltlich bedingt: Damit werden die wesentlichen Bestandteile der Urkunde im Schriftbild besonders hervorgehoben (dieser Hinweis wird Rüdiger Fuchs, Heidelberg, verdankt, dessen Neubearbeitung der Mainzer Inschriften in Kürze erscheinen wird).

Es war doch vermutlich der Aussteller der Urkunde selbst, Erzbischof Adalbert, der diese auf der altehrwürdigen Bronzetür seines Vorgängers Willigis gleichsam veröffentlichen ließ. Und um noch einmal die Standortfrage anzusprechen: Das Marktportal, zur Stadt hin gerichtet, erscheint als sinnvoller Platz für dieses der Stadt verliehene Privileg. Das Original der Urkunde, bzw. die Erstausfertigung, hat sich übrigens nicht erhalten; eine zeitgenössische Zweitausfertigung geht auf die Türinschrift zurück. Diese Überlieferungsform, in Erz eingegraben, hat sich über die Jahrhunderte hinweg als dauerhaft erwiesen.

Eine Bronzetür als Träger einer urkundlichen Inschrift ist bereits aus der Zeit Karls des Großen zu nennen. Die bereits angesprochene antike Tür, die Papst Hadrian aus Perugia nach Rom holte, zur Ausstattung der Peterskirche, erhielt damals eine Inschrift mit Nennung all der Städte und Provinzen, die Karl der Große in seiner Eigenschaft als fränkischer und langobardischer König dem päpstlichen Stuhl übereignet hatte. Die Tradition dafür scheint bis in römische Zeit zu reichen, als neue Gesetze auf Bronzetafeln bekannt gegeben wurden, wofür aus der Zeit Kaiser Vespasians die Lex Regia de Imperio überliefert ist.

Die Türinschrift in Mainz lässt sich aber auch in Zusammenhang sehen mit Privilegien-Inschriften in der näheren Umgebung, an den Domen von Speyer und Worms, wo diese ebenfalls im Portalbereich ihren Platz fanden. Ein Privileg Kaiser Heinrichs V. für die Bürger der Stadt Speyer von 1111 wurde auf Kupfertafeln über dem mittleren Domportal angebracht, später ein Privileg Friedrichs I. von 1184 für Worms über dem Nordportal des dortigen Domes.

Erst im Jahre 1274 tritt die Mainzer Willigistür wieder ins Blickfeld der Geschichte, und zwar damals als Portal der Liebfrauenkirche in Mainz. In einer Urkunde des Mainzer Stadtrats von 1274 wird sie im Zusammenhang ihrer Privileg-Inschrift genannt, und zwar als Tür der Ecclesia Sancta Maria ad Gradus. Das ist die nicht mehr existierende Liebfrauenkirche östlich vor dem Dom (Abb S. 142). An dieser Stelle befand sich zur Zeit des Erzbischofs Willigis eine Anlage, die als Atrium des Domes vermutet wird (Abb. S. 116). Und es wurde auch erwogen, ob der Eingangsbau dieses Atriums, an dessen Ostseite, vielleicht der ursprüngliche Standort der Bronzetür gewesen sein könnte. Als Nachfolgebau entstand an dieser Stelle die Marienkirche, die nach einem Brand 1285 bis 1311 einen aufwendigen Neubau erhielt. Damals, so ist der Urkunde von 1274 zu entnehmen, befand sich die Tür bereits an der Liebfrauenkirche; sie müsste – so möchte man vermuten – vom Marktportal des Domes hierher versetzt worden sein, wobei Zeitpunkt und Anlass uns unbekannt sind. Die Bronzetür blieb dort bis 1804.

Mainz war 1792 von den Franzosen erobert worden, die Liebfrauenkirche war seit 1793 Ruine und wurde 1803–1807 abgerissen; auch der Dom war Ruine und war, nach den Vorstellungen der Franzosen, für den Abriss bestimmt. Es gelang dem in das neu eingerichtete Bischofsamt berufenen Bischof Josef Ludwig Colmar, das zu verhindern; es gelang sogar der Beginn der Wiederherstellung und Neueinrichtung, wobei wertvolle Ausstattungsstücke aus der Liebfrauenkirche eine wesentliche Rolle spielten. Stück für Stück musste um die Genehmigung dafür beim französischen Präfekten gekämpft werden, so für das Taufbecken von 1328 und auch für die Bronzetür. Dieser Zeitpunkt war vermutlich einer der gefährlichsten in ihrer Geschichte, denn sie befand sich offenbar nicht mehr in sehr gutem Zustand, und Bronze war immer ein begehrter Rohstoff für Kanonen. Die Bemühungen um die Bronzetür seit 1803 hatten schließlich Erfolg, so dass sie 1804 im Marktportal des Domes aufgestellt werden konnte, wo – wie schon erwähnt – die Portalmaße wie auch die „Angeln" als übereinstimmend festgestellt wurden.

Aus dieser Zeit ist eine bildliche Darstellung der Bronzetür überliefert, noch im Portal der Liebfrauenkirche befindlich (Abb. 13). Es ist ein Kupferstich von Karl Mathias Ernst, signiert und anscheinend nach 1806 entstanden, nach einer Zeichnung von 1803 oder vor 1803 (zwei Exemplare im Stadtarchiv Mainz, BPSP, 1446 B, eines mit beigefügten Informationen). Das Blatt soll auf Veranlassung von Franz Joseph Bodmann entstanden sein, der sich 1803 auch besonders um die Rettung der Tür für den Dom bemüht hat. In dokumentarischer Nüchternheit ist das spitzbogige Portal dargestellt, das nicht das reich ausgestattete Hauptportal an der Ostseite der Liebfrauenkirche war, sondern das Nebenportal im Norden, „von der Nordseite, dem Markt und der Seilergasse her" (Schaab 1844, S. 35). Man erkennt die viergeteilte Fläche der Willigis-Tür wieder, auch die Löwenköpfe mit ihren charakteristischen Zotteln. Von der Inschrift ist nur die mittlere Zeile mit der Stifterinschrift wiedergegeben. Dass auch die obere und untere Querleiste Inschriften trugen, war beim damaligen Erhaltungszustand offenbar nicht sichtbar (Schaab 1844, S. 35: „... erst vor einigen Jahren bemerkt ..."). Das Adalbert-Privileg ist ebenfalls nicht wiedergegeben, diese Inschrift war aber zumindest um 1805 wieder bekannt.

Abb. 13: Die Mainzer Bronzetür im nördlichen Seitenportal der Liebfrauenkirche in Mainz. Kupferstich von Karl Mathias Ernst, wohl nach 1806, nach einer Zeichnung um 1803. Mainz, Stadtarchiv, BPSP, 1446 B

*

Seit mehr als 200 Jahren sind die bronzenen Türflügel nun Bestandteil des Marktportals und sind – wie mit Grund vermutet werden darf – an ihren ursprünglichen Standort zurückgekehrt. Dass sie über die lange Zeit erhalten geblieben sind, sogar nach dem Standortwechsel, das ist als überaus glücklicher Tatbestand anzusehen. Diese Bronzetür ist zu würdigen – um ein Fazit zu ziehen – als ein Denkmal höchster Bedeutung, sowohl als Kunstwerk wie als gusstechnische Leistung und auch als historisches Dokument. Sie ist kostbarer Teil der Ausstattung des Willigis-Domes von 1009. Sie entstand in Nachfolge der Aachener Bronzetüren Karls des Großen, stellt nicht jedoch eine Vereinfachung dieser Türen dar, sondern folgt in der Formgebung in stärkerem Maße den Vorbildern der römischen Antike. Darin erweist sie sich als ein charakteristisches Beispiel der ottonischen Kunst, der Kunst im Zeitalter von Erzbischof Willigis. Mit ihren beiden Inschriften, den aus der Entstehungszeit stammenden drei Zeilen auf den Rahmenleisten, und der nachträglichen Urkundeninschrift von 1135 auf den Türflügeln ist sie zudem ein bedeutendes Zeugnis schriftlicher Überlieferung.

Literatur (in chronologischer Folge)

Zur Bronzetür in Mainz:

Karl Anton SCHAAB, Geschichte der Stadt Mainz, 4 Bde. Mainz 1841–1851, hier 2, 1844, S. 35–38

Franz Xaver KRAUS, Die christlichen Inschriften der Rheinlande, 2 Bde. Freiburg i. Br. 1890–1894, hier 2, 1894, S. 106–112

Rudolf KAUTZSCH und Ernst NEEB, Der Dom zu Mainz, 2 Bde. (= Die Kunstdenkmäler im Freistaat Hessen. Provinz Rheinhessen, Stadt und Kreis Mainz 2,1). Darmstadt 1919, S. 58–59, Taf. 11

Adolph GOLDSCHMIDT, Die deutschen Bronzetüren des frühen Mittelalters (= Die frühmittelalterlichen Bronzetüren 1). Marburg 1926, S. 12–13, Taf. 9–11

Konrad Friedrich BAUER, Mainzer Epigraphik. In: Zeitschrift des Deutschen Vereins für Buchwesen und Schrifttum 9 (1926) Nr. 2/3, S. 1–45, hier S. 26, 30–32, Abb. 49

Rudolf WESENBERG, Bernwardinische Plastik. Berlin 1955, S. 66

Fritz Viktor ARENS und Konrad Friedrich BAUER, Die Inschriften der Stadt Mainz von frühmittelalterlicher Zeit bis 1650 (= Die deutschen Inschriften 2). Stuttgart 1958, S. 7 Nr. 5, S. 10–16 Nr. 10

Erich STEINGRÄBER, Deutsche Plastik der Frühzeit. München 1961, S. 11, Abb. S. 48

Ludwig FALK, Mainz im frühen und hohen Mittelalter (= Geschichte der Stadt Mainz 2). Düsseldorf 1972, S. 102–103, 143–145

Reiner HAUSSHERR, Die Skulptur des frühen und hohen Mittelalters an Rhein und Maas. In: Rhein und Maas. Kunst und Kultur 800–1400, Bd. 2: Berichte, Beiträge und Forschungen zum Themenkreis der Ausstellung und des Katalogs, hg. von Anton Legner. Köln 1973, S. 387–406, hier S. 389–390

Alois GERLICH, unter Mitarbeit von Gabriele FELDER u. a., Willigis und seine Zeit. In: 1000 Jahre Mainzer Dom (975–1975). Werden und Wandel, hg. von Wilhelm Jung. Mainz 1975, S. 23–69, hier S. 45, 52–53

Wilhelm JUNG, Der Mainzer Dom als Bau- und Kunstdenkmal. In: 1000 Jahre Mainzer Dom (975–1975). Werden und Wandel, hg. von Wilhelm Jung. Mainz 1975, S. 127–160, hier S. 133, 145–146 Nr. 35

Wolfgang MÜLLER, Urkundeninschriften des deutschen Mittelalters (= Münchener Historische Studien. Abt. Geschichtliche Hilfswissenschaften 13). Kallmünz 1975, S. 52–61 Nr. 5

Ursula MENDE, Die Türzieher des Mittelalters (= Bronzegeräte des Mittelalters 2). Berlin 1981, S. 20–22, Nr. 6, Abb. 11–13

Ursula MENDE, Die Bronzetüren des Mittelalters. München 1983, ergänzte Neuauflage 1994, S. 25–27, 133–134, Abb. 10, Taf. 6–7

Peter Cornelius CLAUSSEN, Künstlerinschriften. In: Ornamenta Ecclesiae. Kunst und Künstler der Romanik. Katalog zur Ausstellung des Schnütgen-Museums in der Josef-Haubrich-Kunsthalle, 1, hg. von Anton Legner. Köln 1985, S. 263–276, hier S. 265–266

Europas Mitte um 1000, 3 Bde., hg. von Alfried Wieczorek und Hans-Martin Hinz. Stuttgart 2000, hier Katalog-Bd., Nr. 21.05.01 (Hans-Jürgen KOTZUR)

Ursula MENDE, Antikentradition mittelalterlicher Türen und Türbeschläge. In: Ernst Künzl und Susanna Künzl, Das römische Prunkportal von Ladenburg (= Forschungen und Berichte zur Vor- und Frühgeschichte in Baden-Württemberg 94). Stuttgart 2003, S. 315–373, hier S. 344–347, Abb. 31–33

Zur Gusstechnik (Wachsausschmelzverfahren):

Hans DRESCHER, Zur Technik bernwardinischer Silber- und Bronzegüsse. In: Bernward von Hildesheim und das Zeitalter der Ottonen, Bd. 1: Katalog der Ausstellung. Hildesheim 1993, hg. von Michael Brandt und Arne Eggebrecht. Hildesheim, Mainz 1993, S. 337–351, hier S. 337–342, Abb. 166–172 (zur Bronzetür Hildesheim)

Jochem WOLTERS, Schriftquellen zum Wachsausschmelzverfahren. In: Bild und Bestie. Hildesheimer Bronzen der Stauferzeit, hg. von Michael Brandt. Regensburg 2008, S. 43–64

Willigis und die Folgen

Bemerkungen zur Baugeschichte des Mainzer Domes

Dethard von Winterfeld

Die uns vertraute Silhouette des Mainzer Domes mit ihren sechs Türmen, mit der auch für das 1000-jährige Jubiläum geworben wird, hat wenig gemein mit dem Erscheinungsbild im Jahre 1009, als der Neubau des Willigis geweiht werden sollte und zugleich abbrannte. Der Grundriss, in dem nach Farben getrennt die verschiedenen Epochen seiner Entstehung eingetragen sind, lässt erkennen, dass nicht nur die gesamten Westteile und die Seitenschiffe, sondern vor allem die Gewölbe aus der Zeit zwischen 1190 und der endgültigen Weihe 1239 stammen (Abb. 1). Nur die vier Untergeschosse der runden Treppentürme im Osten sowie angrenzendes Mauerwerk des Ostbaus – im unteren Bereich vollständig nach 1100 verkleidet – sowie die nördliche Stirnwand des Querhauses – sichtbar in der Gotthard-Kapelle – stammen aus den frühen Jahren des vergangenen Jahrtausends. Da an keiner Stelle Jahreszahlen angeschrieben sind und die Schriftquellen nur knappe, kaum zu verifizierende Angaben enthalten, bedarf es eingehender archäologischer Untersuchungen und Vergleiche des Steinmaterials, der Oberflächenbearbeitung, des Steinschnitts und dergleichen, um überhaupt Aussagen über das Alter einzelner Bauteile machen zu können.

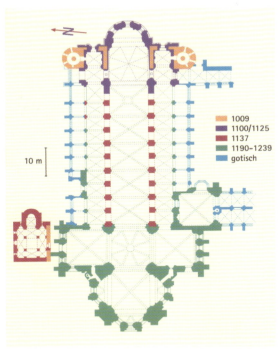

Abb. 1: Grundriss des Mainzer Doms mit Bauphasen (v. Winterfeld)

Das Bild ändert sich, wenn man die Fundamente betrachtet, auf denen der heutige Dom steht. Wir kennen sie teilweise durch die umfangreichen Sicherungsmaßnahmen vor und nach dem Ersten

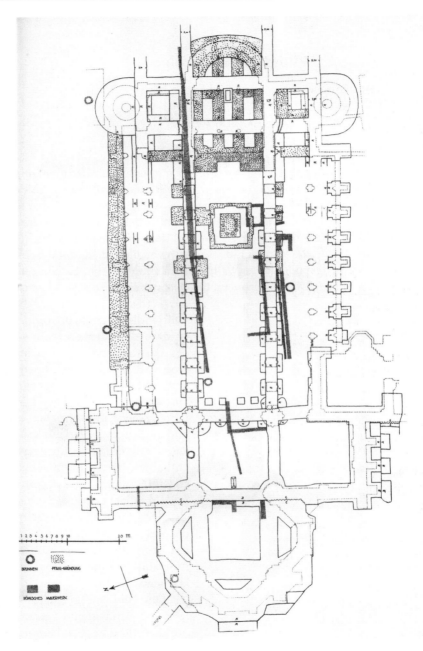

Abb. 2: Fundamentbefundplan nach Ludwig Becker (1926)

Abb. 3: Fundamentquerschnitt in Höhe der Nassauer Kapelle

Weltkrieg, die an ihnen durchgeführt werden mussten, weil durch die Begradigung des Rheines der Grundwasserspiegel gesunken war. Dadurch büßte der Boden an Tragfähigkeit ein, und die Eichenpfähle, die diesen verdichteten, faulten, so dass sich Hohlräume bildeten und gefährliche Risse entstanden. Die neuen Beton-Fundamente, die unter die alten geschoben wurden, wurden in bergmännischer Manier (also nicht von oben) eingebracht. Man kennt also nur die Unterseite der alten Fundamente. Der damalige Dombaumeister Becker hat seine Erkenntnisse in Zeichnungen dokumentiert (Abb. 2, 3), auf die wir uns verlassen müssen, obwohl sie vieles enthalten, was nachweislich nur seiner Phantasie entsprang.[1]

Man traf zwar auf einige von der Richtung des Domes leicht abweichende dünne Längsmauern aus römischer Zeit unter den Fundamenten, jedoch keinerlei Spuren eines Vorgängerbaus des heutigen Domes. Das Älteste sind die mächtigen Fundamentbankette, auf denen der heutige Dom steht und die seine Breite und im Wesentlichen auch seine Länge mit Ausnahme von Westchor und Ostapsis festlegen. Da sie nachträglich punktuell für die Pfeiler des Langhauses aus dem 12. Jahrhundert in Gestalt von Einzel-Fundamenten und für den gesamten Ostbau verstärkt wurden, ergibt sich daraus zwingend, dass sie älter sind und zum Willigis-Dom gehören. Die Darstellung in den Plänen und ein damals gefertigter Querschnitt unmittelbar vor dem Ostchor in Höhe der Nassauer Kapelle belegen eindeutig, dass die dichten Pfahlgründungen, die in der Literatur oft angesprochen werden, sich nur unter den jüngeren Fundament-Verstärkungen und den Fundamentzügen des 12. und 13. Jahrhunderts (für die Kapellen) befanden, nicht jedoch unter den Fundamenten des Willigis-Domes.[2] Leider kannte man bei der Ausgrabung noch nicht die Methode der Dendrochronologie, so dass die geborgenen Pfähle vernichtet wurden, vielleicht

---

1   BECKER/SARTORIUS (1936), Tafel I–V; Entgegnung von KAUTZSCH (1937).
2   BECKER/SARTORIUS, Tafel I, II.

bis auf einen kleinen Rest. Für die Altersbestimmung der jüngeren Baumaßnahmen könnten sie eine große Hilfe sein.

*

Die Fundamente des Querhauses im Westen sind nicht so gut untersucht, weil sie beim Neubau um 1200 verstärkt und überbaut wurden. Immerhin hat sich der untere Teil der nördlichen Stirnwand erhalten, der vor der Nordfassade des heutigen Querhauses liegt und damit außerhalb des Domes steht. Das alte Querhaus lud nämlich deutlich weiter aus als das heutige. Ebenso wie die Position im Westen deutet sich damit die Nachfolge von Alt-Sankt-Peter in Rom an (Abb. 9, S. 112), das als erste Kirche vermutlich im Zusammenhang mit dem Kult um das Petersgrab ein derartiges riesiges Querhaus erhielt. „More romano" (nach römischer Sitte) wird seit alters her dieser Typ bezeichnet. Schon die karolingische Ratgar-Basilika in Fulda, in der der erste Mainzer Erzbischof und Märtyrer Bonifatius bestattet wurde, erhielt am Anfang des 9. Jahrhunderts ein derartiges Querhaus.

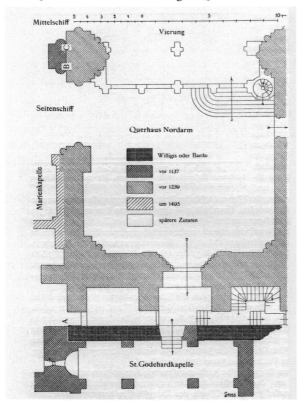

Das neue spätromanische Querhaus wurde verkürzt, weil man für die beiden Querarme möglichst quadratische Grundrisse anstrebte, um eine einfache Lösung für die Kreuzrippengewölbe zu erreichen. Im Norden blieb der untere Teil der Stirnwand stehen, weil 1136 die Gotthard-Kapelle ohne eigene Abschlussmauer an sie angelehnt worden war (Abb. 4). Halb verdeckt durch die Wandvorlagen der Kapelle blieben Teile des axial gelegenen Portals mit horizontalem Sturz und ehemals offener Lunette erhalten und können sowohl in der Kapelle als auch

Abb. 4:
Grundriss Nordquerarm
mit Südteil der Gotthard-Kapelle
(Kautzsch 1919)

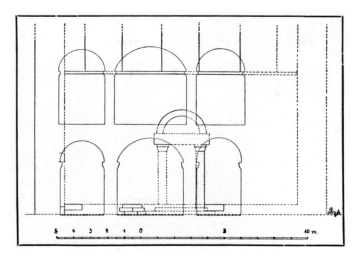

Abb. 5: Nordwand des Querhauses mit Gliederung der Gotthard-Kapelle (Kautzsch 1919)

von dem Zwischenraum aus betrachtet werden (Abb. 5). Im Obergeschoss der Kapelle ist ein Rücksprung zu sehen, der bei vielen Rekonstruktionen als Gesims fehlgedeutet wurde. Darüber sind senkrechte Nähte wiederum von beiden Seiten der Mauer sichtbar. Es handelt sich um die Spuren von drei größeren Fenstern, deren unterer Teil bei der Errichtung der Kapelle vermauert worden war. Bei den zu erwartenden Höhenmaßen des Baus hätte eine zweite Fensterreihe darüber Platz gehabt. Lisenen oder gar Pfeilervorlagen an den Kanten, die bei manchen Rekonstruktionen erscheinen, finden im Befund keine Stütze und sind auch aus stilistischen Gründen nicht zu erwarten.[3]

Ein offenes Problem bildet der Bereich der Vierung. Den publizierten Plänen zufolge scheint es so, als ob die Fundamentbankette des Mittelschiffs das Querhaus nach Westen durchkreuzen und so eine ausgeschiedene Vierung darüber nahelegten. In den Winkeln waren demnach Verstärkungen für die mächtigen spätromanischen Vierungspfeiler hinzugefügt worden. Angesichts phantasievoller Ergänzungen und einheitlicher Farbgebung in den Plänen bleibt es unsicher, ob es sich um eine spätere einheitliche Baumaßnahme oder doch um Fundamente des Willigis-Domes handelte. Träfe Letzeres zu, dann wäre das große „römische" Querhaus durch eine Vierung unterteilt gewesen, die eine der ersten ihrer Art darstellen würde. Da die Entstehung von Vierungen gemeinhin mit der Entwicklung von Vierungstürmen darüber von der Forschung in Verbindung gebracht wird, hätte dies für die äußere Erscheinung weitreichende Konsequenzen.

---

3   Vgl. dagegen alle publizierten Rekonstruktionen, so auch KAUTZSCH/NEEB (1919), Abb. 17, S. 38.

*Abb. 6 und 7: Willigis-Dom, Ansicht von Nordwesten
mit und ohne Altarhaus und Vierungsturm, virtuelle Modelle M. Koop/v. Winterfeld*

Dies gilt auch für die Rekonstruktion des westlichen Hauptchores. Offenbar haben die gewaltigen Fundamente des spätromanischen Trikonchos die Spuren des Vorgängerbaus verdrängt. Außerdem darf man nicht vergessen, dass es bei den Sicherungsarbeiten keine sorgfältige flächendeckende archäologische Untersuchung gab. Die spekulativen Phantasien der damaligen Autoren, die in dem Vorgänger des Trikonchos einen isolierten frühchristlichen Zentralbau erblickten, haben die Darstellungen in den Plänen für die Forschung unbrauchbar gemacht.[4] Zwei Lösungen sind denkbar: 1. eine Apsis in direktem Anschluss an das Querhaus nach

---

4   BECKER/SARTORIUS (1936), Tafel IV, V.

Bemerkungen zur Baugeschichte

Abb. 8: Willigis-Dom, Ansicht von Nordosten, virtuelles Modell (Koop/v. Winterfeld)

dem Vorbild von Alt-Sankt-Peter (Abb. 6), 2. ein rechteckiges oder quadratisches Altarhaus mit anschließender Apsis entsprechend der späteren romanischen Entwicklung (Abb. 7). Die zweite Lösung ist im Hinblick auf die Entwicklungen der Zeit (Gernrode, Hildesheim, Hersfeld) durchaus denkbar, würde die Vierung erklären und einen Turm darüber denkbar erscheinen lassen, während die erste Lösung nicht nur dem Vorbild Alt-Sankt-Peter, sondern auch dem um wenige Jahre jüngeren Wernher-Bau des Straßburger Münsters übereinstimmte, wo es sich allerdings um die Ostapsis handelt (Abb. 9–11, S. 112). Aufgrund fehlender Befunde ist hier keine Entscheidung zu treffen, selbst wenn man den grandiosen Trikonchos vom Anfang des 13. Jahrhunderts versucht in die Überlegungen einzubeziehen.

*

Für den Ostbau lassen sich dagegen etwas sicherere Erkenntnisse gewinnen. Hier schloss ein Querbau in der Breite des Langhauses dieses ab, dessen parallele Querfundamente nachgewiesen sind und im Mittelschiff ein querrechteckiges Kompartiment und in den Seitenschiffen zwei quadratische ausgrenzen. Dieser Querriegel war nur wenig tiefer als die beiden seitlichen Rundtürme, die in seiner Querachse stehen, und etwas mehr als halb so tief wie der heutige Ostbau. Eine Ostapsis war nicht vorhanden (Abb. 8). Angesichts der beiden erhaltenen Rundtürme ist es müßig darüber zu spekulieren, ob über den quadratischen seitlichen Kompartimenten Türme standen

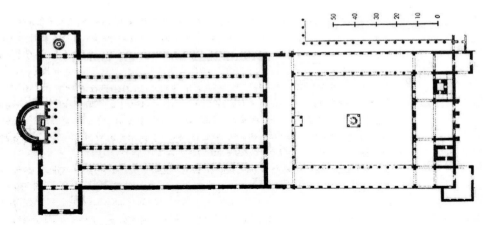

Abb. 9: Grundriss von Alt-Sankt-Peter in Rom (Dehio/v. Bezold)

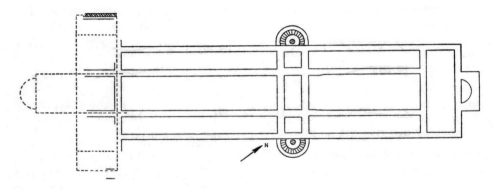

Abb. 10: Rekonstruierter Fundamentplan des Mainzer Willigis-Domes (Esser 1975)

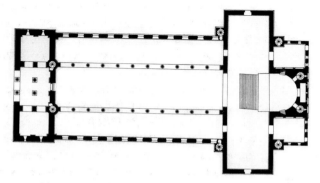

Abb. 11: Grundriss des Straßburger Münsters, Wernher-Bau 1015 (Reinhardt 1972)

(wie in Trier). Dass der mittlere Raum einen querrechteckigen Turm trug wie bei den Domen in Hildesheim und Minden ist denkbar, aber nicht gesichert. Genauso gut kann es sich nur um eine innere Struktur gehandelt haben, über die das Satteldach des Mittelschiffes hinweggezogen war. Wo aber hingen dann die Glocken?

Der einzig repräsentative und weithin sichtbare Teil des Willigis-Domes, der heute noch aufrecht steht, sind die unteren vier Geschosse der beiden Rundtürme des Ostbaus mit ihren auffälligen Gliederungen durch Gesimse und Pilaster (Abb. S. 136). Sie erreichen die Traufhöhe des heutigen Ostbaus. Die Ausgräber beobachteten eine Trennfuge zwischen den Turmfundamenten und dem östlichen Querbau. Dies ist gut denkbar, besagt aber nichts über die Entstehungszeit der Türme. Schon wenige Steinlagen höher könnte diese Fuge enden. Ein nachträglicher Anbau etwa unter Erzbischof Bardo scheidet mit Sicherheit aus, denn die Türme stehen zu etwa einem Drittel auf den Mauern des Querbaus, wie man schon von außen sehen kann, greifen aber im Inneren mit der Rundung ihrer Wendeltreppen tief in diese seitlichen Mauern ein. Abgesehen davon stimmen Steinbearbeitung und Kleinquadermauerwerk mit den angrenzenden Teilen überein.

Da sich die Ostmauer des Querbaus über dem Nordportal aufgrund der Fundamentsetzungen nach Osten geneigt hatte, der Nordturm aber senkrecht stehen blieb, entstand ab dem dritten Turmgeschoss ein nach oben breiter werdender Spalt, der nach der jetzigen Restaurierung wieder geschlossen wurde. Zeitweilig lag er offen, so dass man sehen konnte, dass in diesem oberen Teil der Querbau keinerlei Verbindung mit dem Turm besaß, dass im Gegenteil die Turmwandung mit ihrem hellen Kalkverputz sich in die Mauerstärke hinein fortsetzte. Das bezeugt nicht nur, dass die Türme von ihrem dritten Geschoss an ursprünglich rundum frei standen, sondern dass ihre Wandflächen vor 1125 von einem hellen Kalkputz bedeckt waren.[5] Den oberen Abschluss sollte zweifellos ein offenes Arkadengeschoss bilden. Ob es unter Willigis ausgeführt wurde, ist zweifelhaft. Bei den Umbauten nach 1870 tauchte beim Südturm ein Geschoss unter dem heutigen neuromanischen Arkadengeschoss ein solches mit vermauerten Arkaden gleicher Größe auf. Dieses wurde abgebrochen und mit Arkaden gleicher Größe ein Geschoss darüber wieder aufgebaut, wobei allerdings nur die Säulen mit ihren Würfelkapitellen wiederverwendet wurden. In der Bearbeitung der Oberflächen unterscheiden sie sich deutlich von den Quaderflächen des Willigis-Baus. Die Ähnlichkeit in der Form und der Oberflächenbearbeitung mit den Säulen der Krypta in Speyer, die 1041 geweiht wurde, lässt den Schluss zu, dass sie zu den Vollendungsmaßnahmen Bardos gehören und mit der Weihe 1036 abgeschlossen wurden. Aus der ursprünglichen Anordnung geht hervor, dass Bardo die beiden Rundtürme um ein Geschoss erhöhen ließ.[6]

---

5 Vgl. dagegen ESSER (1975), Abb. 8, 10, S. 162–168.
6 HÄDLER/v. WINTERFELD/NAEGELE (2010), S. 66–67.

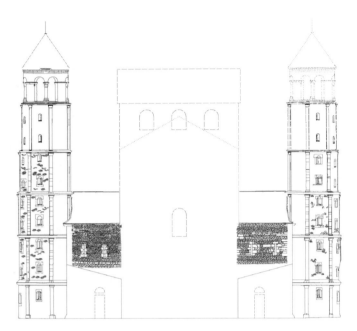

Abb. 12: Willigis-Bardo-Dom mit aufgestockten Türmen, Ansicht von Osten, 1036 (Hädler/v. Winterfeld 2010; Zeichnung: Hermann)

Der Befund am Nordturm belegt, dass der Querbau ursprünglich nur die halbe Höhe des heutigen besaß (Abb. 12). Deutlich zeigt sich der Unterschied im Mauerwerk auf der Ostseite, wo der untere Teil mit den je zwei Schlitzfenstern kleinteilige Strukturen zeigt und die erhaltenen Großquader der Fenstergewände die gleiche gespitzte Oberfläche besitzen, wie etwa auch an den Gewänden der Rundfenster bei den Treppentürmen zu beobachten ist. Darunter erhielten nicht nur die beiden Portale neue Gewände, sondern auch die anschließenden Wandflächen wurden innen wie außen mit Großquadern verkleidet. Die beiden Pfeilervorlagen an den Kanten des Ostbaus wurden hinzugefügt. Sicher war dieser niedrige Querbau, der annähernd die Höhe der alten Seitenschiffe erreicht haben dürfte, mit einem quer laufenden Satteldach abgedeckt. Gliedernde Elemente fehlten vollständig.

Hinter den beiden Schlitzfenstern über den beiden niedrigen Eingangshallen befinden sich kreuzgratgewölbte Räume, die keine Zugänge von den Türmen aus besitzen (die heutigen sind nachträglich eingebrochen), sondern sie waren nur durch hoch liegende Türen vom Ostchor aus zugänglich. Wegen der feuersicheren Einwölbung darf man vermuten, dass es sich um eine Sakristei und einen Archivraum handelte. Die Kämpfer über den Wandvorlagen in den Winkeln zeigen Platte und Schräge, wie dies etwas später beim Dom in Speyer üblich werden wird. Diese Räume, die nach allen Seiten mit Ausnahme der Ostwand vom Quadermauerwerk des 12. Jahrhunderts verkleidet und sogar unterfangen worden sind, sind das Einzige, was uns außer den Treppentürmen als vollständige Räume vom Willigis-Dom geblieben ist.

Die hoch gelegenen Zugänge zu den Räumen setzen ein hohes Niveau für den Mittelraum voraus, obwohl dort keine Spuren einer älteren Krypta gefunden wurden. Man könnte an eine Art Empore denken. Dass der Mittelraum unter dem denkbaren querrechteckigen Turm mit Altären ausgestattet war und so die Tradition eines Ostchors begründete, belegen Schriftquellen. 1049 wurde anlässlich einer großen Synode ein Hauptaltar zu Ehren der Mutter Gottes geweiht und 1071 tagt eine Synode vor dem Altar des Erzmärtyrers Stephan, der in einer Ostapsis geweiht wurde.[7] Da man es mit der Architekturterminologie nicht so genau nahm, wird man die erwähnte Ostapsis, die hier auch rechteckig und gerade geschlossen gewesen sein kann, mit diesem Bereich in Verbindung bringen. Das Fundament der heutigen Ostapsis kann jedenfalls nicht als Grundlage für die Vermutung dienen, unter Bardo sei bereits der Ostbau um eine Apsis erweitert worden.

*

Zu verschiedenen Deutungen Anlass gaben die Fundamentzüge, die diejenigen des Langhauses, den Ostbau durchkreuzend, nach Osten verlängern. Sie münden im Osten in einem Querraum, an den eine kleine rechteckig ummantelte Apsis anschloss (Abb. 13). An dieser Stelle entwickelte sich später die Liebfrauenkirche, eine separate Stiftskirche. Die Fundamente entsprechen in der Stärke denen des Langhauses, nur die mittleren, insbesondere das nördliche von ihnen, waren etwas schwächer. Von der Forschung wurde diese Anlage mehrheitlich als Atrium gedeutet, dem eine Eingangskirche vorgelagert war.[8] Derartige Anordnungen sind auch anderen Ortes bekannt, so etwa in Fulda, aber auch beim Münster in Essen und sogar beim Dom in Köln, mit der Kirche Sancta Maria ad gradus vor dem Ostchor, so dass sich hier sogar eine Übereinstimmung im Patrozinium ergibt. Die ungewöhnliche Länge der Seitenflügel des Atriums ist auch bei anderen Anlagen anzutreffen, so dass man keineswegs von einem Quadrat ausgehen muss. Insgesamt könnte auch in dieser Disposition eine Erinnerung an die Peterskirche in Rom beabsichtigt gewesen sein.

Allein Werner Jacobsen[9] deutete die Anlage als mit dem Dom verbundene, unter Willigis errichtete Marienkirche, die dieser auch mit Taufbecken und Türen aus Bronze ausgestattet hatte. Sie sei unter Bardo abgebrochen und später durch einen

---

7   KAUTZSCH/NEEB (1919), in: Vorromanische Kirchenbauten, S. 191–193.
8   OSWALD (1971), in: Vorromanische Kirchenbauten, S. 192–193; ESSER/DE PAÇO QUESEDA (1975), S. 177–193; ESSER (1975), Abb. 5, S. 155.
9   JACOBSEN (1991), in: Vorromanische Kirchenbauten, Nachtragsbd. S. 261–262; zuvor schon BECKER/SARTORIUS (1936), S. 43–89; Entgegnung von KAUTZSCH (1937), S. 210.

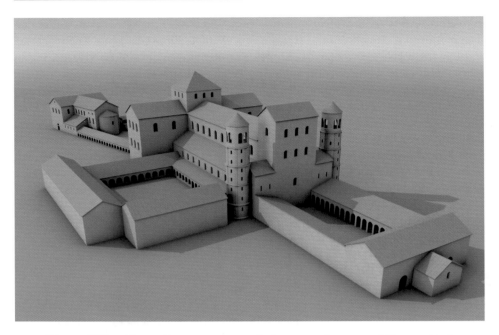

Abb. 13: Willigis-Dom, Gesamtansicht von Südosten mit Atrium und Eingangskirche, virtuelles Modell (Koop/v. Winterfeld)

eigenständigen Neubau mit Krypta ersetzt worden, deren Nachfolger der gotische Kirchenbau war. Diese Kirche, die nicht nur mit einem Stift verbunden gewesen wäre, sondern auch einen eigenen Kreuzgang besessen hätte, sei 1069 geweiht worden. Auch wenn der Grundriss eine derartige Interpretation ermöglicht, so ist sie doch unwahrscheinlich. Von den Außenmauern des Atriums hatten sich auf der Ansicht von 1820 auf der Nordseite Reste erhalten, abgesehen von der Bewahrung der Flucht durch die spätere Bebauung.

*

Zu den kaum lösbaren Fragen, die der Willigis-Dom aufwirft, gehört die nach der Höhe des Langhauses. Im Allgemeinen darf man davon ausgehen, dass die ottonischen Raumquerschnitte sich noch eher an den breit lagernden Verhältnissen der römischen Antike orientierten, aber eine feste Regel ist das nicht! Von dem nur wenig später errichteten Burchard-Dom in Worms (Weihe 1018/1020) hat sich der untere Teil des Südwestturms erhalten – mit einer weitgehend originalen Türöffnung, die noch immer in den Dachstuhl des südlichen Seitenschiffs führt. Dieses kann nicht viel niedriger gewesen sein als das nachfolgende spätromanische. Es ist daher unwahrscheinlich, dass der größere, nur wenig frühere Willigis-Dom in Mainz so gänzlich andere, nämlich breit lagernde Proportionen gehabt haben sollte. Bei der folgenden Erneuerung des Ostbaus nach 1100 rechnete man möglicherweise mit dem Fortbestehen des Langhauses. Dies gilt auch für das zunächst erhaltene westliche Querhaus nach 1137. In beiden Fällen ergab sich aus dem Anschluss, dass die älteren Bauteile nicht so erheblich niedriger waren als die neuen, wie dies bei den bisherigen Rekonstruktionen zu Grunde gelegt worden war. Den vorromanischen Gepflogenheiten entsprechend dürften allerdings die Dächer flacher geneigt und infolge dessen die Firsthöhen geringer gewesen sein.

Ob das Langhaus Pfeiler- oder Säulenarkaden besessen hat, wissen wir nicht. Die im Spessart gefundenen angeblich mittelalterlichen Säulen, von denen eine jetzt auf dem Marktplatz steht, lassen nicht erkennen, ob sie für den Dom bestimmt waren.[10] Da antike Säulen im Gegensatz zu Italien in dieser Größe und Anzahl nicht zur Verfügung standen, ist es eher wahrscheinlich, dass man sich mit den leichter herzustellenden Pfeilern begnügte. Bruchstücke von Säulen wurden auch nicht gefunden.

*

Die Bautechnik, die man an den Türmen gut studieren kann, zeigt bereits ein hohes Niveau. Die mit großen Quadern gefertigten Spindeln der Wendeltreppen zeigen sauber gespitzte Oberflächen und sehr exakte Lager- und Stoßfugen. Die zunächst sehr sorgfältig versetzten hammerrechten Kleinquader werden schon nach einer Wendelung durch gröberes lagerhaftes Mauerwerk abgelöst, das zum Bruchstein tendiert. Gespitzt sind auch die großen hochkant gestellten Platten, die die Gewände der Treppenfenster bilden. Ebenso sauber geformt sind die Turmportale, die sich mit klar ablesbarer Trennfuge hinter den romanischen Vorblendungen erhalten haben. Von den flachen Pilastern der Turmgliederung sind nur wenige Quader im Original erhalten geblieben. Die Wendeltonnen der Türme sind über einer Schalung, deren Abdrücke sich erhalten haben, teils gegossen, teils gemauert. Offenbar war die Bautechnik für den Großbau vollkommen ausgereift. Die Bearbeitung der Säulen im abschließenden Arkadengeschoss des südlichen Turmes (Abb. 14) ist fein geflächt und unterscheidet sich damit von dem älteren Bestand aus der Willigis-Zeit. Die Säulen dort haben zum Teil stehen gelassene Bossen, um das Abrutschen von Seilen beim Versatz zu verhindern. Diese Säulen sind ein Hinweis darauf, dass zumindest der südliche Turm wohl unter Bardo vollendet wurde.

Die wenigen erhaltenen Wandflächen des Ostbaus und des Nordquerarms deuten darauf hin, dass der Baukörper – ganz ähnlich wie wir dies von den Ostteilen des Baus I in Speyer kennen – nicht durch Lisenen und Rundbogenfriese gegliedert war: eine

---

10 Esser (1975), S. 183/184.

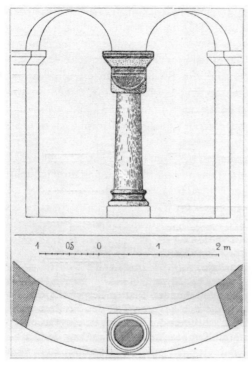

Abb. 14: Südostturm, ehemals erhaltene Arkade des 6. Geschosses (Kautzsch 1919)

Dekorationsform, die damals erst im Entstehen begriffen war. Ebenso fehlten horizontale Gesimse. Nur die beiden Treppentürme waren durch Pilaster und Horizontalgesimse reich gegliedert. Die Hervorhebung – insbesondere von Rundtürmen – durch manschettenartige aufgelegte Gliederungen ist im späten 10. und frühen 11. Jahrhundert häufiger zu beobachten, so in Gernrode und in Freckenhorst, die in der Gesamtdisposition durch die Dreiturmgruppe eine entfernte Ähnlichkeit besitzen. Auch die Treppentürme des jüngeren Westbaus des Trierer Domes sind reicher durch Lisenen gegliedert als der übrige Bau. Eine gewisse Ähnlichkeit des Ostbaus mit seinen an den Schmalseiten vor die Stirn gesetzten Treppentürmen mit den beiden Querhäusern von Sankt Michael in Hildesheim ist nicht zu übersehen, auch wenn die dortige Lösung mit den breiteren Querarmen und den quadratischen Vierungstürmen reifer und ausgewogener wirkt. Im ersten Jahrzehnt des 11. Jahrhunderts wurden beide Bauten fast parallel errichtet, auch wenn die Weihe in Hildesheim erst 1022 erfolgte. Im Gandersheimer Streit war Bischof Bernward von Hildesheim Gegner von Willigis und letztlich erfolgreicher als dieser.[11]

Detailformen des Willigis-Domes sind nur durch die Treppentürme überliefert. Die Kapitelle der Pilaster sind auf eine Platte mit steiler Schräge reduziert. Die Gesimse besitzen den gleichen Querschnitt. Diese Vereinfachung des Profils gilt im Allgemeinen mit Speyer Bau I und Limburg a.d. Haardt als typisch „salisch" gegenüber den reichen und feinen Profilierungen der Ottonenzeit. Im Mainz tritt es im Gegensatz dazu bereits Ende des 10. Jahrhunderts auf, und zwar nicht nur außen, sondern auch bei den Kämpfern unter den Gratgewölben der beiden erhaltenen Räume im Ostbau. Möglicherweise zeichnet sich dadurch ein abweichendes Verhalten gegenüber den niedersächsischen und niederrheinischen Bauten dieser Epoche ab. Es sollte dabei nicht übersehen werden, dass diese charakteristische Vereinfachung auch an der Porta Nigra bei den Gesimsen und Halbsäulen-Kapitellen zu beobachten ist, was dort aber

---

11 Vgl. Ernst-Dieter HEHL in diesem Band S. 49.

zweifellos durch den unfertigen Bossencharakter der gesamten Prunkfassade bedingt ist. Die Adaption von bossierten Elementen aus der römischen Provinzialarchitektur ist ja durchaus häufiger zu beobachten. Ob die geschossweise Gliederung von Pilastern und Gesimsen in Mainz ein fernes Echo auf die der Halbrundtürme der Porta Nigra zu verstehen ist, muss offen bleiben.

*

Die liturgische Ausrichtung auf den Hauptaltar im Westen, das große weit ausladende Westquerhaus und möglicherweise das Atrium sind eindeutige Hinweise auf Alt-Sankt-Peter in Rom und unterstreichen den Anspruch von Erzbischof Willigis als Primas Germaniae. Verstärkend kommt die sogenannte Ratgar-Basilika in Fulda mit denselben Merkmalen als Begräbnisort des Märtyrers und ersten Mainzer Erzbischofs Bonifatius hinzu. In diesem Zusammenhang wird aber selten erwähnt, dass es hierfür in Mainz selbst eine Tradition gab: die Johannis-Kirche bzw. der Alte Dom (Abb. S. 71). Es ist hier nicht der Ort, um die langanhaltende Diskussion um Datierung und ursprüngliche Bestimmung dieses ungewöhnlichen Baus westlich vom Dom gelegen zu wiederholen. Die verschiedenen Argumentationsketten deuten alle darauf hin, dass es sich tatsächlich um den um 900 entstandenen Vorgängerbau des Domes handelt, der 1009 nach Aussage der Quelle vom Feuer verschont blieb und bis zur Umwandlung des Patroziniums in Sankt Johannis wie der neue Dom Sankt Martin geweiht war.[12] Seine Disposition weicht so grundsätzlich von romanischen Bauten ab, dass er nur in der vorromanischen Epoche entstanden sein kann (Abb. 15). Ihn als „Notkirche" nach dem Brand von 1009 zu deuten, scheidet aus formalen wie aus bautechnischen Gründen aus[13], was die 2009 frei liegenden Obergadenwände durchaus bestätigt haben, die ein

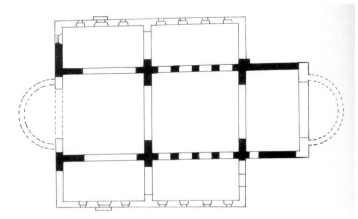

Abb. 15:
Johannis-Kirche,
Grundriss
(Arens 1961)

---

12 ARENS (1961), S. 409–442, bes. S. 415–423.
13 Vgl. dagegen JACOBSEN (1991), in: Vorromanische Kirchenbauen, Nachtragsbd., S. 262/263, während OSWALD (1966/71), S. 196–197, sich noch dafür ausgesprochen hat.

Abb. 16: Willigis-Dom, Gesamtansicht von Südwesten mit Johannis-Kirche, virtuelles Modell (Koop/v. Winterfeld)

sehr unregelmäßiges Konglomeratmauerwerk präsentierten. Für das kurze querrechteckige Langhaus gibt es kaum Parallelen. Das Querhaus mit einer nicht ganz regelmäßigen Vierung und sehr kurzen Querarmen liegt im Westen, ebenso wie der Hauptaltar. Ein östlicher Gegenchor mit Presbyterium und nachgewiesener Apsis könnte darauf hindeuten, dass auch der Ostbau des neuen Domes nicht nur einen Altar, sondern einen Chor enthielt. Sankt Johannis mit seinen dünnen Mauern und den abschnürend weit vortretenden Mauerzungen der Vierungspfeiler ist zweifellos vorromanisch und damit der Alte Dom, auch wenn dieser sich nicht so ohne Weiteres in eine Kette von zeitgenössischen Vergleichsbauten einfügen lässt. Gerade der Gegensatz zu den mehr oder minder geregelten Normen spricht dafür.

Die Überlegungen zu einer Notkirche nach dem Brand von 1009 widersprechen dem nicht, weil diese unbeschädigte Kirche für Domkapitel und Bischof in gewohnter Weise zur Verfügung stand (Abb. 16). Dieser Umstand machte eine schnelle Wiederherstellung des neuen Domes nicht erforderlich, ja zögerte sie offenbar hinaus. Ähnlich wie in Fulda durch Quellen belegt, könnte sich das Domkapitel gegen die ausgreifenden Baumaßnahmen Willigis' gewehrt haben, die durch den Brand wie durch einen Fingerzeig Gottes gewaltsam zum Ende gebracht worden waren. Erst eine Generation später ließ Erzbischof Bardo 1036 den neuen Dom wiederherstellen und weihen. In der Zwischenzeit geschah offenbar wenig.

Bemerkungen zur Baugeschichte

Wann der Willigis-Dom begonnen wurde, ist unklar.[14] Ein Baubeginn gleich beim Amtsantritt 975 ist eher unwahrscheinlich. Ob die Zeit vom Ende des 10. Jahrhunderts – wie vorgeschlagen wurde – bis 1009 für den Umfang ausgereicht hätte, ist ebenso zweifelhaft, auch wenn man davon ausgeht, dass der Dom zum Zeitpunkt der beabsichtigten Weihe noch nicht vollendet war. In Speyer benötigte man für einen noch größeren Bau mit kräftiger Gliederung, riesiger Krypta und teilweiser Quadertechnik rund 30 Jahre. Man wird wohl von ca. 20 Jahren ausgehen können.

*

Wann die nächste Etappe in der Baugeschichte des Domes eingeleitet wurde, steht wiederum nicht eindeutig fest. Ein in den Quellen überlieferter Brand von 1081 ist dafür kaum heranzuziehen, weil der Dom anschließend nicht nur in Benutzung ist, sondern auch Kaiser Heinrich IV. gelegentlich dort Weihnachten feiert. In der relativ kurz nach dessen Tod 1106 entstandenen Lebensbeschreibung beklagt der Autor, dass der Dom zu Mainz, den der Kaiser begonnen habe, ebenso schön wie der Speyerer geworden wäre, wenn er länger gelebt hätte. Demnach muss der weitgehende Umbau vor 1106 begonnen worden sein. 1125 wurde ein frisch geschlagenes Gerüstholz kurz unterhalb der Traufe auf der Ostseite der nordöstlichen Kantenvorlage eingemauert, was allein für den östlichen Querbau 20 Jahre bedeutet ohne den Mittelturm. Die Schriftquelle und die Jahrringchronologie sind eindeutig. Das Ergebnis des weitgehenden Umbaus bestätigt die in der Schriftquelle genannte Tendenz: Es ging um eine weitgehende Adaption der Ostansicht des Domes in Speyer. Kein anderer Bau wiederholt das große Vorbild so getreu wie der Dom in Mainz. Die Apsis – wenn auch etwas kleiner und stilistisch weiterentwickelt durch die rhythmische Hebung und Senkung der Blendarkaden – erscheint wie eine genaue Kopie, ebenso der ursprüngliche achteckige Chorturm darüber. Obwohl der Speyerer Ostgiebel 1689 verloren ging, besteht kein Zweifel, dass er ähnlich aussah wie der Mainzer, der zwischen Apsis und Chorturm eingefügt wurde, obwohl dahinter kein Baukörper mit Satteldach vorhanden ist. Der Giebel stellt also nur eine an sich funktionslose Mauerscheibe dar – offenbar um das Speyerer Vorbild so genau wie möglich wiederzugeben.

In der Grundstruktur des Ostbaus blieb man aber dem Willigis-Dom verpflichtet, da man auch die beiden reich dekorierten Treppentürme in den Neubau integrieren wollte. Der Querriegel wurde nun zu einer mächtigen Front um das Doppelte aufgestockt und um fast das Doppelte verbreitert (Abb. 17). So entstand in der Mitte ein quadratischer Chorraum, der nunmehr auch einen achteckigen Mittelturm tragen konnte. Die Wandflächen blieben ungegliedert, nur die Kanten wurden wie in Speyer durch kräftige Pfeilervorlagen verstärkt. Die beiden Fenster mit ihren reichen Profilen

---

14 Dazu ausführlich Ernst-Dieter Hehl in diesem Band S. 45–78.

Abb. 17: Ostansicht bei der Weihe 1239 (Hädler/v. Winterfeld; Hermann 2010)

beleuchten die oberen Kapellen und dürften den ursprünglichen, später aufgeweiteten und verlängerten Apsisfenstern entsprochen haben.[15] Auch die beiden Portale erhielten eine neue Fassung als klassische Säulen-Stufenportale mit einem gerade abschließenden Vorbau, der eine Art Rechteckrahmung bildet. Die antikisierenden Kapitelle lassen die Speyerer Provenienz erkennen, auch wenn die vollrunden, einen Widder schlagenden Löwen deutlich plastischer ausgebildet sind als alle Speyerer Vorbilder, womit sich eine spätere Entstehungszeit andeutet.[16] Im Inneren wurden die Eingangshallen hinter den Portalen nicht nur mit Quadern verkleidet, sondern mit einer Blendarkatur versehen, deren Kapitelle zum Teil in die unmittelbare Nähe der Speyerer Afra-Kapelle führen, in der 1106 Kaiser Heinrich IV. aufgebahrt wurde. Beim nördlichen Portal und in der Halle dortselbst blieben die Kapitelle als rohe Bossen stehen. Die neu gewonnenen oberen Räume des Ostbaus wurden als zweijochige Kapellen gestaltet mit Gurtbögen auf frei vor die Wand gestellten Säulen. Große profilierte Öffnungen führen in das Sanktuarium des Ostchors und stellen die räumliche Verbindung mit dem Chorraum her (Abb. 18 sowie S. 153). Der Raum darunter, um den der Ostbau verbreitert wurde, wurde jeweils als Seitenschiffsjoch

---

15 Hädler/v. Winterfeld/Naegele (2010), S. 67.
16 Dazu neuerdings Mertens (1995).

gestaltet, besitzt also die doppelte Höhe wie die Eingangshallen und ist durch einen gestuften Gurt, der auf Pfeilervorlagen mit begleitenden Dreiviertelsäulen ruht, von den Seitenschiffen getrennt. Die beiden Sakristeiräume des Willigis-Domes besitzen keine Verbindung zu den Seitenschiffen und waren wie zuvor nur über Türen und Treppen vom Chorraum aus zu erreichen.

Für diese Umbaumaßnahmen wurde der Mittelteil des Querriegels vollständig niedergelegt. Zwischen die Streifenfundamente des Atriums, die an dieser Stelle schmaler als diejenigen des Mittelschiffs im Plan eingetragen sind, wurde das Fundament für die Apsis mit nur seichter Rundung eingespannt. Außerdem wurden die Längsfundamente verstärkt, zwei parallele Fundamentbankette in der Mitte und ein neues westliches Abschlussfundament eingefügt mit seitlichen Verstärkungen. Alle diese Fundamente ruhen offenbar auf Holzpfählen. Sie dienten

Abb. 18: *Ostquerbau, Schnitt durch den Nordflügel mit Anschluss an das Mittelschiff (Hädler/v. Winterfeld; Hermann 2010)*

dazu, das typische Raster für die Säulen einer Hallenkrypta herzustellen, wobei die älteren Fundamente mitbenutzt wurden. Diese Krypta, die in auffälliger Weise der Chorkrypta des Speyerer Domes ähnelt, muss als erste Baumaßnahme ausgeführt worden sein (Abb. 19, 20). Ihre Umfassungswände mit breiten Pfeilervorlagen und vorgelegten Halbsäulen haben sich bis in eine Höhe von ca. 2 m erhalten. Oberhalb waren offenbar die Spuren von Schildbögen sichtbar geblieben, die nach 1871 verdeckt wurden. Ihnen zufolge lag die Scheitelhöhe der Gewölbe rund einen halben Meter über der heutigen. Die Reduzierung der Höhe, die bei der Rekonstruktion 1870 vorgenommen wurde, um ein zu hohes Chorniveau zu vermeiden, wirkt sich negativ auf die Raumwirkung aus, insbesondere auf die plumpen Proportionen der Säulen. Mit dem Typ der Wandvorlagen orientierte man sich offenbar an der Speyerer Querhauskrypta von Bau I. Die nach 1870 rekonstruierte Krypta ist im Prinzip richtig, nur zu niedrig, und den Gewölben fehlen die Gurtböden, die Anfang des 12. Jahrhunderts am Oberrhein Standard waren (Abb. S. 135).

In der Forschung entstand eine Diskussion um die Frage, ob die Krypta jemals ausgeführt worden war. Einem relativ genauen Bericht des 17. Jahrhunderts zufolge fand man im Ostchor in dem aufgefüllten Erdreich die Bestattung des Dompropstes

*Abb. 19:
Ostquerbau:
Schnitt nach Osten
(Kautzsch nach
Schneider 1886)*

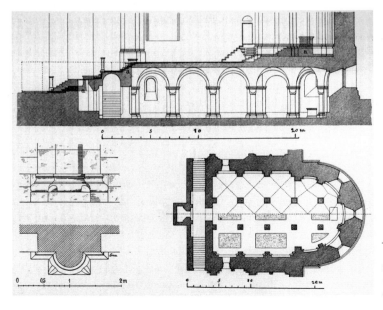

*Abb. 20:
Ostkrypta, Schnitt
und Grundriss
(Kautzsch nach
Schneider 1886)*

von 1122[17], die auf die vorzeitige Aufgabe der Krypta hindeutete. Da die damaligen Untersuchungen aber nicht archäologisch waren, könnte es sich auch um eine Zweitbestattung gehandelt haben, zumal 1125 der Ostbau noch nicht vollendet war. Sämtliche Sockelprofile von Ostchor und Apsis sowie die beiden hochliegenden Sakristeitüren rechnen mit einem erheblich höheren Fußbodenniveau als das nach 1870 ausgeführte. Da es nicht der Baupraxis entspricht, über der Krypta ohne deren Gewölbe weiterzubauen, und die Höhenlage sämtlicher Basen sich darauf bezieht, darf man davon ausgehen, dass die Krypta tatsächlich ausgeführt war. Es ist auch kein Grund für einen plötzlichen Planwechsel bzw. Sinneswandel des Auftraggebers während des Baugeschehens zu erkennen. Die Treppenanlage zur Krypta und das hohe Chorniveau darüber ragen übrigens ein Stück in das Mittelschiff hinein, so dass ein zungenförmiger Pfeiler nach Westen vortritt, der unten vom Seitenschiff her die Krypta-Zugänge aufnimmt. Mit seinem einfachen Kämpferprofil aus Platte und Schräge gehört er zu den Formen des Ostchors und unterscheidet sich von den übrigen Mittelschiffspfeilern. Er ist auch die Ursache für die abweichend quadratische Form des östlichen Mittelschiffjochs. Es ist daher durchaus denkbar, dass man zunächst das ungegliederte Langhaus des Willigis mit seiner flachen Decke bestehen lassen wollte und einen Anschluss des neuen Ostchores vorbereitete. Jedenfalls verzichtete man an dieser Stelle auf die charakteristische Blendarkatur. Die Baunaht im Obergaden zwischen Ostbau und Mittelschiff ist von den Dachräumen der Seitenschiffe aus gut zu beobachten und zeigt durch ihren leicht schräg nach Osten ansteigenden Verlauf, dass der neue Ostbau vor dem Mittelschiff entstanden ist, was gelegentlich bezweifelt worden war.[18]

Schon sehr bald fand die neue, zugleich endgültige Form des Mainzer Ostbaus ihre Nachfolger. Schon kurz nach 1100 wurden die Fundamente für den Westbau der Klosterkirche Maria Laach gelegt, dessen endgültige Ausführung sich dann allerdings bis nach 1160 hinzog und in Formen der kölnisch-niederrheinischen Romanik erfolgte. Auch der Westbau der Damenstiftskirche Sankt Gertrud in Nivelles (südlich von Brüssel) folgte in seiner endgültigen Form gegen Ende des 12. Jahrhunderts dem Mainzer Vorbild, jedoch ebenfalls in den niederrheinisch-maasländischen Formen.

*

Vor 1137 ließ Erzbischof Adalbert vor der Stirnseite des Nordquerarms und an diesen angelehnt die neue Hofkapelle Sankt Gotthard (Abb. S. 144) errichten, die er reichlich mit Stiftungen versah und in der er 1137 beigesetzt wurde, eine Woche vor der feierlichen Altarweihe. Wegen der Übereinstimmung der Basis- und Kämpfer-

---

17 Arens (1967), S. 73–76.
18 v. Winterfeld (1986), S. 27–29; Hädler/v. Winterfeld/Naegele (2010), S. 40–41.

*Abb. 21: Aufriss-System von Speyer II (links) und Mainz (rechts)
(v. Winterfeld 1993/2000)*

formen mit den Pfeilern des Mittelschiffs galt das Datum seit langem als Hinweis auf die Entstehungszeit des Langhauses. Dazu passt, dass der Erzbischof vor seinem Tode den Dom mit einem prachtvollen Dach ausgestattet habe. Das Querhaus des Willigis-Domes blieb bestehen, auch die östlichen Vierungspfeiler wurden nicht erneuert, sondern das neue Mittelschiff gegen die Querhausmauer gesetzt. Wegen dieser besonderen Situation wurde dort keine Viertelsäule bzw. kein Runddienst angeordnet, sondern eine im Querschnitt nicht ganz regelmäßige Halbsäule. Die Wölbung des Langhauses nach dem gültigen Vorbild des Domes in Speyer in gebundenem System war zweifellos geplant, wie die Halbsäulen beweisen, die jedem zweiten Pfeiler vorgelegt wurden (Abb. 21, 22). Wie in Speyer, wo es sich um ein Relikt von Bau I handelt, verzichtete man auf einen Stützenwechsel, sondern alle Pfeiler erhielten die gleiche Stärke. Da die Rippengewölbe mit dem mandelförmigen Querschnitt ihrer Rippen und dem großen Ring-Schlussstein stilistisch in die Spätromanik zu datieren sind, gehören sie zur letzten Phase der Baumaßnahmen um oder nach 1200. Ihre Anfänger drängen sich auf den zu kleinen, für Gratgewölbe vorgesehenen Kämpfern der Halbsäulen und die gestelzten, aber im Halbkreis geführten Schildbögen passen nicht zu den viel höher ansetzenden Gewölbekappen.

Da es höchst unwahrscheinlich ist, dass man fertige Gewölbe aus Gründen einer Modernisierung oder wegen der mangelhaften Statik vollständig und ohne Spuren

Bemerkungen zur Baugeschichte

Abb. 22: Mittelschiffwand nach Osten

abgebrochen hat – ein derartiger Abbruch ist technisch fast ebenso aufwendig wie die Errichtung –, muss man davon ausgehen, dass die geplanten Gratgewölbe nicht ausgeführt und das Versäumte erst mehr als ein halbes Jahrhundert später nachgeholt wurde.[19] Auch die Gliederung der Hochschiffwände blieb dem Vorbild in Speyer verpflichtet, allerdings mit zum Teil originellen Abwandlungen. Die Fenster – im Gegensatz zu Speyer – ganz in der Schildwand und damit in der Gewölbezone liegend – sind nicht nur erheblich kleiner, sondern wurden paarweise zusammengerückt, um unter dem Bogen Platz zu finden – so wie dies später bei vielen Gewölbebauten des gebundenen Systems zur Regel werden sollte. Damit aber konnten die Wandblenden, die von den Pfeilerkämpfern aufsteigen, nicht mehr um die Fenster herumgeführt werden und diese rahmen, stattdessen wurden sie verkürzt und ihre Bögen unter

---

19 v. Winterfeld (1986), S. 24–26; Ders. (1993/2000), S. 155–159.

den Fenstern angeordnet und somit ein drittes mittleres Geschoss geschaffen, wie es nicht nur in der Nachfolge von Cluny, sondern vor allem in der Normandie und in England in dieser Zeit üblich werden sollte. Dabei bleiben die Blendarkaden den Pfeilern darunter verbunden, indem sie von dort aufsteigen, was durch ein Zurücksetzen der Scheidarkaden wie in Speyer ermöglicht wird. Allerdings ist das Relief dieser Gliederung bedeutend schwächer als dort.

Das Horizontalgesims verkröpft sich ebenso wenig um diese Wandvorlagen wie die gerade abgeschnittenen Kämpfer der Hauptpfeiler. Beides geht auf Bau I in Speyer zurück, ebenso wie die einfachen, ohne Unterbrechung aufsteigenden Halbsäulen der Gewölbevorlagen, denen die Speyerer Zwischenkapitelle und die Pfeilerrücklagen fehlen. Selbst die verschliffenen korbartigen Würfelkapitelle ohne Schilde und die Kämpfer aus Platte und Schräge erinnern an die ein Jahrhundert älteren Vorbilder in Speyer I. Fazit: ein moderner Gewölbebau im gebundenen System wie Bau II in Speyer, aber realisiert mit den Grundelementen von Bau I. Der zweifellos geringere Kostenaufwand ist dabei nicht zu übersehen. Die Wandflächen des Obergadens bestehen aus sorgfältigem Kleinquaderwerk, nur die Gliederungselemente und die Fenstergewände bestehen aus großen Quadern. Die Streifenfundamente des Willigis-Domes wurden unter den Pfeilern durch Einzelfundamente verstärkt, die wiederum auf Pfählen ruhen.

*

Schon Schneider und Kautzsch haben erkannt, dass die Kapitelle und Basen der Wandvorlagen der äußeren Seitenschiffsmauern wiederum in die letzte Bauphase Ende des 12. Jahrhunderts gehören.[20] Wie bei den Gewölben ging man davon aus, dass die zeitlich zum Mittelschiff gehörenden Außenmauern abgebrochen und durch neue ersetzt wurden. Ein Grund dafür – etwa durch Setzungen oder durch Ausweichen – ist nicht bekannt. Da bei dem Anbau der gotischen Kapellen von den Mauern ohnehin nicht viel zurückblieb, ist eine Kontrolle am Befund kaum mehr möglich. Die Außenmauern wurden für die Kapellen nicht nur durchbrochen, sondern sie wurden bis auf die Pfeilerrücklagen der Halbsäulen vollständig abgetragen – bis auf einen Rest im Westende des Südseitenschiffs im Bereich der Memorie und über dem Marktportal (Abb. 23). Weil in beiden Fällen die Fenster fehlen, hat sich nur ein Fenster im Südosten erhalten, das aber durch den Kreuzganganbau weitgehend geblendet ist. Weder die Basen noch die Kapitelle sind stilistisch ganz einheitlich, jedoch steht die Entstehung am Ende des 12. Jahrhunderts außer Zweifel. Nur am Ostende des Nordseitenschiffs haben sich zwei Basen erhalten, die im Profil den Mittelschiffspfeilern sehr ähnlich sind. Daraus ist zu schließen, dass selbstverständlich ein Neubau

---

20 SCHNEIDER (1886) und KAUTZSCH/NEEB (1919), S. 118–124.

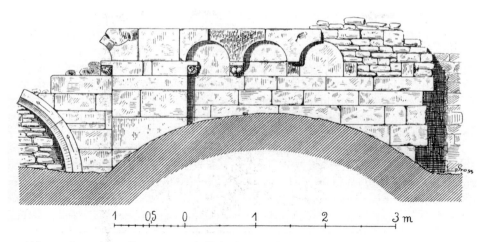

Abb. 23: Reste der äußeren Seitenschiffsgliederung über dem Marktportal (Kautzsch 1919)

der Seitenschiffe im Zusammenhang mit den Mittelschiffspfeilern vorgesehen war, offenbar aber nicht durchgeführt wurde. So blieben die äußeren Seitenschiffsmauern des Willigis-Domes vermutlich bis zum Ende des 12. Jahrhunderts bestehen. Ob man vorhatte, sie nachträglich mit Wandvorlagen zu versehen, lässt sich nicht mehr ermitteln. Bei der endgültigen Fertigstellung des Langhauses war daher ein Abbruch und Neubau mit vermutlich größerer Mauerstärke unumgänglich. Die Erhaltung der älteren Basen belegt, dass man keineswegs blindwütig abriss und erneuerte, sondern jede schon einmal getätigte Investition bewahrte.

Auch die Gratgewölbe der Seitenschiffe mit ihren Gurtbögen konnten bis auf die Anfänger über den Pfeilern nicht ausgeführt werden, weil ihnen das Gegenüber als Auflager fehlte. Also hatten auch die Seitenschiffe wie das unfertige Mittelschiff offene Dachstühle bzw. flache Decken. Große Löcher in der Obergadenwand über den Seitenschiffsgewölben, die besonders gut auf der Südseite zu beobachten sind, bezeugen, dass dort Konsolen eingelassen waren, die einem Streichbalken als Auflager für den Dachstuhl dienten. Ob man sie als Zeugnis für die unvollendete Zwischenphase deuten kann, ist nicht ganz sicher. Jedenfalls konnten die im Prinzip altertümlich wirkenden Gratgewölbe der Seitenschiffe erst Ende des 12. Jahrhunderts ausgeführt werden.

Eine Reihe von Fragen hinsichtlich der Seitenschiffe bleibt vorerst offen. So sind z.B. die Basen an den Außenseiten deutlich höher angeordnet als bei den Pfeilern gegenüber. Dies gilt sogar für die frühesten am Ostende des Südseitenschiffs. Für den späteren Verlauf könnte man davon ausgehen, dass inzwischen das Niveau angewachsen war. Als um 1200 das Marktportal errichtet wurde, hielt man sich an das höhere Niveau. Erst als im Rahmen der Restaurierungen des 20. Jahrhunderts das Niveau abgesenkt wurde, musste auch das Marktportal als Ganzes nach unten versetzt werden. Eine Reihe von Pfeilerkapitellen im südlichen Seitenschiff besitzt an Stelle der verschliffenen glatten Korbformen, wie sie für die Bauphase in der ersten Hälfte des 12. Jahrhunderts bestimmend ist, ausgeprägt kantige Würfelformen mit einem flach aufgelegten Dekor – ohne das nachträgliche Veränderungen erkennbar wären. Er passt nicht zu den niederrheinisch bestimmten Kelchblock- und Kelchknospen-Formen an den Außenwänden, sondern wirkt viel archaischer. Eine Zwischenphase mag man sich nicht recht vorstellen, zumal die Obergadenmauern darüber zweifellos um 1137 vollendet wurden.

Im Vergleich mit den Seitenschiffen des Domes in Speyer erscheinen diejenigen in Mainz auf den ersten Blick sehr ähnlich, nur von geringeren Abmessungen. Die Pfeiler zeigen jedoch umlaufende Basen mit mächtigem unteren Wulst und profilierte Kämpfer. Wichtiger ist hingegen die Tatsache, dass die mächtigen, auf die Pfeiler bezogenen Vorlagen von Speyer in Mainz stark reduziert wurden, keine selbständige Blendarkatur etablieren und nur noch als Gewölbevorlagen dienen – also genau wie im Mittelschiff ein modernisiertes, aber zugleich reduziertes System darstellen.

Das Äußere der neuen am Ende des 12. Jahrhunderts errichteten Seitenschiffs-mauern ging bei dem Anbau der gotischen Kapellen zwischen 1279 und 1291 für die Nordreihe und 1300 und 1319 für die Südreihe fast vollständig verloren. Nur über der Memorie blieb der Bogenfries erhalten und ebenso ein kurzes Stück über dem Marktportal (Abb. 23).[21] Aus diesen Resten kann man schließen, dass die Gliederung des Äußeren aus Lisenen und einem Rundbogenfries auf Konsolen bestand, der nicht profiliert war und sich darin von den am Oberrhein gebräuchlichen unterschied. Die Fenster waren verhältnismäßig groß und lagen in flachen, profilierten Blenden – ähnlich dem älteren Wormser Nordseitenschiff, allerdings von geringerer Plastizität. Der Eindruck dürfte reicher gewesen sein als bei dem ein halbes Jahrhundert älteren Obergaden.

Zuvor war vor der Nordseite des Querhauses die erzbischöfliche Palastkapelle Sankt Gotthard entstanden, die uns mit 1137 das einzig schriftlich überlieferte Datum aus der romanischen Baugeschichte des Domes vor der Weihe von 1239 liefert. Sie besaß einen bildlich überlieferten achteckigen Mittelturm, der vermutlich im 13. Jahrhundert kleine Giebel erhalten hat. Da sie die Stirnwand des großen Querhauses als Südmauer benutzt, blieb diese beim Abbruch desselben erhalten. Der Außenbau ist wie der nahezu gleichzeitige Obergaden aus hammerrechtem Kleinquaderwerk hergestellt, nur die Kanten, Portale und Fenstergewände bestehen aus großen Quadern. Das Portal zum Marktplatz hin ist weitgehend rekonstruiert. Das Material besteht vorwiegend aus Weisenauer Muschelkalk. Die Säulen der Zwerggalerie besitzen durchweg neue Kapitelle. Da die Bögen der Zwerggalerie aus kleinen Keilsteinen zusammengesetzt wurden, ebenso wie diejenigen des Rundbogenfrieses,

---

21 Kautzsch/Neeb (1919), S. 54–58, Abb. 25, 26; Hädler/v. Winterfeld/Naegele (2010), S. 50–53, Abb. 16–24.

wirken sie altertümlicher als die eindeutig älteren der Galerie der Ostapsis, die nicht nur aus pressfugig zusammengesetzten Großquadern bestehen, sondern sogar ein umlaufendes Kantenprofil besitzen. Der Verzicht auf die an der Ostapsis demonstrierte repräsentative Großquadertechnik an diesen Teilen des Außenbaus bezeugt, dass damals gespart werden musste.

*

Die frühe und von der Forschung besonders diskutierte Baugeschichte des Domes verdeckt im allgemeinen Bewusstsein die Tatsache, dass der umfangreichste Teil des Domes dem letzten Bauabschnitt zuzuschreiben ist, der im Allgemeinen mit der Rückkehr von Erzbischof Konrad I. von Wittelsbach auf den erzbischöflichen Thron 1183 verbunden wird, weil dieser in einer Art Rechenschaftsbericht 1195 hervorhebt, dass er den Dom desolat und ohne Dach vorgefunden habe. Damals erhielt der Dom nicht nur neue Seitenschiffe, sondern das Langhaus wurde erstmalig vollständig eingewölbt. An seiner Südseite entstand die große Memorie. Danach wurde das (verkürzte) Querhaus errichtet und schließlich der neue Westchor in der niederrheinischen Form eines Trikonchos. Nicht zu vergessen sind die schlanken Westtürme und der große westliche Vierungsturm. Im Ostchor wurde die Krypta ausgebrochen, die Fenster der Apsis vergrößert und verlängert sowie auf den Nordostturm ein oberes Geschoss aufgesetzt. Diese Baumaßnahmen, die beim Querhaus noch immer die Fundamente des Willigis-Domes benutzten, trennen sich aber im Übrigen weitgehend von ihm. Das gilt nicht nur für die Verwendung von Großquadern aus Sandstein, sondern vor allem für die Einzelformen. Nicht nur die gewaltigen Mauerstärken, sondern die Einführung von überdimensionierten Strebepfeilern lassen eine gewisse Nähe zur zisterziensischen Architektur erkennen. Letztere markiert auch einen deutlichen Unterschied zum benachbarten, ein halbes Jahrhundert älteren Dom in Worms.

Bei den Zwerggalerien wird der kölnisch-niederrheinische Einfluss in Gestalt des Ostchors des Trierer Domes deutlich spürbar – auch im Material durch die Übernahme schwarzer Schiefersäulchen. Nur die fast archaische Strenge im Inneren, die durch die ausschließliche Verwendung des aus dem Würfelkapitell hervorgegangenen Schildkapitells bei allen Gewölbevorlagen unterstrichen wird, betont zwar die Einheitlichkeit im Erscheinungsbild des Raumes, könnte aber auch als ein fernes Echo auf die Schlichtheit des Willigis-Domes verstanden werden. Jedenfalls beginnt mit diesem letzten Bauabschnitt erkennbar ein neues Kapitel. Auch wenn wir Einzelheiten der Baugeschichte aus dieser Phase einer späteren Untersuchung vorbehalten wollen, so sei doch darauf hingewiesen, dass es auch hier zu Planänderungen kam. So stehen die schlanken Türmchen des Trikonchos nicht auf von unten beginnenden Wendeltreppen, sondern auf gewaltigen geschlossenen Mauermassiven. Da man aber dort nicht auf einen Treppenaufgang verzichten wollte, wurde dieser nachträglich in den nord-

Abb. 24: Treppenturm im Winkel von Westchor (Trikonchos) und Nordquerarm-Westwand (Kautzsch 1919)

östlichen Anschlusswinkel des Trikonchos an den Nordquerarm eingefügt – merkwürdigerweise aus Bruchstein (Abb. 24).[22] Das entsprechende Fenster des Querarms wurde zugesetzt und gleichzeitig an dieser Stelle die Vorgängerin der späteren Wächterstube eingefügt, deren erhaltener Kleeblattbogen die Zeitstellung vor der Weihe 1239 klar erkennen lässt. Möglicherweise war sie der Anlass, die Wendeltreppe an dieser Stelle zu errichten. Da diese oben die Zwerggalerie der Nordkonche verdeckt hätte, brach man diesen Abschnitt der Galerie ab, und errichtete ihn mit denselben Formteilen neu, und zwar über die Treppe hinweggezogen. Nur beim Anschluss an den alten Bestand mussten Anpassungen vorgenommen werden – ein schönes Beispiel für den ökonomischen Umgang des Mittelalters mit einmal gefertigten Werkstücken. Erst später als der direkte Verbindungsgang vom Nordquerarm zur Nordkonche durchgebrochen wurde, musste der untere Teil der Wendeltreppe weichen und wurde als gesondertes Türmchen nach Norden versetzt.

Auch eine grundsätzliche Korrektur bei der Ausführung des Trikonchos blieb der Forschung bisher verborgen. Am Nordfenster der Nordkonche ist im Gewände klar erkennbar, dass

---

22 Kautzsch/Neeb (1919), S. 77, Abb. 36.

die langen schmalen Rundbogenfenster ursprünglich in zwei Geschosse unterteilt werden sollten. Die Bogenansätze für diese Unterteilung sind an der Leibung erhalten geblieben, selbst wenn sie zurück- und abgearbeitet wurden. Auch in den Fensterleibungen der Westkonche sind die ursprünglichen Bogenanfänger mit senkrechter Naht in der Leibung deutlich erkennbar. Der Verzicht auf diese Unterteilung und das Zusammenziehen zu einem ungewöhnlich langgestreckten Fenstertyp darf als Vorahnung der Gotik interpretiert werden. Diese Fenster waren dann auch das Vorbild für die Vergrößerung und Verlängerung der Fenster in der Ostapsis, nachdem man dort die Krypta beseitigt hatte. Auch im Westchor zeigen die hoch liegenden Bases an den westlichen Vierungspfeilern an, dass hier ohne die Existenz einer Krypta ein hoch liegendes Niveau vorgesehen war. Die Absenkung im Osten wie im Westen auf ein nur wenig differenziertes horizontales Niveau im ganzen Dom darf ebenso als Modernisierung angesehen werden.

*

Es folgte der Anbau der Kapellen, die dem Dom nicht nur die Fünf-Schiffigkeit des gerade in Bau befindlichen Domes des Kölner Erzbischofs, der als Konkurrenz des Mainzer Primas Germaniae galt, brachte, sondern auch moderne große gotische Maßwerkfenster. Schon vor der Weihe von 1239 hatte man mit dem niederrheinischen Formengut in den Westeilen in Verbindung mit dem oberrheinisch geprägten Ostbau den Hegemonialanspruch des Mainzer Erzbischofs unterstreichen wollen. Man hatte ja nicht ahnen können, dass der Kölner Konkurrent mit seinem lange

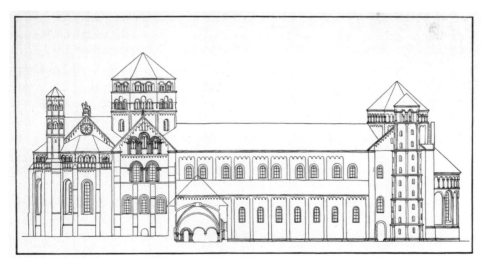

Abb. 25: Gesamtansicht von Süden bei der Weihe 1239 (Kautzsch 1919)

hinausgezögerten Neubauprojekt nicht nur die modernste französische Formenwelt importieren, sondern hinsichtlich der Größe und Höhe ein alle Maßstäbe sprengendes Projekt in Gang setzen würde. Es wirkt fast wie eine Ironie der Geschichte, dass die Kölner dies nicht zur Ende brachten, sondern dafür die Hilfe der ungeliebten Preußen im 19. Jahrhundert benötigten, die zudem im Begriff waren, sich in den Kulturkampf zu verstricken. Seit 1235 waren zudem die Liebfrauenkirche in Trier und die Elisabethkirche in Marburg in den neuen Formen der westlichen nordfranzösischen Gotik im Bau, die den neuen Dom in Mainz altertümlich wirken ließen, ihn aber in eine Reihe mit dem ehrwürdigen Kaiserdom in Speyer und dem Nachbar in Worms stellte.

Die frühe Baugeschichte des Mainzer Domes veranschaulicht nicht nur das Ringen um ein adäquates Haus Gottes, sondern auch das ehrgeizige Bemühen, mit einem anspruchsvollen Großbau die Bedeutung der Erzdiözese zum Ausdruck zu bringen. Vor dem Hintergrund der Jahrhunderte andauernden Bautätigkeit war das Aufeinandertreffen archaischer Formen, die sich in der Vergangenheit zu einem Symbol der Würde entwickelt hatten, mit neuen Einflüssen ein Prüfstein sowohl liturgischer als auch ästhetischer Überlegungen. Gesiegt hatte offenbar die Idee, mit der Hauptkirche des ersten Papstes in Rom, in Mainz, dem Sitz des Primas Germaniae, eine Verbindung von Form und Bedeutung einzugehen und damit den Anspruch auf Würde und Führung zu dokumentieren.

Literatur

Friedrich SCHNEIDER, Der Dom zu Mainz. Berlin 1886

Rudolf KAUTZSCH und Ernst NEEB, Der Dom zu Mainz. Die Kunstdenkmäler im Freistaat Hessen, Provinz Rheinhessen, Stadt und Kreis Mainz, Bd. 2, Teil 1. Darmstadt 1919

Ludwig BECKER und Johannis SARTORIUS, Baugeschichte der Frühzeit des Domes zu Mainz. Mainz 1936

Ludwig BECKER, Neue Forschungen zur Baugeschichte der Frühzeit des Domes zu Mainz. In: Mainzer Zeitschrift 36 (1941) S. 27–48

Rudolf KAUTZSCH, Zur Baugeschichte des Mainzer Domes. In: Zeitschrift für Kunstgeschichte 6 (1937) S. 200–217

Fritz ARENS, Die Kunstdenkmäler der Stadt Mainz, Teil 1: Die Kirchen St. Agnes bis Hl. Kreuz (= Die Kunstdenkmäler von Rheinland-Pfalz 4/1). München, Berlin 1961, S. 415–422

Fritz ARENS, Die Datierung des Ostchores am Mainzer Dom. In: Zeitschrift für Kunstgeschichte 30 (1967) S. 73–76

Vorromanische Kirchenbauten. Katalog der Denkmäler bis zum Ausgang der Ottonen, bearb. von Friedrich OSWALD, Leo SCHÄFER und Hans Rudolf SENNHAUSER. München 1966/71, S. 191–93 – Nachtragsband, bearb. Werner JACOBSEN u.a. München 1991, S. 261–62 (mit Literatur)

Wilhelm Jung, Der Mainzer Dom als Bau- und Kunstdenkmal. In: 1000 Jahre Mainzer Dom 975–975 (Ausstellungskatalog). Mainz 1975, S. 127–160

Karl Heinz Esser, Der Mainzer Dom des Erzbischofs Willigis. In: Willigis und sein Dom. FS zur Jahrtausendfeier des Mainzer Domes 975–1975, hg. von Anton Ph. Brück (= Quellen und Abhandlungen zur mittelalterlichen Kirchengeschichte 24). Mainz 1975, S. 135–184

Fritz Arens, Die Raumaufteilung des Mainzer Domes und seiner Stiftsgebäude bis zum 13. Jahrhundert. In: Willigis und sein Dom. FS zur Jahrtausendfeier des Mainzer Domes 975–1975, hg. von Anton Ph. Brück (= Quellen und Abhandlungen zur mittelalterlichen Kirchengeschichte 24). Mainz 1975, S. 185–249

Karl Heinz Esser und A. de Paço Quesada, Die Ausgrabungen auf dem Liebfrauenplatz in Mainz. In: Mainzer Zeitschrift 70 (1975) S. 177–193

Fritz Arens, Der Dom zu Mainz. Darmstadt 1982

Dethard von Winterfeld, Das Langhaus des Mainzer Domes. Baugeschichtliche Überlegungen. In: Die Bischofskirche Sankt Martin zu Mainz, hg. von Friedhelm Jürgensmeier (= Beiträge zur Mainzer Kirchengeschichte 1). Frankfurt a.M. 1986, S. 21–32

Dethard von Winterfeld, Die Kaiserdome Speyer, Mainz, Worms und ihr romanisches Umland. Würzburg 1993, Regensburg ²2000, S. 119–164

Holger Mertens, Studien zur Bauplastik in Speyer und Mainz (= Quellen und Abhandlungen zur mittelrheinischen Kirchengeschichte 76). Diss. Köln; Mainz 1995

Josef Heinzelmann, Mainz zwischen Rom und Aachen. Erzbischof Willigis und der Bau des Mainzer Domes. In: Jahrbuch für westdeutsche Landesgeschichte 30 (2004) S. 7–32

Emil Hädler, Dethard von Winterfeld und Isabel Naegele (Red.), Dom Rekonstruktionen. Ein Werkstattbericht aus der Fachhochschule Mainz (= Forum Sonderausgabe 1). Mainz 2010 (Zeichnungen: Kirsten Hermann 2009)

Virtuelle Modelle Manfred Koop/Dethard von Winterfeld (2009): Angaben S. 299

In der 1870/71 rekonstruierten Ostkrypta des Mainzer Domes

Ostansicht des Mainzer Domes heute

Zur sakralen Binnentopographie des Mainzer Domes im Hochmittelalter

Clemens Kosch

Die heutigen Besucher des Mainzer Domes haben ein kompliziertes Raumgefüge vor Augen, das ihnen nur teilweise zugänglich ist. Es weist trotz aller Verluste noch eine über Jahrhunderte gewachsene Fülle von Einbauten, Kunstwerken und liturgischem Mobiliar auf. Die nach wie vor prägenden Grundstrukturen gehen auf das Hochmittelalter zurück, also eine Zeitspanne von der Errichtung des Willigis-Doms am Beginn des 11. Jahrhunderts bis zur Weihe seines spätstaufischen Um- und Neubaus im Jahre 1239. Welche Veranlassungen gab es während der hier angesprochenen Kernphase des Mittelalters für Vermehrung und Ortswahl zusätzlicher Kultschwerpunkte, also die Verteilung zahlreicher Altäre, Grablegen und weiterer Plätze von Gottesdienst und Sakramentenspendung (u.a. Schatz- und Heiltumskammern, Sakristeien, Taufbecken, Lesekanzeln, Bischofsthron, Chorgestühl der Kanoniker) in Haupt- und Nebenräume, Annexbauten sowie auf verschiedene Geschossebenen? Warum wurden für Bischof und Domklerus reservierte, Laien gewöhnlich verschlossene Bereiche erforderlich, im Kircheninneren früher verwirklicht durch entsprechend aufgestellte Schranken, Lettner und speziell geregelte Zugangsmöglichkeiten? Angesichts solcher Fragen erscheint es naheliegend, unterschiedliche liturgische Handlungen und Teilnahmeformen am Gottesdienst von bestimmten Personen oder Personengruppen mit daraus abzuleitenden topographischen Bedingungen (dem jeweiligen Platzbedarf, damit einhergehenden Zugangs- bzw. Absonderungsmöglichkeiten, Sichtverhältnissen und der visuell, akustisch oder vornehmlich ideell wirksamen Gestaltung von Verbindungsöffnungen) auf Architekturzeichnungen einzutragen. Das hiermit in den Grundzügen wieder anschaulich werdende Bild der liturgischen Topographie längst vergangener Epochen im Rahmen eines hochrangigen Sakralbaukomplexes lässt sich für vertiefende historische Raumanalysen nutzen, wie anhand von Abb. 1 (S. 138/139) gezeigt werden soll.

*

Schematisch vereinfachte, aufeinander bezogene Baualterpläne (Grundrisse verschiedener Geschossebenen sowie zugehörige Längsschnitte mit farbigen Funktionsmarkierungen) geben die hoch- und spätromanische Kathedrale, ihre Annexe und die 1803–07 abgerissene Kanoniker-Stiftskirche St. Maria ad gradus wieder. Letztere

Erdgeschossgrundriss des Doms und seiner Annexe. Dazu in den Vignetten Grundriss-Ausschnitt der Westteile in den oberen Bereichen (A); Grundriss-Ausschnitte der Ostteile im mittleren Geschoss (B) und oberen Geschoss (C).

Der Dom und seine Anbauten

Altäre:

a. *westlicher Hochaltar unter seinem Ziborium:*
St. Martin

b. *östlicher Hochaltar:* St. Stefan

c. *vermutlich ursprünglicher Standort des Kreuzaltars*

d. *Altar vor der östlichen Chorschranke:* St. Maria

e. *Nebenaltar im nördlichen Querschiffarm:* St. Bartholomäus

f. *Altar im Untergeschoss der Pfalzkapelle:*
St. Godehard

g, h, i: *Altäre im Obergeschoss der Pfalzkapelle (Patrozinien unbekannt)*

k. *Altar in der frühgotischen Sakristei am Westchor:*
SS. Simon u. Juda

m. *Altar im Chörlein des Kapitelsaals (Memorie):*
St. Ägidius

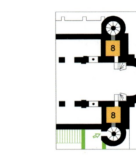
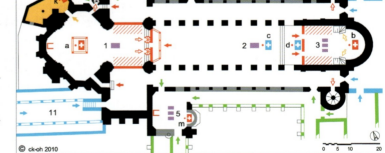

Abb. 1: Mainz, Dom und St. Maria ad gradus. Schematische Rekonstruktion des Zustandes Mitte 13. Jh.: Erdgeschoss und Obergeschossgrundrisse

Grablegen:

1. *Erzbischof Aribo († 1031)*
2. *Erzbischof Bardo († 1051)*
3. *Dignitäre des Domkapitels, u.a. Dompropst Anselm († 1122) und Erzbischof Siegfried III. von Eppstein († 1249) im Ostchor*
4. *Erzbischof Adalbert I. von Saarbrücken († 1137) in der Pfalzkapelle*
5. *Domkanoniker im Kapitelsaal (Memorie)*

Zur sakralen Binnentopographie im Hochmittelalter

Längsschnitt des Doms, zu den Grundrissen auf S. 138 passend. Schematisch rekonstruierter Erdgeschoss- und Kryptengrundriss der romanischen Stiftskirche St. Maria ad gradus, in der Vignette zugehöriger Längsschnitt.

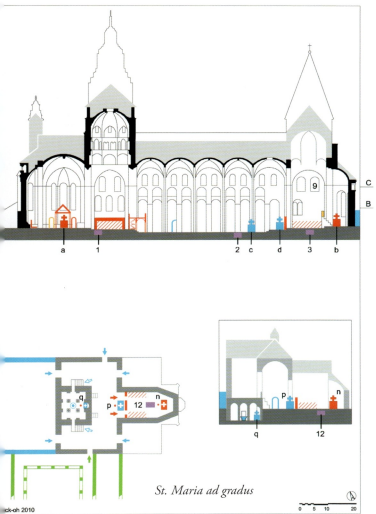

St. Maria ad gradus

Nebenräume und Annexe:

6. stadtseitiger Haupteingang (Marktportal) mit Bronzetür

7. hochgelegener Ausguck (später Erker des Nachtwächters) im nördlichen Querschiffarm

8. beidseitige Sakristeien u. Schatzkammern im mittleren Geschoss des Ostquerbaus

9. beidseitige Hochräume im oberen Geschoss des Ostquerbaus

10. Palatium (Pfalz) der Erzbischöfe, mit Direktzugang in beide Geschosse der Pfalzkapelle; vom Obergeschoss Verbindungssteg zum Treppenabgang in den nördlichen Querschiffarm des Doms

11. südwestliches Atrium, Durchgang zum Domfriedhof (Leichhof) und zum Kanonikerstift St. Johannis (Alter Dom)

St. Maria ad gradus, Altäre und Grablege:
n. Hochaltar: St. Maria
p. Kreuzaltar
q. Altar in der Krypta: St. Johannes Bapt.?
12. Grablege Erzbischof Arnold von Selenhofen († 1160)

Erklärung der Bildsymbole siehe folgende Seite

Clemens Kosch

Erläuterung der Symbole zu Abb. 1, S. 138/139

nahm eine axiale Position östlich des Domes ein und war mit ihm durch einen später lediglich ummauerten Atriumhof ohne begleitende Arkadengänge verbunden. Ob dies bereits dem ursprünglichen Zustand unter Erzbischof Willigis (Amtszeit 975–1011) entsprach, wird neuerdings in Zweifel gezogen (siehe Fundamentbefund nach Esser 1975, S. 112 Abb. 10). Vielmehr könnte sich der 1009 am Vorabend ihrer Weihe durch eine Brandkatastrophe zerstörten Bischofskirche – einer monumentalen Basilika mit „more romano" (nach römischer Sitte) ausladendem Westquerhaus und durch runde Treppentürme erschlossenem Ostquerbau offenbar noch ohne mittlere

Konche – in gleicher Flucht ein weiterer dreischiffiger Sakralbau angeschlossen haben, dieser mit seitlich nicht vortretendem Querschiff und Ostapsis. Eine somit wohl zu Recht postulierte Doppelkathedrale aus zwei gegenständigen Basiliken, architektonischer Reflex der durch Papst Benedikt VII. 975 vorgenommenen Erhebung ihres Erbauers zum Rangersten unter den Erzbischöfen des Reiches nördlich der Alpen, hätte man in ihrem östlichen Teil dann später nicht wiederhergestellt. Während nämlich der offenbar weniger stark zerstörte westliche Hauptbau unter den Willigis-Nachfolgern Aribo und Bardo bis 1036 instand gesetzt wurde, kam es erst nach Mitte des 11. Jahrhunderts zur Errichtung einer axialen östlichen Vorkirche, nun jedoch ohne direkte Anbindung an den erneuerten Martinsdom. Von erheblich geringerer Größe als ihr projektierter Vorgänger, lässt sich diese Atriumkirche als nur zweijochiger, der Kreuzform angenäherter Zentralbau mit westlicher Vierstützenkrypta und polygonal geschlossenem Langchor im Osten rekonstruieren. An ihr installierte Erzbischof Siegfried I., ehemals Abt in Fulda, nach der Konsekration 1069 einen Kanonikerkonvent als Domnebenstift.

Das berühmte karolingische Benediktinerkloster mit doppelchöriger, um ein weit vortretendes Westquerschiff erweiterter Basilika (791–819) hatte als Bestattungs- und seither Kultort seines Gründers, des ersten Mainzer Erzbischofs Bonifatius († 754), für die früh- und hochmittelalterlichen Dombauten des Metropolitansitzes zweifellos Vorbildcharakter. Dies gilt gewiss auch noch für die **Mariagradenkirche** des 11. Jahrhunderts, selbst wenn das St. Johannes Baptist-Patrozinium der 973 geweihten Fuldaer Atriumkapelle in der Längsachse der Hauptkirche und ihre zweigeschossige Baugestalt zunächst als Unterschiede zu vermerken sind. Doch diente die Mainzer Stiftskirche gleichfalls als Baptisterium des Domes. An ihrem wahrscheinlich in der Krypta aufgestellten Taufbecken fand am Karsamstag die alljährliche Taufwasserweihe in Anwesenheit des Kathedralklerus statt. Somit lässt sich hier wie dort eine Verwandtschaft zu Baptisterien in vergleichbarer Axiallage mit verbindenden seitlichen Atriumgalerien wie z.B. vor den Kathedralen von Parenzo oder Novara konstatieren. Dies trifft ebenso für die entsprechenden Bautengruppen des spätottonischen Essener Kanonissenstifts und des salischen Regensburger Domes zu, die jeweils St. Johannes Baptist geweihte Annexkirchen aufweisen. Entscheidenden Einfluss auf die Mainzer Neubaupläne übte jedoch offenkundig die wenige Jahre zuvor östlich des Alten Kölner Domes errichtete Kanoniker-Stiftskirche gleichen Titels aus, deren Kapitel sich 1057 konstituierte. Der Zusatz „ad gradus" dürfte sich übrigens in beiden Fällen durch doppelläufige Treppenanlagen hinab zu Hafenanlagen am Rheinufer erklären, die für den feierlichen „adventus" prominenter Besucher durch die Seitenschiffe der Einzugskirchen und die Atrien bis ins Innere des jeweiligen Domes genutzt werden konnten. Darüber hinaus ist ein der kirchenpolitischen Situation des mittleren 11. Jahrhunderts geschuldeter Bezug auf Patrozinium und Lage der Marienkirche „in turri" oder „ad gradus" am Ostatrium von Alt St. Peter in Rom (S. 112 Abb. 9) unübersehbar, die im Zeremoniell der mittelalterlichen Kaiserkrönungen eine wichtige

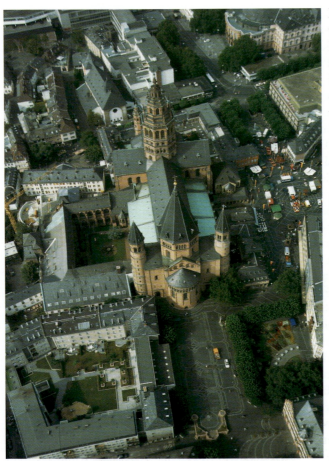

Abb. 2: Mainz, heutige Vogelschau der Bautengruppe (von West/oben nach Ost/unten): Alter Dom St. Johannis – Martinsdom – Standort von St. Maria ad gradus (gotisches Sanktuarium im Pflaster des Platzes markiert)

Rolle spielte. Als unmittelbare Veranlassung zur Demonstration besonderer Rom-Nähe durch den Bau der Kölner Mariagradenkirche gilt nämlich die von Papst Leo IX. im Jahre 1049 bei einem Besuch vor Ort gewährte, 1052 bestätigte Auszeichnung des Kölner Erzbischofs, wodurch dem bedeutendsten Rivalen des Mainzer Metropoliten unter anderem seine Vorrangstellung bei der Königskrönung verbrieft wurde. Zur dadurch hervorgerufenen Mainzer Gegenreaktion gehörten offensichtlich die genannten Baumaßnahmen als mit architektonischen Mitteln artikulierter Anspruch darauf, im Sinne der durch Willigis verkörperten Selbsteinschätzung des Erzstuhls die unter den Ottonenkaisern erhaltenen Privilegien und Hofämter zu behaupten. Ein weiterer Sakralbau der hochmittelalterlichen Mainzer Domumgebung ist der in seinen ältesten Teilen auf die Zeit um 900 zurückgehende **Alte Dom**. Er war bereits wie der nachfolgende Martinsdom doppelchörig mit westlichen Kreuzarmen. Erzbischof Bardo verlieh ihm nach Vollendung der Willigis-Kathedrale bezeichnenderweise wiederum als neues Patrozinium den Titel Johannes des Täufers und richtete hier ein weiteres Kanonikerstift ein. Wie die östliche Marienkirche wurde auch die westliche Johanniskirche früher durch ein (hier teilweise von überdachten Gängen gesäumtes) Atrium mit dem Martinsdom verbunden, so dass eine Kirchengruppe aus drei Sakralbauten auf annähernd gemeinsamer Längsachse entstand (Abb. 2). Die beiden Nebenkirchen galten gewissermaßen als äußere

„Vorposten" zum geistlichen Schutz der Kathedrale und können wie in Paderborn als Reduktionsform der u.a. aus Utrecht, Bamberg und Fulda bekannten, mehrheitlich der Salierzeit entstammenden Kirchenkreuze aufgefasst werden.

*

Auf den beiden **Längsseiten des Martinsdomes** ist nach alter, zum Beispiel auf dem karolingischen St. Galler Klosterplan bereits systematisierter Gewohnheit die Annäherung unterschiedlicher Personenkreise vorgesehen. Im Norden befanden sich die Haupteingangsseite für die Stadtbevölkerung sowie, gleichfalls der Öffentlichkeit zugewandt, der Bischofspalast. Seine parallele Ausrichtung in Ost-West-Richtung beruht vielleicht auf einem frühen Vorläufer in Zusammenhang bereits mit dem Alten Dom, denn üblicherweise würde man einen wie in Speyer, Worms und Bamberg quer zur Kathedrale gestellten Saalbau erwarten. Die zugehörige Pfalzkapelle, 1138 dem erst kurz zuvor kanonisierten Hildesheimer Bischof Godehard geweiht, stieß ursprünglich direkt an den nördlichen Querschiffarm des salischen Domes und bewahrt daher im Aufgehenden ein Teil von dessen Stirnwand. Erst durch eine stauferzeitliche Verkürzung der Kreuzarme im Zuge ihrer Einwölbung ergab sich der jetzige schmale Zwischenraum. Als formales Vorbild des zweigeschossigen Vierstützenbaus mit mittlerer Gewölbeöffnung, ehemals von einem oktogonalen Türmchen überhöht, erweist sich die um 1080 errichtete Doppelkapelle des Speyerer Domes. Diese war allerdings ins Quadrum der dortigen Klausurgebäude integriert und diente somit anderen Aufgaben. Auch funktional gut vergleichbar waren hingegen die dem gleichen Typus angehörenden Bischofskapellen der Dome von Köln und Trier. Wie bei mehrgeschossigen Oratorien zeitgenössischer Herrscherpfalzen und Residenzburgen erscheint eine früher angenommene soziale Differenzierung der Kapellenräume – oben die Herrschaft, unten das Gefolge – mittlerweile revisionsbedürftig. Darauf deutet z.B. schon ein künstlerisch und in seiner theologischen Konzeption gleichermaßen anspruchsvolles Ausmalungsprogramm im Erdgeschoss der Doppelkapelle zu Schwarzrheindorf, während der darüber liegende Hochraum traditionsgemäß einen Thronsitz des Kölner Erzbischofs als Burgherren enthielt. Ebenso ist in Mainz der Thron des Erzbischofs mittig vor der Westwand im Obergeschoss der Kapelle anzunehmen, weshalb die Verbindungstür zu seinen Wohn- und Amtsräumen in der ehemals angrenzenden Palastaula aus der Mittelachse gerückt werden musste. Auf dieser Ebene existierten früher auffallenderweise drei Altäre für den privaten Gottesdienst des Metropoliten und seines Gefolges. Von hier aus zugänglich war zudem die außen an der Nord- und Ostseite umlaufende Zwerggalerie, vielleicht ehemals wie eine Verlängerung entsprechender Arkadenreihen im Obergeschoss des Pfalzgebäudes wirkend. Sie eignete sich etwa für Reliquienweisungen, als Verkündigungsort oder Sänger- und Musikerbühne bei feierlichen Einzügen durch das Marktportal in

Abb. 3: Mainz, Dom: heutige Ansicht von Norden der Westteile mit Godehardkapelle und Marktportal

Abb. 4: Mainz, Dom. Godehardkapelle: Blick vom früheren Platz des erzbischöflichen Thronsitzes im Obergeschoss hinab auf den Hauptaltar und die Grablege des Stifters Erzbischof Adalbert I. († 1137) im Untergeschoss (vom Radleuchter überschnitten)

den Dom (Abb. 3). Auf die nachträgliche Überformung seiner Türflügel durch den Erbauer der Kapelle, Erzbischof Adalbert I. von Saarbrücken († 1137), ist noch zurückzukommen (siehe unten S. 151). Hingegen gab es keine Treppenverbindung zum Untergeschoss der Godehardkapelle, das durch einander gegenüberliegende Portale in seinen Längswänden den früheren Zugang vom Markt ins Westquerschiff der Kathedrale weiterhin möglich machte. Allerdings war von oben ein direkter Blick durch die quadratische Mittelöffnung hinab auf das Stiftergrab vor dem Hauptaltar in der Apsis des Untergeschosses vorgegeben, also die Anteilnahme später amtierender Erzbischöfe am dort vollzogenen Gebetsgedächtnis für ihren Vorgänger gewährleistet (Abb. 4).

Die südliche Längsseite des Martinsdomes blieb hingegen ausschließlich dem Kathedralklerus und seinen um den quadratischen Kreuzgang gruppierten Gemeinschaftsräumen vorbehalten. Deren Reihenfolge war mit Rücksicht auf den westlichen Haupt- und Kapitelchor (siehe unten S. 146f), zu dem man kurze Verbindungswege anstrebte, gegenläufig zum gewohnten Schema gestaltet: Kapitelsaal und im Obergeschoss darüber befindliches Dormitorium lagen im Westtrakt, vergleichbar der entsprechenden Situation u.a. am Bamberger Dom und in St. Michael zu Hildesheim. Zwar wich die Vita communis der Domkanoniker 1254 endgültig einer Lebensweise in Einzelwohnungen (Kurien), doch dürfte ein gemeinsamer Schlafsaal weiterhin für Hilfsgeistliche (Vikare) und Stiftsschüler benötigt worden sein. In Mainz stößt der Klausur-Westtrakt nicht direkt an das Querschiff, daher war auch kein andernorts häufig anzutreffender Treppenabgang („Nachttreppe") ins Gotteshaus vorhanden. Eine weitere Besonderheit besteht darin, dass der westliche Kreuzgangflügel (wie sonst nur noch im westfälischen Kanonissenstift Geseke) durch den Kapitelsaal hindurchgeführt ist. Der quadratische, stützenlose Raum mit eigener Altarstelle in einer (spätgotisch erneuerten) Apsidiole wird von einem monumentalen kuppelartigen Kreuzrippengewölbe überdeckt. Umlaufende Steinbänke und ein Thronsitz des Propstes in axialer Anordnung vor der Westwand entsprechen der historischen Raumfunktion als Versammlungsort des Domkapitels (Abb. 5). Vielleicht war auch eine Parallelität zum erzbischöflichen Thron in der Westnische des Trikonchos

Abb. 5: Mainz, Dom. Kapitelsaal (Memorie): historischer Sitz des Dompropstes vor der Westwand

beabsichtigt (siehe unten S. 147). Die später üblich gewordene Bezeichnung des Mainzer Kapitelsaals als „Memorie" (vergleichbar der „Sepultur" bei den Domen von Bamberg, Würzburg und Eichstätt) beruht auf dem exklusiven Bestattungsvorrecht der Kanoniker im architektonischen Umfeld ihrer täglichen Präsenz zu Lebzeiten. Dadurch wurde an die gedanklich und auch rechtlich fortdauernde Zugehörigkeit verstorbener Kapitelangehöriger zur Kommunität und ihre liturgische Jenseitsfürsorge als fester Bestandteil der Kapitelsitzungen erinnert. Zusätzlich bewirkte das romanische, heute vermauerte Portal vom Kapitelsaal ins südliche Seitenschiff als Haupteinlass für alle von der Klausurseite her das Kircheninnere betretenden Einzelpersonen und Prozessionen im wörtlichen Sinne eine ständig erneuerte „captatio memoriae" der hier Bestatteten über die Sitzungstermine hinaus. Im skulptierten Portaltympanon trägt der Dompatron St. Martin das Modell der Bischofskirche und ein Buch mit der lateinischen Grußformel „Friede diesem Haus und allen, die darin wohnen" (Abb. S. 6).

*

Im Inneren des Mainzer Domes bildete der 1239 geweihte **Westchor** unverkennbar den liturgischen Hauptschwerpunkt, wie schon eingangs gesagt nach dem Vorbild von Alt St. Peter in Rom und der karolingischen Fuldaer Klosterkirche. Die Gestalt des spätstaufischen Trikonchos mag formal gewisse Vergleichsmöglichkeiten mit der maasländischen Abteikirche Klosterrath bieten und hat Stilelemente der niederrheinisch-trierischen Spätromanik übernommen, blieb jedoch im Grunde eine singuläre Lösung von außerordentlichem Rang. Als jüngster hochmittelalterlicher Bauteil und Ergebnis von Umplanungen noch während seiner Errichtung weist er ferner bereits gotisch beeinflusste Einzelformen wie seine langgestreckten Fenster auf, zeigt aber gleichzeitig durch Verwendung schlichter Würfelkapitelle gestalterische Rücksichtnahme auf das ältere Langhaus. Die zugehörige Sakristei mit eigenem Altar ist hingegen einheitlich frühgotisch-zisterziensisch geprägt. Sie schmiegt sich der durch vortretende massive Strebepfeiler sehr bewegten Umrisslinie des Trikonchos trapezförmig an, was geschickt zu komplizierten Nischen- und Gewölbelösungen genutzt wurde wie unter ähnlichen Bedingungen beim etwa zeitgleichen Baptisterium von St. Gereon in Köln. Der Ostchor hatte eigene Sakristei- und Tresorräume (siehe unten S. 152f). Ob bereits der vorangegangene salische Westchor architektonisch ebenso prägnant hervorgehoben war, ist mangels archäologischer Befunde ungewiss. Vielleicht besaß er auch nur eine Apsis direkt am ausladenden „römischen" Querschiff, noch ohne entwickeltes Sanktuarium. Jedenfalls waren die Wahl der symbolträchtigen Zentralbauform und eine Absenkung des Laufniveaus auf das der Vierung (siehe unten S. 147f) Entscheidungen während der letzten spätstaufischen Planungsphase des Trikonchos. Seine einzigartige Wirkung als architektonische Würdeformel entfaltete sich ehemals in Kombination mit einem freistehenden viereckigen Säulenziborium über dem Hochaltar im Zentrum. Diese seit der Spätantike vor allem in Italien und Frankreich verbreiteten Baldachine konnten sich auf ein prominentes Vorbild in der konstantinischen Lateranbasilika zu Rom berufen, waren in Deutschland allerdings vor dem Spätmittelalter eher selten. Das nächste Vergleichsbeispiel der ausgehenden Stauferzeit befand sich bis zu seiner Zerstörung im 18. Jahrhundert in der Limburger Stiftskirche. In Mainz sah ein unter dem Ziboriumsdach vor der Westseite des Altares stehender Zelebrant über dessen Mensa hinweg nach Osten auf den Kapitelchor in der Vierung (siehe unten S. 148). Es gab also früher keinen Durchblick ins Langhaus, und umgekehrt keine Möglichkeit der Wahrnehmung des Hochaltars von dort (Abb. S. 164). Man kann vielmehr von einer absichtlichen Isolierung und weitgehenden Separation des westlichen Kultzentrums der Kathedrale sprechen, das exklusiv gottesdienstlichen Handlungen von Erzbischof und Domkapitel vorbehalten war bei eventueller Beteiligung privilegierter Gäste zu besonderen Anlässen. Eine etwas ältere Parallele hierzu in allerdings stark abgeschwächter, reduzierter Form lässt sich mit dem Westchor des Wormser Domes namhaft machen. Auch der Bischofsthron in der Kirchenachse ging auf altchristliche Tradition zurück, die man im Mainzer Dom aus beinahe historisierender Absicht wiederbelebt haben könnte. Erhaltene Beispiele der Salierzeit finden sich ansonsten isoliert im Westchor des Domes von Augsburg, in entsprechender Position früher ebenso in St. Emmeram zu Regensburg. Darüber hinaus lassen sich im ganzen beträchtlichen Freiraum des westlichen Sanktuariums, der erst durch das 1760–65 dort aufgestellte Rokoko-Chorgestühl weitgehend ausgefüllt wurde, keinerlei ursprüngliche Einbauten für liturgische Handlungen nachweisen. Namentlich fehlen vor dem 16. Jahrhundert alle Bestattungen. Beim derzeitigen Forschungsstand noch völlig im Bereich der Spekulation verbleiben durchaus naheliegende Versuche, hier gottesdienstliche Staatsakte wie die Krönungen der Könige Philipp von Schwaben 1198, Friedrich II. 1212 und des Gegenkönigs Heinrich Raspe 1246 zu lokalisieren. Dann hätte man auch über eine entsprechend zielgerichtete bauliche Konzeption der als Koronator fungierenden Mainzer Erzbischöfe Siegfried II. (1208–30) und Siegfried III. (1230–49) von Eppstein nachzudenken und eventuell intendierte Bezugnahmen zu prüfen, etwa auf den Zentralbau der Aachener Pfalzkapelle.

*

Das ausladende, im 13. Jh. allerdings bei seiner Einwölbung seitlich leicht verkürzte **Westquerschiff** war in drei etwa gleichgroße Kompartimente unterteilt durch Längsschranken unter den Vierungsbögen, deren barocke Nachfolger noch heute die Kreuzarme absondern. Die Grenze des Kapitelchores zum Langhaus bildete ein bereits 1682 zerstörter Hallenlettner mit geräumiger trapezförmiger Bühne, die über zwei symmetrisch angeordnete Wendeltreppen mit zierlich durchbrochenem Gehäuse zugänglich war. Wie bei Westlettnern (z.B. ehemals auch im Wormser Dom) üblich,

Abb. 6: Mainz, Dom: Querschnitt nach Westen durch Vierung, Kreuzarme und Godehardkapelle (Zustand 1886). Im Aufriss der Querschiff-Westwand südlich (links) Leichhofportal und Durchgang mit aufwändiger Dreipass-Rahmung in den Trikonchos; nördlich (rechts) sein spitzbogiges Pendant, ferner die ehemals über eine Treppe zum Obergeschoss des einstigen Bischofspalastes führende Rundbogenpforte (heute vermauert) sowie der hochgelegene Nachtwächter-Erker von 1572 vor reichgerahmter spätromanischer Wandöffnung (Schneider 1886)

gab es einen axialen Eingang aus dem Mittelschiff, da diese Position ja nicht durch den weiter östlich aufgestellten Kreuzaltar (s.u.) eingenommen wurde (vgl. Abb. 1c, S. 138/139). Allgemein bekannt ist das erhaltene Vergleichsbeispiel des Naumburger Westlettners aus dem gleichen Hüttenkreis, dem auch der Lettner der Marienkirche zu Gelnhausen mit ähnlich trapezförmiger Grundrissform angehört. In der Vierung, sinnfällig überhöht durch die Kuppel des nach unten offenen, durchfensterten Hauptturms, befand sich in gewohnter Anordnung von zwei einander gegenüberstehenden Blöcken das Chorgestühl der Domkanoniker. „In medio chori" ist ein antropomorphes Lesepult („Atzmann") in Gestalt eines Diakons als Buchträger überliefert. Dem täglich zu Konventamt und Stundegebet hier versammelten Domkapitel war speziell die Memoria des Erzbischofs Aribo († 1031) anvertraut, dessen Bodengrab einen ihm als Wiederhersteller der 1009 eingeäscherten Kathedrale zustehenden axialen Ehrenplatz vor dem westlichen Vierungsbogen einnahm. Eigentlich wäre hier die Grablege des Bauherren Erzbischof Willigis († 1011) zu erwarten gewesen, der jedoch angesichts noch nicht behobener Brandzerstörungen und aus persönlicher Vorliebe für die eigene Stiftsgründung St. Stefan seine dortige Beisetzung vorgezogen hatte. Die Sicherstellung bischöflicher Jenseitsfürsorge nicht durch das zuständige Domkapitel, sondern mit Hilfe eines zu Lebzeiten besonders geförderten Stifts- oder Klosterkonvents kann man auch sonst nicht selten beobachten: in Mainz sei an das

Grab des 1160 ermordeten Erzbischofs Arnold von Selenhofen vor dem Hochaltar von St. Maria ad gradus (siehe oben S. 139, Abb. 1, Nr. 12) erinnert.

In der Westwand des Querschiffs lassen sich heute noch interessante Differenzierungsmöglichkeiten der verschiedenen Tür- und Durchgangsöffnungen erörtern (Abb. 6). Vom Kircheninneren nur als schlichte Rechteckpforte in Rundbogenblende wahrzunehmen ist das einst auf den Laienfriedhof und weiter zum Alten Dom St. Johannis führende Leichhofportal im südlichen Kreuzarm. Außenseitig besitzt es hingegen in aufwendiger Rahmung aus fein gearbeitetem Rankenornament ein skulptiertes Tympanon mit den Reliefs von Christus als Weltenrichter, flankiert von der Gottesmutter und naheliegenderweise Johannes dem Täufer sowie den Halbfiguren bisher nicht identifizierter heiliger Bischöfe. Im nördlichen Querschiffarm zeichnet sich in ähnlich schmuckloser Form die hochgelegene, jetzt vermauerte Rundbogentür einer ehemaligen Brücke zum Obergeschoss des Bischofspalastes (siehe oben S. 138/139, Abb. 1, Nr. 10) ab, von der früher ein Treppenabgang in den Dom hinunterführte. Auffällig verschiedenartig gestaltet sind zwei symmetrische seitliche Durchgänge, die hinter den westlichen Vierungspfeilern als nachträglich konzipierte „Tunnel" (vergleichbar den französischen „Passagenkirchen") direkten Zugang ins Sanktuarium bieten und einen Umweg über das Mittelschiff und durch das Lettnerportal ersparten. Ihre erst verspätet erkannte Notwendigkeit lässt vermuten, dass die frühgotischen Längsschranken des „chorus" keine Seiteneingänge besaßen, wie dies u.a. auch bei den erhaltenen stauferzeitlichen Chorschranken der Abteikirchen von Brauweiler und St. Matthias zu Trier der Fall ist. Während der nördliche, für den Erzbischof bestimmte Durchlass in den Trikonchos schmucklos spitzbogig gerahmt ist (Abb. 7), steht uns sein Pendant im südlichen Kreuzarm – benutzt von den aus der Memorie kommenden Kanonikern – als reichverziertes Trichterportal mit Gewändesäulen und kleeblattförmiger Blende im Bogenfeld vor Augen. Vielleicht darf man hierin sogar eine subtile Demonstration konkurrierender Machtansprüche von Erzbischof und Domkapitel sehen. Entsprechend interpretationsbedürftig ist die gleichartig aufwändige Einfassung einer hochgelegenen Bogenöffnung in der Westwand des Nordquerarms. Sie wird heute zum Teil verdeckt durch den 1572 nach einem Brand in Stein erneuerten Beobachtungserker (mit Schlafkoje) des Nachtwächters (Abb. 7). Man gelangt dorthin durch eine unbequem enge (also nur von rangniederen Personen benutzte) Wendelstiege in der Mauermasse hinter dem nordwestlichen Vierungspfeiler, die vom erwähnten nördlichen Durchgang ins Sanktuarium erreichbar ist und auch die Zwerggalerie des Trikonchos zugänglich macht (Abb. S. 132). Also hat schon seit Fertigstellung des Westchors vor Mitte des 13. Jahrhundert ein zum Kircheninneren repräsentativ gestalteter Beobachtungsposten bestanden, der neben alltäglichen Überwachungsmaßnahmen auch für anspruchsvollere Aufgaben in Frage kam: Es wäre an eine Bedienung der im Vierungsturm hängenden Glocken zu denken, deren zeitlich exaktes Läuten z.B. im Moment der Elevatio (der durch den Priester nach der Wandlung hochgehobenen konsekrierten Hostie) direkten Augenkontakt zum

Abb. 7: Mainz, Dom: Blick auf die Westwand des nördlichen Querschiffarms mit spitzbogig gerahmtem Durchgang in den Trikonchos. Darüber hochliegende Dreipass-Öffnung in Rundbogenblende, zum Teil verdeckt vom 1572 erneuerten Nachtwächter-Erker.

Leiter der Liturgie (dem Kantor an seinem Platz im Chorgestühl) erforderlich machte. Vorstellbar erscheint von hier aus auch die musikalische Begleitung eines festlichen Einzugs durch die hochgelegene Tür des Bischofspalastes, das Querschiffportal aus der Pfalzkapelle oder durch das Marktportal, ferner die Anbringung von Fahnen oder Teppichen als Festdekoration.

*

Mit seinem basilikalen **Kirchenschiff** von fast 60 m Länge übertraf der Willigis-Bardo-Dom selbst den Alten Dom von Köln. Im ursprünglich flachgedeckten Mainzer Langhaus erfolgte in den 1130er Jahren ein vollständiger Umbau der Seitenschiffe zeitgleich mit Errichtung der Pfalzkapelle (siehe oben S. 143ff), doch wurden geplante Gewölbe zunächst nicht ausgeführt. Erst Ende des 12. Jh. vollzog man die Einwölbung, bald darauf erhielt auch das Mittelschiff moderne Kreuzrippengewölbe (Abb. S. 127). Damals kam es ebenfalls zur Erneuerung des Marktportals als stadtseitigem Hauptzugang des Domes. Sein Tympanon zeigt Christus als Weltenrichter in einer Mandorla, die von zwei Engeln gehalten wird (Abb. S. 77). Das Bildthema des Jüngsten Gerichts passt zur topographischen Situation des Eingangs inmitten von Verkaufsbuden, die das nördliche Seitenschiff säumten, und damit üblicherweise verbundenen Rechtshandlungen. Bereits ursprünglich war das Marktportal mit den berühmten bronzenen Türflügeln ausgestattet, deren Guss Erzbischof Willigis seiner eingravierten Stifterinschrift zufolge veranlasst hatte (Abb. S. 87). Man hat hierin eine Anspielung auf das vom Mainzer Metropoliten gegen konkurrierende Ansprüche seines Kölner Kollegen verteidigte Recht der deutschen Herrscherkrönung sehen wollen. Eine möglicherweise damit gemeinte Bezugnahme auf die karolingischen Portale am traditionellen Krönungsort der Aachener Pfalzkapelle scheint jedoch vornehmlich die seither erstmalig wieder verfügbaren technologischen Fertigkeiten des namentlich genannten Mainzer Künstlers zu rühmen. Sicheren Boden betreten wir hingegen bei einer Adaption der bronzenen Türflügel durch Erzbischof Adalbert I. von Saarbrücken. Das von ihm gewährte Stadtprivileg, ausgestellt 1118 nach seiner durch die Mainzer Bürger erwirkten Freilassung aus der Gefangenschaft Kaiser Heinrichs V., wurde 1135 erneuert und als monumentale Urkunde direkt auf die Metalloberfläche graviert. Naheliegend ist der Vergleich mit dem Privileg Heinrichs V. von 1111 für die Bürger von Speyer, ehemals mit vergoldeten Lettern im Westbau ihrer Kathedrale fixiert, und einem als Inschrifttafel an dem zur Bischofspfalz weisenden Seitenschiffsportal des Wormser Domes überlieferten Privileg Kaiser Friedrich Barbarossas von 1184 (heute moderne Neuschöpfung in deutscher Sprache).

Erst 1274 ist ein Wechsel der Mainzer Bronzetüren zum nördlichen Seitenschiffsportal von St. Mariengraden erfolgt (Abb. S. 102), und zwar in Zusammenhang mit dem Baubeginn gotischer Seitenkapellen des Domes, weshalb offenbar sogar vorübergehend eine Aufgabe des Marktportals vorgesehen war. Zur Rückkehr an ihren ursprünglichen Platz im Dom kam es 1804 nach Abbruch der gotischen Marienkirche.

Vor dem ältesten Kreuzaltar im östlichen Mittelschiff befand sich das Grab des Erzbischofs Bardo († 1051), in dessen Amtszeit die Wiederherstellung des von seinem Vorgänger Willigis begonnenen Mainzer Domes zum Abschluss kam. Seiner Memoria lag demnach eine offenbar freiwillige Rangminderung zugrunde, weil sie nicht in erster Linie dem für Bauherren eigentlich zuständigen Domkapitel, sondern auch der dort zutrittsberechtigten Öffentlichkeit anvertraut war. Ähnliche Regelungen kennen wir hinsichtlich der Wahl seines Bestattungsortes durch den Kölner Erzbischof Anno († 1074), und ebenso verdient hier das Totengedächtnis Kaiser Heinrichs IV. in Speyer durch die Stadtbevölkerung Erwähnung. Kreuzaltäre waren allerdings ohnehin der traditionelle Ort von Seelenmessen. Im Mainzer Dom wurde er ausgezeichnet durch das von Willigis gestiftete, nur an Festtagen unter besonderen Sicherheitsvorkehrungen ausgestellte massivgoldene Benna-Kreuz, später zur Gewinnung von Finanzmitteln eingeschmolzen. In der Folgezeit wurde der Kreuzaltar in den Ostchor verlegt, als im frühen 15. Jh. die ursprünglich zweigeschossige Nassauer Kapelle seinen Platz einnahm.

*

Die **Ostteile** des Mainzer Domes (Abb. S. 136) haben vom Willigis-Bardo-Bau und seiner salischen Erneuerung unter Kaiser Heinrich IV. am meisten originale Mauersubstanz bewahrt. Sie bestehen aus einem schmalen Querriegel in Langhausbreite, vor dessen Stirnseiten runde Treppentürme zur Erschließung seiner Obergeschosse angeordnet sind. Seitliche Ausgänge führen nach Osten ins einstige Atrium vor St. Maria ad gradus. Es handelt sich um besonders frühe Beispiele für kastenförmig gerahmte Säulenstufenportale mit bemerkenswerter Bauzier, darunter korinthische Blattkapitelle mit einem Löwenbändiger sowie dem Bildmotiv „agnus inter bestias". Das Sanktuarium eines östlichen Gegenchores war anfangs wahrscheinlich in den turmähnlichen Mittelteil des Querriegels einbezogen, und zwar mit zunächst gerader Front und erst nachträglich angefügter Ostapsis. Am salischen Augsburger Dom ist eine entsprechende Entwicklung ablesbar. Ob die absidiale Chorerweiterung in Mainz bereits gegen Mitte 11. Jh. geschah oder veranlasst durch Zuwendungen Heinrichs IV. nach Speyerer Vorbild um 1100, bleibt ungewiss. Jedenfalls entstanden damals eine östliche dreischiffige Hallenkrypta und ein mittlerer Chorturm. Der Hochaltar des entsprechend podiumartig erhöhten östlichen Sanktuariums war dem Erzmärtyrer Stephanus geweiht. Seit dem 11. Jh. bezeugt ist ferner ein Marienaltar, den man später in der Position traditioneller Kreuzaltäre vor einer Querschranke nachweisen kann. Noch auf dem 1435/45 zur statischen Sicherung des spätmittelalterlich erhöhten Ostturmes eingefügten Stützpfeiler (Abb. S. 178; wieder entfernt 1871) fanden sich in der Art eines Retabels entsprechende gotische Malereireste. Die Aufgabe der Ostkrypta erfolgte erst im frühen 13. Jh. und nicht bereits hundert Jahre zuvor, wie man aus der im Füllschutt aufgefundenen Bestattung des 1122 verstorbenen Dompropstes Anselm schließen wollte. Davon zeugt nicht zuletzt die bekannte frühgotische Atlantenfigur von der Hand des Naumburger Meisters als Träger einer Wandvorlage, die durch den Kryptenabbruch ihre Substruktion verloren hatte (Abb. S. 170). Ein Zusammenhang besteht mit der bereits im Westchor bemerkten Angleichung an ein annähernd einheitliches Laufniveau im Kircheninneren (siehe oben S. 146). 1871–79 wurde die Krypta nach vorgefundenen Resten mit etwas niedrigerer Gewölbehöhe rekonstruiert (Abb. 8 u. S. 135). Welchen Titel hatte der ursprüngliche Kryptenaltar, und wohin wurde er bei ihrer Auflassung übertragen? Hier ist die Forschung noch nicht zu plausiblen Erkenntnissen gelangt. Dem östlichen Hochaltar zugeordnet waren zwei feuersicher gewölbte, über den Ostausgängen hochgelegene Schatzkammern bzw. Sakristeien. Sie besitzen nur Schlitzfenster nach Osten und gewähren keinen Einblick in den Ostchor. Ihr Zugang erfolgte früher ausschließlich von diesem Sanktuarium über (nach der Kryptenauflassung zwischenzeitlich höher hinaufreichende) seitliche Treppen. Die zugehörigen Türen sind jedoch heute vermauert, stattdessen wurden von den Wendeltreppen der salischen Rundtürme aus neuzeitliche Durchbrüche angelegt. Solche paarweise hochgelegenen „sacraria" sind u.a. vergleichbar mit Turm-

Zur sakralen Binnentopographie im Hochmittelalter

räumen von St. Gereon in Köln. Ihre Anordnung über Durchgängen zwecks Ausstrahlung von Segenswirkung der hier verwahrten Heiltümer auf darunter hindurchgehende Personen (in der rezenten Sekundärliteratur gelegentlich mit vordergründiger Ironie als „Segensdusche" bezeichnet) findet sich ebenfalls am Westchor der Hildesheimer Michaeliskirche, in Reichenau-Mittelzell und Nivelles. Monumentale Treppentürme in charakteristischer Position vor den Stirnseiten eines Querbaus gibt es ähnlich wiederum in St. Michael zu Hildesheim, Maria Laach und der Maastrichter Liebfauenkirche. In Mainz haben sie großzügige Abmessungen und weisen bequeme Stufen für zeremoniöses Emporschreiten hochrangiger Personen auf (anders als bei der beengten Wendeltreppe auf der Nordseite des Trikonchos, siehe oben S. 149). So erreicht man symmetrische seitliche Hochräume im 2. Obergeschoss mit jeweils fein profilierten Doppelarkaden zum Kircheninneren (Abb. 9), heute leider durch Orgeleinbauten verstellt. Als frühere Nutzung wären Reliquienweisungen oder auch die Aufstellung von Chorsängern in Erwägung zu ziehen. Dass von diesen Räumen gleichfalls die Zwerggalerie der Ostapsis erschlossen wird (Abb.10), kann als zusätzliches Argument für eine temporäre Exposition von Heiltümern dienen, die man an bestimmten Festtagen im Atrium vor St. Mariengraden versammelten Gläubigen hätte zeigen können. Wir verweisen auf eine durch historische Bildquellen gut bezeugte mögliche Analogie in

Abb. 8: Mainz, Dom: Längsschnitt durch die Ostteile mit 1871–79 wiedererrichteter Krypta

Abb. 9: Mainz, Dom: Doppelarkade des südlichen Hochraumes im Ostquerbau

Abb. 10: Mainz, Dom: Die Zwerggalerie der Ostapsis

Abb. 11: Maastricht, Stiftskirche St. Servatius: Historische Ansicht von Osten mit Reliquienweisung (Kopfreliquiar des hl. Bischofs Servatius) von der Zwerggalerie der romanischen Apsis (kolorierte Federzeichnung, ca. 1460)

St. Servatius zu Maastricht (Abb. 11), wo die Zwerggalerie der um 1160 entstandenen Ostapsis ebenso auf einen großen Versammlungsplatz von Stadtbürgern und Pilgern gerichtet ist.

Vor dem östlichen Hochaltar des Mainzer Domes befand sich ein zweites Chorgestühl, welches von den Kanonikern an bestimmten Festtagen wechselweise aufgesucht wurde. Das entspricht den Verhältnissen der Dome von Bamberg und Naumburg, steht aber in Gegensatz zu „minderrangigem" Gestühl in den Gegenchören der Kathedralen von Worms und Paderborn. Dort fand vornehmlich der Memorialdienst an den Gräbern entsprechend privilegierter Bischöfe durch niedere Kleriker statt. Der Mainzer Gegenchor wandelte sich seit dem Ende der Stauferzeit wie im Paderborner Dom zum eigentlichen „Pfarrchor", was bald die optische Durchlässigkeit seiner Abschrankung nach sich zog. Sie wurde durch ein Metallgitter ersetzt, demgemäß kam die Bezeichnung „chorus ferreus" auf (Abb. S. 174). Bezeichnenderweise nimmt hier auch eine Reihe jüngerer Bischofsgräber ihren chronologischen Ausgang, beginnend mit dem durch eine berühmte szenische Darstellung geschmückten Sarkophag des Erzbischofs Siegfried III. von Eppstein († 1249; Abb. S. 234). Als Vollender des Westchores hätte er eigentlich dort seine letzte Ruhe finden und der Gebetsfürsorge des Domkapitels teilhaftig werden können. Vielleicht wurde aber mehr Wert auf die Propagandawirkung seiner Grabplatte mit der Darstellung des Krönungsaktes zweier antistaufischer Gegenkönige gelegt, die wohl vor allem Kirchenbesuchern aus dem Laienstand zugänglich sein sollte.

*

Eingangs erklärte Absicht dieses Essays war eine summarische Zusammenstellung und Kommentierung von Anhaltspunkten, die bei Rekonstruktionsversuchen liturgischer Raumnutzungen des hochmittelalterlichen Mainzer Domes von Belang sein können, im Sinne einer provisorischen Zwischenbilanz. Es ging dabei um Einzelaspekte der historischen Überlieferung (Bild- und Schriftquellen) sowie der betreffenden Bauten und Räume (archäologisch-architektonische Bestandsanalyse). Eine Konsultation der bisher auf entsprechende Fragestellungen eingehenden Fachliteratur machte umfangreiche Defizite, doch gleichfalls aussichtsreiche Möglichkeiten weiterer Untersuchungen bewusst.[1]

---

1 Im Anschluss daran eigentlich notwendige systematische Vergleiche zumal mit den Nachbar-Kathedralen Worms und Speyer, hier aus Platzgründen weitgehend ausgespart, waren bereits ansatzweise Thema des Abschlussvortrags zum Willigis-Jubiläumsjahr am 9. November 2009, auf den unsere vorliegenden Ausführungen zurückgehen. Sie werden in detaillierterer Form aufgenommen in einem demnächst erscheinenden Kirchenführer des Verf. (Die romanischen Dome von Mainz, Worms und Speyer: Architektur und Liturgie im Hochmittelalter. Regensburg 2010).

Literaturauswahl

Steph[an] Alexandro WÜRDTWEIN, Commentatio historico-liturgica de stationibus Ecclesiae Moguntinae ex antiquitatibus ecclesiasticis eruta et addito ecclesiarum Trevirensis et Coloniensis ritu illustrata. Mainz 1782 – Friedrich SCHNEIDER, Der Dom zu Mainz. Geschichte und Beschreibung des Baues und seiner Wiederherstellung. Berlin 1886 [Erstveröffentlichung in: Zeitschrift für Bauwesen 34 (1884) Sp. 191–204, 239–260, 403–430 und 35 (1885) Sp. 149–176, 399–426, 551–592] – Elard Friedrich BISKAMP, Das Mainzer Domkapitel bis zum Ausgang des 13. Jahrhunderts. Diss. phil. Marburg 1909 [Diss.Druck] – Friedrich SCHNEIDER, Die Wächterstube im Dom zu Mainz. In: Kunstwissenschaftliche Studien. Gesammelte Aufsätze von Friedrich Schneider, 1: Kurmainzer Kunst, hg. von Erwin Hensler. Wiesbaden 1913, S. 90–94 – Ernst NEEB, Zur Geschichte der heutigen Chorbühnen und des ehemaligen Lettners im Westchor des Mainzer Domes. Anhang: Die Standorte des Hochaltars im Westchore des Mainzer Domes. In: Mainzer Zeitschrift 11 (1916) S. 38–48 – Rudolf KAUTZSCH und Ernst NEEB, Die Kunstdenkmäler der Stadt und des Kreises Mainz II: Die kirchlichen Kunstdenkmäler der Stadt Mainz I: Der Dom zu Mainz (= Die Kunstdenkmäler im Freistaat Hessen). Darmstadt 1919 – Gerhard BITTENS, Der Dom von Mainz und seine Umgebung im Laufe der Jahrhunderte. Diss. TH Darmstadt 1937 [Diss.Druck]; auch in: Jahrbuch der Volks- u. Heimatforschung in Hessen und Nassau (1933–38), S. 35–51 – Erika [KIRCHNER-]DOBERER, Die deutschen Lettner bis 1300. Diss. phil Wien 1946 [masch.schr.], S. 54–66 – Margarete DÖRR, Das St. Mariengredenstift in Mainz (Geschichte, Recht und Besitz). Diss. phil. Mainz 1953 [masch.schr.] – Fritz [Viktor] ARENS, Kapitelsaal und Sepultur bei deutschen Dom- und Stiftskirchen. In: Würzburger Diözesangeschichtsblätter 18–19 (1956–57) S. 62–73, hier S. 64–67 – Fritz Viktor ARENS, Die Inschriften der Stadt Mainz von frühmittelalterlicher Zeit bis 1650. Gesammelt u. bearb. von Fritz Arens auf Grund der Vorarbeiten von Konrad F. Bauer (= Die Deutschen Inschriften, Heidelberger Reihe 2). Stuttgart 1958, S. (27–42), 17–27 – Universitas. Dienst an Wahrheit und Leben. Festschrift für Bischof Dr. Albert Stohr, hg. von Ludwig Lenhart, 1, Mainz 1960; darin die Beiträge von Ludwig LENHART, Zum Gottes- und Chordienst des Mainzer Domstiftes beim Ausgang des späten Mittelalters (S. 478–492); Peter METZ, Der Königschor im Mainzer Dom (S. 290–323) – Albrecht MANN, Doppelchor und Stiftermemorie. Zum kunst- und kultgeschichtlichen Problem der Westchöre. In: Westfälische Zeitschrift 111 (1961) S. 149–262, hier S. 202–203, 239 – Ludwig LENHART, Die Memorie des Mainzer Domes in ihrer künstlerischen Gestalt und ihrem sakralen Gestaltwandel. In: Mainzer Almanach (1962) S. 113–122 – Rudolf VIERNAGEL, Ad gradus beatae Mariae virginis. Kirchen und Kapellen mit dem Titel „Maria zu den Stufen". In: Mainzer Zeitschrift 60–61 (1965–66) S. 88–96 – Vorromanische Kirchenbauten. Katalog der Denkmäler bis zum Ausgang der Ottonen, bearb. von Friedrich Oswald, Leo Schaefer und Hans Rudolf Sennhauser. München 1966–71, S. 191–193 (Friedrich OSWALD) – Ludwig FALCK, Mainz im frühen und hohen Mittelalter (Mitte 5. Jahrhundert bis 1244) (= Geschichte der Stadt Mainz II). Düsseldorf 1972 – Annegret PESCHLOW-KONDERMANN, Rekonstruktion des Westlettners und der Ostchoranlage des 13. Jahrhunderts im Mainzer Dom (= Forschungen zur Kunstgeschichte und Christlichen Archäologie 8). Wiesbaden 1972; dazu die Besprechung von Dethard VON WINTERFELD in: Zeitschrift für Kunstgeschichte 37 (1974) S. 67–78 – Ernst COESTER, Die frühgotische Mainzer Domsakristei, ein Bauwerk aus dem Hüttenkreis der rheinischen Cistercienser. In: Mainzer Zeitschrift 70 (1975) S. 80–84 – Karl Heinz ESSER und Anibal Do PAÇO QUESADO, Die Ausgrabungen auf dem Liebfrauenplatz in Mainz. In: Mainzer Zeitschrift 70 (1975) S. 177–193 – [Karl Heinz ESSER], Die Ausgrabungen auf dem Liebfrauenplatz. In: 10 Jahre Ausgrabungen in Mainz 1965–1974. [Begleitpublikation zur] Ausstellung des Mittelrheinischen Landesmuseums Mainz (= Mainzer Schriften zur Kunst und Kultur in Rheinland-Pfalz 3). Mainz 1975 [12 p.] – Wolfgang MÜLLER, Urkundeninschriften des deutschen Mittelalters (= Münchener Historische Studien, Abt. Geschichtliche Hilfswissenschaften 13). Kallmünz/Opf. 1975, S. 52–61 – 1000 Jahre Mainzer Dom (975–1975). Werden und Wandel. Ausstellungskatalog und Handbuch, hg. von Wilhelm Jung. Mainz 1975; darin die Beiträge von Irmtraud LIEBEHERR, Das Domkapitel (S. 115–125); Hermann REIFENBERG, Gottesdienst im Mainzer Dom im Spannungsfeld eines Jahrtausends – Schwerpunkte seiner liturgischen Entwicklung und Ausdrucksformen (S. 161–174) – Willigis und sein Dom. Festschrift zur Jahrtausendfeier des Mainzer Domes 975–1975, hg. von Anton Ph. BRÜCK (= Quellen u. Abhandlungen zur mittelrheinischen Kirchengeschichte 24). Mainz 1975; darin die Beiträge von Fritz [Viktor] ARENS, Die Raumaufteilung des Mainzer Domes und seiner Stiftsgebäude bis zum 13. Jahrhundert (S. 185–249); Karl Heinz ESSER, Der Mainzer Dom des Erzbischofs Willigis (S. 135–184); Wilhelm JUNG, Aus der Geschichte des Mainzer Domschatzes (S. 331–357); Hermann REIFENBERG, Der Mainzer Dom als Stätte des Gottesdienstes. Tausend Jahre Liturgie im Koordinatensystem von Kirche und Welt (S. 251–330) – Fritz [Viktor] ARENS, Der Dom zu Mainz. Darmstadt 1982 [4. Aufl. 2009, neu bearb. und ergänzt von Günther BINDING] – Fritz [Viktor] ARENS, St. Martin, der Mainzer Dom und das Erzstift. In: Neues Jahrbuch für das Bistum Mainz (1982) S. 9–56 – Gerhard STREICH, Burg und Kirche während des deutschen Mittelalters. Untersuchungen zur Sakraltopographie von Pfalzen, Burgen und Herrensitzen (= Vorträge und Forschungen, Sonderbd. 29/I–II). Sigmaringen 1984, S. 208–212, 257–272 – Die Bischofskirche Sankt Martin zu Mainz. Mit Beiträgen zur Geschichte des Domes und einer bibliographischen Handreichung. Festgabe für Domdekan Dr. Hermann Berg, hg. von Friedhelm Jürgensmeier (= Beiträge zur Mainzer Kirchengeschichte 1). Frankfurt a.M. 1986; darin die Beiträge von Friedhelm JÜRGENSMEIER, Reliquien im Mainzer Dom (S. 33–57); Regina Elisabeth SCHWERDTFEGER, Der Dom zu Mainz. Eine bibliographische Handreichung (S. 109–314); Dethard von WINTERFELD, Das Langhaus des Mainzer Domes. Baugeschichtliche Überlegungen (S. 21–32) – Das Bistum Mainz. Von der Römerzeit bis zum II. Vatikanischen Konzil, hg. von Friedhelm JÜRGENSMEIER (= Beiträge zur Mainzer Kirchengeschichte Bd. 2). Frankfurt a.M., 2. Aufl. 1989 – Friedrich MÖBIUS, Der Mainzer Westchor. In: Geschichte der deutschen Kunst 1200–1350, hg. von Friedrich Möbius und Helga Sciurie. Leipzig 1989, S. 62–66 – Beate DENGEL-WINK, Die ehemalige Liebfrauenkirche in Mainz. Ein Beitrag zur Baukunst und Skulptur der Hochgotik am Mittelrhein und in Hessen (= Neues Jahrbuch für das Bistum Mainz 1990). Mainz 1990 – Ernst GIERLICH, Die Grabstätten der rheinischen Bischöfe vor 1200 (= Quellen u. Abhandlungen zur mittelrheinischen Kirchengeschichte 65). Mainz 1990, S. 143–183 – Vorromanische Kirchenbauten. Katalog der Denkmäler bis zum Ausgang der Ottonen. Nachtragsbd. bearb. von Werner Jacobsen/Leo Schaefer/Hans Rudolf Sennhauser. München 1991, S. 261–262 (Werner JACOBSEN) – Dethard VON WINTERFELD, Die Kaiserdome Speyer, Mainz, Worms und ihr romanisches Umland. Würzburg 1993, ²2000, S. 119–135, 153–164 – Ursula MENDE, Die Bronzetüren des Mittelalters 800–1200. München, 2. Aufl. 1994, S. 25–27, 133–134 – Michael MATHEUS, Zur Romimitation in der „Aurea Moguntia". In: Landesgeschichte und Reichsgeschichte. Festschrift für Alois Gerlich zum 70. Geburtstag, hg. von Winfried Dotzauer, Wolfgang Kleiber und Michael Matheus/Karl-Heinz Spieß (= Geschichtliche Landeskunde 42). Stuttgart 1995, S. 35–49 – Christine KITZLINGER und Stefan GABELT, Die ehemalige Westlettneranlage im Dom zu Mainz. In: Meisterwerke mittelalterlicher Skulptur, hg. von Hartmut Krohm. Berlin 1996, S. 205–243 – Verena KESSEL, Sepulkralpolitik. Die Krönungsgrabsteine im Mainzer Dom und die Auseinandersetzung um die Führungsposition im Reich. In: Der Mainzer Kurfürst als Reichserzkanzler. Funktionen, Aktivitäten, Ansprüche und Bedeutung des zweiten Mannes im Alten Reich, hg. von Peter Claus Hartmann. Stuttgart 1997, S. 9–34 – Dethard VON WINTERFELD, Die Gotthard-Kapelle im Mainzer Dom. Zur Deutung architektonischer Formen. In: RückSicht. Festschrift für Hans-Jürgen Imiela zum 5. Februar 1997, hg. von Daniela Christmann, Gabriele Kiesewetter, Otto Martin und Andreas Weber. Mainz 1997, S. 17–31 – Frank G. HIRSCHMANN, Stadtplanung, Bauprojekte und Großbaustellen im 10. und 11. Jahrhundert. Vergleichende Studien zu den Kathedralstädten westlich des Rheins (= Monographien zur Geschichte des Mittelalters 43). Stuttgart 1998, S. 287–313 – Lebendiger Dom. St. Martin zu Mainz in Geschichte und Gegenwart, hg. von Barbara Nichtweiß. Mainz 1998; darin die Beiträge von Verena KESSEL, Die Ausstattung des Domes (S. 56–83); Hermann REIFENBERG, Liturgie im Dom (S. 96–111); Dethard VON WINTERFELD, Das Bauwerk in Gestalt und Werden (S. 30–55) – Mainz. Die Geschichte der Stadt, hg. von Franz Dumont, Ferdinand Scherf und Friedrich Schütz. Mainz 1998; darin die Beiträge von Ludwig FALCK, Die erzbischöfliche Metropole 1011–1244 (S. 111–137); Ernst-Dieter HEHL, Goldenes Mainz und Heiliger Stuhl. Die Stadt und ihre Erzbischöfe im Mittelalter (S. 839–857); Franz STAAB, Mainz vom 5. Jahrhundert bis zum Tod des Erzbischofs Willigis (407–1011) (S. 71–107) – Kathryn BRUSH, The Tomb Slab of Archbishop Siegfried III von Eppstein in Mainz Cathedral. A Thirteenth-Century Image and its Interpretative Contexts. In: Grabmäler. Tendenzen der Forschung an Beispielen aus Mittelalter und früher Neuzeit, hg. von Wilhelm Maier, Wolfgang Schmid und Michael Viktor Schwarz. Berlin 2000, S. 33–50 – Handbuch der Mainzer Kirchengeschichte, Bd. 1: Christliche Antike und Mittelalter, Teile 1 u. 2, hg. von Friedhelm Jürgensmeier (= Beiträge zur Mainzer Kirchengeschichte 6). Würzburg 2000; darin die Beiträge von Anna EGLER, Frömmigkeit – Gelebter und gestalteter Glaube (S. 889–969); Stephanie HAARLÄNDER, Die Mainzer Kirche in der Stauferzeit (1122–1249) (S. 290–331); Ernst-Dieter HEHL, Die Mainzer Kirche in ottonisch-salischer Zeit (911–1122) (S. 195–280, hier S. 253–256); Friedhelm JÜRGENSMEIER, Das Erzbistum während des Investiturstreits (1066–1122) (S. 281–289); Horst REBER, Kirchenbau und Kirchenausstattung (S. 970–994, hier S. 976–978); Hermann REIFENBERG, Liturgie – Gottesdienstliches Leben (S. 877–888) – Ernst-Dieter HEHL, Die Erzbischöfe von Mainz bei Erhebung, Salbung und Krönung des Königs (10. bis 14. Jahrhundert). In: Krönungen. Könige in Aachen – Geschichte und Mythos [Ausstellungskatalog Aachen 2000], hg. von Mario Kramp. 2 Bde. Mainz 2000, hier Bd. 1, S. 97–104 – Dethard VON WINTERFELD, Die Wandlungen im äußeren Erscheinungsbild des Mainzer Domes. In: Lebendiges Rheinland-Pfalz 38/2–4 (2001) S. 5–19 – Frank G. HIRSCHMANN, Die Domannexstifte im Reich – Zusammenstellung und vergleichende Analyse. In: Zeitschrift der Savigny-Stiftung für Rechtsgeschichte Kan. Abt. 119 (2002) S. 110–158, hier S. 116–117, 125–126, 128–130 – Hans-Jürgen KOTZUR, Raumbilder. Die Ausgestaltung des Mainzer Domes im Wandel der Zeit. In: Lebendiges Rheinland-Pfalz 39 (2002) S. 3–47 – Stefan HEINZ und Wolfgang SCHMID, Memorialsysteme in Kathedralkirchen. Die Topographie des Gedenkens in Trier, Köln und Mainz, ca. 1200 – ca. 1600. In: Kunst und Liturgie. Choranlagen des Spätmittelalters – ihre Architektur, Ausstattung und Nutzung, hg. von Anna Moraht-Fromm. Ostfildern 2003, S. 231–252, hier S. 244–247 – Josef HEINZELMANN, Mainz zwischen Rom und Aachen. Erzbischof Willigis und der Bau des Mainzer Doms. In: Jahrbuch für westdeutsche Landesgeschichte 30 (2004) S. 7–32 – Monika SCHMELZER, Der mittelalterliche Lettner im deutschsprachigen Raum. Typologie und Funktion (= Studien zur internationalen Architektur- und Kunstgeschichte 33). Petersberg 2004, S. 116–119, 183 – Werner JACOBSEN, Ottonische Großbauten zwischen Tradition und Neuerung. Überlegungen zum Kirchenbau des 10. Jahrhunderts im Reichsgebiet (919–1024). In: Zeitschrift des Deutschen Vereins für Kunstwissenschaft 58 (2004) [2006], S. 9–41, hier S. 24–28 – Franz J. FELTEN, Mainz und das frühmittelalterliche Königtum. Spuren – Erinnerungen – Fiktionen – und ihre Nutzanwendung. In: Robert Folz (1910–1996). Mittler zwischen Frankreich und Deutschland. Actes du Colloque „Idée d'Empire et Royauté au Moyen Age: Un regard franco-allemand sur l'œuvre de Robert Folz", Dijon 2001, hg. von Franz J. Felten, Pierre Monnet und Alain Saint-Denis (= Geschichtliche Landeskunde 60), Stuttgart 2007, S. 51–96 – Juliane SCHWOCH, Locus Memoriae – zum Kapitelsaal des Mainzer Domes. In: Magister operis. Beiträge zur mittelalterlichen Architektur Europas. Festgabe für Dethard von Winterfeld zum 70. Geburtstag, hg. von Gabriel Dette, Laura Heeg und Klaus T. Weber. Regensburg 2008, S. 79–100 – Klaus Gereon BEUCKERS, Atrienkirche, Kanonikerkirche, Pfarrkirche: St. Johann in Essen. In: Frauenstifte – Frauenklöster und ihre Pfarreien, hg. von Hedwig Röckelein (= Essener Forschungen zum Frauenstift 7). Essen 2009, S. 77–116, hier S. 96–98, 101–103 – Franz-Rudolf WEINERT, Mainzer Domliturgie zu Beginn des 16. Jahrhunderts. Der Liber Ordinarius der Mainzer Domkirche (= Pietas Liturgica, Studia 20). Tübingen/Basel, 2. Aufl. 2009.

Trennend – Verbindend – Raumprägend
Die Lettner und Chorschranken des Mainzer Domes und ihre Wirkung auf die Raumbilder im Wandel der Zeit

Hans-Jürgen Kotzur

Im Rahmen des Domjubiläums „1000 Jahre Willigis-Dom" wurde in den Medien vieles über die Mainzer Kathedrale berichtet, insbesondere über deren zahlreiche bauliche Veränderungen im Laufe der Jahrhunderte. In Fernsehbeiträgen, Zeitungsartikeln und Vorträgen wurde diese architektonische Entwicklung thematisiert, wobei auffiel, dass der Wandel meist anhand diverser Außenansichten des Domes gezeigt wurde. Zweifellos waren die großen Umbaumaßnahmen immer ein einschneidendes – und deshalb dokumentationswürdiges – Ereignis, denn wenn sich die Silhouette des Domes veränderte, dann beeinflusste dies auch das Stadtbild. Als anschaulichstes Beispiel dient hier sicherlich Franz Ignaz Michael Neumanns markanter Westvierungsturm, der den Mainzer Dom bis heute so unverkennbar macht; aber schon die steilen gotischen Turmhelme, die den romanischen Kathedralbau im 14. und 15. Jahrhundert mit einem Mal in kühne Höhen wachsen ließen, hatten dem Dom einen völlig neuen Charakter verliehen.

Diese Umbauten erfolgten aber selten aus dem bloßen Drang nach Neugestaltung heraus. Auslöser für solch massive Baumaßnahmen waren fast immer mehr oder weniger katastrophale Ereignisse wie Brände oder Kriegseinwirkungen. Erst nach solch einer Zerstörung bestand die Möglichkeit, Teile des Domes mit zeitgenössischen, künstlerischen Mitteln neu zu errichten und somit auch neue architektonische Zeichen zu setzen.

Gegen diesen, in den öffentlichen Raum ausstrahlenden Wandel erscheinen die zahlreichen Veränderungen, die im Inneren des Domes stattfanden, wesentlich unspektakulärer. Dabei sind sie eigentlich die spannenderen, da sie in viel höherem Maße etwas über die Menschen und den Zeitgeist der vergangenen Epochen erzählen. Denn im Gegensatz zum Außenbau waren die Veränderungsmaßnahmen im Inneren primär von den zweckmäßigen Erwägungen und praktischen Überlegungen des kirchlichen Alltags angetrieben; mal von liturgischen Forderungen, mal von individuellen Vorstellungen eines Bauherrn, wie des Erzbischofs, oder den kollektiven Bedürfnissen einer Gemeinschaft, wie des Domstifts oder der Pfarrgemeinde – kurzum, sie waren mit dem Leben in der jeweiligen Gegenwart verknüpft und daher flüchtiger. Gleichwohl spielen sie für das Verständnis einer mittelalterlichen Kathedrale eine ebenso bedeutende Rolle wie der Außenbau. Wer den Mainzer Dom nur anhand seiner steinernen

Hülle interpretiert, ohne seine Ausstattung zu berücksichtigen, wird dieses Bauwerk zwangsläufig missverstehen – und das passiert ganz leicht.

Wenn wir heute eine der üblicherweise leergeräumten mittelalterlichen Kirchen besuchen, dann kann uns kaum mehr bewusst werden, dass wir in einen ursprünglich höchst dynamischen Mehrzweckbau eintreten, der einst durch eine Vielzahl von Einbauten und Ausstattungsstücken in einzelne Funktionsbereiche gegliedert war, die jenen vielfältigen liturgischen Nutzungen entsprachen, die uns heute meist nicht mehr bekannt sind. Da darüber hinaus eine lichte und weitläufige Kirche unserer heutigen, durch die Moderne geprägten Ästhetik sehr entgegenkommt, würden wir jene mittelalterlichen Einbauten vermutlich als etwas Ungewöhnliches, vielleicht sogar Störendes empfinden.

Das gilt auch für den Mainzer Dom, bei dessen Anblick wir uns nicht darüber hinwegtäuschen dürfen, dass er, wie nahezu alle Kathedralen, Klosterkirchen und oft auch Pfarrkirchen durch eben solche Einbauten untergliedert war, insbesondere durch Lettner und Chorschranken.

Solche Lettner dienten dazu, das Presbyterium, das dem Klerus vorbehalten war, vom Langhaus zu trennen, sodass den Laien der freie Blick in den Chor versperrt war und sie den dort stattfindenden Gottesdienst allenfalls akustisch mitverfolgen konnten. Solche Trennelemente waren meist aus Stein gemauerte Einbauten, die entweder als gegliederte Wand gestaltet waren, wodurch sie als Chorschranke definiert sind, oder aber, wenn es sich um einen wirklichen Lettner handelte, als vom Chor her begehbare Bühne, von der aus zu bestimmten Anlässen eine Verbindung zum Laienvolk hergestellt werden konnte. Die Bezeichnung Lettner, die sich von dem lateinischen Wort *lectorium* ableitet, verweist bereits auf eine seiner Funktionen: Von ihm herab wurden bei besonderen Festen die Episteln und die Evangelien gelesen. Er diente also auch als Verkündigungsort.[1]

Im deutschsprachigen Raum gibt es heute noch ungefähr 60 erhaltene Lettner, die allesamt Zeugnis davon geben, wie beeindruckend und stimmig das Zusammenspiel von Architektur und Ausstattung im Mittelalter gewesen sein muss.[2] Aufgrund einschneidender liturgischer Veränderungen nach dem Konzil von Trient (1545–1563), das unter anderem freie Sicht auf den Hochaltar forderte, aber auch dem unaufhaltsamen Vordringen neuer Architekturvorstellungen eines geänderten Stiles, begann im 17. Jahrhundert das große Ausräumen der mittelalterlichen Kirchen. Die meisten Lettner wurden in dieser Zeit unwiederbringlich zerstört. Dem barocken Raumempfinden erschienen die Lettner nur noch als störende Einbauten. In zeitgenössischen

---

[1] Grundlegend zu den mittelalterlichen Lettnerbauten im deutschsprachigen Raum ist nach wie vor Erika KIRCHNER-DOBERER, Die deutschen Lettner bis 1300. Univ. Diss. Wien 1946.

[2] Einen reich bebilderten Überblick zu den deutschen Lettnern gibt Monika SCHMELZER, Der mittelalterliche Lettner im deutschsprachigen Raum. Typologie und Funktion. Petersberg 2004.

Schriftquellen wird vielfach die Klage darüber laut, dass sie den Blick in den Chor und auf den Altar verwehrten und die Kirchen verdunkelten.³

Im Mainzer Dom sind für uns erst seit dem 13. Jahrhundert Lettner und Chorschranken greifbar. Über frühere Abschrankungen, die in den Quellen genannt werden, besitzen wir keine genauere Kenntnis. Über die Gestalt dieser Schranken kann daher nur spekuliert werden. Weitaus besser informiert – sowohl anhand materieller Überreste als auch durch Schrift- und Bildquellen – sind wir über den frühgotischen Lettnerbau vor dem Westchor, dessen Fragmente im Dommuseum aufbewahrt werden, sowie über eine korrespondierende Chorabschrankung im Ostchor aus der gleichen Zeit, von der ebenfalls Teile erhalten sind. Ferner gibt es materielle wie schriftliche Beweise für einen spätgotischen Ostlettner, der im 15. Jahrhundert die Chorschranke des 13. Jahrhunderts ersetzte, sowie einen barocken Lettnerbau im Westchor, der wiederum um 1683 an die Stelle des alten Westlettners trat. Insgesamt besaß der Dom also zwischen dem 13. und dem 17. Jahrhundert vier nachweisbare Chorabschrankungen, die höchst unterschiedlich gestaltet waren.

All diese Einbauten dienten dazu, den monumentalen Sakralraum des Domes in einzelne, liturgische Bereiche zu untergliedern und sie als solche auch optisch auszuzeichnen. Die Lettner wirkten sich somit in hohem Maße raumprägend und raumdefinierend aus und bestimmten ganz entscheidend den Eindruck, den ein Besucher vom Mainzer Dom bekam.

Der Blick auf den Westchor im 13. Jahrhundert

Dies wird besonders an jenem Lettner deutlich, der den im 13. Jahrhundert unter Erzbischof Siegfried III. von Eppstein neugestalteten Westchor zum Kirchenschiff hin abschloss, sodass dem Laienvolk die räumliche Wirkung, die die prachtvolle Dreikonchenanlage mit den hohen Fenstern entfaltete, weitgehend verborgen blieb.

Der Westchor war nämlich zum einen Sitz des Erzbischofs und zum anderen diente er den Stiftsherren als eigene Kirche, in der sie ihre Stundengebete verrichteten und ihren Stiftsgottesdienst am Altar des ersten Dompatrons, des hl. Martin hielten.⁴ Um dies ungestört tun zu können, musste jener Bereich vom übrigen Gotteshaus durch seitliche Chorschranken und einen Lettner abgetrennt werden. Von diesem frühgotischen Lettnerbau, der ab 1680 abgerissen wurde, haben sich bekanntermaßen im Dommuseum zahlreiche Fragmente erhalten (Abb. 1), die auf ein komplexes

---

3 KIRCHNER-DOBERER, Lettner (wie Anm. 1), S. 6.
4 Im Liber Ordinarius des Mainzer Domes wird der Westchor als *Chorus noster* bezeichnet, worin die Eigenständigkeit dieses Raumteils deutlich zum Ausdruck kommt. Vgl. Franz-Rudolf WEINERT, Mainzer Domliturgie zu Beginn des 16. Jahrhunderts. Der Liber Ordinarius der Mainzer Domkirche (= Pietas Liturgica Studia. Interdisziplinäre Beiträge zur Liturgiewissenschaft). Tübingen, Basel 2008, S. 15f.

Hans-Jürgen Kotzur

Abb. 1: Naumburger Meister, Deesis mit Zug der Seligen und Verdammten. Reliefs vom ehemaligen Westchorlettner des Mainzer Domes, um 1249. Dommuseum Mainz

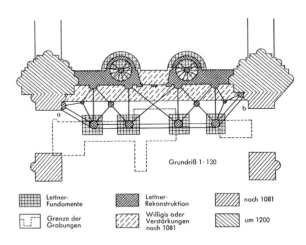

Abb. 2: Rekonstruktion des Westlettnergrundrisses nach Entdeckung der Lettnerfundamente in den 1920er Jahren von Werner Noack

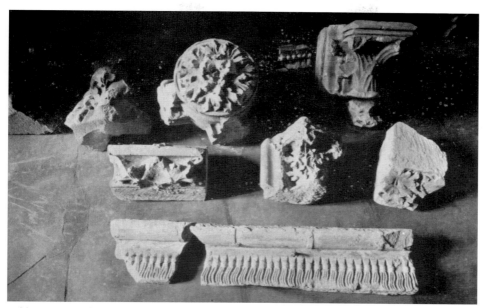

Abb. 3: Einige der 1925/26 aufgefundenen Westlettnerfragmente. Fotoaufnahme von Ernst Neeb

Bauwerk mit reicher und höchst qualitätvoller bildhauerischer Ausstattung schließen lassen, weshalb es dem „Naumburger Meister" zugeschrieben wird, der bekanntlich rund zehn Jahre später einen weiteren Lettner in Naumburg schuf.

Einen ersten Versuch, den Grundriss des Mainzer Lettners zeichnerisch zu rekonstruieren, unternahm der Kunsthistoriker Werner Noack. (Abb. 2) Er konnte dabei auf die eher zufällige Aufdeckung der Lettnerfundamente zurückgreifen, die in den 1920er Jahren bei Fundamentarbeiten im Westvierungsbereich entdeckt wurden. Bei dieser Grabung waren auch etliche Bruchstücke des Westlettners zutage gefördert worden.[5] (Abb. 3) Den ersten wirklich umfassenden Versuch einer Lettnerrekonstruktion unternahm erst in den 70er Jahren Annegret Peschlow-Kondermann, der das Verdienst zukommt, alle ihr damals zugänglichen Fragmente katalogisiert und vermessen und in Kenntnis aller Teile einen zeichnerischen Vorschlag vorgelegt zu haben, der eine gewisse Plausibilität besitzt.[6] (Abb. 4) Bis heute folgte auf diese Rekon-

---

5   Noacks Grundrissrekonstruktion wurde erst einige Jahrzehnte später veröffentlicht bei Erika DOBERER, Ein Denkmal der Königssalbung. Die symbolische Bedeutung der Gewölbefigur am ehemaligen Westlettner des Mainzer Domes. In: Wandlungen christlicher Kunst im Mittelalter (= Forschungen zur Kunstgeschichte und christlichen Archäologie 2). Baden-Baden 1953, S. 321–340, hier S. 327, Fig. 104.

6   Annegret PESCHLOW-KONDERMANN, Rekonstruktion des Westlettners und der Ostchoranlage des 13. Jahrhunderts im Mainzer Dom (= Forschungen zur Kunstgeschichte und christlichen Archäologie 8). Wiesbaden 1972.

Abb. 4: Rekonstruktion der Westlettnerfassade von Annegret Peschlow-Kondermann 1972

Abb. 5: Grafische Darstellung des Domes mit Westlettner nach Peschlow-Kondermann. Hans-Jürgen Kotzur 2002

struktion kein weiterer Versuch, wenngleich Peschlow-Kondermanns Lettneransicht nicht ohne Detailkritik geblieben ist, wie sie etwa von Dethard von Winterfeld schon unmittelbar nach deren Veröffentlichung formuliert wurde.[7] Im Zuge der Vorbereitungen für die große Domausstellung 2011 werden wir uns daher nochmals intensiv mit der Rekonstruktion zu beschäftigen haben, in der Hoffnung, bessere Vorschläge präsentieren zu können.

In meiner 2002 vorgelegten Graphik, die den Lettner im Dom verortet darstellt, wird deutlich, dass der Einbau wie ein massiver Querriegel wirkte, der den Westchor vom Langhaus regelrecht abschnitt.[8] (Abb. 5) Erkennbar wird ferner der Gesamtcharakter der Anlage, die eigentlich wie eine Außenfassade wirkt, ja, wie eine Vorhalle zu einem eigenständigen Kirchenbau, und als solchen habe ich ja den Westchor eben angesprochen. Dazu passt auch das Bildprogramm der Lettnerfassade – die Darstellung des Jüngsten Gerichts –, das ganz der gängigen Ikonographie damaliger Kirchenportale, wie wir sie beispielsweise in Frankreich an den Kathedralen von Reims, Amiens oder Chartres, aber auch in Bamberg wiederfinden, entspricht.

Auch bildsprachlich gab sich der Lettner ganz wie ein nach außen hin, in die Öffentlichkeit wirksames Architekturelement, womit die Eigenständigkeit des Westchores nochmals betont wurde. Die Darstellung des Jüngsten Gerichts, und damit der Rechtsprechung schlechthin, stand zudem in sinnfälliger Verbindung mit einer ganz bestimmten Funktion des Lettners: Er war Stätte der kirchlichen Gerichtsbarkeit. Von hier aus wurden dem Volk kirchliche Beschlüsse und Rechtsurteile verkündet, vielleicht sogar die Wahl weltlicher Würdenträger bekannt gegeben, wie es etwa für den Trierer Dom überliefert ist.[9] Für Mainz ist jedenfalls durch den, freilich erst im 16. Jahrhundert geschriebenen *Liber Ordinarius* bezeugt, dass ein neu erwählter Bischof stets durch den Dekan vom Westlettner aus dem Volk proklamiert wurde.[10] Man kann sich gut vorstellen, dass die Autorität einer solchen Proklamation durch die Darstellung des über die Menschen richtenden Christus an der Lettnerfront wirkungsvoll gesteigert wurde.

Im Laufe des Kirchenjahres gab es zahlreiche weitere Anlässe, bei denen dem Lettner keine trennende, sondern vielmehr eine verbindende Funktion zukam, und zwar im Sinne einer Plattform für liturgische Inszenierungen. Wie eingangs erwähnt

---

7   Dethard von WINTERFELD (Rez.), Annegret Peschlow-Kondermann, Rekonstruktion des Westlettners und der Ostchoranlage des 13. Jahrhunderts im Mainzer Dom (= Forschungen zur Kunstgeschichte und christlichen Archäologie 8). Wiesbaden 1972. In: Zeitschrift für Kunstgeschichte 37 (1974) S. 67–78.

8   Hans-Jürgen KOTZUR, Der Mainzer Dom im Wandel der Zeit. In: Lebendiges Rheinland-Pfalz 39/2 (2002) S. 3–46, hier S. 6, Abb. 2.

9   KIRCHNER-DOBERER, Lettner (wie Anm. 1), S. 210f.

10 *Electo Episcopo et introducto ad chorum fit proclamatio per Decanum Eclesie Magontine super sinagoga uff dem lettner, in quo cantatur Evangelium in festis Dominorum.* (fol. 138v). Hier zitiert nach WEINERT, Liber Ordinarius (wie Anm. 4), S. 20 Anm. 124.

wurden auf der Lettnerbühne Lesungen gehalten; sie diente aber auch dem Sängerchor als Tribüne, und auch die Orgel konnte ihren Platz dort haben. Ferner dürfen wir davon ausgehen, dass vom Westlettner aus an speziellen Festtagen auch einige der zahlreichen im Westchor verwahrten Reliquien gezeigt wurden, wenngleich hierzu für Mainz keine schriftlichen Hinweise existieren, sodass es sich nur aufgrund der Berichte über andere Kirchen vermuten lässt.[11]

Im Blick auf die Raumbilder des Mainzer Domes lässt sich für den Westteil also festhalten, dass ein mittelalterlicher Kirchgänger, der in den Dom eintrat, den Westchor nicht als Innenraum erleben konnte, sondern lediglich eine Fassadenarchitektur wahrnahm. Vermutlich dürfte ihn das nicht weiter gestört haben, denn als Laie nahm er nicht an den Stundengebeten der Stiftsherren teil, sondern feierte den Gottesdienst im Langhaus, in dem ein eigener Altar, der Kreuzaltar, für den Laiengottesdienst stand. Dieser Kreuzaltar wird schon 1051 im Zusammenhang mit der Bestattung des Erzbischofs Bardo erwähnt, der an einem höchst privilegierten Begräbnisort, nämlich *in medio ecclesiae ante sancte crucem*, also inmitten der Kirche, vor dem Hl. Kreuz, beigesetzt wurde.[12] Wo freilich genau diese Mitte zu verorten ist, bleibt unklar. Damit kann, wie in vielen anderen Kirchen, tatsächlich die topographisch exakte Mitte des Langhauses gemeint sein, aber genauso gut ein Standort weiter östlich auf der Mittelschiffsachse, unmittelbar vor dem Triumphbogen des Ostchores, was in Mainz mit großer Wahrscheinlichkeit anzunehmen ist.

Der Ostchor im 11./12. Jahrhundert – eine hypothetische Visualisierung

Über die eigentliche Funktion des Ostchores im 11. Jahrhundert sind wir freilich kaum unterrichtet. Es scheint jedoch sicher, dass der Ostchor dem zweiten Patron des Domes, dem Erzmartyrer Stephanus geweiht war, dessen Altar sich, wie aus einer Quelle von 1071 hervorgeht *in orientali abside*, also im östlichen Chorbereich befand.

---

11 Zu den Funktionen von Lettnern allgemein siehe Kirchner-Doberer, Lettner (wie Anm. 1), und zum Mainzer Westlettner im Besonderen: Kathryn Louise Brush, The West Choir Screen at Mainz Cathedral. Studies in Program, Patronage and Meaning. Univ. Diss. Providence/Rhode Island 1987 (unveröffentl.). Zu Reliquien im Dom allgemein Friedhelm Jürgensmeier, Reliquien im Mainzer Dom. In: Die Bischofskirche St. Martin zu Mainz. Mit Beiträgen zur Geschichte des Domes und einer bibliographischen Handreichung. Festgabe für Domdekan Dr. Hermann Berg, Apostolischer Protonotar (= Beiträge zur Mainzer Kirchengeschichte 1). Frankfurt 1986, S. 33–57.

12 Vulculdi Vita Bardonis, ed. Philipp Jaffé, Monumenta Moguntina (= Bibliotheca rerum Germanicarum 3). Berlin 1866, S. 562. Zur symbolischen Bedeutung dieses ausgezeichneten Ortes innerhalb der Kirchenraumtopographie siehe Manfred Luchterhandt, „In medio ecclesiae". Frühmittelalterliche Kreuzmonumente und die Anfänge des Stiftergrabes. In: Docta Manus. Studien zur italienischen Skulptur für Joachim Poeschke, hg. von Johannes Myssok und Jürgen Wiener. Münster 2007, S. 20–29.

Aus derselben Quelle, die über eine dreitägige Synode im August des Jahres 1071 berichtet, geht ferner hervor, dass diese Zusammenkunft innerhalb der Chorschranken des Domes vor den Altarschranken des Stephansaltars stattfand.[13] Über den frühen Ostchor ließe sich demnach lediglich sagen, dass er bereits mit irgendeiner Art von Abschrankung versehen war.

Eine Lampenverordnung aus dem Jahr 1252 nennt den Stephansaltar im Sanktuarium und den Kreuzaltar vor dem Ostchor; ob es außer diesen beiden noch weitere Altäre in dem Bereich gegeben hat, muss offen bleiben.[14] Einen weiteren Hinweis über das Aussehen des Ostchors liefert das *Christiani Chronicon Moguntina*, eine bekannte Quelle aus dem 13. Jahrhundert, in der von jenem sagenhaften Bennakreuz berichtet wird, welches „an einem sehr exponierten Ort innerhalb der Kirche, auf dem Querbalken aufgestellt wurde, wo kein Fremder Zugang hatte".[15] Dieses Kreuz, der Beschreibung nach ein überlebensgroßes Kruzifix aus massiven Goldplatten, die auf einem Holzkern montiert waren, wird im Allgemeinen als das Haupt- oder Triumphkreuz des Domes betrachtet und könnte damit jenes Hl. Kreuz gewesen sein, auf das sich der im östlichen Mittelschiff gelegene Volksaltar bezog.[16] Allerdings wird in der Quellenschrift auch erwähnt, dass dieses kostbare Kruzifix nur zu besonderen Anlässen, namentlich bei Anwesenheit eines Königs, zu Ostern und Weihnachten, und nur mit besonderer Erlaubnis des Bischofs im Dom aufgestellt wurde.[17] Vielleicht wurde es außerhalb dieser Festlichkeiten durch ein einfacheres Holzkruzifix ersetzt, das statt des Bennakreuzes auf dem Querbalken platziert wurde.

---

13 Acta synodi in cod. Epist. Udalrici Nr. 37. In: Philipp JAFFÉ, Monumenta Bambergensia (= Bibliotheca rerum Germanicarum 5). Berlin 1869, S. 72f. Sowohl Friedrich SCHNEIDER, Der Dom zu Mainz. Geschichte und Beschreibung des Baues und seiner Wiederherstellung. Berlin 1886, S. 16 und Anm. 1, S. VI, als auch Fritz ARENS, Die Raumaufteilung des Mainzer Domes und seiner Stiftsgebäude bis zum 13. Jahrhundert. In: Willigis und sein Dom. Festschrift zur Jahrtausendfeier des Mainzer Domes 975–1975, hg. von Anton Ph. Brück (= Quellen und Abhandlungen zur mittelrheinischen Kirchengeschichte 24). Mainz 1975, S. 185–249, hier S. 226, verstehen unter *regia* „Schranken, die den Chor oder das Sanctuarium vom Schiff trennen".

14 „Item in ventre ecclesie due lampades per totam noctam. Una ante altare scti Stephani, alia inter chorum et sepulchrum sti Bardonis." Zuerst abgedruckt bei K[arl] G[eorg] BOCKENHEIMER, Der Dom zu Mainz. Mainz 1879, Beilage 1, S. 65, der sie, seinen Angaben zufolge, in einem Würzburger Archiv in einem Kopialbuch fand.

15 „In loco valde eminenti, in templo super trabem, ubi nulli alieno patebat accessus, a ministris fidelibus locabatur. Christiani Chronicon Moguntinum." In: JAFFÉ, Monumenta Moguntina (wie Anm. 12), S. 691.

16 „Das ursprüngliche Triumphkreuz dürfte das Kreuz Benna aus 600 Pfund Gold gewesen sein, wie man allgemein annimmt." ARENS, Raumaufteilung (wie Anm. 13), S. 222.

17 „Haec raro ponebatur, nisi forte praesente rege vel alio magno principe, et in festis paschae vel natalis Domini, et pontifice hoc iubente." Vgl. Christiani Chronicon Moguntinum. In: JAFFÉ, Monumenta Moguntina (wie Anm. 12), S. 682.

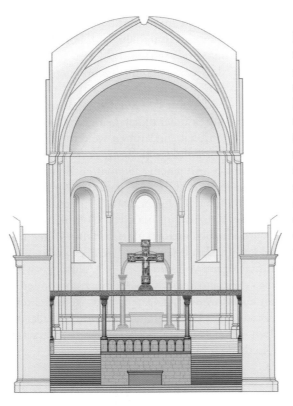

Abb. 6: Hypothetische Rekonstruktion der Ostchorschranken im 12. Jh. mit Trabes und Bennakreuz. Hans-Jürgen Kotzur 2009

Wenn wir nun die genannten Hinweise zu einem Bild verdichten und zudem berücksichtigen, dass in jener Zeit unter dem Chor eine Krypta vorhanden war, dann könnte der Ostchor in der Zeit um 1140 folgendermaßen ausgesehen haben: Er präsentierte sich als Hochchor mit dem Stephansaltar innerhalb des Sanktuariums, der der Zeit entsprechend als Ziboriumsaltar gestaltet gewesen sein dürfte. (Abb. 6) Unter dem Triumphbogen standen die überlieferten Chorschranken und darüber jener Tramezzobalken, auf dem das Bennakreuz, bzw. ein anderes hölzernes Kruzifix, angebracht war. Wenige Meter vor dem Eingang zum Ostchor könnte dann der Kreuzaltar seinen Platz gehabt haben, vor dem die Grabtumba des hl. Erzbischofs Bardo stand.[18] Diese Darstellung muss jedoch reine Hypothese bleiben, denn weder von den besagten Altären noch von den Chorschranken oder dem Tragbalken, geschweige denn vom goldenen Bennakreuz sind Überreste in unsere Zeit hinein erhalten geblieben. Doch ist eine solche Visualisierung notwendig, um zu verstehen, wie einschneidend sich die rund 100 Jahre später vorgenommenen baulichen Veränderungen am Ostchor auswirkten.

---

18 Mit dieser Lokalisierung des Bardo-Grabes lässt sich auch eine Quelle von 1069 vereinbaren, die von einem Erlebnis des Erzbischofs Anno von Köln im Mainzer Dom berichtet. Es heißt dort, Anno sei gerade vom Altar herabgestiegen, an dem er von vielen Menschen umgeben den Gottesdienst gefeiert habe, als er einen am ganzen Körper verkrüppelten Bettler sah, der auf dem Grab des Erzbischofs Bardo durch Anrufung des Heiligen geheilt wurde. „Anno, summus Coloniensium praesul, quadam die populorum frequentia densissime circumfusus, ad immolationem immortalium sacramentorum ex more stetit in atrio principalis aecclesia prope tumulum sancti Bardonis archiepiscopi, eius nimirum sanctitate delectatus, quae recentibus interim miraculis commendabatur. [...] ab altari descendit. Cernens autem quendam toto corpore miserabiliter contractum adherere tumbae beati praesulis [...]". Vita Annonis Archiepiscopus Coloniensis. In: Monumenta Germania Historica, SS rer. Germ. 11, S. 462–518, hier S. 488.

Umbaumaßnahmen am Ostchor im 13. Jahrhundert

Nach der Einwölbung und Fertigstellung des Langhauses und der etwa zeitgleichen Inangriffnahme des neuen Westbaues um 1200 scheint man auch über eine Modernisierung des Ostchors nachgedacht zu haben. Im Vergleich zu dem neu entstehenden Westchor mit seiner modernen, französisch inspirierten Formensprache mutete der alte Ostchor antiquiert an, was bei einer seinerzeit so bedeutenden Kathedrale wie dem Mainzer Dom mit Sicherheit für das Image des Domstiftes problematisch war. Zudem wurden Krypten zu dieser Zeit schon längst nicht mehr gebaut und die Vorbilder für den Kathedralenbau kamen nun aus Frankreich, wie die Anstellung des im Westen geschulten „Naumburger Meisters" eindrucksvoll bestätigt. Der recht hoch gelegene Ostchor dürfte daher als störend empfunden worden sein, da er weder in seinen Proportionen noch in der Raumwirkung so recht zu dem neugestalteten Dom passen wollte. Man entschied sich also, die reichen Niveauabstufungen des romanischen Domes aufzugeben und alle Raumteile annähernd auf eine Ebene zu bringen. Dazu wurde die Krypta abgebrochen und das Chorbodenniveau abgesenkt. Dies bot zudem die Möglichkeit, die Apsisfenster in Anlehnung an die modernen Westchorfenster nach unten zu verlängern und zu verbreitern, wodurch mehr Licht in den Chorraum fiel. (Abb. 7)

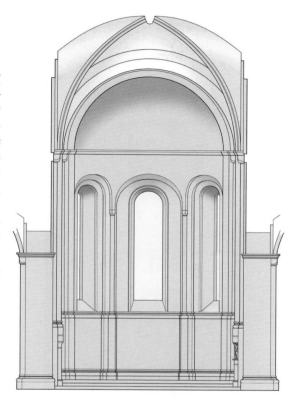

Abb. 7: Grafische Darstellung des Ostchors im 13. Jh. nach Abbruch der Krypta und Absenkung des Chorbodenniveaus. Die Fenster sind verbreitert und nach unten hin verlängert.

Auf diese massive Baumaßnahme des 13. Jahrhunderts wurde die Forschung aber erst gegen Ende des 19. Jahrhunderts aufmerksam, als man umfangreiche Sanierungsarbeiten an dem inzwischen äußerst maroden Ostchor einleitete. Ein Hauptziel dieser Arbeiten war dabei auch die Beseitigung eines spätgotischen, um 1440 unter dem Triumphbogen errichteten Stützpfeilers, der im Innenraum trotz dreier davor platzierter Barockaltäre einen unschönen Anblick bot. Beim Abbruch dieser Stützmauer

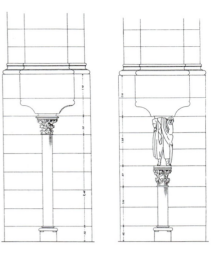

Abb. 8: Zeichnerische Darstellung der 1874 in situ gefundenen Stützen unter den romanischen Wandvorlagen am Eingang des Ostchors. Werner Noack 1914

Abb. 9: Die Figur des Atlanten mit Kämpfer im Mainzer Dommuseum

traten unter den Sockeln der Wandvorlagen des Triumphbogens zwei bildhauerisch gestaltete, etwa 3,80 m hohe Stützengebilde hervor, die eindeutig ins 13. Jahrhundert zu datieren waren und die sich an dieser Stelle noch *in situ* befanden.[19] (Abb. 8) Dabei handelte es sich an der Nordseite um eine auf einen niedrigen Sockel gestellte Säule mit einfacher Tellerbasis und einem prächtigen Laubkapitell, deren aufliegender Kämpfer das Verbindungsstück zu der Wandvorlage darüber bildete. Auf der Südseite bestand die Stütze dagegen aus einer niedrigen, aufgesockelten Säule mit Blattkapitell und einer daraufstehenden Atlantenfigur, die wiederum als Träger für einen gleichartig gebildeten Kämpfer fungierte. (Abb. 9) Beide Stützen, Säule und Atlant, standen sich

---

19   Dass diese Teile noch *in situ* standen, zweifelte Erika Doberer stark an und vermutete eine nachträgliche Zusammenfügung der Fragmente des 13. Jahrhunderts im 15. Jahrhundert, als man den Mittelpfeiler einfügte. Erika DOBERER, Zur Wiederverwendung frühgotischer Lettnerfragmente aus dem Mainzer Dom. In: Mainzer Zeitschrift 70 (1975) S. 90–93, hier insbes. S. 91f. Dem ist jedoch nicht zuzustimmen. Alle Anzeichen an den beiden Stützen sprechen für ihre Auffindung am ursprünglichen Aufstellungsort.

also am Eingang des Ostchores en face gegenüber. Doch welchen Zweck erfüllten sie dort? Im Fortgang der Bauarbeiten, die von dem damaligen Domkustos Friedrich Schneider beschrieben wurden, klärte sich die Situation. Nachdem man Reste der romanischen Krypta gefunden und Schneider festgestellt hatte, dass die Stützen auf den Resten dieser Krypta standen, war klar, dass man spätestens im 13. Jahrhundert tatsächlich deren Abbruch durchgeführt und den Fußboden des Ostchores tiefergelegt hatte. Da dann aber die profilierten Sockel der Wandvorlagen etwa 4 m über dem Boden in der Luft hingen, fügte man zum Ausgleich jene beiden Stützen ein, die dieses optische Problem auch konstruktiv beseitigten.

Doch war dies nicht deren einzige Funktion. Schon Schneider wähnte sie im Zusammenhang mit einer Lettneranlage, die den Ostchor in seiner gesamten Breite abgeschlossen hatte. Doch wie sollte eine steinerne Lettnerarchitektur an die beiden Stützen anschließen? Schneider zufolge „läßt der Steinschnitt der Kämpfer, wo die verbindenden Teile anschlossen, eine Fortsetzung in Steinbau nicht zu."[20] Aufgrund dieser Beobachtung, und weil er überdies noch Architekturfragmente im Boden unter dem Triumphbogen gefunden hatte, schlug er einen in der Mitte freistehenden, steinernen Ziboriumsbau vor, von dem aus „die Verbindung mit den Enden [...] mittels einer Holzconstruction derart hergestellt [war], daß eine schmale Galerie von dem Ciborium nach den Seiten führte, und daß eiserne Gitter die offenliegenden Durchgänge zu beiden Seiten schlossen."[21] Eine Abbildung dieses Rekonstruktionsvorschlages legte Schneider seinerzeit nicht vor. Es war wiederum Werner Noack, der 1914 als erster eine Rekonstruktionszeichnung versuchte, dabei aber nicht den Vorgaben Schneiders folgte, sondern stattdessen die Idee einer steinernen Lettneranlage aufgriff. (Abb. 10) Da auch er diese nicht plausibel konstruktiv mit der Säule und dem Atlanten verbinden konnte, ließ er den Lettner kurzerhand hinter diesen vorbei verlaufen, sodass die beiden Stützen lediglich zum rahmenden Element für den eigentlichen Lettnerbau gerieten.[22] Dies stieß schon bei den damaligen Fachkollegen auf Ablehnung, und ein paar Jahrzehnte später konnte wiederum Annegret Peschlow-Kondermann nachweisen, dass jene Steinfragmente, die Schneider im Boden gefunden hatte, nicht zu einem vermeintlichen Ostlettner, sondern zum gotischen Westlettner gehörten. Noack war demnach von falschen Voraussetzungen ausgegangen. Peschlow-Kondermann rekonstruierte nun ihrerseits einen über die gesamte Breite des Ostchores verlaufenden Tragbalken, der zwischen den beiden Kämpfersteinen eingespannt war und im Querschnitt deren Profilierung fortsetzte. Für diese Lösung sprachen ihrer Meinung nach die in den beiden Kämpfern vorhandenen Dübellöcher sowie deren grob behauene Stirnflächen. In der Mitte des Balkens fügte sie nach dem

---

20   Friedrich SCHNEIDER, Vom Mainzer Dom. In: Correspondenzblatt 22,3 (1874) S. 27f.

21   Ebd.

22   Werner NOACK, Mittelrheinische Lettner des 13. Jahrhunderts. In: Dritter Bericht über die Denkmäler deutscher Kunst. Berlin 1914, S. 130–139, Abb. auf Taf. VII.

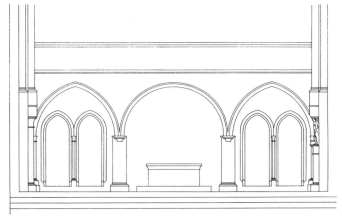

Abb. 10: Rekonstruktion des Ostlettners aus dem 13. Jh. Werner Noack 1914

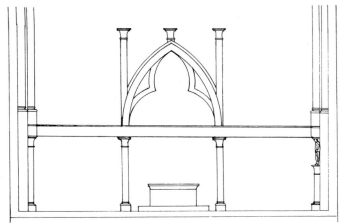

Abb. 11: Rekonstruktion einer Chorschranke mit Trabes vor dem Ostchor im 13. Jh. Annegret Peschlow-Kondermann 1972

Vorbild der Marburger Elisabethkirche eine Stützkonstruktion ein, die zum einen den dort vermuteten Kreuzaltar überfing und zum anderen gleichzeitig die Standfläche für eine Triumphkreuzgruppe bot.[23] (Abb. 11) Dieser neue Rekonstruktionsvorschlag war insofern ein entschiedener Fortschritt, als damit überzeugend die Existenz einer steinernen Ostlettneranlage für die Frühgotik ausgeschlossen wurde und zugleich die Hinweise Friedrich Schneiders, des einzigen Augenzeugen der Fundumstände, erstmals berücksichtigt wurden. Dennoch mangelte es auch dieser Lösung an Plausibilität. Der Tragbalken wäre in einer Höhe von 3,50 m ungewöhnlich niedrig verlaufen und jener singuläre, dreiteilige Aufsatz nach Marburger Vorbild schien völlig willkürlich, ohne überzeugenden Grund eingefügt.[24]

---

23 Peschlow-Kondermann, Rekonstruktion (wie Anm. 6), S. 10–15.
24 von Winterfeld, Rez. Peschlow-Kondermann (wie Anm. 7), S. 68.

Als weitere Kritikpunkte kann man hinzufügen, dass die Frontseiten der beiden Kämpfer zum einen nicht so grob behauen sind, wie es den Anschein haben mag; sie zeigen einen feinen Randschlag, der nicht notwendig gewesen wäre, wenn sich dort ein Tragbalken angeschlossen hätte. Zum anderen weisen sie blassrote Fassungsreste auf. Auch das spricht dafür, dass diese Teile nicht durch einen irgendwie gearteten Anschluss verdeckt worden sind.[25] Betrachtet man darüber hinaus die in den Kämpfern vorhandenen Dübellöcher, in denen noch Eisen- und Bleireste stecken, so fällt auf, dass diese bei beiden Stücken nicht etwa mittig sitzen, sondern an den Rand gerückt platziert sind, und zwar jeweils am Rand der Seite, die einst dem Chorraum zugewandt war. (Abb. 12) Dieser Befund spricht vielmehr für die Anbringung von

Abb. 12: Fassungsreste auf der Stirnseite eines der beiden Kämpfersteine. Gut sichtbar sind auch die rechts am Rand befindlichen Dübellöcher. Dommuseum Mainz

eisernen Gittern als für die Befestigung eines Balkens, und Friedrich Schneider hatte ja bereits an solche gedacht.[26] Er war es auch, der zum ersten Mal die Überlegung anstellte, dass die in den Quellen seit dem 15. Jahrhundert für den Ostchor nachweisbare Bezeichnung chorus ferreus, also eiserner Chor, aus einer Chorabschrankung mit eben solchen eisernen Gittern herrühren könnte.[27]

---

25 Für die zeitliche Einordnung der Fassungsspuren besteht ein Zeitfenster von ca. 180 Jahren. Da die Stützen um 1430 von dem Pfeilereinbau unter dem Triumphbogen umschlossen wurden, bis sie um 1870 wieder zutage traten, müssen sie in der Zeit zwischen 1230 und 1430 aufgebracht worden sein.

26 Ein weiteres, bautechnisch starkes Argument gegen die Anbringung eines Querbalkens lieferten schon 1996 Christine Kitzlinger und Stefan Gabelt. Sie weisen darauf hin, dass die Dübellöcher in den Kämpfern nicht durch diese hindurchgeschlagen seien und dass, „gerade die Kämpfer im Unterschied zur Figur, den Kapitellen und den Basen eben nicht durch eine Rücklage in den Mauerverband der Wand eingebunden waren." Demzufolge „kann es als recht unwahrscheinlich gelten, dass hier ein größeres lastendes Bauglied befestigt war." Christine KITZLINGER und Stefan GABELT, Die ehemalige Westlettneranlage im Dom zu Mainz. In: Meisterwerke mittelalterlicher Skulptur. Die Berliner Gipsabgußsammlung. Handbuch und Katalog zur Ausstellung im Bode-Museum vom 29. 6. bis 3. 11. 1996, hg. von Hartmut Krohm. Berlin 1996, S. 205–243, hier S. 228.

27 SCHNEIDER, Vom Dom (wie Anm. 20).

Abb. 13: Rekonstruktion der Ostchorabschrankung im 13. Jh. Eiserne Gitter vermitteln von den seitlichen Wandstützen zu einem steinernen Ziboriumsbau in der Mitte, der als Baldachin für den Kreuzaltar diente. Hans-Jürgen Kotzur 2009

Die Lettner und Chorschranken des Mainzer Domes

In einen erneuten Rekonstruktionsversuch sollte man also Schneiders erste Überlegungen miteinbeziehen. Lediglich seine Vorstellung von einem begehbaren Lettner mit „hölzernen Galerien" muss aufgegeben werden, da es hierfür keinerlei Anzeichen gibt. Was bleibt sind jedoch die eisernen Gitter, die sich, an den Kämpfern der Wandstützen befestigt, zur Mitte hinzogen. Da jedoch ein über die gesamte Breite des Chores durchlaufendes Gitter recht instabil gewesen wäre, muss es im Zentrum ein architektonisches Bauteil gegeben haben, an das diese anschließen konnten. Schneiders ursprüngliche Idee eines steinernen Ziboriumsbaus ist daher durchaus denkbar, wenngleich nicht im Sinne eines kanzelartigen Leseplatzes, sondern vielmehr als Baldachin, der dann den Kreuzaltar überspannte. (Abb. 13) In dieses Ensemble wäre nach dem Tode Siegfrieds III. von Eppstein 1249 noch dessen Grabtumba einzufügen. Der Erzbischof, unter dessen Ägide ja noch die Modernisierung des Ostchors in Angriff genommen wurde, ließ sich in demselben beisetzen und zwar höchstwahrscheinlich unmittelbar hinter dem Kreuzaltar.[28]

Der Bereich unmittelbar vor dem Ostchor mit dem Heilig-Kreuzaltar scheint im Laufe der Zeit von der Pfarrei für sich beansprucht worden zu sein. Für das Jahr 1309 ist zum ersten Mal der Name eines *plebanus*, des Dompfarrers, überliefert.[29] Für die hier vorgeschlagene Disposition vor dem Ostchor scheint eine Quelle aus dem Jahr 1332 nochmals eine Bestätigung zu geben. Der Domvikar Johann Seckelin stiftete eine Lampe, die „vor dem Heiligen Kreuz, welches erhöht aufgestellt war, und vor dem zugehörigen Kreuzaltar" aufgehängt werden sollte.[30]

---

28 „Cadaver Moguntiam relatum, in choro, quem ferreum vocant, depositum fuit, ubi etiamnum lapis eius sepulchralis conspicitur." Johann Friedrich SCHANNAT, Historia Fuldensis. Frankfurt a.M. 1729, S. 194. Eine noch genauere Angabe macht Friedrich LUCAE, Des Heiligen Römischen Reichs uralter Grafen-Saal. Frankfurt a.M. 1702. Dort heißt es auf S. 234, Siegfrieds Leiche sei im Dom beigesetzt und zwar „hinterm Chor vor St. Marienaltar". Doch schildert Lucae lediglich den Standort des Eppsteingrabmals, wie er sich ihm im 18. Jahrhundert darbot, und zu jener Zeit befand sich, wie uns Bourdon überliefert, die Tumbaplatte an der Rückseite des spätgotischen Stützpfeilers. An dessen Vorderseite stand seit Ende des 17. Jahrhunderts der barocke Altar Mariä Himmelfahrt, auf den sich also Lucaes Lokalisierung bezieht. Jacob Christoph BOURDON, Epitaphia in Ecclesia Metropolitana Moguntina. 1727 (benutzt wurde eine Abschrift des 19. Jahrhunderts mit vom Original abweichender Paginierung aus der Martinus-Bibliothek Mainz), S. 31.

29 ARENS, Raumaufteilung (wie Anm. 13), S. 221.

30 „[...] Lampadem que pendere debet ante Crucifixum Domini, extensum in alto in ipsa Ecclesia Moguntina, ante altare sancte Crucis ibidem. " Valentin Ferdinand Freiherr von GUDENUS, Sylloge I Variorum diplomatariorum monumentorumque veterum [...]. Frankfurt a.M. 1728, S. 630; abgedruckt auch bei Franz FALK, Die Kreuzaltäre in den Stifts- und Klosterkirchen des Mittelalters. In: Mainzer Journal vom 3. November 1906, Nr. 256.

Der Ostchorlettner des 15. Jahrhunderts

Diese Situation im und vor dem Ostchor blieb allem Anschein nach für rund 200 Jahre verbindlich, bis in der ersten Hälfte des 15. Jahrhunderts statische Probleme den Ostbereich des Domes bedrohten. Sie waren die Folge eines Umbaus der östlichen Turmgruppe, der um 1360 durchgeführt worden war.[31] Man hatte den romanischen Ostturm aufgestockt und mit einem hohen Holzhelm bekrönt, sodass der Dom nun über einen stattlichen gotischen Turm, reich mit Fenstern, Wimpergen und Fialen geschmückt, verfügte. Doch die Auflast dieses kühnen Baus bewirkte, dass sich die Ostteile im Laufe der Zeit ungleichmäßig setzten und der Ostchor im 15. Jahrhundert immer mehr Risse im Mauerwerk zeigte. Man behalf sich mit einer höchst eigenwilligen Konstruktion: einer unter dem Triumphbogen aufgemauerten Stützmauer, die von zwei hohen, spitzbogigen Durchlässen unterbrochen wurde. Die frühgotische Chorabschrankung musste dazu weichen. Das Altarziborium und die eisernen Gitter wurden entfernt, die beiden seitlichen Stützen – Säule und Atlant – wurden nun von dieser Stützmauer ummantelt.

Fast zeitgleich mit der Stützkonstruktion wurde ein neuer Lettner errichtet, der nicht nur die alte Chorabschrankung ersetzte, sondern auch einen optischen Unterbau für jenen in der Mitte hoch aufragenden Stützpfeiler bot, der nun auf so markante Weise den Blick in den Ostchor versperrte. Dass wir von solch einem spätgotischen Lettner überhaupt Kenntnis besitzen, verdanken wir wiederum der scharfen Beobachtungs- und Kombinationsgabe Friedrich Schneiders. Denn während der bereits erwähnten Bauarbeiten seit 1870, bei denen der Stützpfeiler niedergelegt wurde, hatte Schneider nicht nur die beiden frühgotischen Stützen entdeckt, sondern auch zahlreiche Spuren und Fundstücke, die auf eine reich ausgestattete Hallenlettneranlage aus dem 15. Jahrhundert hindeuteten. Schneider hat diese Befunde an mehreren Stellen publiziert.[32] Gleichwohl ist die Existenz eines spätgotischen Ostlettners bis heute von der Forschung nicht weiter beachtet worden. Das liegt zum einen daran, dass die Lettnerfragmente an verschiedenen Orten lagerten, nämlich im unteren wie im oberen Kreuzgang, und diese im Laufe der Zeit – in Unkenntnis ihres Fundzusammenhangs – immer weiter zerstreut wurden.[33]

---

31 Rudolf Kautzsch und Ernst Neeb, Der Dom zu Mainz (= Die Kunstdenkmäler der Stadt und des Kreises Mainz 2.1). Darmstadt 1919, S. 21 und 52.

32 Friedrich Schneider, Der Pfeiler im Mainzer Dom. In: Anzeiger für Kunde der deutschen Vorzeit NF 17 (1870) Sp. 195–199; Ders., Der Pfeiler im Mainzer Dom. Mainz 1870; Ders., Vom Mainzer Dombau. In: Mainzer Journal 58 (1874); Schneider, Vom Dom (wie Anm. 20).

33 Die Ostlettnerfragmente werden noch erwähnt bei Kautzsch/Neeb, Dom (wie Anm. 31), S. 161: „Schneider hat an verschiedenen Stellen den Pfeiler und den neuen mit ihm errichteten und an ihn angeschlossenen Lettner beschrieben. Erhalten ist davon nur noch ein Haufe arg zerstoßener Trümmer (im Obergeschoß des Kreuzgangs). [...] Die erhaltenen Bruchstücke (ein paar Rippenkreuzungen mit Masken, aus grauem Sandstein mit Farbspuren, im Kreuzgang oben und unten)

Hinzu kam die Abwertung der spätgotischen Epoche durch die Kunstwissenschaftler des frühen 20. Jahrhunderts. In einhelliger Bewunderung für die Zeit der „staufischen Klassik" stürzten sich die Koryphäen des Fachs geradezu auf den glänzenden Stern am Künstlerhimmel, den „großen Naumburger Meister". Und so waren die Augen in Mainz ausschließlich auf die Überreste des Westlettners und der Ostschranke aus dem 13. Jahrhundert gerichtet. Nachdem auf diese Weise die Kenntnis von der Existenz eines spätgotischen Ostlettners zunehmend in Vergessenheit geriet, verwundert es nicht, wenn noch in den 1980er Jahren Bruchstücke von diesem gedankenlos entsorgt wurden. Glücklicherweise konnte nun eines dieser Teile, das sich zudem für die Rekonstruktion als Schlüsselstück herausstellte, in Privatbesitz in Pirmasens aufgefunden werden. Weitere Fragmente fanden sich jüngst in den Depots des Dommuseums. Ihre Identifizierung als Bruchstücke des Lettners wurde zum einen durch die detaillierten Beschreibungen Friedrich Schneiders möglich, zum anderen durch die genaue Betrachtung alter Photoaufnahmen vom Kreuzgang Ende des 19. Jahrhunderts.

Für die Rekonstruktion dieses Lettnerbaus, die 2011 im Rahmen einer Sonderausstellung des Dom- und Diözesanmuseums vorgestellt werden wird, sind ferner zwei Planzeichnungen von großer Wichtigkeit, die Schneider in seinem Dombuch von 1886 veröffentlichte.[34] Es handelt sich um einen Grundriss (Abb. 15) und einen Aufriss (Abb. 14) des Ostchores, die beide noch die schon beseitigte Stützmauer unter dem Triumphbogen zeigen, sowie, in gestrichelten Linien eingefügt, der Grundriss und die rückseitige Ansicht des Lettners. In dieser Zeichnung sind tatsächliche Befunde und hypothetische Ergänzungen miteinander verbunden. Als durch Befunde gesicherte Angaben können die Höhen- und Breitenausdehnungen des Lettners, sowie Anzahl und Abstände der Stützen gelten, die die Lettnerbühne trugen. Dies geht aus Schneiders Fundberichten unzweifelhaft hervor: „Nach den Gewölbeansätzen zu schließen, zerfiel der Lettner in fünf Traveen, zwischen welchen zwei Durchgänge sich öffneten. Auch die Tiefe des Lettnerbaues läßt sich jetzt genau bestimmen. Gegen Osten hin lagen die Durchgänge mit dem ganzen Pfeilerbau in einer Linie; gegen Westen hingegen trat die Bogenstellung, deren Profil noch an den Längenmauern ersichtlich ist, so weit nach dem Schiffe zu heraus, als zur Ueberdachung der darunter befindlichen Altäre nothwendig [sic] war, und blieb hier in der Linie mit der Stirnseite der Chormauern."[35] „Gleichzeitig [...] sind auch die Ansätze des zum Pfeiler gehörigen Lettners in dessen Grundfläche aufgedeckt worden. Namentlich zeigten

---

    erlauben wenigstens das Urteil, daß auch mit diesem Bau ein feines, reiches Kunstwerk zugrunde gegangen ist." Diese Nachricht lässt darauf schließen, dass etliche Lettnerfragmente bereits 1919 verloren gegangen waren.

34 SCHNEIDER, Dom (wie Anm. 13). Die genannten Planzeichnungen sind nur in der großen Folio-ausgabe enthalten (Taf. 2 und Taf. 4), nicht in der kleinen Oktav-Ausgabe.

35 SCHNEIDER, Pfeiler (wie Anm. 32), Sp. 195f.

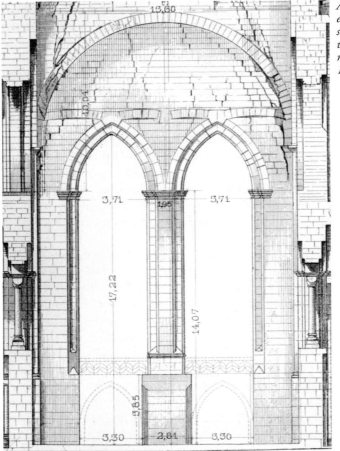

Abb. 14: Aufriss des Pfeilereinbaus und des spätgotischen Ostchorlettners (Blick vom Chor zum Langhaus) nach Friedrich Schneider 1886

Abb. 15: Grundriss des spätgotischen Ostchorlettners nach Friedrich Schneider 1886

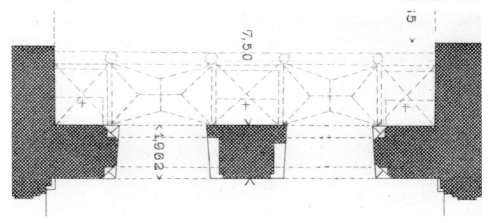

sich die Sockel der fünfteiligen Bogenstellung erhalten. Die zu Seiten des mittleren Altares liegenden Tore, welche nach dem hinteren Chorraume führten, öffneten sich nach Osten zu; die Anschläge für die Türflügel und die Schließkloben für die Türriegel in den Schwellen waren noch an beiden Seiten sichtbar."[36] Doch Schneider fand nicht nur Hinweise auf die Konstruktion des Lettners, sondern auch auf dessen bildhauerische und farbliche Ausschmückung. Er schreibt: „Die aufgefundenen Trümmer lassen annähernd vermuthen, welcher architectonische [sic] Reichthum an diesem Bautheile entfaltet war. [...] Die Details zeigen im Allgemeinen eine sehr fortgeschrittene, spätgothische Bildung; das Laubornament und sämmtliche [sic] Profile sind von elegantester Zeichnung und meisterhafter Ausführung. Nach dem Schiffe zu öffneten sich fünf Bögen mit Wimpergen, deren Schenkel auf phantastischen Köpfen aufsetzen, über den freistehenden Säulen oder polygonen Pfeilern. Die Gewölbe waren, wie aus den Bruchstücken ersichtlich, aus mannigfach durchschneidenden Rippen gebildet, in deren Kreuzungswinkeln freies Laubornament sich einfügte; reichverzierte Schlußsteine schmückten die Mitte der einzelnen Felder. [...] Die zahlreichen Farbenspuren an diesen Fragmenten beweisen, daß der ganze Lettner auf's Reichste polychromirt [sic] war."[37]

Für die Rekonstruktion der ganzen Anlage konnte also auf Beschreibungen, zwei Planzeichnungen sowie noch erhaltene Bruchstücke zurückgegriffen werden. Von jenen „in Masse gefundenen Trümmern" sind freilich nicht mehr allzu viele auf uns gekommen, doch genügen diese, um eine Vorstellung von der künstlerischen Qualität der Mainzer Lettneranlage zu erlangen. Einige dieser Teile zeigen eine höchst originelle Ausbildung, die an ähnlich figürliche Bauplastik in Kiedrich und Armsheim denken lässt. So z.B. das Fragment einer Gewölberippenkreuzung: In ihrem Knotenpunkt sitzt die kreisrunde Fratze eines monströsen, breit grinsenden Wesens. Bei genauerem Hinschauen wird deutlich, dass die Enden der Rippenprofile in die Mundwinkel des Phantasiewesens hineinlaufen, sodass es den Anschein hat, als fräße es diese auf. (Abb. 16)

Ein weiteres Fragment, möglicherweise ein Gewölbeanfängerstück, zeigt als markantestes Merkmal einen menschlichen Kopf, der im Zwickel einer Rippenabzweigung sitzt. (Abb. 17) Auf einem dritten Rippenfragment sitzt mittig auf dem Profil ein weiteres Menschenköpfchen mit einer Mütze bekleidet, unter der zu beiden Seiten Haarsträhnen herausschauen. Das Antlitz ist hier leider stark berieben und kaum noch erkennbar.

Neben diesen figuralen Bruchstücken verfügen wir über eine Reihe von Gewölberippenfragmenten und Rippenkreuzungen, die auf komplizierte Gewölbestrukturen wie Netz- oder Sterngewölbe hindeuten. (Abb. 18) Darüber hinaus finden sich zwei verschiedene Rippenprofile in Kombination miteinander – ein eher seltenes

---

36 Schneider, Mainzer Dombau (wie Anm. 32).
37 Schneider, Pfeiler II (wie Anm. 32), S. 7.

Abb. 16: Rippenkreuzung mit dem Gesicht eines monströsen Fabelwesens. Fragment aus dem Gewölbe des spätgotischen Ostchorlettners. Dommuseum Mainz

Abb. 17: Rippenabzweigung mit Darstellung eines menschlichen Kopfes. Fragment aus dem Gewölbe des spätgotischen Ostchorlettners. Dommuseum Mainz

Abb. 18: Drei der zahlreichen wiederentdeckten Lettnerfragmente: Blendbogenfragment, Rippenkreuzung, Gewölberippe. Dommuseum Mainz

Die Lettner und Chorschranken des Mainzer Domes

Abb. 19: Drei Fragmente von der Brüstung des spätgotischen Ostchorlettners mit durchstoßenden Giebelspitzen und Resten von Laubwerk. Dommuseum Mainz

Abb. 20: Quaderstein mit Blendmaßwerk aus der Lettnerfassade. Dommuseum Mainz

Abb. 21: Fragmentiertes Dreierkapitell von einer Wandvorlage zur Aufnahme der Gewölberippen des Lettners. Dommuseum Mainz

Gestaltungsmittel, das ebenfalls auf eine reiche Architektur schließen lässt. Zweifellos besaß der Ostlettner prächtig gestaltete Gewölbe, die sich ganz zeittypisch für die Spätgotik um die Mitte des 15. Jahrhunderts durch komplexe Figurationen, Verschneidungen und Verzweigungen auszeichneten. Für die exakte Rekonstruktion dieser Figurationen werden die heute noch erhaltenen Fragmente nicht ausreichen, zumal gerade die hierfür höchst wichtigen Schlusssteine, die Schneider ja gefunden hatte, spurlos verschwunden sind. Ein wiederholter Blick auf dessen Grundrissplan zeigt, dass auch er sich dieser Frage noch entzogen hatte. Die von ihm eingezeichneten Gewölbelinien zeigen wesentlich einfachere Figuren als die Befunde vermuten lassen. Schneider, der an verschiedenen Stellen verlauten ließ, dass er aufgrund des umfangreichen Materials bald selbst in der Lage sei, eine zeichnerische Rekonstruktion vorzulegen, hatte sich die komplexe Aufgabe der Gewölbekonstruktion wohl für einen späteren Zeitpunkt aufgehoben.[38]

Im Gegensatz zu den Lettnergewölben ist die Gliederung der Lettnerfassade wesentlich einfacher zu rekonstruieren. Die hiervon noch erhaltenen Bruchstücke fügen sich mühelos in die recht eindeutigen Beschreibungen Friedrich Schneiders ein. Hier sind zunächst drei profilierte Quadersteine zu nennen, die zweifellos von der Brüstung des Lettners stammen (Abb. 19), ferner ein großes Fragment mit dem Rest eines laubwerkgeschmückten Bogens und Ansätzen von Blendmaßwerk auf der Vorderseite sowie einer bogenförmigen Nut zur Aufnahme der Gewölbekappensteine auf der Rückseite. Hierbei handelt es sich zweifellos um den Teil eines Durchgangsbogens aus der Arkadenzone. Dann ein Steinquader mit Blendmaßwerk auf der Schauseite, das maßlich exakt zu den Ansätzen des eben erwähnten Bogensteines passt (Abb. 20), sowie ein Laubwerkkapitell mit Schaftansatz, das zu einer Eckkonsole gehörte, auf der die Gewölberippen der Lettnerhalle aufsaßen.[39] (Abb. 21) In der Zusammenfügung ergibt sich folgendes Bild des Ostlettners: ein fünfjochiger Hallenlettner, dessen Arkaden auf Bündelpfeilern mit Blattkapitellen ruhen, von denen die kielbogenförmigen Wimperge aufsteigen. Deren Bogenspitzen durchstechen die Brüstungssteine des Lettners und enden in Kreuzblumen. Die Wandflächen zwischen den Arkadenbögen sind mit Blendmaßwerk ausgefüllt, bestehend aus schmalen, genasten Bögen, die

---

38 „Im Zusammenhang mit den bestimmt erkennbaren Höhen des Aufbaues läßt sich die Anlage dieses mit dem Pfeilerbau gleichzeitigen Lettners sicher ergänzen, und unter Zuhilfenahme der massenhaft erhaltenen Einzelheiten wird es gelingen, ein annähernd vollständiges Bild desselben demnächst herzustellen." Schneider, Vom Dom (wie Anm. 20).

39 Bei diesem Fragment könnte es sich um eine jener Eckkonsolen handeln, die Schneider aufgefunden hatte: „Als nämlich vor wenigen Wochen der Fuß des Pfeilers und die unteren Theile der seitlichen Einbauten freigelegt wurden, zeigten sich die Ansätze von Bogen, in den Ecken Säulchen mit Kapitälen [...]." Schneider, Pfeiler (wie Anm. 32), Sp. 195. An anderer Stelle geht er näher auf deren Funktion ein: „[...] während an den seitlichen Einbauten des Pfeilers außer den Gewölbeansätzen die gekuppelten Säulchen sich erhalten haben, worauf die Gewölberippen ruhten." Schneider, Pfeiler II (wie Anm. 32), S. 6.

im oberen Abschluss von einer Reihe umgekehrter Rundbögen mit Lilienenden bekrönt werden. Als hypothetische Ergänzung kann man eine mit durchbrochenem Maßwerk geschmückte Lettnerbrüstung hinzufügen, die vielleicht Fischblasenmotive zeigte, wie sie auch in einem zeitgenössischen Lettnerentwurf für die Frankfurter Stadtpfarrkirche St. Bartholomäus zu finden sind.[40] Obgleich der Lettnerbau in manchen Einzelheiten nicht mehr gesichert zu rekonstruieren ist, ließ doch die neuerliche Auswertung der Schneiderschen Schriften in Verbindung mit der Wiederentdeckung zahlreicher Lettnerfragmente ein erstaunlich detailliertes Bild von diesem Bauwerk entstehen, das wahrlich ein architektonisches Kleinod innerhalb des Domes gewesen sein muss.

Für die Raumwirkung war dieser Bau von eminenter Bedeutung, bot er doch einen optischen Ausgleich zu jenem schlanken Stützpfeiler, der sich anscheinend so unvorteilhaft bis unter den Triumphbogen hinaufzog. (Abb. 22) Der reichgegliederte und filigrane Lettner

Abb. 22: Rekonstruierte Ansicht des Ostchors um 1440 mit Stützpfeiler, Ostchorlettner und Martinschörlein.
Hans-Jürgen Kotzur 2009

ließ diesen Pfeiler nicht nur niedriger wirken, sondern verlieh dem „östliche[n] Teil des Mittelschiffes" – um noch einmal Schneiders Worte zu benutzen – eine

---

40   Es handelt sich dabei um einen zeichnerischen Lettnerentwurf für den Frankfurter Dom, um die Mitte des 15. Jahrhunderts, heute im Historischen Museum Frankfurt. Inv.Nr.: HMF C 49291. Abb. in: 750 Jahre Frankfurter Kaiserdom Sankt Bartholomäus. 1239–1989, hg. von Karl Heinrich Rexroth. Frankfurt 1989, S. 62.

Abb. 23: Rekonstruktion des spätgotischen Ostchorlettners mit Lettneraltären, der 1468 auf der Lettnerbühne aufgestellten Orgel sowie der auf die Pfeilerwand gemalten Triumphkreuzgruppe. Hans-Jürgen Kotzur 2009

"unvergleichlich malerische(n) Wirkung".⁴¹ Denkt man sich nun das um 1418 über der Nassauer Unterkapelle errichtete Martinschörlein hinzu, das wenige Meter vor dem Lettner stand und eine ebenso feinteilige Kleinarchitektur zeigte, sowie das um 1410 entstandene Memorienportal mit seiner neuartigen Formensprache, so muss man feststellen, dass die lange Zeit unterschätzte Kunst der Spätgotik im Mainzer Dom nicht nur in größerem Umfang vertreten war als bisher gedacht, sondern auch in höchst qualitätvoller und origineller Ausprägung.

Der neue Lettner brachte aber auch liturgische Veränderungen mit sich. So konnte Schneider nachweisen, dass sich unter der Lettnerbühne drei Altäre befanden, für die die Pfeilermauern als Retabel dienten. Anhand der darauf noch vorhandenen Malereireste sowie durch korrespondierende Urkunden konnte er deren Patrozinien ermitteln: Der Altar auf der Nordseite war den Hll. Valentinus, Bartholomäus und Christophorus geweiht, der südliche Seitenaltar dem hl. Ägidius. Bourdon und Gudenus überliefern uns deren Stifter und geben zugleich Datierungshinweise: Der Christophorusaltar wurde von dem 1448 verstorbenen Dekan Peter von Udenheim, der Ägidiusaltar bereits 1437 von Marquard von Praunheim gestiftet; letzterer stattete seinen Altar darüber hinaus mit einer Vikarie aus. Beide Stifter ließen sich auch vor ihren Altären vor dem Lettner beisetzen.⁴²

Etwas schwieriger ist die Frage nach dem mittleren unter der Lettnerhalle stehenden Altar. Schneider entdeckte auf der Wand über diesem die Reste einer Mariendarstellung, die eine Himmelskönigin mit dem Kinde von Engeln begleitet zeigte; zu ihren Füßen kniend zwei kleine Stifterfiguren. Er schloss daraus, dass es sich um einen Marienaltar gehandelt haben muss, doch ist in den Quellen von einem solchen an dieser Stelle bislang keine Rede. Vermutlich diente der mittlere Altar unter dem Lettner weiterhin als Kreuz- und Volksaltar, wobei das zugehörige Triumphkreuz wohl wegen der Aufstellung einer Orgel einige Jahre später durch eine auf die Wandfläche des mittleren Stützpfeilers gemalte Kreuzigungsgruppe ersetzt worden zu sein scheint. Friedrich Schneider konnte deren Reste damals noch erkennen.⁴³ Am plausibelsten wäre daher die Annahme, dass dieser Kreuzaltar mit dem Lettnerneubau einfach um ein Marienpatrozinium bereichert wurde. Dies ist durchaus nichts Ungewöhnliches. Bis zum Bau der neuen Marienkapelle um 1495 gab es im Dom keinen eigenständigen

---

41   SCHNEIDER, Pfeiler (wie Anm. 32), Sp. 199.

42   BOURDON, Epitaphia (wie Anm. 28), S. 36 und 38; Valentin Ferdinand Freiherr von GUDENUS, Codex Diplomaticus, Sive Anecdotorum Res Moguntinas, Francicas, Treuirenses, Colonienses, Finitimarumque Regionum [...], 2. Frankfurt, Leipzig 1747, S. 742–744, nimmt das Datum einer 1446 bezeichneten Urkunde über die Vikarienstiftung auch als Zeitpunkt der Altarstiftung an, obwohl aus dem Text hervorgeht, dass der Ägidiusaltar zu diesem Zeitpunkt bereits errichtet und geweiht war. Bourdon hingegen nennt 1437 als Datum für Altar- und Vikarienstiftung. Friedrich SCHNEIDER, Der Pfeiler im Mainzer Dom. In: Rheinische Blätter. Beilage zum Mainzer Journal vom 15. Februar 1870, S. 2–16, hier S. 8f.

43   SCHNEIDER, Pfeiler III (wie Anm. 42), S. 11f.

Marienaltar, wohl aber fungierte die Gottesmutter als Mitpatronin, wie etwa am Altar, der am Martinschörlein stand. Dieser war neben den Hll. Drei Königen, Martinus, Liborius, Valentinus und Sebastian der Jungfrau Maria als erster Patronin geweiht.[44]

Am Ostlettner gab es schließlich noch einen vierten Altar. Er war der hl. Martha geweiht und stand auf dem Lettner, wie uns Bourdon überliefert.[45] Einen weiteren Hinweis zur Nutzung des Lettners liefert uns der Beschluss des Domkapitels, 1468 die neue Orgel nicht wie zunächst geplant über dem Eisenchor, sondern auf der Lettnerbühne aufstellen zu lassen. Sie solle zum Schmuck der Kirche dienen und von dort aus in beiden Chören zu hören sein, was darauf schließen lässt, dass es sich um die einzige zu jener Zeit im Dom befindliche Orgel handelte, die zudem eine beachtliche Größe gehabt haben muss.[46] (Abb. 23)

Der Ostlettner scheint also im 15. Jahrhundert gleichsam das liturgische Zentrum der Laienkirche gebildet zu haben, dort wurden sowohl der werktägliche Pfarrgottesdienst als auch die Stiftermessen und Anniversarien gefeiert. Er stellte somit zuweilen einen liturgischen Kristallisationspunkt innerhalb der Kirchenraumtopographie dar.

Umbaumaßnahmen im 17. Jahrhundert – Westchor

Diese Raumaufteilung innerhalb des Domes blieb bis in die zweite Hälfte des 17. Jahrhunderts bestehen. Die liturgischen Beschlüsse, die auf dem Konzil von Trient gefasst wurden, boten konkrete Handlungsanweisungen für eine Neugestaltung im Sinne eines geänderten Zeitgeistes. 1680 erteilte das Domkapitel die Genehmigung zum Abriss des mittlerweile baufälligen frühgotischen Westlettners mitsamt der seitlichen Chorschranken. Doch beauftragte es zugleich den Baumeister Clemens Hinckh mit der Errichtung einer neuen Schrankenanlage, was wohl weniger im Sinne des Tridentinums gewesen sein dürfte.[47] Im Unterschied zum mittelalterlichen Lettner sollte diese aber

---

44 GUDENUS, Codex Diplomaticus (wie Anm. 42), S. 735.

45 BOURDON, Epitaphia (wie Anm. 28), S. 34: *Item onus altaris S. Martha, quod prius extitit in lectorio chori ferrei destructo.*

46 „Placuit dominis de capitulo, quod organum novum [...], quamvis eius positio deputata fuit super coro ferreo, propter ornatum ecclesiae et etiam, quia melius auditur in ambobus coris, super ambone novo ponatur, hoc tamen adjecto, quod [...] ad utrosque coros suis temporibus in eisdem novis organis ludatur." Mainzer Domkapitelsprotokolle, I, fol. 154 (Staatsarchiv Würzburg). Zitiert nach Andreas Ludwig VEIT, Archivalische Nachrichten über den Dom zu Mainz bis zum 16. Jahrhundert. In: Archiv für Hessische Geschichte NF 8 (1912) S. 147–171, hier S. 165. Zu den Mainzer Domorgeln siehe auch Adam GOTTRON, Die Orgeln des Mainzer Doms. In: Mainzer Zeitschrift 32 (1937) S. 53–58, hier S. 53.

47 Zum Abbruch des alten Lettners und Neubau durch Clemens Hinckh siehe Ernst NEEB, Zur Geschichte der heutigen Chorbühnen und des ehemaligen Lettners im Westchor des Mainzer Domes. In: Mainzer Zeitschrift 11 (1916) S. 38–48.

nun einen weitgehenden Blick in die Vierung und den Chorraum ermöglichen. Von dieser barocken Schrankenanlage sind die beiden seitlichen Chorbühnen, Choretten genannt, noch erhalten und sie beeindrucken heute noch durch ihre würdevolle und zugleich elegante Architektur. (Abb. 24) Wie diese war auch der vordere Abschluss zum Langhaus hin gestaltet, wie aus dem Ölgemälde eines Anonymus aus der zweiten Hälfte des 18. Jahrhunderts hervorgeht.[48] Das einzige erhaltene Bildzeugnis zur Westansicht des barocken Domes vermittelt einen recht exakten Eindruck von jener vorderen Abschrankung. Sie besaß zwei seitliche Zugänge, über Treppen erreichbar, die mit Gittertüren blickdurchlässig verschlossen waren. Auch das mittlere Joch war großzügig vergittert, der Blick vom Langhaus aus auf den Hochaltar dadurch gewährt.[49] Auf ansprechende Weise war somit den Forderungen des Konzils Genüge getan, ohne dass man in Mainz auf die traditionelle Auszeichnung des Westchors durch eine Abschrankung verzichten musste. (Abb. 25)

Abb. 24: Blick auf die sog. Choretten, die 1683 von Clemens Hinckh anstelle der seitlichen Schranken des frühgotischen Westlettners errichtet wurden

---

48 Innenansicht des Mainzer Domes gegen Westen, anonym, Deutschland 2. Hälfte des 18. Jahrhunderts, Öl/Buchenholz, Trier, Bischöfliches Dom- und Diözesanmuseum, Inv.Nr. M 26. Abgedruckt in Kotzur, Dom im Wandel (wie Anm. 8), S. 18.

49 Bei dieser Chorabschrankung handelte es sich nicht um eine bühnenartige Konstruktion, sondern lediglich um eine fassadenartige Bogenstellung ohne größere Tiefe. Dies geht aus dem Domgrundriss von St. Far um 1803/04 hervor, der jene Chorabschrankung einzeichnete. Abgedruckt bei Neeb, Chorbühnen (wie Anm. 47), S. 44. Dort auch die Zitate verschiedener Augenzeugen der westlichen Chorabschrankung.

Abb. 25: Grafische Rekonstruktion der 1683 von Clemens Hinckh errichteten Westchorabschrankung zum Langhaus hin, die 1804 wieder abgerissen wurde. Hans-Jürgen Kotzur 2002

Umbaumaßnahmen im 17. Jahrhundert – Ostchor

Auch der Ostchorbereich blieb von der Neugestaltungskampagne des Barock nicht verschont. 1683 musste das Obergeschoss der Nassauerkapelle, das sogenannte Martinschörlein weichen, um – wie es hieß – „einen besseren Durchblick zu gewinnen"[50]. Zur selben Zeit dürfte auch der spätgotische Ostlettner niedergelegt worden sein. Der für die Statik des Ostchors nach wie vor notwendige Stützpfeiler konnte dagegen nicht entfernt werden. Des Lettners beraubt entfaltete der Pfeiler offenbar nun aber eine derart unschöne Wirkung auf das Raumbild, dass man dieses Manko durch monumentale Altäre zu kaschieren suchte. (Abb. 26) Bereits am 23. Dezember 1683 wurden die drei Altäre vor dem Pfeiler von Weihbischof Matthias Stark neu konsekriert[51], jedoch scheint es sich bei den seitlichen noch um die alten Lettneraltäre und nur bei dem

---

50   Franz Anton Dürr, Commentatio Historica de Moguntino S. Martini Monasterio. Mainz [ca. 1756], S. 44: „crypta subterranea [...] melioris prospectus causa postea fuit sublata." Zitiert nach Schneider, Dom (wie Anm. 13), Anm. 4, S. XXVIII.

51   Die Weihehandlungen sind in der Handschrift des Weihbischofs Volusius (1676–1679) mit späteren Ergänzungen des Weihbischofs Matthias Stark (1680–1703) dokumentiert, die sich im Dom- und Diözesanarchiv Mainz befindet. Die darin enthaltenen Bemerkungen zu Mainzer Kirchen-, Altar- und Glockenweihen sind veröffentlicht bei Sigrid Duchhardt-Bösken, Pontifikalhand-

Die Lettner und Chorschranken des Mainzer Domes

Abb. 26: Grafische Darstellung des Ostchors nach dem Abriss des spätgotischen Ostlettners und Errichtung dreier monumentaler Barockaltäre, Ende 17. Jh.

mittleren um einen neu errichteten Altar gehandelt zu haben. Dieser, eine Stiftung des Dekans Johann Wilhelm von Wolff-Metternich zu Gracht, wurde zu Ehren des allmächtigen Gottes und der Himmelfahrt Mariä dezidiert, zusätzlich aber auch dem hl. Martin in Erinnerung an das abgebrochene Martinschörlein, der hl. Martha, deren Altar sich vormals auf dem Lettner befand, und dem hl. Valentin, ebenfalls der Patron eines zerstörten Altars, wie uns Bourdon überliefert.[52] An die Stelle des Ägidiusaltares an der Südseite des Choreingangs stiftete dann 1686 Dompropst Johann Friedrich von Eltz einen neuen Altar, nun zu Ehren des Schmerzensmannes.[53] Das Pendant auf der Nordseite, noch zu Lebzeiten von Domdekan Franz Emmerich Wilhelm von Bubenheim, also vor 1709, gestiftet, ersetzte schließlich den alten Christophorusaltar und wurde zu Ehren der Schmerzhaften Muttergottes errichtet.[54]

Fast 200 Jahre lang sollte diese Gestaltung den Blick auf den Ostchor prägen.

19. Jahrhundert

Erst 1804 gibt es wieder einen baulichen Eingriff an einem Choreingang. Bischof Colmar ließ den vergitterten Abschluss zwischen dem Vierungsbereich des Westchors und dem Langschiff beseitigen, den Fußboden bis zum ersten Joch des Schiffes erhöhen, sodass der Westchor bis zum ersten Pfeilerpaar des Langhauses ausgedehnt wurde.[55] Eine großzügige Blickachse wurde geschaffen, wie uns die um 1840 entstandene Lithographie von Charles Claude Bachélier zeigt.[56] (Abb. 27) Die Darstellung lässt im Hintergrund auch die Situation vor dem Ostchor erkennen, die nach wie vor barock geprägt ist. Doch empfand man dies bald als einen Missstand, den es rasch zu beheben galt.

---

lungen der Weihbischöfe Volusius und Stark in Mainz. In: Mainzer Zeitschrift 67/68 (1972/73) S. 230–233, hier S. 230.

52 BOURDON, Epitaphia (wie Anm. 28), S. 34f. Die Weihenachricht bei DUCHHARDT-BÖSKEN, Weihbischöfe (wie Anm. 51), S. 230; KAUTZSCH/NEEB, Dom (wie Anm. 31), S. 180. Im Grundrissplan von Gudenus von 1747 sind noch die alten Patrozinien angegeben, bei Bourdons Domplan sind dagegen schon die neuen vermerkt.

53 BOURDON, Epitaphia (wie Anm. 28), S. 38. Die Altarinschrift auch bei GUDENUS, Codex Diplomaticus (wie Anm. 42), S. 744.

54 BOURDON, Epitaphia (wie Anm. 28), S. 36; GUDENUS, Codex Diplomaticus (wie Anm. 42), S. 741.

55 „Die Balustrade, welche den ganzen hohen Chor umschloß, wurde niedergerissen, eine schöne Treppe mit wohl proportionierten Stufen, welche zum Altare führen, (im Jahr 1804) errichtet, und so dem Ganzen eine gefälligere, dem Bedürfnisse der Zeiten entsprechendere Form gegeben." Franz WERNER, Der Dom von Mainz und seine Denkmäler, 1. Mainz 1827, S. 247.

56 Charles-Claude Bachélier, Vue du Choeur du Dôme de Mayence, um 1840, gedr. bei Lemercier Paris. BDDM.

Bereits um 1830 machte man sich Gedanken über eine Neugestaltung des Ostchors und besann sich dabei auf das Mittelalter. 1833 legte der Darmstädter Galeriedirektor Franz Hubert Müller Zeichnungen für eine Lettneranlage vor, für die er im gleichen Jahr aus dem Domfabrikfonds honoriert wurde.[57] Diesem Auftrag war ein Gutachten des Mainzer Orgelbauers Heinrich Dreymann vorausgegangen, in dem empfohlen wurde, die alte Cüntzersche Orgel von der Nordchorette auf eine nun zu schaffende Empore vor dem Choreingang des Ostchors zu versetzen – für Franz Hubert Müller ein guter Anlass, die Gestaltung des gesamten Triumphbogenbereichs neu zu überdenken.[58] Er plante die Entfernung der drei barocken Altäre und sah an deren Stelle die Errichtung einer stattlichen Lettnerarchitektur vor, auf deren Bühne die Orgel Aufstellung finden sollte. Das Zusammenspiel von gotischem Stützpfeiler, neugotischem

Abb. 27: Blick vom Westchor nach Osten. Im Hintergrund die Situation vor dem Ostchor mit Stützpfeiler und drei Barockaltären. Lithographie nach Charles-Claude Bachélier, Vue du Choeur du Dôme de Mayence, um 1840. Dommuseum Mainz

Lettner und Orgelprospekt versprach erstmals wieder ein architektonisch einheitliches Bild, wenngleich dadurch der Ostchor vom Langhaus noch massiver abgetrennt worden wäre.

Die Entwürfe Müllers – heute im Diözesanarchiv aufbewahrt – boten zwei alternative Lösungen.[59] (Abb. 28) Gemeinsam sind beiden Vorschlägen der fünfjochige

---

57 Dem Galleriedirector Müller in Darmstadt für Honorar wegen Fertigung eines Risses zur Aufstellung der Domorgel 55 fl. (Domfabrikrechnung 1833, 125 Nr. 965 mit Beleg Nr. 411 vom 18.9.1833). Siehe Sigrid DUCHHARDT-BÖSKEN, Ein neugotisches Lettnerprojekt für den Mainzer Dom. In: Mainzer Zeitschrift 81 (1986) S. 101–106, hier S. 101.

58 GOTTRON, Orgeln (wie Anm. 46), S. 54.

59 Es handelt sich um vier undatierte und unsignierte Planzeichnungen: einen Grundriss, B 14, 16 (Papier auf Leinen; 70 x 51,7 cm), Aufriss der Vorderansicht von Westen, B 14, 17 (Papier auf

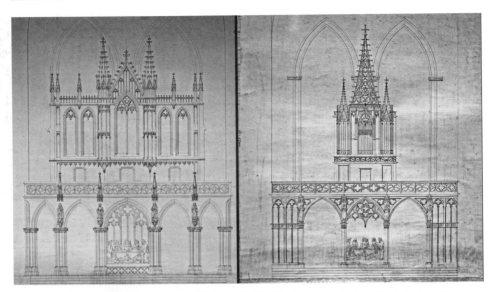

Abb. 28: Zwei Entwürfe von Franz Hubert Müller für das nie realisierte Projekt eines Lettnerneubaus im gotischen Stil vor dem Ostchor, um 1830. Dom- und Diözesanarchiv Mainz

Grundriss der Lettnerhalle, die fünfteilige Fassadengliederung der Lettnerfront sowie die Maßwerkbrüstung als Abschluss der Lettnerbühne.[60] Beiden Entwürfen liegt ferner die Absicht zugrunde, im mittleren Joch der Lettnerhalle die qualitätvolle spätgotische Grablegungsgruppe unterzubringen, die aus der 1803–1807 abgebrochenen Liebfrauenkirche stammte und nun im Dom einen neuen angemessenen Aufstellungsort finden sollte. Recht unterschiedlich hingegen sind die als Holzkonstruktionen gedachten Orgelaufbauten auf der Lettnerbühne gestaltet. Während der eine Entwurf die Orgel turmartig um den Stützpfeiler anordnet und mit einem reich durchbrochenen Maßwerkhelm enden lässt, zeigt der andere eine fünfteilig gegliederte neugotische Fassadenarchitektur, die mangels Pfeifendarstellung nur anhand der eingezeichneten Registerknöpfe als Orgelprospekt identifiziert werden kann. Bekanntlich kam diese Planung nicht zur Ausführung und wurde später zugunsten einer anderen Gestaltungsidee aufgegeben.[61]

Leinen; 62,3 x 95,5 cm), Seitenansicht, B 14, 18 (Papier; 51,1 x 71,2 cm), Aufriss der westlichen Schauseite, B 14, 19 (Papier; 61,6 x 80,5 cm).

60 Detaillierte Beschreibungen der Entwürfe bei DUCHHARDT-BÖSKEN, Lettnerprojekt (wie Anm. 57).

61 Warum das Lettnerprojekt aufgegeben wurde, ist nicht bekannt. Vermutlich waren es finanzielle Gründe und nicht zuletzt der überraschende Tod Bischof Burgs im Mai 1833.

Abb. 29: Blick auf die südliche Chorbühne des Westchors. Fotoaufnahme um 1925

Rund 30 Jahre später rückte auch der westliche Vierungsbereich wieder in den Mittelpunkt gestalterischer Überlegungen, als im Zuge der anstehenden Restaurierungsmaßnahmen erstmals die Frage nach Stilreinheit gestellt wurde. Plötzlich empfand man die barocken Choretten in der mittelalterlichen Domarchitektur als unpassend und störend. (Abb. 29) Das Domkapitel zog Heinrich Hübsch aus Karlsruhe als Experten zur Beratung hinzu, und dieser schlug eine romanisierende Überformung der Chorbühnen vor. Der ebenfalls an der Diskussion beteiligte Ignaz Opfermann sprach sich sogar für die Niederlegung der Choretten und die Errichtung eines neuromanischen Ersatzbaus aus.[62]

Eine ebenso radikale Lösung forderte Dombaumeister Laske, der im April 1862 einen ersten konkreten Entwurf für neue Chorschranken vorlegte.[63] (Abb. 30) Sie sollten an gleicher Stelle und in exakt gleicher Größe die Vorgängerbauten Clemens Hinckhs ersetzen. Im Unterschied zu Franz Hubert Müllers Ostlettnerentwurf von 1833, dessen gotische Formen aufgrund ihrer „vaterländischen Bedeutung" gewählt wurden, erklärte sich die Stilwahl nun nach der Vorgabe der historischen baulichen Umgebung. Folgerichtig entwarf Laske seine Chorschranken nicht in gotischen, sondern in spätromanischen Formen, wie sie im Vierungsbereich und im Westquerhaus

---

62 Meinrad von ENGELBERG, Ein gantz uhnnötige Sach – Barock im Mainzer Dom. In: Mainzer Zeitschrift 101 (2006) S. 55–71, hier S. 70 Anm. 63.

63 Die Entwürfe von Dombaumeister Laske sind noch erhalten und befinden sich im Dom- und Diözesanarchiv Mainz (DDAMZ), Best. DK B 4.2, 4, Bl. 130.

Abb. 30: Entwurf für neue Chorschranken am Westchor von Dombaumeister Laske aus dem Jahr 1862. Dom- und Diözesanarchiv Mainz

vorkommen. Aufgrund der hohen Baukosten, die auf 13.651 fl. veranschlagt wurden, wurde der bereits genehmigte Abbruch mehrmals aufgeschoben, bis er schließlich ganz unterblieb.[64]

Maßgeblich zum Erhalt der Choretten hatte das Plädoyer von Domkapitular Heinrich Himioben beigetragen, der erstmals ihre geschichtliche Bedeutung thematisierte und sich konsequent für ihren unveränderten Erhalt einsetzte.[65] In diesem

---

64 von Engelberg, Barock (wie Anm. 62), S. 70 Anm. 63. Dies war aber nicht der letzte Versuch gewesen, die Choretten abzureißen. Noch bei den Sanierungsarbeiten in den 1920er Jahren wurde ernsthaft eine Niederlegung der seitlichen Chorschranken in Erwägung gezogen. Siehe Akten der Dombaukommission 1924–28. DDAMZ B 6.1.

65 „Jedes Jahrhundert, das an ihm [dem Dom] sich vorüberlebte, hat ihm seinen Paß visiert und sein Siegel aufgedrückt – radieren wir die Handschrift nicht aus... Drücken wir dem Dom das Siegel unseres Jahrhunderts auf [...] durch Aufbauen und Schaffen [...] nicht durch Ausstreichen und Anders-Schreiben dessen, was das 17. Jahrhundert hineingeschrieben hat." Himiobens Rede ist

Sinne hatte sich schon vor 1845 Domdekan Franz Anton Werner geäußert, der neben dem historischen Wert von Inventar und Ausstattung auch den besonderen Reiz von historisch gewachsenen Raumzuständen erkannte und schätzte.[66]

Heute sind wir froh, dass die beiden letztgenannten Gestaltungsvorschläge nie realisiert wurden – zu radikal und viel zu großangelegt kommen sie uns vor. Doch muss daran erinnert werden, dass gegen Ende des 19. Jahrhunderts eine Neugestaltung durchgeführt wurde, die nicht weniger radikal in die Substanz des Domes eingriff:

In den 1870er Jahren hatte man sich zu dem nicht unumstrittenen Plan durchgerungen, den unliebsamen Stützpfeiler unter dem östlichen Triumphbogen herauszunehmen und stattdessen zur Sicherung des Fundaments die romanische Krypta wiederherzustellen, sodass sich der Ostchor wieder als Hochchor präsentierte.[67] 1877 schuf man zu dessen Zugang eine neue, abgestufte Treppenanlage.[68] Unter der Vierung wurde später, 1891, ein zu Ehren Bischof Kettelers geschaffener Ziborienaltar von monumentalen Ausmaßen errichtet.[69] (Abb. 31) Dieser sollte im Kontext einer figürlich ausgemalten Apsiskalotte, einer Teppichmalerei an der Rückwand, sowie eines neuen Chorgestühls im Stile des Historismus stehen, doch kamen jene Elemente nicht zur Ausführung. Die Barockaltäre, die bis dato vor dem Pfeiler und im Chorbereich standen, passten freilich nicht mehr in das einheitliche Konzept der Neugestaltung. Vier der vormals sechs Altäre wurden verschiedenen rheinhessischen Kirchengemeinden zugeteilt.[70]

Dem frühen 20. Jahrhundert war dieser Blick auf den Ostchor aber bald unerträglich; die beseitigte barocke Ausstattung wurde als schmerzlicher Verlust empfunden. Das 1919 von Rudolf Kautzsch und Ernst Neeb gefällte Urteil lässt darüber keinen

---

abgedruckt bei Sigrid DUCHHARDT-BÖSKEN, Der Mainzer Dom im 19. Jahrhundert. In: Willigis und sein Dom. Festschrift zur Jahrtausendfeier des Mainzer Domes 975–1975, hg. von Anton Ph. Brück (= Quellen und Abhandlungen zur mittelrheinischen Kirchengeschichte 24). Mainz 1975, S. 439–499, hier S. 482f, Zitat S. 483.

66 Ebd., S. 466f.

67 Über den Abbruch des Pfeilers dachte man schon seit 1856 nach, wobei diese Frage aus statischen Gründen immer wieder verschoben wurde. Der Entschluss, die romanische Krypta wiederherzustellen und auf diese Weise die Fundamente des Ostchors zu sichern, wurde erst 1871 nach Erscheinen von Friedrich Schneiders Aufsatz „Die Krypta des Mainzer Domes und die Frage ihrer Wiederherstellung" gefällt.

68 Über die damaligen Baumaßnahmen berichtet ausführlich SCHNEIDER, Dom (wie Anm. 13), S. 172–178.

69 Zur Ostchorgestaltung des 19. Jahrhunderts siehe DUCHHARDT-BÖSKEN, Dom 19. Jahrhundert (wie Anm. 65), S. 497f. Der Altar wurde von Dombaumeister Ludwig Becker gestaltet.

70 Der Mariä Himmelfahrts-Altar befindet sich heute in St. Michael, Lörzweiler; der Ecce Homo-Altar sowie der Altar der Schmerzensreichen Muttergottes stehen heute in der Albanskirche in Bodenheim (siehe unten Abb. S. 258). Der Martinsaltar von 1697, der ehemals im Scheitel der Ostapsis stand, befindet sich in St. Gereon in Nackenheim.

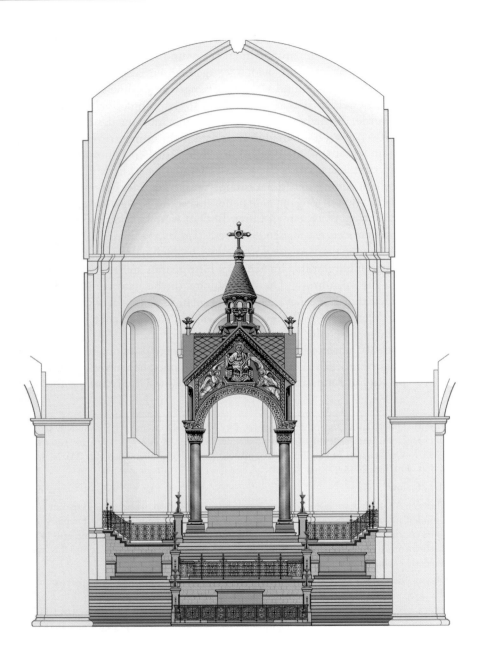

Abb. 31: Grafische Darstellung des Ostchors mit dem monumentalen Ketteler-Altar nach der Umgestaltung Ende des 19. Jh.

Abb. 32: Grafische Darstellung des Ostchors nach der Neugestaltung 1927, die noch bis heute den Dom prägt

Zweifel: „Heute ist keiner der alten Altäre des Ostchors mehr vorhanden. An ihre Stelle sind ‚stilgerechte' Neuschöpfungen getreten, vorab der große Altar Mariä Himmelfahrt, 1892 geweiht, der der Wirkung des Ostchors so großen Schaden tut und wohl niemandem mehr Freude macht."[71]

Dem Wunsch nach einer Zurücknahme des historischen Raumbildes wurde in den 1920er Jahren dann entsprochen. Der Frankfurter Professor Varnesi erhielt den Auftrag, den Ostchor umzugestalten.[72] Er schuf eine neue, einheitlichere Treppenanlage und entfernte den monumentalen Ziborienaltar zugunsten einer in den Dimensionen reduzierteren Version. (Abb. 32) In dieser Form präsentiert sich uns der Ostchorbereich noch heute. Was sich vielen als romanischer Hochchor darbietet, ist also letztlich das Ergebnis umfassender gestalterischer Eingriffe des 19. und 20. Jahrhunderts.

Im Rückblick zeigt sich, dass gerade die Schnittstellen zwischen Chor und Langhaus, im Westen wie im Osten des Domes, zu allen Zeiten von besonderer Bedeutung waren. Keine anderen Raumteile der Kathedrale waren so oft und umfassend der Veränderung unterworfen. Die Rekonstruktion dieser wechselnden Zustände und Raumbilder soll jedoch nicht nur Vergangenes visualisieren, sondern auch Fragen aufwerfen, die sonst oft unberücksichtigt bleiben. Fragen nach der konkreten Nutzung verschiedener Bereiche im Dom, danach, wie sich die Menschen darin bewegten, welche Handlungen sie vollzogen. Vieles ist noch nicht geklärt, vieles bleibt für uns nach wie vor unverständlich, doch bei einem Bauwerk wie dem Mainzer Dom lohnt bereits die Fragestellung an sich.

---

71   KAUTZSCH/NEEB, Dom (wie Anm. 31), S. 180.

72   Aloys STREMPEL, Die Rettung des Mainzer Domes 1924–30 und 1942–44. Mainz 1944, hier S. 1 (ohne Seitenzählung). Varnesi hatte den Entwurf für die Treppenanlage gefertigt, der im Oktober 1927 einhellige Zustimmung durch das Domkapitel fand und mit leichten Korrekturen ausgeführt wurde. Der Fußbodenbelag des Ostchors sowie die Gestaltung des neuen Ketteler-Altars gehen auf Entwürfe des Darmstädter Denkmalpflegers Prof. Paul Meißner zurück. Siehe Akten der Dombaukommission 1924–1928. DDAMZ DK B 6.1.

Das Domkapitel –
geistliche Gemeinschaft und politische Entscheidungsträger?

Franz J. Felten

In seinen Statuten vom 29. Februar 2000 definiert sich das Bischöfliche Domkapitel am Dom St. Martin zu Mainz als „ein Kollegium von sieben Diözesangeistlichen mit Priester- oder Bischofsweihe …, (das) in brüderlicher Gemeinschaft untereinander und in Einheit mit dem Bischof teil an dessen Hirtensorge" nimmt.[1]

Ganz anders klingt, was Bischof Ivo von Chartres vor 900 Jahren seinem Erzbischof von Bourges über sein Kapitel zu berichten hatte: „Im alten Hass entflammt standen sie auf gegen mich und widersprachen mir im Tumult". Was war geschehen? Der Bischof hatte Ämter in seiner – und ihrer – Kirche übertragen, ohne das Kapitel zu konsultieren. „Anderes", so beteuert er, „hatten sie nicht vorzubringen". Nun war der Bischof der Meinung, seine Kanoniker nicht um Rat fragen zu müssen, weil die Rechtsgewohnheiten seiner Diözese dies nicht verlangten. Also beschied er sie trocken: „Ich habe Euch auch nicht gefragt, als ich Euch ernannt habe", womit er freilich die Gemüter nicht gerade besänftigte. Wild schreiend stürmten sie auf seinen Sitz ein, rissen ihm ein Buch aus seinen Händen, schrien hässliche und unangebrachte Worte. Nur mit Mühe und Not entkam er mit Hilfe der Kanoniker, die sich nicht gegen ihn verschworen hatten, ihren Händen. – So der Brief des Bischofs, unser einziges Zeugnis.[2]

Tumult, Zorn, lautstarke Beleidigungen, Handgreiflichkeiten, Verschwörung von Kanonikern gegen ihren Bischof, wie es auch aus Mainz berichtet wird … – Fassen wir hier das mittelalterliche Gegenbild zur gemeinsamen Hirtensorge in brüderlicher Einheit heutzutage?

So einfach war und ist es sicher nicht. Über den Grad der Eintracht oder Meinungsverschiedenheiten zwischen einem heutigen Kapitel und seinem Bischof kann und mag ich nichts sagen, auch wenn aus einer anderen rheinischen Bischofsstadt manches kolportiert wird. Aber ich bin kein Journalist, sondern Mittelalterhistoriker und will bei meinem Leisten bleiben.

---

1 Statuten des Bischöflichen Domkapitels §1.1. Zit. nach http://www.bistummainz.de/bistum/bistum/domkapitel/recht.html#4. Die Statuten lassen sich unter http://downloads2.bistummainz.de/3/218/1/107174516845098.pdf einsehen (letzter Zugriff am 24.01.2010).

2 Ep. CLXXXII, Migne, Patrologia Latina (= PL) 162, Sp. 183f.

Daher will ich auch nur en passant erwähnen, dass man nach dem II. Vatikanischen Konzil die Existenzberechtigung von Domkapiteln grundsätzlich in Frage stellte, unter Schlagworten wie: „Abschaffung oder Reform" bzw. „Priesterrat oder Domkapitel"[3]. In der Tat behandelt der neue Codex Iuris Canonici von 1983 die Domkapitel wesentlich knapper als sein Vorgänger von 1917 – und belässt ihnen nicht mehr den uralten und prestigeträchtigen Titel eines „Senates des Bischofs", der nun auf Konsultorenkollegium oder Priesterräte übergehen sollte.[4] In den allermeisten Diözesen der katholischen Welt gibt es keine Domkapitel mehr – oder sie wurden nie errichtet. In Frankreich und Italien wurden sie aufgehoben, während die Deutsche Bischofskonferenz und die Österreichische sich 1983 für die Beibehaltung der Domkapitel in reformierter Form entschieden und ihnen die Aufgaben der im Codex vorgesehenen Konsultorenkollegien übertrugen.[5]

*

Frucht dieser vom Kirchenrecht geforderten Reform sind die eingangs zitierten Mainzer Statuten aus dem Jahr 2000. In ihrer Präambel berufen sie sich auf die mehr als tausendjährige Tradition des 1803 untergegangenen alten Erzbistums – ohne den Bruch zu Beginn des 19. Jahrhunderts zu verschweigen. Für das neue, unter französischer Herrschaft begründete, viel kleinere Bistum Mainz erließ zunächst Bischof Joseph Ludwig Colmar 1809 eine Satzung für ein Domkapitel mit zehn wirklichen

---

[3] Siehe die Titel von Paul WESEMANN, Domkapitel nach dem II. Vatikanum. Abschaffung oder Reform? In: Investigationes theologico-canonicae. Festschrift für Wilhelm Bertrams, hg. von der Pontificia Università Gregoriana. Rom 1978, S. 501–531 und Heribert SCHMITZ, Priesterrat oder Domkapitel. „Senat des Bischofs in der Leitung der Diözese"? In: Archiv für katholisches Kirchenrecht 139 (1970) S. 125–131. Einblick in die sehr umfangreiche Diskussion geben die Dissertation von Eva JÜSTEN, Das Domkapitel nach dem Codex Iuris Canonici von 1983 unter besonderer Berücksichtigung der Rechtslage in Deutschland und Österreich (= Europäische Hochschulschriften, Reihe II, Rechtswissenschaft 1386). Frankfurt a.M. [u.a.] 1993, bes. S. 18f sowie Hans-Jürgen BECKER, Senatus episcopi. Die rechtliche Stellung der Domkapitel in Geschichte und Gegenwart. In: Jahres- und Tagungsbericht der Görres-Gesellschaft 1989. [o.O.] 1990, S. 33–54, bes. S. 33f und 51–54.

[4] Überblick über die Rechtslage bei JÜSTEN, Domkapitel (wie Anm. 3), S. 20–79 und im Handbuch des katholischen Kirchenrechts, hg. von Joseph LISTL und Heribert SCHMITZ. 2. grundlegend neu bearb. Aufl. Regensburg 1999, S. 447–479.

[5] Münsterischer Kommentar zum Codex Iuris Canonici unter besonderer Berücksichtigung der Rechtslage in Deutschland, Österreich und der Schweiz, hg. von Klaus LÜDICKE unter Mitarbeit von Rudolf HENSELER [u.a.]. Essen 1984, benutzt 27. erg. Lieferung Codex, April 1997 zu cc. 503–510, c. 1277 zur Vermögensverwaltung auf diözesaner Ebene, 43. Lieferung, 2008; JÜSTEN, Domkapitel (wie Anm. 3), S. 80–178 (Gestaltung der Rechtspraxis durch die neuen Statuten der deutschen und österreichischen Domkapitel). Knapp auch BECKER, Senatus episcopi (wie Anm. 3), S. 52–54.

und fünf Ehrendomkapitularen; für das durch die Zirkumskriptionsbulle *Provida solersque* vom 16. August 1821 umschriebene Bistum wurden erst 1829 im Zusammenwirken von Päpstlicher Kurie und Großherzoglicher Regierung neue Domherren für ein kleineres Domkapitel ernannt, das nur einen Dekan und sechs vollberechtigte Kapitularen hat und damit eines der kleinsten Domkapitel deutscher Diözesen ist. 1830 wurden von der hessischen Regierung genauere Festlegungen getroffen. Die Kapitelskreuze der Domherren erinnern bis heute an den Großherzog Ludewig.[6]

Ganz im Einklang mit der alten Tradition wie mit dem neuen Codex bestimmen die aktuellen Statuten die rechtliche Qualität des Domkapitels als rechtsfähige Körperschaft und seinen zentralen Zweck: die Feier der Liturgie im Dom sowie die Mitwirkung an Leitung und Verwaltung der Diözese

Eines der von Großherzog Ludewig 1829 gestifteten Kapitelskreuze für die Mainzer Domherren. Domsakristei Mainz

(§ 1) – von weltlicher Herrschaft des Bischofs und des Domkapitels im Territorium des (Erz-)Stifts ist aus bekannten Gründen seit 1809 keine Rede mehr.

Zu den liturgischen Aufgaben gehören wie vor mehr als 1200 Jahren vor allem die Teilnahme an den feierlichen Gottesdiensten des Bischofs, das Stundengebet und die Gottesdienste im Dom, heute reduziert auf die turnusmäßige Feier der Stiftsterz, des Stiftsamtes und der Stiftsvesper an Sonn- und Feiertagen, des Stiftsgottesdienstes an den Werktagen (§ 8, § 20).

Zu den aktuellen Aufgaben in der Leitung und Verwaltung der Diözese, an denen das Kapitel als Kollegium mitwirkt (§ 9), gehört wie seit dem 13. Jahrhundert vor allem die Wahl des Bischofs und die Zustimmung zu Akten der außerordentlichen Vermögensverwaltung des Bistums. Welche Geschäfte hierzu zählen, wird ähnlich wie im mittelalterlichen Kirchenrecht durch das kirchliche Gesetzbuch (CIC 1983, cc. 1277, 1292, 1295) und andere Normen genauer geregelt. Anders als im Mittelalter gibt es heute jedoch eigene Diözesanverwaltungsräte, denen auch Laien angehören;

---

6 Abbildung unter http://www.bistummainz.de/bistum/bistum/domkapitel/insignien.html (letzter Zugriff am 24.1.2010). Dort auch Wappen und Siegel.

über die Verwendung der Kirchensteuer beraten und beschließen mehrheitlich – vorbehaltlich der Zustimmung des Bischofs – mit fachkundigen Laien besetzte Kirchensteuerräte.[7]

Über die Aufgaben als Ratskollegium hinaus sind die Domkanoniker als einzelne heute dazu verpflichtet, ein ihnen vom Bischof übertragenes Amt oder eine Aufgabe in der Leitung und Verwaltung der Diözese zu übernehmen und gewissenhaft zu erfüllen, etwa als Leiter von Dezernaten im Ordinariat, der zentralen Verwaltung der Diözese (§ 10, § 13). Zur Erfüllung der liturgischen Aufgaben sowie zur Verwaltung und Erhaltung des Doms sind dem Domkapitel eine Reihe von Ämtern und Einrichtungen zugeordnet: Der Domkustos (heute personenidentisch mit dem Domdekan), der Dompfarrer (§ 23, § 24), der Bußkanoniker (§ 17); Dombauamt und Dombauhütte unterstehen der Bischöflichen Dotation, der drei Domkapitulare angehören (§ 16).[8]

*

Unschwer würde ein Domherr aus der Zeit vor 800, 900 Jahren hier Kernkompetenzen seiner Zeit erkennen. Er würde auch beifällig zur Kenntnis nehmen, dass das Domkapitel diese Statuten selbst beschlossen hat, gehören Versammlungs- und Satzungsrecht doch neben der Rechtsfähigkeit (Eigentum!) zu den zentralen Merkmalen einer Korporation, auch wenn die Statuten erst nach Genehmigung durch den Bischof Rechtskraft erlangten. Im Mittelalter ließen sich die Kanoniker nicht selten ihre Statuten auch vom Papst bestätigen, um ihnen mehr Gewicht zu verleihen – nicht zuletzt gegen den eigenen Bischof. Die Stirne runzeln würde ein mittelalterlicher Domherr freilich, müsste er in den aktuellen Mainzer Statuten lesen, dass nach dem Tode des Bischofs die Verwaltung des Bistums, in weltlicher und geistlicher Hinsicht, nicht mehr dem Domkapitel zufällt, sondern dem dienstältesten Weihbischof bzw. dem Diözesanadministrator, den das Domkapitel binnen acht Tagen zu wählen hat (§ 26). Denn die Verwaltung von Diözese und Stift während der Sedisvakanz war eines der wichtigsten Rechte des alten Kapitels, die freilich bereits vom Konzil von Trient beschnitten wurden. Konsterniert wäre ein Domherr des späten Mittelalters und der frühen Neuzeit, müsste er in § 3 lesen: „Der Domdekan und die Domkapitulare werden jeweils abwechselnd nach Anhörung und mit Zustimmung des Domkapitels vom Bischof ernannt." Gerade der Modus der Aufnahme neuer Mitglieder war und ist von zentraler Bedeutung für eine Korporation – und stellte dementsprechend

---

7   http://www.bistummainz.de/bistum/bistum/finanzen/index.html (letzter Zugriff am 24.1.2010).

8   http://www.bistummainz.de/bistum/bistum/domkapitel/recht.html#4. Die Statuten lassen sich unter http://downloads2.bistummainz.de/3/218/1/107174516845098.pdf einsehen (letzter Zugriff am 24.01.2010).

über Jahrhunderte hin einen Gegenstand stillen Ringens oder offener Konflikte dar, zumal auch der Papst und der weltliche Herrscher hier zeitweise Ansprüche erhoben, in Mainz nur selten mit Erfolg übrigens.⁹ Ursprünglich – seit wir die Anfänge in der Spätantike quellenmäßig greifen können – hatte der Bischof sich die Kleriker seiner Umgebung ausgesucht; später bemühte sich das Domkapitel um Mitsprache, wir erinnern uns an den Brief Ivos von Chartres zu Beginn des 12. Jahrhunderts. Schließlich, vom 12.–14./15. Jahrhundert, beanspruchte das Kapitel selbst zu bestimmen, wer Kanoniker werden durfte. So wehrte das Mainzer Domkapitel sich 1326 erfolgreich gegen zwei Söhne Mainzer Bürger, die vom Papst Anwartschaften auf ein Kanonikat erhalten hatten, mit der Begründung, dass die Mainzer Bürger seit jeher Feinde der Mainzer Kirche gewesen seien. Selbst der Papst gab nach und Erzbischof Balduin von Luxemburg wie die Stadt erkannten die Position des Kapitels 1332 an. Schon 1326 legten die Kapitulare fest, dass nur Söhne adeliger Eltern, väterlicher- wie mütterlicherseits, aufgenommen werden sollten, und sie verteidigten dieses Adelsstatut auch gegen den Beschluss des Baseler Konzils, graduierte Theologen und Juristen bürgerlicher Herkunft in Domkapitel aufzunehmen.¹⁰

---

9   Siehe dazu Michael HOLLMANN, Das Mainzer Domkapitel im späten Mittelalter (1306–1476) (= Quellen und Abhandlungen zur mittelrheinischen Kirchengeschichte 64). Mainz 1990, bes. S. 21–43 bzw. die Domherren-Biogramme S. 315–476. Eine bedeutsame Ausnahme war der Dompropst, der im Laufe des 13. Jahrhunderts aus dem Kapitel ‚herauswuchs' und als reichste und vornehmste Prälatur seit dem späten 13. Jahrhundert bis 1373 fest in der Hand „päpstlicher Günstlinge" war, die in der Regel nicht in Mainz residierten (ebd., S. 115–127, Zitat S. 116). Die Zusammensetzung der Domkapitel ist ein klassisches Feld der Domkapitelforschung seit den Zeiten Albert Brackmanns und Aloys Schultes zu Beginn des 20. Jahrhunderts, als auch die ersten Untersuchungen zum Mainzer Domkapitel erschienen: Wilhelm KISKY, Die Domkapitel der geistlichen Kurfürsten in ihrer persönlichen Zusammensetzung im 14. und 15. Jahrhundert (= Quellen und Studien zur Verfassungsgeschichte des Deutschen Reiches in Mittelalter und Neuzeit 1/3). Weimar 1906; Elard Friedrich BISKAMP, Das Mainzer Domkapitel bis zum Ausgang des 13. Jahrhunderts. Diss phil. Marburg 1909. Aus jüngerer Zeit seien neben Hollmanns Untersuchung zu Mainz die Arbeiten von Gerhard FOUQUET, Das Speyerer Domkapitel im späten Mittelalter (ca. 1350–1540). Adlige Freundschaft, fürstliche Patronage und päpstliche Klientel, 2 Bde (= Quellen und Abhandlungen zur mittelrheinischen Kirchengeschichte 57). Mainz 1987 und Rudolf HOLBACH, Stiftsgeistlichkeit im Spannungsfeld von Kirche und Welt. Studien zur Geschichte des Trierer Domkapitels und Domklerus im Spätmittelalter, 2 Bde (= Trierer Historische Forschungen 2). Trier 1982 angeführt. Ebenfalls von HOLBACH zu nennen wäre der Aufsatz „Zu Ergebnissen und Perspektiven neuerer Forschung zu spätmittelalterlichen deutschen Domkapiteln". In: Rheinische Vierteljahrsblätter 56 (1992) S. 148–180, welcher auch die ältere Forschung sowie französische Ansätze von Hélène Millet und anderen vorstellt. Jüngst, leider ohne ausführliche Darstellung der Forschungslage Brigitte HOTZ, Päpstliche Stellenvergabe am Konstanzer Domkapitel. Die avignonesische Periode (1316–1378) und die Domherrengemeinschaft beim Übergang zum Schisma (1378) (= Vorträge und Forschungen Sonderband 49). Ostfildern 2005.

10 HOLLMANN, Mainzer Domkapitel (wie Anm. 9), S. 14–17. Papst Alexander VI. bestätigte 1501 das Adelsstatut, das bis zum Untergang des alten Erzstifts 1803 galt; vgl. Günter RAUCH, Das Mainzer Domkapitel in der Neuzeit. Zu Verfassung und Selbstverständnis einer adeligen geistlichen

*

Die Rechte eines mittelalterlichen und frühneuzeitlichen Domkapitels wie die der Bischöfe, Abteien und Stifte reichten viel weiter als heute. Sie besaßen nicht nur reichen Grundbesitz[11], sondern auch weltliche Herrschaftsrechte über Land und Leute, die sie nicht zuletzt mit geistlichen Mitteln zu verteidigen wussten: Leute der Gräfin von Blois z.B. hatten Ende des 12. Jahrhunderts einen Dieb festgenommen und verurteilt. Das Domkapitel verlangte nun die Auslieferung des Mannes, weil er auf Herrschaftsgebiet des Kapitels festgenommen worden war. Die Leute der Gräfin wehrten sich: Dem verstorbenen Grafen sei die Gerichtsbarkeit in dem fraglichen Bereich übertragen worden. Der Rechtsstreit eskalierte und produzierte Akten – unsere Quellen. Das Domkapitel belegte die Lande der Gräfin mit dem Interdikt, d.h. es verbot in ihrem gesamten Herrschaftsbereich das Abhalten von Messen und die Spendung der Sakramente. Damit nutzte es die Sorge um das Seelenheil von Gläubigen, die mit dem Konflikt nichts zu tun hatten, als Druckmittel in einem weltlichen Rechtsstreit. Das Seelenheil seiner Herde freilich war und ist die zentrale Aufgabe eines Bischofs. Dem Bischof von Blois war es jedoch offenbar weniger wichtig als das Verhältnis zu seinem Domkapitel. Jedenfalls wurde ihm vom Papst ziemlich deutlich beschieden, er hätte das Interdikt rechtmäßig aufheben können, ja müssen: *de jure poterat et debebat*. Aber, und deswegen zitiere ich den Fall: Er scheute vor dem Verbot des Kapitels zurück! (*a capitulo prohibitus hoc facere recusavit*).[12]

Stark fühlten sich auch die Kanoniker von Clermont in der Auvergne, die im Konflikt mit ihrem Bischof sogar über die eigene Kathedrale ein Interdikt verhängten. Der Bischof wandte sich an den Papst, der ihm mitteilte, er müsse in diesem Fall das Interdikt weder persönlich beachten, noch erlauben, dass andere es beachteten,

---

Gemeinschaft (Mit einer Liste der Domprälaten seit 1500). In: Zeitschrift der Savigny-Stiftung für Rechtsgeschichte Kan. Abt. 92 (1975) S. 161–227 (I. Teil), 93 (1976) S. 194–278 (II. Teil) und 94 (1977) S. 132–179 (III. Teil), hier I, S. 174; Heinz DUCHHARDT, Die Aufschwörungsurkunde als sozialgeschichtliche und politische Quelle. Beobachtungen an Mainzer Urkunden aus dem Jahrhundert nach dem Westfälischen Frieden. In: Archiv für mittelrheinische Kirchengeschichte 26 (1974) S. 125–141.

11 Für Mainz grundlegend Irmtraud LIEBEHERR, Der Besitz des Mainzer Domkapitels im Spätmittelalter (= Quellen und Abhandlungen zur mittelrheinischen Kirchengeschichte 14). Mainz 1971; knappe Zusammenfassung mit Karte auch in DIES., Das Domkapitel. In: 1000 Jahre Mainzer Dom (975–1975). Werden und Wandel. Ausstellungskatalog und Handbuch, hg. von Wilhelm Jung. Mainz 1975, S. 115–125, bes. S. 122–125; DIES., Das Mainzer Domkapitel als Wahlkörperschaft des Erzbischofs. In: Willigis und sein Dom. Festschrift zur Jahrtausendfeier des Mainzer Domes 975–1975, hg. von Anton Philipp Brück (= Quellen und Abhandlungen zur mittelrheinischen Kirchengeschichte 24). Mainz 1975, S. 359–391.

12 Dekretale Innocenz' III., 5.40.23, ed. Aemilius FRIEDBERG, Corpus Iuris Canonici, Bd. 2. Leipzig 1879, Nachdruck Graz 1959, Sp. 918–921; Pierre TORQUEBIAU, Art. Chapitres de chanoines. In: Dictionnaire de Droit Canonique 3, 1942, Sp. 530–595, hier Sp. 540.

es sei denn, es liege ein so schweres Verbrechen vor, das diese Strafe rechtfertige. Der Apostolische Stuhl machte also den Bischof als Hirten der Diözese wieder zum Herrn des Verfahrens, bestritt aber nicht grundsätzlich die weitreichende Strafgewalt des Kapitels.[13]

Seit langem schon waren Domkapitel gegen ihre Feinde, d.h. vor allem gegen Leute, die sich ihrer Meinung nach an ihrem Besitz vergriffen hatten, mit Exkommunikation (Ausschluss aus der kirchlichen Eucharistiegemeinschaft, mit schweren Konsequenzen im weltlichen Leben) vorgegangen, vor allem wenn ihre Bischöfe nicht tätig geworden waren.[14] Auch gegen ihre eigenen Mitglieder konnten die Kapitel so vorgehen, was ihnen Päpste und Konzilien bestätigten. Umgekehrt ließen sich die Kanoniker von Maguelonne in Südfrankreich ein päpstliches Privileg geben, dass ihr Bischof nur mit Zustimmung des Kapitels seine Mitglieder auf diese Art bestrafen könne.[15]

Allgegenwärtig ist das Wappen des Mainzer Domkapitels im Sakristeibuch des Mainzer Doms von 1418. Hs 92, Martinus-Bibliothek Mainz

Offenbar waren um 1200 Konflikte zwischen Kapitel und laikaler Umwelt, zwischen Bischof und Kapitel, in denen weltliche und geistliche Dinge untrennbar vermischt wurden, so verbreitet, dass das große IV. Laterankonzil wenige Jahre später, 1215, den Domkapiteln grundsätzlich das Recht bestätigte, solche Strafen zu verhängen, ihnen aber zugleich ausdrücklich untersagte, das Interdikt ohne offensichtlichen und schweren Grund zu verhängen – *maxime in contemptum episcopi*, in Missachtung des Bischofs – und umgekehrt die Bischöfe vor Missbrauch ihrer Korrektionsgewalt

---

13 Torquebiau, Chapitres de chanoines (wie Anm. 12), Sp. 540.
14 Beispiele aus Tours, Pisa, Paris, Soissons aus dem 12. Jahrhundert bei Torquebiau, Chapitres de chanoines (wie Anm. 12), Sp. 539f. Nach Ivo von Chartres war es ein Recht der Domkapitel, das auf bischöfliche Verleihung zurückgehe; ebd., Sp. 539.
15 Torquebiau, Chapitres de chanoines (wie Anm. 12), Sp. 539.

warnte.[16] Auch das Zweite Konzil von Lyon wandte sich 1274 gegen den Missbrauch des Interdikts, das die Kanoniker in vielen Kirchen aus Gewohnheit (*ex consuetudine*) gebrauchten.[17]

*

Halten wir kurz inne und fragen: Wie hat sich in einer sehr früh und mit steigender Tendenz hierarchisch verfassten Kirche eine so starke, machtbewusste Korporation entwickeln können[18], neben und gegen den Bischof, der doch mit umfassender Gewalt seine Diözese regieren sollte, wie schon Ignatius von Antiochia es im zweiten Jahrhundert beschreibt.[19]

Genauso früh freilich finden wir im Umfeld des Bischofs Kleriker, das sogenannte Presbyterium, auch wenn nicht alle Mitglieder Priester waren; die Diakone sind sogar

---

16   Concilium Lateranense IV von 1215, c. 7. In: Conciliorum Oecumenicorum Decreta (COD), hg. von Josepho ALBERIGO [u.a.]. Bologna, Freiburg [u.a.] 1962, S. 213; aufgenommen in die Dekretalensammlung Gregors IX. (X.1.31.13). *Caeterum si canonici absque manifesta et rationabili causa, maxime in contemptum episcopi, cessaverint a divinis, episcopus nihilominus, si voluerit, celebret in ecclesia cathedrali et metropolitanus ad querelam ipsius tamquam super hoc delegatus a nobis, taliter eos per censuram ecclesiasticam cognita veritate castiget, quod poenae metu talia de cetero non praesumant. Provideant itaque diligenter ecclesiarum praelati, ut hoc salutare statutum ad quaestum pecuniae vel gravamen aliud non convertant, sed illud studiose ac fideliter exequantur, si canonicam voluerint effugere ultionem, quoniam super his apostolica sedes, auctore Domino, attentissime vigilabit* (COD, ebd.).

17   Concilium Lugdunense II von 1274, c. 17. In: COD (wie Anm. 16), S. 298f; vgl. TORQUEBIAU, Chapitres de chanoines (wie Anm. 12), Sp. 540f.

18   Zur Entstehung der Domkapitel in Deutschland Rudolf SCHIEFFER, Die Entstehung von Domkapiteln in Deutschland (= Bonner Historische Forschungen 43). Bonn 1976; zur Entwicklung der Domkapitel im Allgemeinen Paul HINSCHIUS, Das Kirchenrecht der Katholiken und Protestanten in Deutschland. System des katholischen Kirchenrechts mit besonderer Rücksicht auf Deutschland, Bd. 2. Berlin 1878, Nachdruck Graz 1959, bes. S. 49–161; Philipp SCHNEIDER, Die bischöflichen Domkapitel, ihre Entwicklung und rechtliche Stellung im Organismus der Kirche. Mainz 1885; TORQUEBIAU, Chapitres de chanoines (wie Anm. 12), Sp. 530–595; knapp Hans Erich FEINE, Kirchliche Rechtsgeschichte. Die katholische Kirche. Köln, Wien ⁵1972 (durchgesehene Aufl.), bes. S. 196–200, 209–211, 380–391; Friedrich MERZBACHER, Art. Domkapitel. In: Handwörterbuch zur deutschen Rechtsgeschichte 1, 1971, Sp. 757–761; Carsten BERNOTH, Art. Domkapitel. In: Handwörterbuch zur deutschen Rechtsgeschichte 1, 2. völlig überarb. und erweiterte Aufl. 2004, Sp. 1111–1116; Guy P. MARCHAL, Art. Domkapitel. In: Theologische Realenzyklopädie 9, 1982, S. 136–140; Johann HIRNSPERGER, Art. Domkapitel. In: LThK 3, ³1995, Sp. 326–328; DERS., Art. Domkapitel. In: Lexikon für Kirchen- und Staatskirchenrecht 1, 2000, S. 469–471; für Mainz insbesondere BISKAMP, Mainzer Domkapitel (wie Anm. 9); LIEBEHERR, Besitz (wie Anm. 11) und HOLLMANN, Mainzer Domkapitel (wie Anm. 9).

19   Ad Trall., II. 1 und Ad Polyc., VIII.1, nach TORQUEBIAU, Chapitres de chanoines (wie Anm. 12), Sp. 532.

aufgrund ihrer nach außen gerichteten Tätigkeit (Almosen, Verwaltung) deutlicher zu erkennen. Diese Kleriker hatten nicht nur gottesdienstliche und karitative Aufgaben, sondern wirkten an der Regierung der Diözese mit. Schon zu Beginn seines Pontifikats erklärte Cyprian von Karthago († 258), nichts ohne den Rat seines Klerus, ja den Konsens seines Volkes tun zu wollen.[20] Aus seiner Bischofsstadt vor der Verfolgung geflüchtet, forderte er Priester und Diakone auf, an seiner Stelle die Kirche zu verwalten.[21] Die Priester und Diakone Roms übernahmen nach dem Tod ihres Bischofs Fabian (236–259) die Leitung der vakanten Kirche, doch behielten sie die wichtigsten Dinge dem Nachfolger vor.[22] In der *Didascalia apostolorum*, einem Text aus dem dritten Jahrhundert, werden Diakone und Priester aufgefordert, mit dem Bischof zu Gericht zu sitzen, damit die Christen nicht auf die Gerichte der Heiden angewiesen seien, d.h. es geht hier auch um weltliche Angelegenheiten.[23] Selbst der Papst Siricius (384–399), von dem die ersten Dekretalen, rechtsverbindliche Briefe, überliefert sind, verurteilte einen Häretiker nach dem Urteil „aller unserer Priester und Diakone und des gesamten Klerus"[24]. Die Begründung lieferte der Kirchenlehrer Hieronymus unter Verweis auf die Bibel („Tue nichts ohne Rat") sowie auf das alte Rom: „Auch wir haben in der Kirche einen Senat, die Schar der Priester (um den Bischof)"[25]. Und so lesen wir noch in dem bis 1983 gültigen Codex Iuris Canonici von 1917, das Domkapitel sei eingerichtet, damit es dem Bischof als *senatus et consilium* beistehe (C. 391.1) – so wie die Kardinäle den Senat des römischen Bischofs bildeten.

---

20 ... *quando a primordio episcopatus mei statuerim nihil sine consilio vestro et sine consensu plebis mea privatim sententia gerere*; ep. V, MIGNE PL 4, Sp. 240; vgl. auch TORQUEBIAU, Chapitres de Chanoines (wie Anm.12), Sp. 532, hier ebenfalls verkürztes Zitat.

21 ... *presbyteris et diaconibus fratribus charissimis ... quoniam mihi interesse nunc non permittit loci conditio, peto vos pro fide et religione vestra fungamini illic et vestris partibus et meis, ut nihil vel ad disciplinam vel ad diligentiam desit*; ep. IV, MIGNE PL 4, Sp. 235; vgl. auch ep. V.1 (ebd., Sp. 237); engl. Übersetzung: The letters of St. Cyprian of Carthage, vol. 3, translated and annotated by Graeme W. CLARKE (= Ancient Christian Writers 43). New York [u.a.]1984, S. 62.

22 Ep. XXXI. 5 und 8, MIGNE PL 4, Sp. 319–323.

23 Didascalia et Constitutiones Apostolorum I, hg. von Franz Xaver FUNK. Paderborn 1905, Nachdruck Turin 1964, II. 47, S. 142; französische Übersetzung des syrischen Textes F. NAU, La Didascalie des Douze Apôtres. Paris 1922, S. 101–103; nach TORQUEBIAU, Chapitres de chanoines (wie Anm. 12), Sp. 533.

24 ... *omnium nostrum tam presbyterorum et diaconorum quam etiam totius cleri una suscitata fuit sententia*, zit. nach TORQUEBIAU, Chapitres de Chanoines (wie Anm. 12), Sp. 534.

25 *Et nos habemus in Ecclesia senatum nostrum, coetum presbyterorum*; Isaiam II.3, Migne PL 24, Sp. 61, aufgenommen ins Decretum Gratiani II. c.1, q.7, c.1 – gegen die Mönche, die nichts ohne den Rat der Priester tun dürfen. Noch Papst Paul VI. griff in seinem Dekret über die Priester (Presbyterorum ordinis) auf diese Tradition zurück (II.7, Priester als Senat des Bischofs), in: http://www.vatican.va/archive/hist_councils/ii_vatican_council/ documents/vat-ii_decree_19651207_presbyterorum-ordinis_lt.html (letzter Zugriff am 24.01.2010).

Historisch gesehen kristallisierte sich früh ein Vorrang des städtischen Klerus um die Bischofskirche heraus. Vom hl. Augustinus wissen wir, dass er mit seinem Klerus in einer klosterähnlichen Gemeinschaft zusammenlebte. – Die von ihm geprägte *vita canonica* wurde über Jahrhunderte zum Leitbild der Kanoniker in Dom- und Kollegiatstiften[26], noch bevor die so genannte Augustinusregel im Zeitalter der Kirchenreform zur Leitlinie der Regularkanoniker wurde.[27]

Dieses doppelte Erbe übernahm die frühmittelalterliche Kirche und baute es aus. Bischof Chrodegang von Metz erließ um 754 eine Kanonikerregel für die Kleriker seiner Bischofsstadt mit stark monastischen Zügen.[28] Karl der Große, ein Freund klarer Verhältnisse, wollte Kanoniker und Mönche in Aufgaben und Lebensweise klar unterschieden wissen.[29] Von ihm einberufene Reformkonzilien, darunter das von

---

26 Die asketisch-monastischen Ideale der Gemeinschaft wurden vor allem vermittelt durch seinen Sermo 355.2 und die Vita aus der Feder des Possidius (bes. 5.1); vgl. dazu jetzt Eva ELM, Die Macht der Weisheit. Das Bild des Bischofs in der Vita Augustini des Possidius und anderen spätantiken und frühmittelalterlichen Bischofsviten (= Studies in the History of Christian Thought 109). Leiden [u.a.] 2003.

27 Zu den verschiedenen unter Augustins Namen überlieferten Regeln grundlegend Luc VERHEIJEN, La règle de Saint Augustin, 2 Bde. Paris 1967. Zur Reformbewegung, die auch etliche Domkapitel erfasste, Stefan WEINFURTER, Salzburger Bistumsreform und Bischofspolitik im 12. Jahrhundert. Der Erzbischof Konrad I. von Salzburg (1106–1147) und die Regularkanoniker (= Kölner Historische Abhandlungen 24). Köln [u.a.] 1975; DERS., Neuere Forschung zu den Regularkanonikern im deutschen Reich des 11. und 12. Jahrhunderts. In: Historische Zeitschrift 224 (1977) S. 379–397; DERS., Reformkanoniker und Reichsepiskopat im Hochmittelalter. In: Historisches Jahrbuch 97/98 (1978) S. 158–193; DERS., Die kirchliche Ordnung in der Kirchenprovinz Salzburg und im Bistum Augsburg 1046–1215. In: Handbuch der bayerischen Kirchengeschichte, Bd. 1, hg. von Walter Brandmüller. St. Ottilien 1998, S. 271–328.

28 St. Chrodegangi Metensis episcopi regula canonicorum. Aus dem Codex Vossianus Latinus 94 mit Umschrift der tironischen Noten, hg. von Wilhelm SCHMITZ. Hannover 1889; Jean-Baptiste PELT, Etudes sur la cathédrale de Metz. La Liturgie 1 (Ve–XIIIe siècle). Metz 1937; spätere Versionen des 8. und 9. Jahrhunderts in: MIGNE PL 89, Sp. 1057–1120. Dazu vor allem Gaston HOCQUARD, La Règle de saint Chrodegang. Etat de quelques questions. In: Saint Chrodegang. Communications présentées au colloque tenu à Metz à l'occasion du douzième centenaire de sa mort. Metz 1967, S. 55–89; SCHIEFFER, Entstehung (wie Anm. 18), bes. S. 233–237; jüngst Jerome BERTRAM, The Chrodegang rules. The rules for the common life of the secular clergy from the eighth and ninth centuries. Critical texts with translations and commentary. Aldershot [u.a.] 2005. – Zur Person Otto Gerhard OEXLE, Art. Chrodegang. In: Lexikon des Mittelalters 2, 1983, Sp. 1948–1950; Josef SEMMLER, Art. Chrodegang von Metz. In: Theologische Realenzyklopädie 8, 1981, S. 71–74; DERS., Art. Chrodegang, Bf. v. Metz. In: LThK 2, ³1994, Sp. 1183f; Martin A. CLAUSSEN, The Reform of the Frankish Church. Chrodegang of Metz and the *Regula canonicorum* in the Eighth Century (= Cambridge Studies in Medieval Life and Thought, Series 4, 61). Cambridge [u.a.] 2004; Julia S. BARROW, Chrodegang, his rule and its successors. In: Early Medieval Europe 14 (2006) S. 201–212.

29 Vgl. schon die von ihm 789 erlassene Admonitio generalis, c. 52 und 73. In: MGH Capitularia I, Nr. 22, S. 57 und 60; vgl. dazu SCHIEFFER, Entstehung (wie Anm. 18), S. 236f; Josef SEMMLER,

Mainz 813[30], forderten die Kleriker an den Domkirchen zum kanonischen Leben auf. Sein Sohn Ludwig der Fromme ließ 816 eine umfangreiche *Institutio canonicorum* mit mehr als 100 Kapiteln beschließen, die die wesentlichen Inhalte der kanonischen Tradition seit dem 4./5. Jahrhundert zusammenfasste und für alle Stifte des Frankenreiches gelten sollte.[31] Mit den Mönchen, die er gleichzeitig auf die Regel Benedikts verpflichtete, teilten sie das Prinzip gemeinsamen Lebens in Schlafsaal, Speisesaal und Chordienst. Demgegenüber waren sie weniger streng an einen Kloster- bzw. Klausurbereich gebunden und hatten das Recht auf privates Eigentum.

Nur sporadisch können wir in den Quellen verfolgen, wo und wie diese Normen auch für Domkapitel umgesetzt wurden. Generell geschah es im Westen, d.h. westlich des Rheins, in den früh christianisierten Gebieten, früher als im Osten Deutschlands.[32] Parallel dazu wird in den Quellen ein Sondervermögen der Kanoniker sichtbar, teils aus zweckgebundenen Schenkungen (*ad opus fratrum*) – in Mainz erstmals 961 belegt, als König Otto I. dem Dompropst Güter im Nahegau schenkte[33] –, teils durch Zuweisung aus dem gemeinsamen Vermögen des Bistums, aus dem die Kleriker bis dahin versorgt worden waren.[34]

Mönche und Kanoniker im Frankenreiche Pippins III. und Karls des Großen. In: Untersuchungen zu Kloster und Stift (= Veröffentlichungen des Max-Planck-Instituts für Geschichte 68; Studien zur Germania Sacra 14). Göttingen 1980, S. 78–111; Franz J. FELTEN, Auf dem Weg zu Kanonissen und Kanonissenstift. Ordnungskonzepte der weiblichen vita religiosa bis ins 9. Jahrhundert. In: Europa und die Welt in der Geschichte. Festschrift zum 60. Geburtstag von Dieter Berg, hg. von Raphaela Averkorn [u.a.]. Bochum 2004, S. 551–573, bes. S. 555f.

30 MGH Concilia 2, Nr. 36, S. 262f, c. 9.
31 MGH Concilia 2, Nr. 39, S. 308–421; dazu vor allem Albert WERMINGHOFF, Die Beschlüsse des Aachener Concils im Jahre 816. In: Neues Archiv der Gesellschaft für ältere deutsche Geschichtskunde 27 (1902) S. 605–675; Josef SIEGWART, Die Chorherren- und Chorfrauengemeinschaften in der deutschsprachigen Schweiz vom 6. Jahrhundert bis 1160. Mit einem Überblick über die deutsche Kanonikerreform des 10. und 11. Jahrhunderts (= Studia Friburgensia 30). Fribourg 1962; Joseph Frans Anne Marie van WAESBERGHE, De Akense regels voor Canonici en Canonicae uit 816. En antwoord aan Hildebrand-Gregorius VII en zijn geestverwanten. Assen 1967; SCHIEFFER, Entstehung (wie Anm. 18), bes. S. 232–242; Josef SEMMLER, Die Kanoniker und ihre Regel im 9. Jahrhundert. In: Studien zum weltlichen Kollegiatstift in Deutschland, hg. von Irene Crusius (= Veröffentlichungen des Max-Planck-Instituts für Geschichte 114; Studien zur Germania Sacra 18). Göttingen 1995, S. 62–109; Thomas SCHILP, Norm und Wirklichkeit religiöser Frauengemeinschaften im Frühmittelalter. Die *Institutio sanctimonialium Aquisgranensis* des Jahres 816 und die Problematik der Verfassung von Frauenkommunitäten (= Veröffentlichungen des Max-Planck-Instituts für Geschichte 137, Studien zur Germania Sacra 21). Göttingen 1998.
32 Dazu vor allem SCHIEFFER, Entstehung (wie Anm. 18), bes. S. 242–60.
33 MGH Diplomata I, Otto I., Nr. 226, S. 310f; vgl. LIEBEHERR, Besitz (wie Anm. 11), S. 34.
34 SCHIEFFER, Entstehung (wie Anm. 18), S. 261–287, der die Entstehung des Sondervermögens vor allem an dem gut dokumentierten Beispiel Speyer zeigt.

Gleichzeitig vermerken Urkunden in dieser Zeit immer öfter die Zustimmung der Kanoniker zu Grundstücksgeschäften ihres Bischofs. Schon das Konzil von Karthago 419 hatte dem Bischof verboten, Kirchengut ohne Notwendigkeit und ohne Beratung mit dem Presbyterium zu verkaufen. Papst Leo der Große verlangte 447 in einem Brief an die Bischöfe Siziliens, der ebenfalls ins *Decretum* eingegangen ist, sogar den Konsens des gesamten Klerus *sine exceptione*; ohne dessen Unterschrift sollte der Vertrag ungültig sein.[35]

Dieser Grundsatz wurde in den folgenden Jahrhunderten von Päpsten und Konzilien wiederholt, differenziert und präzisiert, vor allem was Art und Umfang der Geschäfte anging, und begründete die Mitwirkungsrechte der Domkapitel – wie die Gemeinschaft der Domkleriker seit dem 10. Jahrhundert genannt wird –, zunächst neben den Leitern weiterer Klöster und Stifte, vor allem der städtischen.[36] Als Gratian im 12. Jahrhundert das ältere Kirchenrecht sammelte, stellte er bereits Listen von Fällen zusammen, in denen der Bischof den Konsens des Kapitels einholen oder es zumindest anhören musste, doch erarbeiteten erst die Dekretalisten des 13. Jahrhunderts auf der Basis der Liste Gregors IX. (tit. 3.10) die definitiven Festlegungen. Wir finden sie noch in cc. 1277, 1291–95 des Codex von 1983 und entsprechenden Beschlüssen der Bischofskonferenzen.[37]

Früh wurden Rat und Zustimmung nicht nur bei Vermögensgeschäften verlangt, die freilich seit jeher besondere Aufmerksamkeit erfuhren. Auch der Errichtung neuer Pfarrkirchen, der Einführung neuer Festtage – und natürlich allen Maßnahmen, die das Kapitel selbst betrafen, mussten die Domkanoniker zustimmen.[38] Nicht immer wurde sauber zwischen Rat (*consilium*) und Zustimmung (*consensus*) unterschieden, nicht einmal in der Kanonistik des 13. Jahrhunderts, was zu viel Streit und neuerlichen Festlegungen führte, die im hohen Mittelalter tendenziell die Position der Domkapitel, seit dem Konzil von Trient die des Bischofs stärkten.

Entsprechend der Doppelfunktion des Bischofs als oberstem Geistlichen der Diözese und Herrn des Stifts, des weltlichen Territoriums, wie es sich seit dem frühen

---

[35] Beide zit. bei Torquebiau, Chapitres de chanoines (wie Anm. 12), Sp. 534f; vgl. Decretum Gratiani, caus. XII, q. 2, cc. 51 und 53, ed. Friedberg, Corpus Iuris Canonici (wie Anm. 12), Sp. 703f.

[36] Auch in Mainz ist die Zustimmung der Domkanoniker in zahlreichen Urkunden des 12. Jahrhunderts belegt, obwohl es hier anscheinend nicht zur Ausbildung eines förmlichen Priorenkollegiums wie in Köln kam; Manfred Groten, Priorenkolleg und Domkapitel von Köln im Hohen Mittelalter. Zur Geschichte des kölnischen Erzstifts und Herzogtums (= Rheinisches Archiv 109). Bonn 1980; Christoph Waldecker, Zwischen Kaiser, Kurie, Klerus und kämpferischen Laien. Die Mainzer Erzbischöfe 1100 bis 1160 (= Quellen und Abhandlungen zur mittelrheinischen Kirchengeschichte 101). Mainz 2002. Jedoch verdient die Frage eine genauere Untersuchung.

[37] Münsterischer Kommentar (wie Anm. 5), zu c. 1277.

[38] Siehe die Zusammenstellungen bei Hinschius, Kirchenrecht (wie Anm. 18), S. 153–158 mit Blick auf das zu seiner Zeit geltende Recht.

Mittelalter entwickelte, beanspruchten die Domherren auch die Mitwirkung bei der weltlichen Regierung. Ein besonderes Anliegen war den Kapiteln – und in diesem Punkt erinnern sie an moderne und mittelalterliche Parlamente – die Mitsprache bei der Erhebung von Abgaben vom Klerus und den Laien. 1233 z.B. stimmte der Mainzer Klerus (*de communi consilio et assensu*) der Erhebung eines Zwanzigsten in der gesamten Diözese zu – wir würden sagen, einer fünfprozentigen Einkommensteuer auf alle geistlichen Einkünfte –, um drückende Schulden des Erzbischofs zu tilgen. Im Gegenzug musste dieser unter Eid versprechen, ohne Zustimmung des Domkapitels (*sine consilio et consensu capituli maioris ecclesie Maguntine*) weder neue Schulden zu machen noch neue Steuern zu erheben.[39] Gleichzeitig – und das wies in die Zukunft, in Richtung Wahlkapitulation – schworen sich die Domherren gegenseitig, in Zukunft nur einen Mann zum Erzbischof zu wählen, der dasselbe versprechen würde – um die Freiheit des Klerus zu erhalten.[40] Das Beispiel, das sich auf ein Fürstengesetz Kaiser Friedrichs II. von 1231 hätte berufen können, machte Schule: Ein Jahr nach den Mainzern forderten die Wormser Domherren von ihrem neugewählten Bischof das Versprechen, den Klerus nicht erneut zu besteuern, keine neuen Schulden zu machen und das bewilligte Geld nur bestimmungsgemäß zu verwenden.[41]

Das Verfahren war ausbaufähig: 1244 versprachen die Mainzer Kanoniker den Bürgern der Stadt, niemals jemanden zum Erzbischof zu wählen, der nicht die soeben vom Erzbischof besiegelten Freiheiten der Stadt beschwören würde.[42]

---

39 Nach dem Original in Darmstadt, zit. bei Dieter DEMANDT, Stadtherrschaft und Stadtfreiheit im Spannungsfeld von Geistlichkeit und Bürgerschaft in Mainz (11. bis 15. Jahrhundert) (= Geschichtliche Landeskunde 15). Wiesbaden 1977, S. 71; vgl. jetzt ausführliches Regest bei Ludwig FALCK, Mainzer Regesten 1200–1250 zur Geschichte der Stadt, ihrer geistlichen und weltlichen Institutionen und Bewohner. 1. Teil: Text. 2. Teil: Tafeln, Literatur, Index (= Beiträge zur Geschichte der Stadt Mainz 35). Mainz 2007, Nr. 728 und 729 mit Abbildung einer Abschrift Franz Joseph Bodmanns auf Tafel XXVII.

40 FALCK, Mainzer Regesten (wie Anm. 39), Nr. 728; vgl. Manfred STIMMING, Die Wahlkapitulationen der Erzbischöfe und Kurfürsten von Mainz (1233–1788). Göttingen 1909, S. 22 mit Anm. 1.

41 Urkundenbuch der Stadt Worms, Bd. 1: 627–1300, hg. von Heinrich Boos (= Quellen zur Geschichte der Stadt Worms 1). Berlin 1886, Nr. 176; vgl. auch STIMMING, Wahlkapitulationen (wie Anm. 40), S. 22. Zur konfliktreichen Beziehung der Wormser Bürgerschaft zu ihrem Bischof in diesen Jahren zusammenfassend Gerold BÖNNEN, Die Blütezeit des hohen Mittelalters. Von Bischof Burchard zum Rheinischen Bund (1000–1254). In: Geschichte der Stadt Worms, hg. im Auftrag der Stadt Worms von Gerold Bönnen. Stuttgart 2005, S. 133–179, bes. S. 168–171; Burkard KEILMANN, Der Kampf um die Stadtherrschaft in Worms während des 13. Jahrhunderts (= Quellen und Forschungen zur hessischen Geschichte 50). Darmstadt, Marburg 1985; Gerold BÖNNEN, Dom und Stadt. Zu den Beziehungen zwischen der Stadtgemeinde und der Bischofskirche im mittelalterlichen Worms. In: Der Wormsgau 17 (1998) S. 8–55.

42 *Et iuravit capitulum, quod nunquam aliquem in episcopum eligent, nisi iuret, quod omnia hec observet fideliter et per litteras suas confirmet*; nach dem 1993 oder kurz davor gestohlenen Original des berühmten Privilegs Siegfrieds III. im Mainzer Stadtarchiv, zit. bei DEMANDT, Stadtherrschaft (wie Anm. 39), S. 74; ausführliches Regest bei FALCK, Mainzer Regesten (wie Anm. 39), Nr. 1073

Dies sind zwar noch keine echten Wahlkapitulationen, d.h. förmliche Abmachungen der Wähler mit dem bzw. den Kandidaten, die seit dieser Zeit in Deutschland, für Mainz seit 1328, bezeugt sind.[43] Sie zeigen aber, dass die Domkanoniker im zweiten Viertel des 13. Jahrhunderts schon die führende Rolle bei der Bischofswahl innehatten, obwohl in Mainz die *universitas cleri* als Aussteller der Urkunde 1233 mitgenannt wurde, die Mainzer Stifte 1244 neben dem Domkapitel das große Stadtprivileg bestätigten[44] und der Wormser Bischof 1234 seinen Eid vor Domkapitel und Klerus leistete[45].

*

In der Tat war es ja alles andere als selbstverständlich, dass das Domkapitel allein den Bischof wählte.[46] In der frühen Kirche wurde er von Klerus und Volk gewählt, wie auch immer dies im Einzelnen ablief. Papst Leo der Große stellte fest, dass niemand Bischof sein könne, der nicht von den Klerikern gewählt, vom Volk erbeten und vom Erzbischof im Kreise der Mitbischöfe geweiht worden sei.[47] So oder ähnlich wurde über Jahrhunderte formuliert, auch wenn der Klerus wie das Volk bei den Wahlen auf kleine Gruppen zusammenschrumpften, der König im frühen und hohen Mittelalter nicht selten das entscheidende Wort sprach. Der sogenannte Investiturstreit brachte hier eine Wende hin zu einer Ausschaltung der Laien und zur Ausbildung fester Wahlgremien, während das Recht des Volkes auf demütige Zustimmung reduziert

---

mit Diskussion in Nr. 1072, was Siegfried zu den weitreichenden Konzessionen bewogen haben möge („lässt sich ... weiterhin nicht überzeugend beantworten"). Die Interpretation Demandts, das Privileg sei „dem Erzbischof von der Mainzer Geistlichkeit unter Führung des Domkapitels abgerungen worden ... ist ebenfalls nicht recht einzusehen" (Zitat ebd.; vgl. DEMANDT, Stadtherrschaft, wie Anm. 39, S. 72–76).

43 STIMMING, Wahlkapitulationen (wie Anm. 40), S. 20–24; LIEBEHERR, Besitz (wie Anm. 11), S. 14–20; HOLLMANN, Mainzer Domkapitel (wie Anm. 9), S. 167–184, zu den Konsensrechten auf den einzelnen Feldern der Politik S. 184–244.

44 FALCK, Mainzer Regesten (wie Anm. 39), Nr. 1074 und 1075.

45 Siehe oben Anm. 41.

46 Zur Entwicklung des ausschließlichen Wahlrechts der Domkapitel neben den einschlägigen Rechtsgeschichten Georg von BELOW, Die Entstehung des ausschließlichen Wahlrechts der Domkapitel mit besonderer Rücksicht auf Deutschland (= Historische Studien Heft 11). Leipzig 1883; Klaus GANZER, Zur Beschränkung der Bischofswahl auf die Domkapitel in Theorie und Praxis des 12. und 13. Jahrhunderts. In: Zeitschrift der Savigny-Stiftung für Rechtsgeschichte Kan. Abt. 88 (1971) S. 22–82 (I. Teil) und 89 (1972) S. 166–197 (II. Teil). Für Mainz knapp BISKAMP, Mainzer Domkapitel (wie Anm. 9), S. 63–68; LIEBEHERR, Besitz (wie Anm. 11), S. 9–11.

47 Ep. CLXVII, Inquis. I, MIGNE PL 54, Sp. 1203; vgl. auch GANZER, Beschränkung I (wie Anm. 46), S. 23.

wurde.⁴⁸ Papst Calixt II. gestand dem deutschen Herrscher im Wormser Konkordat 1122 noch zu, persönlich bei der ‚kanonischen Wahl' anwesend zu sein; im Streitfall sollte er nach Rat und Urteil des Metropoliten und der Mitbischöfe der entsprechenden Kirchenprovinz den ‚besseren Teil' der Wähler unterstützen.⁴⁹ Weder das Wormser Konkordat noch das I. Laterankonzil, das den Kompromiss billigte, erklärte allerdings, wie eine kanonische Wahl aussehen sollte, wer dabei mitwählen durfte.⁵⁰ So verwundert es nicht, dass in der Folge starke Herrscher wie Friedrich Barbarossa die Erhebung der Bischöfe in ihrem Reich weithin steuern konnten.⁵¹ Nachdem im 13. Jahrhundert das Papsttum immer größeren Einfluss auf die Bestellung der Bischöfe nahm und in avignonesischer Zeit sogar das Recht der Ernennung beanspruchte⁵², nahmen geschickte Herrscher den Weg über die Kurie, die sie oft eher für einen Favoriten gewinnen konnten als das zuständige Domkapitel.⁵³

---

48 GANZER, Beschränkung I (wie Anm. 46), S. 28f mit Quellen und Literatur.
49 MGH Constitutiones 1, Nr. 108; mit deutscher Übersetzung in: Quellen zur deutschen Verfassungs-, Wirtschafts- und Sozialgeschichte bis 1250, ausgewählt und übersetzt von Lorenz WEINRICH (= Ausgewählte Quellen zur deutschen Geschichte des Mittelalters, Freiherr vom Stein-Gedächtnisausgabe 32). Darmstadt ²2000 (um einen Nachtrag erweiterte Aufl.), Nr. 49b.
50 Vgl. GANZER, Beschränkung I (wie Anm. 46), S. 25f.
51 Klassisch formulierte Albert Hauck, dass Barbarossa vor allem in der Zeit des Schismas – nach 1159 also – „einen Einfluß auf die Besetzung der Bistümer (hatte), der weit über das Maß der in Worms dem König gemachten Zugeständnisse hinausging" (Albert HAUCK, Kirchengeschichte Deutschlands, Bd. 4. ³/⁴Leipzig 1913, S. 290). Vgl. auch Hagen KELLER, Zwischen regionaler Begrenzung und universalem Horizont. Deutschland im Imperium der Salier und Staufer 1024–1250 (= Propyläen Geschichte Deutschlands 2). (Paperback). Frankfurt, Berlin 1990, S. 361f sowie neuere Handbücher. Ähnlich machtvoll agierte er mit Absetzungen; Marlene MEYER-GEBEL, Bischofsabsetzungen in der deutschen Reichskirche vom Wormser Konkordat (1122) bis zum Ausbruch des Alexandrinischen Schismas (= Bonner Historische Forschungen 55). Siegburg 1992. Zusammenfassend Bernhard TÖPFER, Kaiser Friedrich I. Barbarossa und der deutsche Reichsepiskopat. In: Friedrich Barbarossa. Handlungsspielräume und Wirkungsweisen des staufischen Kaisers, hg. von Alfred Haverkamp (= Vorträge und Forschungen 40). Sigmaringen 1992, S. 389–433.
52 Grundlegend HINSCHIUS, Kirchenrecht (wie Anm. 18), S. 541–613 und die Monographien von Klaus GANZER, Papsttum und Bistumsbesetzungen in der Zeit von Gregor IX. bis Bonifaz VIII. Ein Beitrag zur Geschichte der päpstlichen Reservationen (= Forschungen zur kirchlichen Rechtsgeschichte und zum Kirchenrecht 9). Köln, Graz 1968 sowie Hubert MÜLLER, Der Anteil der Laien an der Bischofswahl. Ein Beitrag zur Geschichte der Kanonistik von Gratian bis Gregor IX. (= Kanonistische Studien und Texte 29). Amsterdam 1977.
53 Nicht nur Karl IV., von dem dies bekannt ist, sondern auch der englische (jedenfalls bis zum Ausbruch des Hundertjährigen Krieges 1337) und der französische König; zu Karl IV. Gerhard LOSHER, Kirchenorganisation und Bistumsbesetzungen als Herrschaftsmittel. Das Verhältnis von Reichsherrschaft und Territorialherrschaft am Beispiel der Kirchenpolitik Karls IV. In: Bohemia 25 (1984) S. 1–24; Wolfgang HÖLSCHER, Kirchenschutz als Herrschaftsinstrument. Personelle und funktionale Aspekte der Bistumspolitik Karls IV. (= Studien zu den Luxemburgern und ihrer

Kirchenreformern freilich war die Beteiligung, erst recht der bestimmende Einfluss von Laien seit den Zeiten Gregors VII. ein Dorn im Auge. „Die alten Formeln der Wahl durch Klerus und Volk wurden nun mit neuem Inhalt gefüllt."[54] Programmatisch formulierte die römische Fastensynode 1080, die kanonische Wahl eines Bischofs solle unter der Aufsicht eines vom Papst oder vom Metropoliten gesandten bischöflichen Visitators durch Klerus und Volk erfolgen, durch Gnade des Apostolischen Stuhles und Zustimmung des Metropoliten, aber ohne jeden weltlichen Ehrgeiz oder Furcht. Auch diese Synode ließ wie das Wormser Konkordat und das I. Laterankonzil 1123 offen, wie eine kanonische Wahl (*canonice*) ablaufen sollte.[55] Manche Domkapitel preschten offenbar vor und wollten alleine wählen. 1139 untersagte das II. Laterankonzil ihnen, religiöse Männer von der Wahl auszuschließen und forderte sie auf, mit ihrem Rat geeignete Männer zum Bischof zu wählen.[56] Wer ist mit diesen *religiosi viri* gemeint? Nur Äbte und Mönche, wie kein Geringerer als Paul Hinschius meinte,[57] auch andere Geistliche der Diözese oder gar Laien? Wir wissen es nicht.[58] Das Volk wird hier nicht genannt – und das liegt im Trend der Zeit –, obwohl der Reformer Gerhoch von Reichersberg 1152 noch in einem für den Papst bestimmten Psalmenkommentar von vier Gruppen – mit unterschiedlichen Befugnissen – bei einer kanonischen Bischofswahl spricht: *spiritales et religiosi viri*

Zeit 1). Warendorf 1985, bes. S. 17–78 und 143–166; vgl. auch zur Korrektur überzogener Vorstellungen der Möglichkeit „päpstlicher Personalpolitik in der Weltkirche" Ernst Pitz, Papstreskript und Kaiserreskript im Mittelalter (= Bibliothek des Deutschen Historischen Instituts in Rom 36). Tübingen 1971, bes. S. 75–81; zusammenfassend mit Reaktion auf die Kritik ders., Die römische Kurie als Thema der vergleichenden Sozialgeschichte. In: Quellen und Forschungen aus Italienischen Archiven und Bibliotheken 58 (1978) S. 216–359; Franz J. Felten, Päpstliche Personalpolitik? Über Handlungsspielräume des Papstes in der ersten Hälfte des 14. Jahrhunderts. In: Historisches Jahrbuch 122 (2002) S. 43–86. Einen luziden Überblick über die Rechts- und Forschungslage mit umfassenden statistischen Untersuchungen legte mein leider allzu früh verstorbener Schüler Jörg Erdmann vor: „Quod est in actis, non est in mundo". Päpstliche Benefizialpolitik im *sacrum imperium* des 14. Jahrhunderts (= Bibliothek des Deutschen Historischen Instituts in Rom 113). Tübingen 2006. Zu den oft umkämpften Erhebungen zum Mainzer Erzbischof, wo auch andere Kräfte, etwa der Pfalzgraf, mitwirkten Hollmann, Mainzer Domkapitel (wie Anm. 9), S. 286–298.

54 Ganzer, Beschränkung I (wie Anm. 46), S. 24f.
55 Register Gregors VII., VII, 14a, hg. von Erich Caspar (= MGH Epistolae selectae II). Berlin ²1955, S. 480; Concilium Lateranense I von 1123, c. 3. In: COD (wie Anm. 16), S. 166; vgl. Ganzer, Beschränkungen I (wie Anm. 46) S. 25f.
56 Concilium Lateranense II von 1139, c. 28. In: COD (wie Anm. 16), S. 179.
57 Hinschius, Kirchenrecht (wie Anm. 18), S. 603.
58 Konkreter Hintergrund war wohl die Wahl in Langres 1138, bei der die Religiosen ausgeschlossen worden waren – wogegen Bernhard von Clairvaux mit Erfolg protestiert hatte; Giles Constable, The Disputed Election at Langres in 1138. In: Traditio 13 (1957) S. 119–152; vgl. Ganzer, Beschränkung I (wie Anm. 46), S. 30–33.

Das Wappen des Mainzer Domkapitels über dem Marktportal des Domes

sollen beraten (*consulere*), Kanoniker wählen (*eligere*), das Volk bitten (*populus petere*) und Ehrbare sogar zustimmen (*honorati assentire*).[59]

Als Gratian um 1140 die nicht seltenen Bestimmungen des älteren Kirchenrechts zur Bischofserhebung sammelte, fand er 17 Texte von Päpsten und Konzilien, die eine Beteiligung von Laien vorsahen, und nur acht, die sie ausschlossen. Daraus zog er, in einem „Meisterstück der Dialektik" (Ganzer), den Schluss: Die Beteiligung des Volkes bestehe in der demütigen Zustimmung zur Wahl der Kleriker – nicht nur der Kanoniker![60] Im Sinne der Reformer des 11. und 12. Jahrhunderts und im Gegensatz zur alten kirchlichen Tradition wurde dem Konsens des Volkes immer weniger Bedeutung beigemessen, ja es wurde von den Wahlen definitiv ausgeschlossen. Wie das Papstwahlrecht 1179 auf das Kardinalskollegium reduziert wurde, so trat das Wahlrecht des Domkapitels in den Vordergrund, während über die Relevanz der Mitwirkung des übrigen Klerus keine Einigkeit bestand – und noch lange nicht erzielt werden sollte.

Einblick in konkrete Streitfragen und die daraus resultierende Rechtsfortbildung bieten die Dekretalen, rechtsverbindliche Auskünfte der Päpste auf Anfragen an die

---

[59] Commentarius in Psalmum LXIV. In: MGH Libelli de lite III, S. 452. Zur Reduktion der Rolle der Laien – jedweden Standes – noch ohne Privilegierung der Kanoniker schon Placidus von Nonantula 1111/12, Liber de honore ecclesiae. In: MGH Libelli de lite II, S. 566–639, besonders c. 82, S. 604f: *unum quemque pastorem solummodo pro salute animarum pure et simpliciter ab omnibus clericis uniuscuiusque aecclesiae eligi. Quibus consentire omnes filii illius aecclesiae, quae ordinanda est, et obedire pro salute animarum devotissime debent* (ebd. c. 82, S. 605).

[60] Ganzer, Beschränkung I (wie Anm. 46), S. 34 und 37.

Kurie oder Entscheidungen strittiger Wahlen.⁶¹ Alexander III., einer der großen Juristenpäpste der Zeit, teilte den Bremern ca. 1174 mit, die Zustimmung des Fürsten sei erforderlich, Laien aber dürften nicht zur Wahl des Bischofs zugelassen werden. Sie sei allein Sache der Kanoniker und religiöser Männer der Diözese, die freilich nicht den Kanonikern wirksam widersprechen konnten.⁶² Innozenz III. sah in der Mitwirkung dieser religiösen Männer neben den Kanonikern der Kathedrale eine bestenfalls auf Gewohnheit gegründete Ausnahme, als er eine Beschwerde der Kleriker von Lucca abwies, die sich übergangen fühlten.⁶³ Das IV. Laterankonzil stellte wenige Jahre später bündig fest: Zum Bischof ist gewählt, wen alle Kanoniker oder der bessere Teil des Kapitels gewählt haben (c. 24). Von anderen Wählern oder der Zustimmung des Fürsten war keine Rede mehr.⁶⁴ Darauf hatten Kaiser Otto IV. schon 1209, Friedrich II. 1213 verzichtet. Der Papst ließ Otto dabei von der Abschaffung eines alten Missbrauchs seiner Vorgänger sprechen.⁶⁵

*

In Norm und Praxis setzte sich im 13. Jahrhundert das alleinige Wahlrecht der Domkapitel durch, selbst in Köln, wo 1205 das Übergehen der Laien noch als Ausnahme eigens gerechtfertigt wurde. 1238 rang das Priorenkolleg, ein Zusammenschluss der wichtigsten Äbte und Pröpste, die im 12. Jahrhundert die Diözese mitregiert hatten, noch um die Beteiligung an der Wahl. 1274 wurde es definitiv vom Domkapitel abgewiesen.⁶⁶ In Trier lässt sich diese Verdrängung der Laien, die noch in der ersten Hälfte des 12. Jahrhunderts eine wichtige Rolle gespielt hatten, in den Quellen gut verfolgen.⁶⁷ In Mainz, wo es im 11. und 12. Jahrhundert ebenfalls eine Gruppe von

---

61 Vgl. insbesondere Ganzer, Papsttum (wie Anm. 52) und Müller, Anteil (wie Anm. 52).

62 *... favor principis debeat assensusque requiri, ad electionem tamen laici admitti non debent. Sed electio est per canonicos ecclesiae cathedralis et religiosos viros, qui in civitate sunt et dioecesi, celebranda. Nec tamen ita hoc dicimus, quod religiosorum contradictio canonicorum obviaret;* Ep. MCDLXII, Migne PL 200, Sp. 1270; vgl. auch Ganzer, Beschränkung II (wie Anm. 46), S. 168, wo sich weitere, durchaus unterschiedliche Äußerungen der Päpste bis dahin finden.

63 Aufgenommen in die Dekretalen: X 2.12.3, ed. Friedberg, Corpus Iuris Canonici (wie Anm. 12), Sp. 277.

64 Concilium Lateranense IV von 1215, c. 24. In: COD (wie Anm. 16), S. 222f = X 1.6.42, ed. Friedberg, Corpus Iuris Canonici (wie Anm. 12), Sp. 88f.

65 MGH Constitutiones II, Nr. 31 und 48.

66 Zur Entwicklung in Köln Ganzer, Beschränkung II (wie Anm. 46), S. 183–192, hier S. 192 und 188; Groten, Priorenkolleg (wie Anm. 36).

67 Ganzer, Beschränkung II (wie Anm. 46), S. 169–183. Mit Akzent auf der Rolle von König und Papst seit 1242 Holbach, Stiftsgeistlichkeit (wie Anm. 9), S. 20–32, S. 157–172, zu den Wahlkapitulationen des Domkapitels seit 1286 S. 246–255.

Geistlichen und Laien gab, die in wechselnder Zusammensetzung regelmäßig Urkunden des Erzbischofs zustimmte und sie mitbesiegelte, ist die Quellenlage wesentlich schlechter. 1233 sahen sich die Domkanoniker als die entscheidenden Wähler, 1244 wurde ihr Anspruch durch die Bürger gleichsam anerkannt.[68]

Das ausschließliche Wahlrecht der Domkapitel war die Voraussetzung für die sogenannten Wahlkapitulationen, die nicht zufällig seit der ersten Hälfte des 13. Jahrhunderts in Deutschland, in Mainz seit 1328, bezeugt sind; die Versprechen von 1233 und 1244 sind gewissermaßen Vorformen.[69] Die Kontrolle der Wahl gab dem Kapitel die Gelegenheit, vom Bewerber eidlich beschworene Garantien für die Rechte der Kapitel selbst und die Interessen von Klerus und Volk der Diözese zu fordern. Schwächer war seine Position, wenn der Bischof vom Papst eingesetzt wurde – aufgrund päpstlicher Reservation, nach einer zwiespältigen Wahl oder auf Wunsch des Kaisers.[70]

Inhaltlich spiegeln die Wahlkapitulationen die zeitgenössischen politischen und finanziellen Probleme der Diözese, des Stifts sowie die Wünsche des Kapitels nach Sicherung seines eigenen Besitzes und seiner Rechte wider.[71] Die Bewilligung neuer Steuern zur Schuldentilgung oder der Aufnahme von Kriegskrediten gab den Kapitularen einen weiteren Hebel in die Hand, um die Kontrolle ihrer Verwendung,

---

68 Vgl. oben S. 211; BISKAMP, Mainzer Domkapitel (wie Anm. 9), S. 66f; HOLLMANN, Mainzer Domkapitel (wie Anm. 9), S. 165–168.

69 Vgl. oben S. 211f und HOLLMANN, Mainzer Domkapitel (wie Anm. 9), S. 168–244. Seiner Meinung nach war die Urkunde vom 12. Oktober 1328 keine richtige Wahlkapitulation, weil sie auch Verpflichtungen des Kapitels enthielt (S. 169). Die von Heinrich von Virneburg bei seiner Anerkennung 1337 übernommenen (deutlich weiter gehenden) Verpflichtungen nennt er „Anerkennungskapitulation" (S. 170).

70 In Mainz z.B. Johann von Luxemburg-Ligny 1371, der in der relativ kurzen Urkunde betonte, dass er nur aus besonderer Liebe und Freundschaft, also freiwillig, geschworen habe; dennoch hatte das Kapitel seine Forderungen noch erweitern können; HOLLMANN, Mainzer Domkapitel (wie Anm. 9), S. 172. Für Trier HOLBACH, Stiftsgeistlichkeit (wie Anm. 9), S. 247.

71 Instruktives Beispiel ist die Urkunde Heinrichs von Virneburg vom 2. Juli 1337, die bereits die meisten der später immer wieder aufgegriffenen Zusagen enthält, darunter auch die Bestätigung von Besitz, Rechten und Statuten des Kapitels selbst; Regesten der Erzbischöfe von Mainz von 1289–1396. 1. Abt., 2. Bd.: 1328–1353, bearb. von Heinrich OTTO. Darmstadt 1932–1935, Neudruck Aalen 1976 (mit Berichtigungen und Ergänzungen, zusammengestellt von Friedrich KNÖPP), Nr. 4045, vgl. auch Nr. 4046; dazu HOLLMANN, Mainzer Domkapitel (wie Anm. 9), S. 170–172. Im Folgenden steht das Mainzer Domkapitel im Fokus. Dazu neben den schon genannten Arbeiten, vor allem von STIMMING, Wahlkapitulationen (wie Anm. 40); LIEBEHERR, Besitz (wie Anm. 11); DIES., Domkapitel (wie Anm. 11); HOLLMANN, Mainzer Domkapitel (wie Anm. 9) und Paul KIRN, Die Nebenregierung des Domkapitels im Kurfürstentum Mainz und ihr Ausdruck im Urkundenwesen des 15. Jahrhunderts. In: Archiv für Urkundenforschung 9 (1926) S. 141–153. Für Trier Johannes KREMER, Studien zur Geschichte der Trierer Wahlkapitulationen. Ein Beitrag zur Verfassungsgeschichte des Erzstiftes Trier (= Westdeutsche Zeitschrift für Geschichte und Kunst, Ergänzungsheft 16). Trier 1911.

der weiteren Darlehensaufnahme, ja des gesamten Finanzgebarens der Erzbischöfe, nicht zuletzt auch zum Schutz des Diözesan- bzw. Stiftsbesitzes, zu verlangen. „Ständig weiter spezifiziert, lassen sie (d.h. die Artikel zum Konsensrecht des Kapitels) ein kontinuierliches, wenn auch unsystematisches Streben des Kapitels erkennen, den Erzbischöfen jede Möglichkeit, in Umgehung des Domkapitels frei über den Stiftsbesitz verfügen zu können, zu nehmen."[72] Dazu kamen weitere Forderungen, z.B. nach Mitsprache bei der Vergabe von Lehen mit einem Ertrag von mehr als 40 Mark oder nach Aufhebung aller Privilegien der Stadt Mainz, die das Domkapitel nicht genehmigt hätte (1337). – Hier, wie bei dem berühmten Statut von 1326, das Mainzern den Zugang zum Domkapitel verwehrte, zeigt sich, wie sehr sich das Verhältnis zur Stadt seit 1244 verschlechtert hatte, als die Domherren noch die Garantie der Freiheiten der Stadt verlangt hatten.

Finanzielle und politische Kontrolle erzbischöflicher Politik konnte im Sinne der Mainzer Kirche und der Bevölkerung des Erzstiftes sein. Doch die Domherren dachten durchaus auch an ihren persönlichen Vorteil. So verlangten sie schon 1328 und 1337, dass der Erzbischof Pfründen und Propsteien, die er in den Stiften der Diözese besetzen konnte, ausschließlich oder bevorzugt an Domherren geben sollte. Nur einer von ihnen sollte Kämmerer, der wichtigste politische Machthaber, in der Stadt Mainz werden dürfen. Auch die Richter des geistlichen Gerichts, das weitreichende weltliche Befugnisse hatte, sollten nur aus ihren Reihen kommen. Später verlangte man sogar den Verzicht auf das Recht des Erzbischofs, die Amtsinhaber abzuberufen, jedoch konnte sich das Kapitel in dieser wichtigen Frage nicht immer durchsetzen.[73] Den Finanzen des Kapitels diente die Befreiung von den geistlichen Steuern, die der Bischof nur mit seiner Einwilligung ausschreiben konnte, sowie die Zusage, bei seiner Visitation nur die üblichen Abgaben zu verlangen.

Dem persönlichen Lebensstil der Domkanoniker kam das Versprechen zugute, die Domherren nicht zur Residenz in Mainz zu zwingen – ein Problem, das schon die Dekretalen beschäftigte – und sie von den Forderungen der Synodalstatuten auszunehmen. Persönlich profitierte jeder einzelne Domherr von der Zollbefreiung für seinen persönlichen Bedarf und von der Befreiung von Abgaben – auch der Einnahmen aus seinen Pfründen in anderen Stiften.

Wie politisch die Domherren dachten, zeigt die Absicherung ihrer Forderungen: Alle Amtleute, Burgmannen usw. des Erzstiftes sollten auch den Domherren huldigen, sodass sie den Bischof unter Druck setzen könnten, wenn er seine Verpflichtungen verletzte. 1379 fügte das Kapitel die Kontrolle der wichtigsten Burgen des Erzstiftes hinzu; da Zölle und Erträge dem Erzbischof verblieben, ging es dem Kapitel um den

---

72 HOLLMANN, Mainzer Domkapitel (wie Anm. 9), S. 186f. Zu den Stiftsfinanzen ebd., S. 194–202.

73 Vgl. HOLLMANN, Mainzer Domkapitel (wie Anm. 9), S. 206–13.

Residenz in Mainz: Die 1898 abgerissene ehemals domstiftliche Kurie „Zum Stecken" (Präsenzgasse), in der 1510 der junge Albrecht von Brandenburg als Mainzer Domkanoniker gewohnt hatte und die dann zeitweilig in den Besitz bzw. die Nutzung der Familie von Brandenburg überging. Abb. aus: Friedrich Schneider, Die Brandenburgische Domstifts-Kurie in Mainz. In: Ders., Kunstwissenschaftliche Studien I. Wiesbaden 1913, S. 107

strategischen Wert. Später verschärften die Domherren den Druck, indem sie sich die Zolleinnahmen zusichern ließen, bis ihre Forderungen erfüllt wären.

So lässt sich von Wahl zu Wahl verfolgen, wie die Domkanoniker ihren Anteil an der erzbischöflichen Regierung verstärkten. Selbst Erzbischof Johann von Luxemburg-Ligny, der 1371 vom Papst eingesetzt wurde und die Unterstützung des Kaisers hatte, schwor „aus Liebe und Freundschaft" die Rechte des Kapitels sowie des Klerus zu achten und gestand dem Domkapitel darüber hinaus zu, auch weltliche Steuern nur mit seiner Genehmigung auszuschreiben. Ebenso ließ das Kapitel den Erzbischof versprechen, alle Freiheiten und Privilegien der Lehnsleute, Amtleute, Bürger und Untertanen des Erzstifts zu achten. Erzbischof Konrad II. von Weinsberg sagte 1393 zu, ohne ihre Zustimmung keinen Fürsten, Grafen oder geborenen Landesherrn als Amtmann einzusetzen. – Damit sollte der Gefahr vorgebeugt werden, dass er die Territorialpolitik seines Hauses auf Kosten des Stifts stärkte.

Die Kontrolle der erzbischöflichen Finanzen wurde verschärft: Die Zahlungen aus Pfandschaften sollte ein Vertrauter des Kapitels kontrollieren. Um neuen Schulden vorzubeugen, durfte der Erzbischof dem Papst keine Erhöhung der Servitien zugestehen.

Die ‚außenpolitische' Handlungsfreiheit des Erzbischofs wurde dadurch eingeschränkt, dass er ohne Zustimmung des Kapitels keine Bündnisse eingehen konnte, insbesondere nicht mit der Stadt Mainz – während es selbst schon 1346 ein Bündnis mit dem Kaiser gegen ihn geschlossen hatte.

*

Früh wurde die Problematik solcher Einschränkungen der bischöflichen Handlungsfreiheit erkannt. Bereits im späten 12. Jahrhundert dispensierte der Papst den Bischof von Clermont von seinem Wahlversprechen.[74] 1422 kassierte der Kardinallegat die Wahlkapitulation des gewählten Mainzer Erzbischofs Konrad III. von Dhaun als unehrenhaft und weit überzogen, verbot ihm, eine neue auszustellen und hinterließ eine Liste von 17 Punkten, auf die sich in Zukunft jeder Nachfolger verpflichten sollte. Darin wurden die Mitspracherechte des Domkapitels geringfügig eingeschränkt, dafür solche der Kurie aufgenommen, etwa bei Verpfändungen.[75] Ungerührt nutzten die Kanoniker schon 1424 die Bewilligung von Geldern für die Kriegsführung, um die alten Zugeständnisse zu erneuern und neue zu erhalten. Auch in der Folgezeit erweiterten sie ihre Mitwirkungsrechte. „Stets kamen neue Forderungen hinzu, ohne daß etwas von (den) früheren Artikeln aufgegeben wurde" – bis zur Stagnation der *capitulatio perpetua* seit dem 16. Jahrhundert – wie sich in den seit dem späten 15. Jahrhundert überlieferten Domkapitelsprotokollen detailliert verfolgen lässt.[76] Selbst das Verbot der Wahlkapitulationen durch Papst Gregor XIII. führte nicht zu deren Abschaffung, sondern zur Geheimhaltung der bis auf über 100 Artikel anwachsenden Dokumente.[77]

Den Gipfel seiner Macht im Mittelalter erreichte das Domkapitel unter Erzbischof Dieter von Isenburg, der als Domkustos gewählt wurde. Am 19. Juni 1459 verpflichtete er sich unter anderem, keinen Domherrn gefangen zu nehmen oder zu schädigen, außer er verdiene es wegen seiner Vergehen. Der Generalvikar sollte nur aus dem Kreis der Domherren genommen werden. Die Amtleute des Erzstifts hatten fortan zu schwören, dem Domkapitel nicht nur bei Vakanz des Stuhles oder bei

---

74 Volkert PFAFF, Die deutschen Domkapitel und das Papsttum am Ende des 12. Jahrhunderts. In: Historisches Jahrbuch 93 (1973) S. 21–56, hier S. 53.
75 HOLLMANN, Mainzer Domkapitel (wie Anm. 9), S. 176f.
76 LIEBEHERR, Besitz (wie Anm. 11), S. 19f. Zitat ebd., S. 19.
77 LIEBEHERR, Domkapitel als Wahlkörperschaft (wie Anm. 11), S. 376.

Abwesenheit des Erzbischofs zu gehorchen, sondern auch, wenn dieser ohne Konsens Bistumsgut veräußerte. Alle Untertanen sollten dem Domkapitel ebenfalls huldigen und ihm Gehorsam in der Vakanz versprechen. Bei längerer Abwesenheit sollte der Erzbischof mit Rat und Zustimmung des Kapitels für eine Vertretung sorgen.[78]

Des Weiteren wurde der direkte Zugriff auf die bischöfliche Regierung verstärkt: Dem bischöflichen Rat, der sich allmählich als zentrale Regierungsbehörde herausformte, sollten, so die Forderung 1459, stets zwei Domherren angehören, aber jeweils nur auf ein Jahr, um einer engeren persönlichen Bindung vorzubeugen. Drei Domherren kontrollierten künftig alle Abrechnungen der Zollschreiber und Amtleute. Auch an sich selbst dachte das Kapitel, versprach der Erzbischof doch, ihm den Besitz Bingens vom Papst bestätigen zu lassen. Schließlich sollten alle Amtleute und Untertanen ihres Treueides gegenüber dem Erzbischof ledig und nur dem Domkapitel verpflichtet sein, wenn der Erzbischof seine Zusagen bräche.[79]

Obwohl Diether von Isenburg sein Amt schon 1461 verlor, konnte das Domkapitel die eigene Position konso-

Grabplatte des Mainzer Domherrn Salantin von Isenburg († 1482) im Kreuzgang des Domes

lidieren, denn auch der von Kaiser und Papst unterstützte Adolf II. von Nassau bestätigte die Wahlkapitulation seines Rivalen. Als Diether 1475 erneut gewählt wurde, bestätigte und erweiterte er am 13. November 1475 in gesondert beurkundeten einzelnen Zusagen die Wahlkapitulation von 1459. Neben speziellen Forderungen zum Rückgewinn erzstiftischen Besitzes beanspruchte das Kapitel die wichtigsten Stiftsburgen, die Stadt Bingen sowie die Herrschaft über Mainz, das Erzbischof Adolf II. von Nassau 1462 unterworfen hatte. Die Stadt Mainz mit all ihrer Frei-

---

78 Hollmann, Mainzer Domkapitel (wie Anm. 9), S. 179.
79 Ebd., S. 180.

heit, Herrlichkeit, Obrigkeit und allem Zubehör, Mauern, Toren, Plätzen, Bürgern, Amtleuten, Waltpoden, Schultheissen, weltlichen Richtern, Pedellen, Marktmeistern und allen Einwohnern und Beisassen usw. sollte für alle Zeiten im Besitz von Dekan und Kapitel des Domstifts sein.[80] Damit war der Höhepunkt der durch Wahlkapitulationen errungenen Rechte erreicht. Denn schon acht Monate später brach ein Aufstand gegen das Domkapitel aus und der Erzbischof nutzte die Situation, um die Macht in der Stadt wieder selbst in die Hand zu nehmen – ohne Rücksicht auf seine Versprechen und ohne dass das Domkapitel ihn hätte hindern können. 1376 und erneut 1480, als der Erzbischof seine Herrschaft über die Stadt durch den Neubau der Martinsburg demonstrierte, verzichtete das Domkapitel vertraglich auf seine Ansprüche auf die Stadtherrschaft.[81]

Diese Wendung der Dinge verweist auf den Nachteil der Wahlversprechen und der eher passiv-reaktiven Politik des Kapitels: Einem starken Erzbischof konnte das Kapitel seinen Willen nicht aufzwingen.[82]

Dennoch war das Domkapitel durchaus erfolgreich, nicht nur im Sinne seiner eigenen Interessen, sondern auch als Sachwalter der Rechte und Interessen von Klerus und Laien in Diözese und Stift, die es gegen die Erzbischöfe, aber auch gegen Kaiser und Papst zu wahren suchte. Sein Konsens war nicht zuletzt den Gläubigern und Geschäftspartnern sehr willkommen, versprach er doch eine höhere Bindewirkung und größere Kontinuität gegenüber den oft rasch wechselnden Personen auf dem Erzbischofsstuhl und ihrer nicht immer weisen und sparsamen Politik. So fungierte das Domkapitel nicht nur als Teilhaber an der Landesherrschaft, quasi als „Nebenregierung" (Kirn), sondern nahm auch Aufgaben wahr, die in anderen Territorien den Landständen zukamen[83] – von seinen geistlichen Aufgaben in der Diözese einmal abgesehen.

Kein Wunder, dass ein Platz in diesem reichen und mächtigen Domkapitel sehr begehrt war.[84] Wer hier eine Pfründe erlangte, hatte ausgesorgt, auch wenn das Mainzer nicht so exklusiv war wie das Kölner oder das Straßburger, wo selbst Jesus keine Chance gehabt hätte, Kanoniker zu werden.[85] Für die Familien des regionalen

---

80 DEMANDT, Stadtherrschaft (wie Anm. 39), S. 105f; HOLLMANN, Mainzer Domkapitel (wie Anm. 9), S. 179f und 220–225.

81 HOLLMANN, Mainzer Domkapitel (wie Anm. 9), S. 224 mit Hinweis auf Widerstand des Kapitels, das noch 1478 von einer aufgezwungenen Verschreibung sprach, und auf die Bestätigung des Vertrages von 1376 durch Papst Sixtus IV.

82 HOLLMANN, Mainzer Domkapitel (wie Anm. 9), S. 182; vgl. auch RAUCH, Domkapitel I (wie Anm. 10), S. 220f mit dem ausführlichen Zitat, das hier paraphrasiert wurde.

83 HOLLMANN, Mainzer Domkapitel (wie Anm. 9), S. 193 mit weiterer Literatur.

84 Auf den Zugang und die dadurch bestimmte soziale Zusammensetzung des Domkapitels braucht hier nicht eingegangen zu werden, bilden sie doch einen Schwerpunkt der Domkapitelforschung; vgl. oben, Anm. 9.

85 Bekannt ist die ins Kirchenrecht eingegangene scharfe Zurückweisung des von den Straßburgern aufgrund alten Gewohnheitsrechts beanspruchten Adelsprivilegs durch Papst Gregor IX.: Nicht

Adels, insbesondere aus dem Rheingau und der Wetterau, brachte die Platzierung eines Sohnes im Mainzer Domkapitel finanzielle, soziale und nicht zuletzt politische Vorteile – nicht nur, wenn der Sprössling es schaffte, Erzbischof zu werden. Je stärker die Stellung des Domkapitels in der Diözese wurde, desto attraktiver wurde es für die mächtigen Familien in Diözese und Stift.[86] In gewisser Weise gewannen sie so auf indirektem Wege wieder Einfluss auf die Bestimmung des Erzbischofs und die bischöfliche Politik, den sie im 12./13. Jahrhundert zugunsten des Domkapitels verloren hatten.

*

Wo bleibt bei alledem, neben dem politischen Machtkörper und der adligen Genossenschaft, die geistliche Gemeinschaft, von der eingangs die Rede war? Zunächst ist festzustellen, dass sich auch in Mainz die *vita communis* auflöste. Noch 1128 hatte Erzbischof Adalbert I. von Saarbrücken sie durch Baumaßnahmen und eine umfangreiche Schenkung zu stärken versucht.[87] 1146 machte der Erzbischof Stiftungen zugunsten des Scholasters, des Kantors und des Türhüters des Dormitoriums, um die sinkende monastische Disziplin zu verbessern.[88] Spätestens im 13. Jahrhundert aber bestanden Wohnhäuser der Kanoniker, die Stiftskurien,[89] Mitte des Jahrhunderts wurden die Einkünfte der für die *vita communis* erforderlichen Ämter, wie das des Küchenmeisters (1254) umgewidmet – sie waren wohl schon längere Zeit nicht mehr besetzt.[90]

---

der Adel des Geschlechtes, sondern der Sitten und die Ehrenhaftigkeit des Lebens mache einen Menschen Gott wohlgefällig und zu einem geeigneten Diener der Kirche, zu deren Leitung Christus nicht viele dem Fleische nach Adlige und Mächtige ausgesucht habe, sondern Unedle und Arme; X 3.5.37, ed. FRIEDBERG, Corpus Iuris Canonici (wie Anm. 12), Sp. 480f.

86 HOLLMANN, Mainzer Domkapitel (wie Anm. 9), S. 14–17, 43–79 und 269–285.

87 Mainzer Urkundenbuch, Bd. 1: Die Urkunden bis zum Tode Erzbischof Adalberts I. (1137), bearb. von Manfred STIMMING. Darmstadt 1932, Nachdruck Darmstadt 1972, Nr. 554.

88 Mainzer Urkundenbuch, Bd. 2: Die Urkunden seit dem Tode Erzbischof Adalberts I. (1137) bis zum Tode Erzbischof Konrads (1200), Teil 1: 1137–1175, bearb. von Peter ACHT. Darmstadt 1968, Nr. 91.

89 BISKAMP, Mainzer Domkapitel (wie Anm. 9), S. 12; Fritz ARENS, Die Raumaufteilung des Mainzer Domes und seiner Stiftsgebäude bis zum 13. Jahrhundert. In: Willigis und sein Dom. Festschrift zur Jahrtausendfeier des Mainzer Domes 975–1975, hg. von Anton Philipp Brück (= Quellen und Abhandlungen zur mittelrheinischen Kirchengeschichte 24). Mainz 1975, S. 185–249, hier S. 216.

90 ARENS, (wie Anm. 89), S. 217; BISKAMP, Mainzer Domkapitel (wie Anm. 9), S. 12.

Bereits unter Erzbischof Adalbert I. hatten die Domherren ihre geistlichen Aufgaben im Chor zunehmend an Vertreter delegiert.[91] Im 13. Jahrhundert richtete man zunächst zwei, dann vier Pfründen für Priester ein. Diese mussten beschwören – anders als die Domherren – stets in Mainz zu bleiben, um regelmäßig die Messen zu feiern. Die Zahl der Vikare, von einem Kirchenrechtler des 13. Jahrhunderts als *assidui* (die Fleißigen) – bzw. als *asini* (Esel) – bezeichnet[92], wuchs am Mainzer Dom noch im Laufe des 13. Jahrhunderts, auch durch Stiftungen, auf zwanzig.[93]

Die Domherren selbst suchte schon Ivo von Chartres mit finanziellen Anreizen zur Erfüllung ihrer liturgischen Pflichten zu bringen, in seinen Worten: „aus faulen Chorherren fleißige zu machen", indem er Sonderzahlungen für diejenigen einführte, die tatsächlich zum Chordienst erschienen.[94] Mit großer Sorgfalt wurden immer genauere Regelungen für diese Präsenzgelder ausgearbeitet, mit denen ‚Dienst nach Vorschrift', ja alle möglichen Tricksereien ausgeschaltet werden sollten, etwa dass man nur zu Beginn und am Ende der Chorstunden kurz erschien.[95] Für die einzelnen Chorstunden galten unterschiedliche Tarife – die Metten am frühen Morgen wurden aus einleuchtenden Gründen am besten honoriert. Exakt wurde festgelegt, bis zu welchem Gebet man erscheinen musste, bei der Messe z.B. bis zur Epistel, um das

---

91 Biskamp, Mainzer Domkapitel (wie Anm. 9), S. 47–50.

92 Die Glosse zur Dekretale Gregors IX., der dem Patriarchen von Antiochia befiehlt, abwesende Kanoniker und *assisii* zurückzurufen, notiert: *vocat assisios beneficiatos qui non sunt canonici, qui servire debent ecclesiae, nec vocantur ad communes tractatus cum canonicis et dicuntur assisii quasi assidui.* In anderen Kirchen hießen sie *mansionarii*; ed. Friedberg, Corpus Iuris Canonici (wie Anm. 12), Sp. 464. Johannes Andreae, der 1348 verstorbene berühmte Dekretalist, nennt sie *asinos*, weil sie fast die gesamte Last des Gottesdienstes trügen; zit. bei Torquebiau, Chapitres de chanoines (wie Anm. 12), Sp. 549.

93 1232 erhielten sie eine Ordnung, 1292 wurde eine Bruderschaft der Vikare vom Erzbischof bestätigt; Biskamp, Mainzer Domkapitel (wie Anm. 9), S. 48 und 50.

94 Ep. CCXIX, Migne PL 162, Sp. 222f: *quampluribus canonicorum Carnotensium desuevisset disciplinae regularis observantia, ut de negligentibus facerem diligentes, de somnolentis vigiles, de tardis assiduos, ad frequentandas horas canonicas, deliberavi apud me ut darem eis dimidiam praeposituram, ut inde fieret quotidianus panis, quem acciperent assidui, amitterent tardi, ut ad quas eos panis interni dulcedo non movebat, panis corporei refectio provocaret, quamvis eorum annua praebenda eis ad hoc sufficiens esse deberet* (ebd., Sp. 223). Die Erfahrungen waren nicht gerade positiv, die alten Kanoniker verkauften die Zuteilungen, die jungen verloren sie beim Spiel. So übertrug Ivo die halben Einkünfte der Propstei an zwölf Priester, die dafür regelmäßig am Gottesdienst teilnehmen sollten. Er fand kaum Freiwillige, die dazu bereit waren.

95 Hollmann, Mainzer Domkapitel (wie Anm. 9), S. 86f mit Hinweis auf Ludwig Lenhart, Zum Gottes- und Chordienst des Mainzer Domstiftes beim Ausgang des späten Mittelalters. In: Universitas. Dienst an Wahrheit und Leben. Festschrift für Bischof Dr. Albert Stohr im Auftrag der Katholisch-Theologischen Fakultät der Johannes Gutenberg-Universität Mainz, 2 Bde, hg. von Ludwig Lenhart. Mainz 1960, Bd. 1, S. 478–492, hier S. 480.

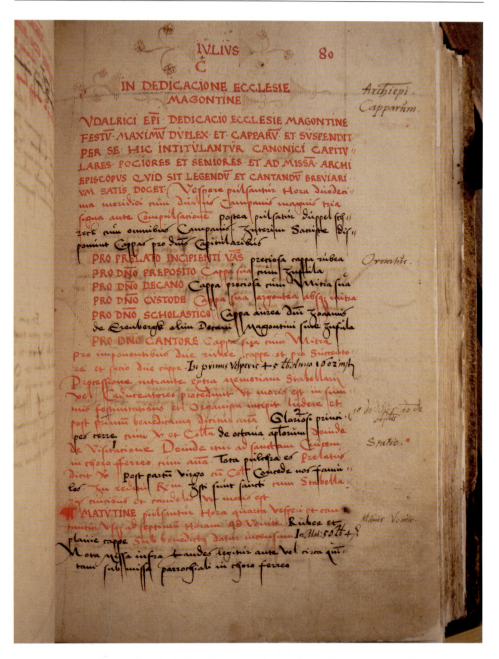

Die liturgischen Aufgaben der Mainzer Domkanoniker verzeichnet das Sakristeibuch des Mainzer Domes von 1418, hier zum Beispiel am Weihefest des Domes. Hs 92, Martinus-Bibliothek Mainz

Präsenzgeld zu kassieren. *Punctatores* führten genau Buch.[96] Und dennoch zieht sich die Kritik an der Chordisziplin durch die Jahrhunderte. 1358 mahnte Rudolf Losse, einst Erzbischof Balduins vertrauter Sekretär, der in Mainz seit 1354 Domdekan war[97], seine Mitkanoniker von Avignon aus, mehr Eifer im Gottesdienst zu zeigen, war ihm doch berichtet worden, dass allzu viele seiner Kanoniker ihre Pflichten im Chor allzu sehr vernachlässigten. Er beschwor sie förmlich, auch in seiner Abwesenheit wegen Krankheit und der Vertretung ihrer Interessen an der Kurie, häufiger und eifriger Gebet und Gesang im Chor zu pflegen und sich gegenseitig anzuspornen, wenn er es schon nicht tun könne. Nicht ohne Hintersinn verwies er auf die Belohnungen, die er – über die göttliche Vergeltung hinaus – gewähren könne. Denn er wolle sein Amt in Mainz wieder eifrig (*honorifice ac perpetuo*) wahrnehmen, sobald es ihm seine Krankheit und die Erledigung der Geschäfte erlaubten.[98] Gleichzeitig mahnte er selbst seinen Anteil an den Präsenzgeldern an, wenn er sich schon so für die Mainzer Kirche abmühe.[99]

Auch das Auftreten in der Öffentlichkeit wurde oft als ungeistlich kritisiert. Kuno von Falkenstein erschien 1359 so prächtig gewandet vor Kaiser Karl IV. bei dessen Besuch in Mainz, dass dieser den Erzbischof anwies, seinen Domklerus zu

---

[96] Selbst ein so verständnisvoller Autor wie Ludwig Lenhart kam angesichts dieser und anderer Zeugnisse zu dem Schluss: „Die Präbende des Tages wurde in Mainz in der Art eines Rechtsanspruchs ‚verdient', wenn der Stiftsherr in den Metten, und zwar wenigstens unter dem ersten Psalm der ersten Nokturn oder in der Prim unter dem Hymnus, im Konventsamt wenigstens bei der Epistel oder in der Vesper und Complet wie in den Vigilien wenigstens unter dem ersten Psalm im Chor erschien und sodann bis zum Ende blieb"; LENHART, Gottes- und Chordienst (wie Anm. 95), S. 480.

[97] Zum mühevollen Weg von der Provision 1346 bis zum tatsächlichen Genuss der Pfründe 1354 siehe HOLLMANN, Mainzer Domkapitel (wie Anm. 9), S. 130f.

[98] Nova Alamanniae. Urkunden, Briefe und andere Quellen besonders zur deutschen Geschichte des 14. Jahrhunderts, vornehmlich aus den Sammlungen des Trierer Notars und Offizials, Domdekans von Mainz Rudolf Losse aus Eisenach in der Ständischen Landesbibliothek zu Kassel und im Staatsarchiv zu Darmstadt, 2. Hälfte, I. Teil, hg. von Edmund E. STENGEL. Berlin 1930, Nr. 1008. Zum Streit des von Innozenz VI. unterstützten, letztlich aber dennoch unterlegenen ‚Ofenstock' (= Gerhard Alberti von Lübeck) mit dem ‚verstockten' Domkapitel mit Propst und Dekan an der Spitze ebd., Nr. 1003–1008, bes. Nr. 1005; vgl. HOLLMANN, Mainzer Domkapitel (wie Anm. 9), S. 27f und 410. Zu Rudolf Losse ebd., S. 130f und 409f; HOLBACH, Stiftsgeistlichkeit (wie Anm. 9), S. 527f und Friedhelm BURGARD, Familia archiepiscopi. Studien zu den geistlichen Funktionsträgern Erzbischof Balduins von Luxemburg (1307–1354) (= Trierer Historische Forschungen 19). Trier 1991, passim (im Index s.v. Rudolf); DERS., Rudolf Losse (um 1310–1364). In: Rheinische Lebensbilder 14 (1994) S. 47–70.

[99] Nova Alamanniae (wie Anm. 98), Nr. 1007 und 1008. In Nr. 1006 rügt er ihre Schreibfaulheit, hatte er doch schon dreimal eine Vollmacht angemahnt; er könne nicht immer in Avignon bleiben! Offenbar dächten sie nicht an ihn und sorgten nicht für ihn, habe er doch nichts (vor allem kein Geld!) bekommen.

Unbekannter Mainzer Domkapitular in Jagdkleidung. 18. Jh., Martinus-Bibliothek Mainz

reformieren.[100] Freilich war der um 1320 geborene Kuno kein gewöhnlicher Domkanoniker: Schon 1327 hatte er eine Anwartschaft. 1335 wurde er als Domherr bezeichnet. Von 1346 bis 1354 verwaltete er das Erzstift Mainz anstelle Heinrichs von Virneburg. Jahrelang stritt er mit einem Kurialen und einem Mitkanoniker um die Dompropstei, deren Besitz er schließlich gegen eine Rentenzahlung an den Kurialen nutzen konnte. 1360 wurde er Koadjutor des Erzbischofs von Trier und 1362 selbst Erzbischof. Überdies war er mehrfach Administrator des Erzbistums Köln und lehnte 1378 die Berufung zum Erzbischof von Mainz durch mehrere Domherren ab.[101] In einem Brief des Kaisers an Erzbischof Gerlach von Nassau ist von Spielen und Turnieren, ritterlicher Kleidung mit goldenem und silbernem Schmuck sowie von Rittersporen, langem Haupthaar und Bart die Rede.[102] Papst Urban V. rügte 1368 einige Mainzer Domherren wegen viel zu kurzer Kleider, Schnabelschuhen, weltlicher Haartracht, Bart und unziemlichen Betragens während der Gottesdienste im Dom.[103]

---

100 Dagmar JANK, Das Erzbistum Trier während des Großen Abendländischen Schismas (1378–1417/18) (= Quellen und Abhandlungen zur mittelrheinischen Kirchengeschichte 47). Mainz 1983, hier S. 6–19, bes. S. 9 mit Angabe der Quellen in Anm. 19; HOLLMANN, Mainzer Domkapitel (wie Anm. 9), S. 87f.

101 Biogramme bei HOLLMANN, Mainzer Domkapitel (wie Anm. 9), S. 363; HOLBACH, Stiftsgeistlichkeit (wie Anm. 9), S. 469 mit Quellen und Literatur.

102 Regesten der Erzbischöfe von Mainz von 1289–1396. 2. Abt. (1354–1396), Bd. 1: 1354–1371, bearbeitet von Fritz VIGENER. Leipzig 1913, Nachdruck Berlin 1970, Nr. 1131; ganz ähnlich sechs Wochen später Innocenz VI. an Gerlach; ebd., Nr. 1152; vgl. HOLLMANN, Mainzer Domkapitel (wie Anm. 9), S. 88 mit weiteren Hinweisen in Anm. 259.

103 Urbain V (1362–1370). Lettres communes analysées d'après les régistres dits d'Avignon et du Vatican, tome VIII, par Michel et Anne-Marie HAYEZ avec la collaboration de Janine MATHIEU et de Marie-France YVAN (= Bibliothèque des Écoles Françaises d'Athènes et de Rome, 3ᵉ Série).

Dieselben Themen kehren im 15. Jahrhundert wieder, beim Kardinallegaten Branda 1422 für Mainz[104], wie in der *Reformatio Sigismundi*, einer Reformdenkschrift, die gegen Ende des Jahrhunderts unter vielen Missständen im Reich insbesondere auch die Domkanoniker aufs Korn nahm: „Sie haben auf dem Stift", so heißt es etwa, „vier oder mehr, die für sie die Messe lesen; denen geben sie eine sehr bescheidene Pfründe und gehen selbst müßig. Vieles findet man, das die alten Statuten nicht vorsehen; also machen sie sich neue Statuten, die ihnen passen."[105]

Auch das Verhalten in den Kapitelssitzungen war nach Auskunft der Protokolle wie nach Meinung des Erzbischofs Adolf II. von Nassau 1469 kritikwürdig. Säumigkeit der Prälaten und Kapitulare bei der Beratung konnte gewiss auch politische Gründe haben, um unliebsame Entscheidungen zu verschleppen. Zwecks Abhilfe ließ Adolf II. eine Geschäftsordnung erarbeiten, die er dem Domkapitel übergab. Nach langem Hin und Her wurde diese vom Kapitel selbst verkündet. Dadurch konnte es nach außen sein Gesicht und sein Satzungsrecht wahren.[106]

*

Für die immer wieder kritisierten Verhaltensweisen der Domherren gibt es viele Gründe, persönliche und strukturelle. Die wenigsten waren aus Begeisterung für das religiöse Leben Geistliche geworden. Den meisten Kanonikern, nachgeborene Söhne adeliger Familien vor allem, und ihren Familien ging es primär um die mit dem Kanonikat verbundene Pfründe – eine wunderbare Sache, erlaubt sie doch ein gutes Leben ohne große Pflichten.[107] Wenn man auf die Präsenzgelder verzichtete, konnte

---

Rom 1982, Nr. 24413 und zum Abstimmungsverhalten im Kapitel Nr. 24414; vgl. HOLLMANN, Mainzer Domkapitel (wie Anm. 9), S. 88f mit weiteren Beispielen auch zu (eher selten in Mainz belegten) Raufhändeln und Frauengeschichten.

104 Hermann TÜCHLE, Das Mainzer Reformdekret des Kardinals Branda. In: Von Konstanz nach Trient. Festgabe für August Franzen, hg. von Remigius Bäumer. München 1972, S. 101–117.

105 Reformation Kaiser Siegmunds, hg. von Heinrich KOLLER (= MGH Staatsschriften des späteren Mittelalters 6). Stuttgart 1964, S. 176. Zur Reformatio siehe DERS., Art. Reformatio Sigismundi. In: Lexikon des Mittelalters 7, 1995, Sp. 550f; zur Kleruskritik Carl PFAFF, Klerus und Laien im Spiegel der „Reformatio Sigismundi". In: Pfaffen und Laien – ein mittelalterlicher Antagonismus? Freiburger Colloquium 1996, hg. von Eckart Conrad Lutz und Ernst Tremp (= Scrinium Friburgense 10). Fribourg 1999, S. 191–207.

106 HOLLMANN, Mainzer Domkapitel (wie Anm. 9), S. 156–159.

107 Daher die hohe Bedeutung der (im allgemeinen Sprachgebrauch negativ konnotierten) Pfründen der Kollegiatstifte (nicht der Domkapitel) vor allem für die Besoldung der gelehrten Räte weltlicher und geistlicher Herren sowie für die Universitäten, auf die vor allem Peter Moraw immer wieder aufmerksam gemacht hat. Aus jüngerer Zeit eine beispielhafte Monographie Oliver AUGE, Stiftsbiographien. Die Kleriker des Stuttgarter Heilig-Kreuz-Stifts (1250–1552) (= Schriften zur südwestdeutschen Landeskunde 38). Leinfelden-Echterdingen 2002 sowie Die Stiftskirche in

man reisen, studieren, unterrichten, sich der Wissenschaft oder der Verwaltung seines Vermögens widmen, im Dienst des Bischofs aktiv sein, oder, wie die *Reformatio Sigismundi* schreibt, einfach müßig gehen.[108]

Muße freilich ist ein hohes Gut, wie wir heute am besten wissen. So ist es kein Wunder, dass ein Historiker des 20. Jahrhunderts, der sich mit Domkapiteln befasste, mittelalterlichen wohlgemerkt, davon träumte, „Stiftsherr zu werden mit guter Pfründe und nicht allzuviel Pflichten … mit behaglicher Kurie in großem Garten hinter hoher Mauer, darin Blumen blühen und Obst, Gemüse und Trauben in milder Herbstsonne reifen".[109]

Für ein modernes Domkapitel dürfte jedoch eher gelten, was Hans-Jürgen Becker als Summe eines Überblicks über die Rechtslage nach dem neuen Codex Iuris Canonici und den Beschlüssen der Deutschen Bischofskonferenz 1983 formuliert hat:

„Gerade das Domkapitel in seiner neuen rechtlichen Gestalt – unabhängig vom Priesterrat und diesem nicht verantwortlich, ihm aber im übrigen eng verbunden, unabhängig aber auch vom Bischof – kann seine Konsultativfunktionen nunmehr erfüllen mit der nötigen Freiheit gegenüber dem Bischof, mit der erforderlichen Diskretion in vertraulichen Angelegenheiten, mit einer – von seiner Größenordnung her – gewährleisteten Effektivität und mit der auf Grund seiner Verfassung gegebenen Kontinuität der personalen Zusammensetzung. Das Domkapitel, das zugleich wichtige Ämter und Aufgaben in der

---

Südwestdeutschland. Aufgaben und Perspektiven der Forschung. Erste wissenschaftliche Fachtagung zum Stiftskirchenprojekt des Instituts für Geschichtliche Landeskunde und Historische Hilfswissenschaften der Universität Tübingen (17.–19. März 2000, Weingarten), hg. von Sönke LORENZ [u.a.] (= Schriften zur südwestdeutschen Landeskunde 35). Leinfelden-Echterdingen 2003; Stiftsschulen in der Region. Wissenstransfer zwischen Kirche und Territorium. Dritte wissenschaftliche Fachtagung zum Stiftskirchenprojekt des Instituts für Geschichtliche Landeskunde und Historische Hilfswissenschaften der Universität Tübingen (15.–17. März 2002, Weingarten), hg. von Sönke LORENZ [u.a.] (= Schriften zur südwestdeutschen Landeskunde 50). Ostfildern 2005; Oliver AUGE, Zur Rolle der Stuttgarter Stiftskleriker im Württemberg vorreformatorischer Zeit. In: Zeitschrift für Württembergische Landesgeschichte 66 (2007) S. 81–112.

108 Mit viel Verständnis für die adelige Mentalität der Domherren und das daraus resultierende Verhalten (wie generell für die Funktionalisierung der Domkapitel zur Versorgung adeliger Söhne unter Missachtung der kirchlichen Normen) Aloys SCHULTE, Der Adel und die deutsche Kirche im Mittelalter. Studien zur Sozial-, Rechts- und Kirchengeschichte. Stuttgart ²1922, Nachdruck Darmstadt 1958, bes. S. 282–294. Geradezu poetisch S. 287: „Voll Standesgefühl war ein solcher junger Domherr in erster Linie Adliger, dann erst Kleriker, er betrat den Chor, wenn er es musste, vielleicht mit dem ernsten Willen, Gott treu zu dienen, aber seine Gedanken flatterten weg zur Jagd, zur Fehde, wenn nicht gar zu einer Geliebten, in die weite schöne Welt hinaus, in der seine Blutsverwandten das meiste galten! Der Chorgottesdienst war vorüber, der Präsentarius hatte jeden Anwesenden notiert, für Gott und für den Lebensunterhalt war genug geschehen, und an der Kirchentür blieb der Kleriker zurück, der Adlige ging in seine Kurie, und ihm galt der Rest des Tages."

109 Heinrich Nottarp (1958), zit. bei PFAFF, Domkapitel (wie Anm. 74), S. 56.

Verwaltung der Diözese zu übernehmen hat, das in der Sedisvakanz an der Leitung der Diözese mitwirkt und das – jedenfalls in Deutschland, in Salzburg und in Teilen der Schweiz – das Recht der freien Bischofswahl ausübt,[110] ist somit auch heute noch bei allen Änderungen in Einzelheiten von seiner rechtlichen Stellung her ein wahrer *senatus episcopi*, auch wenn dieser Titel in der neuen Rechtssprache ihm nicht mehr zukommt. Auf den Titel kommt es auch nicht an. Wichtig ist nur, und dieser Wunsch ist das Fazit des historischen Rückblicks, daß es den reformierten Domkapiteln gelingen möge, ihre wichtigen Aufgaben im Dienste der Ortskirche auch in Zukunft zu erfüllen."[111]

– Und auch, so darf man wohl ergänzen, die einer geistlichen Gemeinschaft, als welche die Domkapitel und Domstifte von den Gläubigen am ehesten wahrgenommen werden.

---

110 Ganz frei sind die Wahlen freilich nicht einmal nach den rechtlichen Regelungen entsprechend der Konkordate bzw. der Staatsverträge.

111 BECKER, Senatus episcopi (wie Anm. 3), S. 53f. Freiheit, Diskretion, Effektivität, Kontinuität, im Original gesperrt.

Zur Memorialfunktion der erzbischöflichen Grabdenkmäler im Dom zu Mainz[1]

Verena Kessel

Wie möchten Sie gern sterben? Auf diese Frage aus dem legendären Fragebogen von Marcel Proust lauten die Antworten heute meist: im Schlaf, unbemerkt, tot umfallen, möglichst rasch sterben. Der mittelalterliche Mensch wünschte sich genau das Gegenteil. Er wollte bewusst sterben, mit genügend Zeit, um seinen profanen und geistigen Haushalt in Ordnung zu bringen, um zu beichten, um sich zu versöhnen, um letzte Dinge regeln zu können. Für den gläubigen mittelalterlichen Menschen bedeutete der Tod zwar das Ende des irdischen Lebens, nicht aber das Ende seines Seins, sondern er war der Anfang der Ewigkeit und damit der Vollendung. Außerdem blieb der Tote Mitglied der Gemeinschaft, in der er gelebt hatte. Otto Gerhard Oexle hat deutlich herausgestellt, dass der Tote Person im rechtlichen Sinne blieb, eine entgegengesetzte Auffassung zu heute, wo der Mensch nach seinem Tod nicht mehr rechtsfähig ist.[2] Als Personen des Rechts blieben die Verstorbenen unter den Lebenden stärker gegenwärtig, es gab eine Gemeinschaft der Lebenden und der Toten. Dabei waren die Toten auf die Lebenden angewiesen, sie bedurften ihrer Fürsprache. Ein immer wieder angeführtes, weil sehr anschauliches Beispiel, ist die Lebensbeschreibung Bischofs Benno von Osnabrück aus dem 11. Jahrhundert.[3] Sie wurde wohl vom Abt des Klosters Iburg verfasst, wo Benno seine letzten Lebensjahre verbrachte. Der Abt schreibt: *Mir geht es vor allem um eines, daß unserem Gründer und Erbauer des Klosters [nämlich Benno] hier an diesem Ort unablässig durch Gebet geholfen werde; er soll sich nicht vor Gott beklagen müssen, daß ihm erhoffte Hilfe von uns verweigert werde. Oft nämlich … pflegte er scherzend zu bemerken: er dürfe doch wohl nach seinem Tod von unseren Gaben, die wir ihm schuldig seien, jeden Tag eine kleine Mahlzeit erwarten, so nämlich, daß seine Seele durch Gebet genährt werde. Denn behindert durch zahllose weltliche Angelegenheiten in dieser höchst unruhigen Zeit, hoffte er, daß, was er selbst im Dienst vor Gott zuwenig getan habe, an seiner Stelle von der*

---

1 Die Vortragsform ist weitgehend beibehalten worden.
2 Otto Gerhard OEXLE, Die Gegenwart der Toten. In: Death in the Middle Ages, hg. von Herman Braet und Werner Verbeke. Löwen 1983, S. 19–77, hier S. 22 und 30.
3 Dieter GEUENICH, „Dem himmlischen Gott in Erinnerung sein …" – Gebetsgedenken und Gebetshilfe im frühen Mittelalter. In: Erinnerungskultur im Bestattungsritual, hg. von Jörg Jarnut und Matthias Wemhoff. München 2003, S. 27–40, hier S. 29–31. Die Übersetzung des Textes nach OEXLE, Gegenwart der Toten (wie Anm. 2), S. 27.

hier versammelten Gemeinschaft in Billigkeit wiedergutgemacht würde. Daher mögen alle die Barmherzigkeit Gottes für das Heil des Bischofs bestürmen, je mehr sie erkennen, welche Hilfe und welchen Nutzen sie ... an diesem Ort genießen, an dem sie durch des Gründers Tatkraft und Umsicht leben können. Dieser Text legt zwei Punkte offen. Zum einen: der verstorbene Bischof erhoffte und bedurfte des Gebetes der Lebenden für sein Seelenheil. Zum zweiten: er hatte während seines Lebens durch die Gründung des Klosters vorgesorgt, dass er diese Gebete durch die hier lebenden Mönche erhielt, d.h. er hatte sich so seine Memoria, das Gedenken an seine Person, gesichert. Wie elementar dieses Bedürfnis nach Memoria, nach Gedächtnis im Mittelalter war, belegt schlagend die Formulierung von Kaiser Maximilian: *Wer ime leben kain gedachtnus macht, der hat nach seinem tod kain gedächtnus und desselben Menschen wird mit dem glockendon vergessen.*[4] Dieses Gedenkens der Toten durch die Lebenden konnte man sich auf vielerlei Weise versichern, wobei der anschaulichste Ausweis dafür sicherlich Grabdenkmäler sind. Auch die Mainzer Erzbischöfe haben Sorge getragen für ihre Memoria und zwar in erster Linie durch die Stiftung von Anniversarien, von Jahrgedächtnissen. Das christliche Anniversarium entstand im 2. Jahrhundert als Gedächtnis des Todes oder Begräbnisses von Märtyrern im Gegensatz zum Gedenken des Geburtstages bei den Römern. Mit einer Anniversarstiftung wurde in erster Linie das Lesen einer Messe für den Toten an seinem Todestag auf ewige Zeiten gesichert. Da Anniversarien unabhängig vom Begräbnisplatz waren, konnten sie an jedem beliebigen Ort eingerichtet werden, und davon haben die Erzbischöfe – und nicht nur diese – auch reichlich Gebrauch gemacht. So sind etwa von Balduin von Trier, der in Mainz im 14. Jahrhundert Verweser des erzbischöflichen Stuhles war, mindestens 57 Anniversarstiftungen überliefert. Für die Abhaltung des Jahrgedächtnisses wurden Geld, Häuser oder ein Stück Land gestiftet, aus deren Zinserträgen dann die jährliche Messfeier auf ewig bezahlt werden konnte. Details dazu sind am Mainzer Dom im Liber animarum und im Fundationsbuch festgehalten worden. Im Liber animarum, das auch Seelbuch oder Totenbuch genannt wird, sind kalendarisch die Todestage sowie die jeweiligen Anweisungen für die Abhaltung des Jahrgedächtnisses eingetragen, während im Fundationsbuch die Ausgaben verzeichnet sind.[5] Faszinierend ist, dass die Eintragungen im Liber animarum fortlaufend vom Mittelalter bis zur Auflösung des Erzbistums gemacht wurden, d.h. ohne Zäsur etwa in der frühen Neuzeit oder im Barock, sondern dass es eine ungebrochene Kontinuität der Memoria über Jahrhunderte bis zur Säkularisation gab.

Aus dem Mittelalter sind uns in Mainz nur wenige ausführliche Angaben der Erzbischöfe zu ihren Anniversarien und/oder der Errichtung ihres Grabdenkmales

---

4 Jan-Dirk MÜLLER, Gedechtnus. Literatur und Hofgesellschaft um Maximilian I. München 1982, S. 80.

5 Würzburg Staatsarchiv, Mainzer Bücher verschiedenen Inhalts Nr. 47 und 48: Liber animarum; Mainz, Dom- und Diözesanarchiv, Best.: Dotation Nr. I/148: Fundationsbuch 1789.

erhalten. Beispiele aus der Zeit des Barock belegen, dass die Einrichtung eines Anniversariums deutlich kostspieliger war als die reine Errichtung des Grabmals; eine Tatsache, die auch für das Mittelalter gilt. Aus dieser Zeit ist uns das Testament Konrads von Dhaun aus seinem Todesjahr 1434 überliefert[6], in dem er bestimmte: *Auch sal die Presencie uns ein grab bestellen mitten in unserem Dume vor dem Capellchin und Elter, do wir unser begrebde hain gekoren; und sal eynen redelichen sarcke uff das grabe lassen havven, und den in die Erde versencken, und eynen deckel daruff, den man zu yederzeit, so man unser iarzyt, siebenden und dreissigsten begeet, sal uff thun, und vier kertzen daby setzen, als andern Erzbischoffen unsern Forfarn seligen.* Zwei Bereiche regelte Konrad von Dhaun, einmal das Prozedere beim Jahrgedächtnis und dann den Ort und die Art seines Grabmals. Das Jahrgedächtnis wurde neben der Messfeier und dem Beten der feierlichsten Form des Totenoffiziums durch eine Prozession zum Grab begangen, das mit Weihwasser besprengt und inzensiert wurde. Das Grab wurde an diesem Tag hervorgehoben durch vier Kerzen, die dort den Tag und die Nacht brannten, und oft noch durch ausgelegte Tücher. Das Jahrgedächtnis wurde so auch optisch angezeigt; wer den Dom betrat, konnte sofort sehen, für welchen Erzbischof das Anniversarium begangen wurde. Memoria war öffentlich, nicht privat. Zudem belegt die Formulierung, die *iarzyt* sei so abzuhalten *als andern Erzbischoffen unsern Forfarn seligen*, die Kontinuität, in der Konrad von Dhaun sich sah und in die er sich stellte. Die Vorgänger im Amt werden als Vorfahren bezeichnet, d.h. mit einem dynastischen Begriff, obwohl die Erzbischöfe den unterschiedlichsten Geschlechtern entstammten. Hier manifestiert sich der Gedanke der Sukzession in der Nachfolge des Petrusamtes auf dem Stuhl des vornehmsten Erzbistums des Reiches.

Diese Amtsmemoria hat auch optisch ihren Ausdruck gefunden. Zum einen bildeten die Grabdenkmäler spätestens ab dem 15. Jahrhundert eine eindrucksvolle Reihung zuerst im Mittelschiff und von dort ausgehend in die Seitenschiffe. Zum zweiten offenbart sich die Amtsmemoria in der Ausprägung des sog. Mainzer Typus der Grabdenkmäler, dem stehenden Erzbischof unter einem Baldachin mit seitlicher Architekturrahmung. Vom 14. bis zum 17. Jahrhundert folgten diesem Typus fast alle Grabdenkmäler und betonen in der seriellen Reihung die Eingliederung in die Mainzer Erzbischofssukzession.

*

Die erhaltenen Mainzer Erzbischofsgrabmäler setzen ein mit den Krönungsgrabsteinen, auf denen Siegfried von Eppstein († 1249) und Peter von Aspelt († 1320) Königen die Krone auf das Haupt setzen (Abb. 1 und 2). Diese Grabsteine sind nicht nur in Mainz singulär. Wie keine weiteren Grabsteine bis zum Ende des Alten Reiches

---

6 Würzburg Hauptstaatsarchiv, Mainzer Ingrossaturbücher, Nr. 20, fol. 299v.

Abb. 1 und 2: Die Grabplatten der „Königsmacher" Siegfried III. von Eppstein († 1249) und Peter von Aspelt († 1320) im Mainzer Dom

sind sie von ihrer Aussage her hochpolitisch und in der Erfindung des Bildformulars hochinnovativ. Mit ihnen beanspruchte der Mainzer Erzbischof die Rolle als Königsmacher unter den Kurfürsten. Diese Monumente zeigen, dass die Memoria nicht der alleinige Beweggrund für die Erstellung von Grabdenkmälern gewesen sein kann. Um diese zu gewährleisten, hätte ein „einfacher" Stein mit dem Bildnis des Erzbischofs ausgereicht. Dieses hätte auch dem Wunsch nach Repräsentation Genüge geleistet. Hingegen vermitteln die Monumente, die den Erzbischof in Aktion zeigten, eine weiterreichende Botschaft und Absicht, die in diesem Fall politischer Natur war.

Mit dem Grabstein für Matthias von Bucheck († 1328) bildete sich der sog. Mainzer Typus des Erzbischofsgrabmals heraus (Abb. 3). Der Erzbischof steht unter einem Architekturbogen, zu den Seiten begleitet von Zierarchitektur, in die kleine Heiligenfiguren eingestellt sind. Dieser Grabmalstyp sollte dann mit Modifikationen für rund 350 Jahre prägend in Mainz werden. Die drei rheinischen Erzbischöfe von

Abb. 3: Die Grabplatte für Matthias von Bucheck († 1328)

Mainz, Trier und Köln entwickelten jeweils eigene Grabdenkmaltypen. Für Trier ist das Bogengrabmal charakteristisch, für Köln das Tumbengrab mit der liegenden Erzbischoffigur und für Mainz der gerade geschilderte Typus.

Das zeitlich nächste Grabdenkmal im Mainzer Dom zeigt den betenden Erzbischof Adolf von Nassau († 1390; Abb. 4). Der Gebetsgestus ist ungewöhnlich für Mainz,

Abb. 4 und 5: Das Grabdenkmal des Mainzer Erzbischofs Adolf von Nassau († 1390) im Mainzer Dom (oben links) und das des Trierer Erzbischofs Kuno von Falkenstein († 1388) in Koblenz (oben rechts)

Abb. 6: Das Eingeweidegrab Adolfs von Nassau in Heiligenstadt

findet sich aber dafür bei Kölner Erzbischöfen. Die Geste könnte in diesem Fall der Herkunft des Künstlers geschuldet sein. Er entstammte der Werkstatt der Kreuzzepter-Madonnen, deren führender Künstler wohl aus Köln gekommen war und in Mainz vor 1382 mit der Augustiner-Madonna ein außergewöhnliches Kunstwerk geschaffen hatte. Die Werkstatt wuchs rasch und zog zahlreiche Aufträge heran, so auch den für das Grabmal Adolfs von Nassau. Das Kölner Motiv des betenden Erzbischofs sowie der ebenfalls für Köln typische raumgreifende Baldachin, der sich in Mainz auch zum ersten Mal bei Adolf von Nassau findet, wanderten offensichtlich mit dem Künstler von Köln nach Mainz. Die gleiche Werkstatt schuf 1388 auch das Grabmal für den Trierer Erzbischof Kuno von Falkenstein in Koblenz (Abb. 5). Hier ist das Motiv des betenden Erzbischofs unter dem großen Baldachin wiederum der Kölner Tradition entlehnt, der Architekturrahmen mit Figürchen der Mainzer und das Bogengrabmal der Trierer Tradition. Diese Vermischung von Motiven der Erzbischofsgrabsteine der drei geistlichen Kurfürstentümer ist ungewöhnlich und nur in dieser Zeit zu beobachten. Bei Kuno von Falkenstein mag es darin begründet sein, dass er alle drei Erzbistümer eine Zeitlang verwaltete, aber für Adolf von Nassau entfällt dieser potentielle Grund. Vielmehr lässt sich in diesen Jahrzehnten eine enge politische Zusammenarbeit unter den rheinischen Kurfürsten beobachten, die im Jahr 1400 in der Absetzung König Wenzels durch die Kurfürsten gipfelte. Analog dazu erfolgte in den letzten Jahrzehnten des 14. Jahrhunderts ein intensiver künstlerischer Austausch zwischen den Kurfürstentümern wie sonst selten und dem verdanken die Grabdenkmäler von Adolf von Nassau und Kuno von Falkenstein den gemeinsamen Künstler.

Zu den beiden Erzbischöfen gibt es noch eine interessante Anmerkung. Beider Eingeweide sind an anderen Orten begraben wie der Leichnam. Dies ist im Barock die Regel, für das Mittelalter aber weniger bekannt. Die Eingeweide Kunos von Falkenstein sind in Wellmich beigesetzt, die Adolfs von Nassau an seinem Sterbeort Heiligenstadt in Thüringen (Abb. 6). Das dortige St. Martinsstift gehörte zum Kernbereich der Mainzer Herrschaft auf dem Eichsfeld. Interessanterweise hat der Erzbischof in dieser Kirche sogar ein zweites Grabdenkmal erhalten, das mit der Liegefigur des Verstorbenen und Wappenträgern mit Prunkhelmen sowie auffälliger Wappeninszenierung auf der Vorderfront für ein Eingeweidegrab sehr anspruchsvoll ausgefallen ist. Hier wäre noch nachzuforschen, wer die Errichtung des Grabmals betrieben hatte. Bekannt ist, dass Stifte oder Klöster ein großes Interesse an Grabdenkmälern hochgestellter Persönlichkeiten besaßen, da sie das Ansehen der Institution mehrten. Dieser Grund führte besonders im 14. Jahrhundert verstärkt zur Schaffung von Grabdenkmälern für längst verstorbene oder heilige Erzbischöfe. In diesem Zusammenhang seien zwei Mainzer Beispiele erwähnt. Im 14. Jahrhundert erhielt Erzbischof Siegfried I. von Mainz im Kloster Hasungen, wo er 1084 verstorben war, einen nur in einer Zeichnung des 19. Jahrhunderts überlieferten Grabstein. 1357 ließ Erzbischof Gerlach von Nassau einen Stein für den hl. Bonifatius hauen, der sich heute im Mainzer Dom befindet.

Der Grabstein für Konrad von Weinsberg († 1396) ist zum ersten Mal in Mainz kein Tumbengrab, sondern wurde direkt an der Wand aufgestellt. Den Grabstein schuf ein fränkischer Bildhauer, der diesen Typus von den Würzburger Bischofsgrabmälern übernahm. Seinem Nachfolger Johann von Nassau († 1419) verdankt die Grabdenkmälerreihe im Mittelschiff die Initialzündung, denn er errichtete 1417/18 das sog. Martinschörlein und darunter die noch heute erhaltene Nassauer Unterkapelle als Kopie des hl. Grabes in Jerusalem. Das Martinschörlein, das sich mitten im östlichen Mittelschiff erhob, wurde 1683 abgebrochen. Johann von Nassau traf durch diese Errichtung die bis dahin aufwendigste Jenseits-Fürsorge eines Mainzer Erzbischofs und zwar aus gutem Grund. Er war in Mainz so unbeliebt, dass er nicht auf die sonst üblicherweise gewährte Memoria der Lebenden hoffen konnte, sondern sich davon unabhängig sein Gedenken sichern musste. Das von ihm errichtete Hl. Grab wurde zumindest an Ostern in die Liturgie einbezogen und damit in Funktion gesetzt. Adolf von Nassau hatte sich somit den besten Bestattungsplatz geschaffen, den es gab, nämlich direkt neben dem Grab Christi. Zwei Punkte beweisen, dass die Intention Johanns aufging. Zum einen ließen sich alle seine Nachfolger ihre Grabdenkmäler im Mittelschiff mit Blick auf das Nassauer Chörlein errichten. Zum zweiten hat über hundert Jahre später Albrecht von Brandenburg die Jenseits-Fürsorge für Johann von Nassau noch verstärkt und gleichzeitig für seine eigene gesorgt. Er stiftete 850 Gulden für zwölf arme Mainzer Bürger, die in den Kartagen dort Rosenkränze beten sollten und somit für die beiden Stifter Johann von Nassau und Albrecht von Brandenburg beteten. Der Grabstein Johanns übertrumpft mit seiner Mächtigkeit alle bisherigen Mainzer Grabmäler. Durch die leichte Drehung zur Seite, mit der der Erzbischof in Richtung Nassauer Chörlein blickt, erhält die Figur etwas ungemein Lebendiges und Dynamisches, wozu auch die ungeheure Gewandfülle und das zur Seite wehende Pannisellum, mit dem der Erzbischof den Stab umfasst, beitragen. Hier tritt uns einer der mächtigsten, aber auch umstrittensten Fürsten seiner Zeit förmlich entgegen. Herrisch ist auch der Umgang mit den Insignien formuliert. Den riesigen Stab umfasst er mit kräftigem Griff weit oben, so als wolle er damit fest nach unten stoßen und energisch wuchtet er ein stattliches Buch mit der linken Hand hoch an seinen Oberkörper.

Sein Nachfolger Konrad von Dhaun († 1434) war in vielerlei Hinsicht genau das Gegenteil des Nassauers. Die Quellen rühmen seine Frömmigkeit und sein Pflichtbewusstsein gegenüber religiösen Dingen. Am Anfang wurde schon sein Testament zitiert, in dem er festlegte, dass sein Grabmal vor der Kapelle und dem Altar des Nassauer Chörleins liegen solle. Im Gegensatz zur prunkvollen Anlage Johanns sollte das Grabmal Konrads im Boden versenkt, mit Brettern verschlossen und nur einmal im Jahr zum Anniversarium geöffnet werden. Vordergründig haben wir es hier mit einem Akt großer Bescheidenheit zu tun. Bis zur Säkularisation wurde diesem Wunsch auch entsprochen, erst im 19. Jahrhundert kam das Grabmal an einen Pfeiler. Wenn wir uns den Grabstein aber genauer anschauen (Abb. 7), wird deutlich, dass es sich vom künstlerischen Aspekt her um einen noch qualitätvolleren Stein handelt als beim Nassauer. Zwar ist die gesamte aufwendige Rahmung einem einfachen Kastenrahmen gewichen, aber die Person des Erzbischofs tritt uns umso eindrücklicher vor Augen. Die Kleiderfülle hat zugenommen und steigert damit die Präsenz Konrads. Die tief verschluchteten Faltentäler erzeugen mit ihrem Spiel von Licht und Schatten große Lebendigkeit. Gleichzeitig dient die Faltenführung der Betonung der Insignien, indem die drei großen Schüsselfalten vor dem Bauch der Figur ihren Endpunkt in der das Buch haltenden Hand finden, während die wie Wellen gebildeten Falten auf der linken Seite die Hand, die das Pedum hält, umspielen und dieses so betonen. Der Stab hat gegenüber dem Johanns noch an Mächtigkeit

Abb. 7: Der Grabstein für Konrad von Dhaun († 1434)

gewonnen, der Nodus fast Gesichtsgröße erreicht. Die Krümme ist nach hinten in den Kasten hineingedreht; dadurch entsteht der Eindruck, der dicke und schwere Stab laste auf dem Körper des Erzbischofs. Er hat den Stab auch nicht fest umgriffen, sondern hält ihn nur locker in der Hand; man kann die Fingerspitzen sehen, die bei Johann hinter dem Stab zu liegen kamen. Ebenso wird das Buch weniger von der Hand als vielmehr vom Oberkörper gehalten. Der Erzbischof wirkt wie erdrückt von der Schwere seines Amtes, das in Form der Insignien schwer auf ihm lastet. Das Gesicht verstärkt diesen Eindruck. Die Augen liegen tief in den Höhlen, scharfe Falten ziehen sich von der Nase zum Mund, der halb geöffnet ist. Beschädigungen im Bereich von Brauen, Stirn und Nase verstärken unabsichtlich den leidenden und expressiven Gesichtsausdruck. Wenn dieses im Boden liegende Grabmal von den vier Anniversariumskerzen umstellt war, dann verlieh deren flackerndes Licht dem Grabmal eine noch stärkere Lebendigkeit. Die Engel scheinen vom Grund nach oben zu stoßen, mit weit in den Nacken gelegten Köpfen schauen sie nach oben, quasi in den Himmel, um zusammen mit dem Erzbischof das Heil, also die Auferstehung, zu erwarten. Die Bescheidenheit des im Boden befindlichen und nicht sichtbaren Grabmals wurde am Tag des Jahrgedächtnisses außer Kraft gesetzt, indem eines der großartigsten Grabmäler des Domes sichtbar wurde. Der liturgische Umgang mit diesem Grab, nämlich das Verbergen und das Öffnen, findet seine Parallele in den Retabelaltären, die ebenfalls die meiste Zeit des Jahres verschlossen waren und nur an höchsten Feiertagen ihre strahlende Schauseite öffneten. So paradox es klingen mag: mit dieser Inszenierung seines Grabmals überbot Konrad von Dhaun alle seine Vorgänger.

Abb. 8 und 9: Diether von Isenburg († 1482) und Adalbert von Sachsen († 1484) auf ihren Grabdenkmälern

Bei den auf Konrad von Dhaun folgenden Grabmälern handelt es sich wieder um den Typus des stehenden Erzbischofs unter einem Baldachin und mit Architekturrahmung. Neben zeittypischen Veränderungen in der Zierarchitektur, einer stärkeren Betonung der Wappen und einer veränderten Präsentation der Inschrift fällt besonders ein neues Detail im Umgang mit den Insignien auf, das sich von nun an durchgängig bis zum Barock finden wird. Es handelt sich um das Buch, das nun geöffnet ist und in dem der Erzbischof liest. Damit wird die *devotio* des jeweiligen Erzbischofs stärker betont. Der Umgang mit dem Buch weist aufschlussreiche Nuancierungen auf. So ist Diether von Isenburg († 1482) völlig auf die Tätigkeit des Lesens fixiert (Abb. 8). Während er das Pedum fast nachlässig unter den rechten Arm geklemmt hat, konzentriert er sich allein auf sein Buch. Seine Lider sind halb geschlossen und damit folgerichtig auf die Zeilen des Textes gerichtet. Mit dem rechten Zeigefinger hält er das Buch an einer weiteren Stelle etwas geöffnet.

Dies verdeutlicht, dass es sich nicht nur um das Lesen des Buches, sondern um das Studieren von Textstellen, die der Erzbischof offensichtlich miteinander vergleicht, handelt. Die Ernsthaftigkeit des Textstudiums streicht die Intellektualität des Erzbischofs heraus, die sich besonders darin äußerte, dass er die Mainzer Universität gründete, wie die Grabinschrift lobend erwähnt.

Sein Nachfolger Adalbert von Sachsen († 1484) starb bereits nach zwei Jahren als Administrator, ohne zum Bischof geweiht geworden zu sein. Folgerichtig fehlen ihm die Insignien wie Mitra und Pedum (Abb. 9). Der Kreuzstab, die hohe Kappe und der Chormantel mit der überdimensionierten Schließe dienen als Substitut und suggerieren die Gleichheit mit den Erzbischofsgrabmälern. Trotz der Orientierung am Isenburg-Grabmal liest Adalbert von Sachsen nicht in einem Buch, sondern folgt dem stärker repräsentativen Typus der früheren Grabmäler. Die Tatsache, dass ein knapp 20-jähriger Administrator ein so aufwendiges Grabmal erhält, wirft ein bezeichnendes Licht auf die Wichtigkeit, in der Reihe der Mainzer Erzbischöfe eingereiht zu werden.

Berthold von Henneberg († 1504) wird wieder mit geöffnetem Buch dargestellt. Der auf eine Textstelle im geöffneten Buch hinweisende, abgespreizte Zeigefinger erinnert noch an das intellektuelle Studium Diethers von Isenburg. Es ist allerdings nicht mehr das Blättern im Buch angegeben, sondern nur noch der Verweis auf eine Textpassage. Auch schaut der Erzbischof nicht mehr konzentriert auf seinen Text, sondern hat den Kopf nachdenklich gehoben. Auffällig ist die Steigerung des architektonischen Zierrats sowie eine Häufung der Insignien. Zusätzlich zum Pedum lässt sich Berthold von Henneberg noch mit dem Kreuzstab abbilden. Während der Krummstab für die geistliche Herrschaft des Erzbischofs steht, symbolisiert der Kreuzstab die weltliche Herrschaft. Ab Berthold von Henneberg haben alle Erzbischöfe Pedum und Kreuzstab in Händen.

Bei Jakob von Liebenstein († 1508) ist der Vorgang des Lesens im offenen Buch noch einmal abgeschwächt. Er hält das Buch mit der Hand nur noch geöffnet, weder Handhaltung noch Blickrichtung verraten ein eingehenderes Studium des Textes. Im Grunde genommen handelt es sich um eine Rückkehr zum alten Typus mit dem Halten von Stab und Buch, nur dass dieses nun geöffnet ist. Dementsprechend hat Jakob von Liebenstein im Gegensatz zu seinen beiden Vorgängern den Stab nun wieder mit der Hand umfasst, wenngleich auch eher locker und nicht so zupackend fest wie seine Vorgänger um 1400.

Im Gegensatz zu Jakob von Liebenstein stellt das Grabmal für Uriel von Gemmingen einen Höhepunkt in der Darstellung der *devotio* dar (Abb. 10). Eine Inschrift tut kund, dass es ihm sein Nachfolger Albrecht von Brandenburg 1514 setzen ließ. Der Erzbischof ist das erste Mal nicht mehr stehend dargestellt, sondern kniet betend vor einem monumentalen Kruzifixus. Engel fangen in Kelchen das Blut aus den Wunden des Gekreuzigten auf. Den Erzbischof empfehlen die lebensgroß dargestellten heiligen Vorgänger im Amt, Bonifatius und Martin. Uriel von Gemmingen hat als besonderes

Zeichen seiner Demut die Insignien abgelegt, vor ihm auf einem Kissen befinden sich Handschuhe, Ringe, Kreuzstab und Pedum, von dem die Krümme abgebrochen ist. Der Kopf des Erzbischofs wurde 1834 ergänzt. Ursprünglich hatte Uriel von Gemmingen die Mitra als Zeichen der Demut abgenommen. Zu den weiteren fehlerhaften Ergänzungen zählt auch der Puttokopf hinter dem Erzbischof, hier befand sich ursprünglich der Bettler des hl. Martin. Für diese Wahl eines Andachtsbildes und damit einer verstärkten *devotio* war der Auftraggeber Albrecht von Brandenburg verantwortlich, von dem analoge Bildformeln im Medium der Malerei, nämlich als Anbetender vor dem Gekreuzigten, existieren. Zu überlegen wäre, inwiefern sich die Wahl dieses in Mainz aus dem gewohnten Rahmen herausfallenden Themas für das Grabmal seines Vorgängers als eine erste Beschäftigung mit seinem eigenen Grabdenkmal, das ihn lange Zeit seines Lebens fesselte, anzusehen ist.

Albrecht von Brandenburg ist dann selbst mit seinem Grabdenkmal wieder zum gewohnten Typus des stehenden Erzbischofs zurückgekehrt bzw. hat es dem Domkapitel und seinem Nachfolger bei seinem Tod 1545 überlassen, die-

Abb. 10: Das Grabdenkmal für Uriel von Gemmingen († 1514)

Memorialfunktion der erzbischöflichen Grabdenkmäler

Abb. 11: Das Grabdenkmal für Albrecht von Brandenburg († 1545)

sen Typus zu wählen (Abb. 11). Dies ist auf den ersten Blick höchst verblüffend, hat sich doch Albrecht fast die gesamte Zeit seines Lebens intensiv mit seiner Grabmalsplanung auseinandergesetzt. Kerstin Merkel hat präzise die sich immer wieder verändernden Konzepte seiner aufwendigen Grabanlage herausgearbeitet. Sie kann aufzeigen, dass der Kardinal am Ende seines Lebens unter dem Einfluss des ersten Jesuiten in Deutschland, Petrus Faber, sich von seinem fast magischen Versuch, eine ausreichende Jenseits-Fürsorge zu treffen, löste und durch das Sakrament der Buße auf einen gütigen Gott vertrauen lernte. Auf diese nun für ihn tragfähige Hoffnung verweist der auferstandene Christus, der das Grabdenkmal krönt. Am Ende stellte sich Albrecht, der so viele extravagante Grabmalsprojekte geschmiedet hatte, in die Sukzession seiner Vorgänger und Nachfolger und ordnete seine individuelle Memoria der Amtsmemoria unter.

Literatur

Fritz Viktor ARENS, Die Inschriften der Stadt Mainz von frühmittelalterlicher Zeit bis 1650. Mainz 1958

Memoria in der Gesellschaft des Mittelalters, hg. von Dieter GEUENICH. Göttingen 1994

Ernst-Dieter HEHL, Die Erzbischöfe von Mainz bei Erhebung, Salbung und Krönung des Königs (10. bis 14. Jahrhundert). In: Krönungen. Könige in Aachen – Geschichte und Mythos. Ausstellungskatalog hg. von Mario Kramp, Bd. 1. Mainz 2000, S. 97–102

Dieter GEUENICH, „Dem himmlischen Gott in Erinnerung sein …" – Gebetsgedenken und Gebetshilfe im frühen Mittelalter. In: Erinnerungskultur im Bestattungsritual, hg. von Jörg Jarnut und Matthias Wemhoff. München 2003, S. 27–40

Stefan HEINZ, Barbara ROTHBRUST und Wolfgang SCHMID, Die Grabdenkmäler der Erzbischöfe von Trier, Köln und Mainz. Trier 2004

Verena KESSEL, Memorialfunktionen Mainzer Erzbischofsgrabmäler von 1249 bis 1434. In: Kunst in Hessen und am Mittelrhein 34 (1994) S. 13–39

Verena KESSEL, Sepulkralpolitik. Die Krönungsgrabsteine im Mainzer Dom und die Auseinandersetzung um die Führungsposition im Reich. In: Der Mainzer Kurfürst als Reichserzkanzler. Funktionen, Aktivitäten, Ansprüche und Bedeutung des zweiten Mannes im Alten Reich, hg. von Peter Claus Hartmann. Stuttgart 1997, S. 9–34

Gisela KNIFFLER, Die Grabdenkmäler der Mainzer Erzbischöfe vom 13. bis zum frühen 16. Jahrhundert. Untersuchungen zur Geschichte, zur Plastik und zur Ornamentik. Köln, Wien 1978

Kerstin MERKEL, Jenseits-Sicherung. Kardinal Albrecht von Brandenburg und seine Grabdenkmäler. Regensburg 2004

Otto Gerhard OEXLE, Die Gegenwart der Toten. In: Death in the Middle Ages, hg. von Herman Braet und Werner Verbeke. Löwen 1983, S. 19–77

Karl SCHMID und Joachim WOLLASCH, Memoria. Der geschichtliche Zeugniswert des liturgischen Gedenkens im Mittelalter. München 1984

Bestattungs- und Gedächtniskultur im Spiegel der Grabdenkmäler des 17. und 18. Jahrhunderts im Mainzer Dom

Luzie Bratner

Die Denkmäler des Mainzer Domes sind Teil einer künstlerisch höchst anspruchsvollen Reihe von überwiegend erzbischöflichen Grabmälern, die von der Mitte des 13. Jahrhunderts bis ins 19. Jahrhundert reicht. Diese im deutschen Sprachraum einzigartige Denkmälerreihe stellt in diesem Umfang und dieser künstlerischen Qualität eine Besonderheit dar.[1] Zudem bildete sich seit dem frühen 15. Jahrhundert mit dem architektonischen Wanddenkmal ein verbindlicher Denkmaltypus heraus.[2] Dieser erfährt am Ende des 17. Jahrhunderts jedoch einen auffälligen Wandel in der bildlichen Darstellung. Ein wirklicher Bruch in der Tradition findet sich hier aber nicht, wie im Folgenden an ausgewählten Beispielen dargelegt werden soll.[3] Es ist vor allem die äußere architektonische Form, die sich deutlich verändert oder sogar ganz aufgelöst wird.

Die Grabdenkmäler der Erzbischöfe haben eine stark auf Repräsentation ausgelegte Funktion und entfalten im späten 17. und im 18. Jahrhundert eine besondere Pracht. Die Vielfalt an unterschiedlichen und individuellen Lösungen ist für diese Zeit charakteristisch, an keinem Ort aber so anschaulich und monumental wie im Mainzer Dom. Dennoch können die Grabdenkmäler, die *Vor Ihro Churfürstliche*

---

1 Bemerkenswert ist ferner, dass in der Barockzeit weder in Köln noch in Trier, bei den rangnächsten Kurfürsten, eine vergleichbare Denkmälergruppe mit lebensgroßen Bildnisfiguren der Erzbischöfe zu finden ist.

2 Erstmals ist der Typus, der den stehenden Erzbischof in einem architektonischen Rahmen zeigt, beim Denkmal Johanns II. von Nassau (gest. 1419) voll ausgebildet, das im Mittelschiff am dritten nordöstlichen Pfeiler errichtet wurde. – Zu den früheren Denkmälern vgl. Gisela KNIFFLER, Die Grabdenkmäler der Mainzer Erzbischöfe vom 13. bis zum frühen 16. Jahrhundert. Untersuchungen zur Geschichte, zur Plastik, zur Ornamentik. Köln, Wien 1978; Wolf GOELTZER, Der „Fall Hans Backoffen". Studien zur Bildnerei in Mainz und am Mittelrhein am Ausgang des Spätmittelalters. In: Mainzer Zeitschrift 84/85 (1989/90) S. 1–78 und 86 (1991) S. 1–62. – Die Grabdenkmäler des 16. und des 17. Jahrhunderts sind bislang noch nicht im Zusammenhang bearbeitet worden.

3 Luzie BRATNER, Die erzbischöflichen Grabdenkmäler des 17. und 18. Jahrhunderts im Mainzer Dom (= Quellen und Abhandlungen zur mittelrheinischen Kirchengeschichte 113). Mainz 2005.

Abb. 1: Arnold Harnisch, Grabdenkmal des Erzbischofs Damian Hartard von der Leyen († 1678), 1686, Mainz, Dom, südliches Seitenschiff

Bestattungs- und Gedächtniskultur im 17. und 18. Jahrhundert

Gnaden seeligster Gedächtnus errichtet wurden[4], nicht von den übrigen mit dem Totengedächtnis in Zusammenhang stehenden Stiftungen isoliert betrachtet werden, die letztlich alle der Vorsorge für das eigene Seelenheil dienten. Die Wahl des Grabplatzes und seine Kennzeichnung sowie die Mess-Stiftungen spielen dabei weiterhin die wichtigste Rolle.[5] Den Grabdenkmälern kommt ebenfalls die Aufgabe zu, die Erinnerung an den Verstorbenen wachzuhalten. Sie verleihen dem Wunsch um Fürbitte Ausdruck, obwohl sie wahrscheinlich nicht unmittelbar in das liturgische Geschehen einbezogen waren. Neben der Ausgestaltung der Grabdenkmäler soll hier daher ein besonderes Augenmerk dem Grabplatz gelten und den vielfältigen Stiftungen, die von den Erzbischöfen vor ihrem Tod eingesetzt wurden, um Fürsprache und Gedenken zu sichern.

*

Das Grabdenkmal des Erzbischofs Damian Hartard von der Leyen (Abb. 1) greift zum letzten Mal im 17. Jahrhundert den im Mainzer Dom seit dem Mittelalter mit dem Grabdenkmal Johann II. von Nassau (gest. 1419) vorherrschenden Typus des architektonischen Wandgrabmals auf. Trotz der Beibehaltung des bekannten Typus lassen sich am von-der-Leyen-Denkmal bereits interessante Erweiterungen bzw. Variationen der Memorialfunktionen festmachen.

Das von dem Bildhauer Arnold Harnisch (um 1630/35–1691) ausgeführte Grabmal des 1678 verstorbenen Erzbischofs Damian Hartard von der Leyen wurde noch zu dessen Lebzeiten begonnen.[6] Nach Ausweis verschiedener im Familienarchiv erhaltener Rechnungen wurde es 1686 vollendet, wofür, wie auch die Inschrift erwähnt, die Erben Sorge getragen haben. Das insgesamt gut erhaltene Grabmal befindet sich noch an seinem ursprünglichen Aufstellungsort am vierten südöstlichen Pfeiler im südlichen Seitenschiff.[7] Augenfällig ist das im Gegensatz zu den älteren Denkmälern andere Material. Erstmals ist hier das für die barocken und spätbarocken Denkmäler charakteristische Material verwendet: der weiße Carrara-Marmor in Kombination mit dem schwarzen und buntfarbigen sogenannten „Lahnmarmor".[8] Das 5 m hohe

---

4   Vertrag über die Errichtung des Ingelheim-Grabmals von 1695, vgl. BRATNER, Grabdenkmäler (wie Anm. 3), S. 365f, Quelle Nr. 22.

5   Vgl. im vorliegenden Band den Beitrag von Verena KESSEL, Zur Memorialfunktion der erzbischöflichen Grabdenkmäler im Dom zu Mainz.

6   BRATNER, Grabdenkmäler (wie Anm. 3), S. 135–146 und 216–226; zu Harnisch vgl. S. 64–74.

7   Im Grundrissplan des Domes in Valentin Ferdinand GUDENUS, Codex Diplomaticus. Göttingen, Frankfurt, Leipzig 1747, Bd. II, ist das Grabdenkmal mit X markiert. Vgl. BRATNER, Grabdenkmäler (wie Anm. 3), Abb. 1 und 5.

8   BRATNER, Grabdenkmäler (wie Anm. 3), S. 60–64.

Abb. 2: Arnold Harnisch, Laurentiusaltar, 1676, Mainz, Dom, Laurentiuskapelle

Abb. 3: Arnold Harnisch, Grabplatte des Erzbischofs Damian Hartard von der Leyen († 1678), Mainz, Dom, ehem. in der Laurentiuskapelle, heute in der Arkade des zweiten südwestlichen Mittelschiffpfeilers

Denkmal nimmt die gesamte Pfeilerbreite ein. Es zeigt im Zentrum in einer Nische stehend die ganz in weißem Marmor ausgeführte Bildnisfigur mit einem individuellen Portrait des Erzbischofs in Pontifikalkleidung. Die in farbigem Marmor ausgeführte architektonische Rahmung steht auf einem hohen Sockel, der eine eigene, von Konsolen mit Blattmasken gerahmte Inschriftenzone besitzt. Die Figurennische ist von Säulen aus rotem Marmor flankiert, die einen gesprengten Giebel tragen. Bekrönt wird er von dem großen Wappen des Erzbischofs, um das Putten mit Attributen des Todes gruppiert sind. Die farbig gefaßten Wappen der Ahnenprobe reihen sich seitlich der Nische auf.

Mit der Wahl des Aufstellungsortes setzt Damian Hartard die Reihe seiner Vorgänger nicht fort. Die mittelalterlichen Grabmäler sind entlang der Mittelschiffpfeiler aufgereiht. Die Renaissancedenkmäler befinden sich überwiegend im nördlichen

Seitenschiff, wo durchaus noch weiterer Platz zur Fortführung der Reihe gewesen wäre. Damian Hartard wählte aber den Platz im südlichen Seitenschiff, da er die Kapelle, die seinem Grabmal unmittelbar gegenüber liegt, zur Familienkapelle bestimmt hatte. Schon 1674, also bereits vor Errichtung des Grabdenkmals und bevor Damian Hartard Erzbischof von Mainz wurde, stimmte das Domkapitel der Errichtung eines Altares (Abb. 2) zu, den Damian Hartard – zu diesem Zeitpunkt als Mainzer Domherr und Dompropst von Trier – *pro memoria* für diese Kapelle stiftete.[9] Der Vertrag mit dem Künstler, auch hier schon der Bildhauer Arnold Harnisch, über die Errichtung des Laurentiusaltar wurde 1675 abgeschlossen.[10] Grabmal und Kapelle sind also in engem inhaltlichen und künstlerischen Zusammenhang zu sehen. Dies wird auch in der knappen lateinischen Inschrift des Grabmals hervorgehoben, in der es in der Übersetzung heißt: *Dem hochwürdigsten und allerhöchsten Fürsten, [...] der gerade gegenüber in der kleinen Kapelle des Heiligen Laurentius ruht, die von ihm als er noch lebte, errichtet worden ist [...]*.

Vor dem Altar wurde der Erzbischof schließlich 1678, zwei Tage nach der Altarweihe, beigesetzt und das Grab mit einer aufwendig skulpierten Platte aus schwarzem Marmor bedeckt (Abb. 3). Sie wurde von den Erben des Erzbischofs ebenfalls bei Arnold Harnisch in Auftrag gegeben.[11] In der oberen Hälfte ist das erzbischöfliche Wappen zu sehen, die untere Hälfte wird von der Inschrift eingenommen. Die Grabplatte wurde wahrscheinlich schon 1766 zusammen mit anderen schwarzmarmornen Grabplatten des Domes in den Langhausarkaden aufgestellt und mit einem Sandsteinrahmen versehen.[12] Sie befindet sich heute an der Westseite des zweiten südwestlichen Pfeilers. Von den nachfolgenden Erzbischöfen sind mit Ausnahme des unmittelbaren Nachfolgers Karl-Heinrich von Metternich-Winneburg (gest. 1679) keine Grabplatten überliefert und auch keine Nachrichten dazu bekannt. Möglicherweise wurden die Grabplatten im 18. Jahrhundert weniger aufwendig ausgestaltet.

Die ursprüngliche Pracht der Kapelle, die wie alle übrigen Seitenkapellen zu Beginn des 19. Jahrhunderts vergrößert und verändert wurde, lässt sich heute leider kaum mehr erahnen. Der Boden war ursprünglich vollständig mit schwarzen und weißen Marmorrauten sowie marmornen Fußgesimsen ausgekleidet, die Altarstufen waren ebenfalls in Marmor ausgeführt. Auffallend ist, wie viel Wert im Vertrag, der über die Anfertigung der Grabplatte und die Auskleidung der Kapelle geschlossen

---

9   Ebd., S. 345, Quelle Nr. 2.

10 Ebd., S. 345f, Quelle Nr. 3. Der Altar wurde am 26. Dezember 1678 den Heiligen Laurentius und Damian geweiht.

11 Ebd., S. 360, Quelle Nr. 15.

12 Vielleicht erfolgte die Aufstellung auch erst 1830, vgl. Sigrid DUCHHARDT-BÖSKEN, Der Mainzer Dom im 19. Jahrhundert, Willigis und sein Dom. Festschrift zur Jahrtausendfeier des Mainzer Domes 975–1975, hg. von Anton Philipp Brück (= Quellen und Abhandlungen zur mittelrheinischen Kirchengeschichte 24). Mainz 1975, S. 439–499, hier S. 452; vgl. BRATNER, Grabdenkmäler (wie Anm. 3), Anm. 889.

wurde, auf die Politur des Marmors gelegt wird.[13] Dieser ursprüngliche Glanz ist leider stark verblasst. Der Marmor hat heute eine sehr stumpfe, teilweise graue Oberfläche. Bei dem tiefschwarzen und auch buntfarbigen sogenannten Marmor von der Lahn handelt es sich um einen schleif- und polierfähigen Kalkstein. Er wurde mindestens seit Beginn des 17. Jahrhunderts bis ins frühe 20. Jahrhundert zwischen Diez und Weilburg an der Lahn systematisch abgebaut. Der Kontrast vor allem des schwarzen mit dem weißen italienischen Marmor, wie er bei Denkmal, Altar und Kapelle bei Damian Hartard von der Leyen inszeniert ist bzw. war, bleibt von nun an bis zum Ende des 18. Jahrhunderts das charakteristische Gestaltungsmerkmal der Denkmäler des Mainzer Domes. Dabei entspricht der schwarze Marmor in besonderer Weise der Verwendung im Sepulkralzusammenhang.

Der Leichnam Damian Hartards war in der Schlosskapelle St. Gangolph aufgebahrt und wurde am 28. Dezember, also drei Wochen nach seinem Tod in einer Prozession in den Dom überführt und beigesetzt.[14] Das Herz des Erzbischofs kam nach Maria Laach, wohin zwei Jahre zuvor auch das Herz seines Bruders und Erzbischofs von Trier Carl Caspar von der Leyen überführt worden war. Die Eingeweide und das Gehirn wurden ebenfalls separat in der kurfürstlichen Gruft in St. Gangolph in Mainz bestattet.

Schon für das Mittelalter gibt es Belege für Herz- und Eingeweidebestattungen. Im 17. Jahrhundert nehmen die Herzbestattungen jedoch auffallend zu und sind nicht mehr ausschließlich hochstehenden Persönlichkeiten vorbehalten.[15] Mit St. Gangolph bekommt in Mainz eine zweite Kirche Bedeutung als erzbischöfliche Grablege. Dort entsteht ein weiterer, kontinuierlich belegter Ort der Memoria. Die neben der erzbischöflichen Residenz am Rhein und neben der Hofkanzlei liegende Kirche wurde unter Erzbischof Daniel Brendel zu Homburg errichtet und 1581 geweiht.[16] 1793 wurde die Schlosskirche schwer beschädigt und schließlich 1826 abgerissen. Unter dem Hochaltar befand sich eine architektonisch wohl nicht

---

13 Wie Anm. 11. – Noch im 18. Jahrhundert wurde die Kapelle „Marmorkapelle" genannt. Vgl. Fritz ARENS, Mainzer Kunstwerke und deren Meister zwischen 1650 und 1750. In: Mainzer Zeitschrift 46/47 (1951/52) S. 88.

14 Vgl. die Beschreibung in: Theatrum Europaeum, IX. Frankfurt am Main 1682; BRATNER, Grabdenkmäler (wie Anm. 3), S. 361f, Quelle Nr. 17. Für die Kurfürsten Philipp Karl von Eltz und Johann Friedrich Karl von Ostein sind detaillierte Aufstellungen der Begräbnisprozession (*funeralischen Deduktion*) überliefert, vgl. S. 398–400, Quelle Nr. 57; S. 416–423, Quelle Nr. 80.

15 Vgl. Walter MICHEL, Herzbestattungen und der Herzkult des 17. Jahrhunderts. In: Archiv für mittelrheinische Kirchengeschichte 23 (1971) S. 121–139. – BRATNER, Grabdenkmäler (wie Anm. 3), S. 32–34.

16 Fritz ARENS, Die Schloßkirche St. Gangolph in Mainz. Ein unbekanntes Meisterwerk deutscher Renaissance. Mainz 1940; Fritz ARENS, Die Kunstdenkmäler der Stadt Mainz, 1: Kirchen St. Agnes bis Hl. Kreuz. Mainz 1961, S. 303–317; Karl Heinz ESSER und Annibal DO PAÇO, Feststellungen über die St. Gangolphskirche zu Mainz bei der Ausschachtung auf dem Deutschhausplatz. In: Mainzer Zeitschrift 67/68 (1972/73) S. 122–127; Margret RIBBERT, „Quanta Moguntia fuit, ista ruina docet": Eine wiederaufgefundene Innenansicht der Mainzer Schloßkapelle St. Gangolph. In:

weiter ausgestaltete Gruft, wo seit 1582 in der Regel Herz, Hirn und Eingeweide der Erzbischöfe beigesetzt wurden. Über diese Gruft unterrichtet eine Beschreibung aus der Mitte des 18. Jahrhunderts und ein weiteres Exemplar des Mainzer Inschriftensammlers Stephan Alexander Würdtwein (1722–1796).[17] Drei der Herzkapseln aus St. Gangolph konnten 1803 in den Mainzer Dom überführt werden.

In einzelnen Fällen wurden die Herzen aber auch in anderen, von den Erzbischöfen bevorzugten Kirchen beigesetzt. So das Herz Johann Schweikart von Cronbergs in der Aschaffenburger Jesuitenkirche, das Herz Damian Hartards von der Leyen wie erwähnt in Maria Laach, das des Lothar Franz von Schönborn im Bamberger Dom. Zwei Herzen, nämlich das von Johann Philipp von Schönborn und dasjenige Anselm Franz von Ingelheims erhielten einen besonderen Grabplatz unter dem Hochaltar im Westchor des Mainzer Domes. Die Darstellung der herzförmigen Kapsel in kostbarer Gold- und Silberschmiedearbeit in einem ganzseitigen Kupferstich bildet im 17. und 18. Jahrhundert einen festen Bestandteil in den im Druck erschienenen Leichenpredigten.[18]

Die getrennte Beisetzung von Herzen, Eingeweiden, Gehirn und gelegentlich der Zunge ist seit dem 17. Jahrhundert auch bei den Trierer und Kölner Erzbischöfen in kontinuierlicher Folge zu finden. Bei den letztgenannten handelt es sich bei der seit 1651 dafür genutzten Altöttinger Gnadenkapelle allerdings um eine dynastische Grablege der Wittelsbacher. Die Trierer Erzbischöfe nutzten vor allem die dortige Jesuitenkirche, im 18. Jahrhundert dann die Heiligkreuzkirche in Ehrenbreitstein.

Eine wesentlich größere Summe als für die Errichtung von Altar und Grabdenkmal für Damian Hartard von der Leyen wurde nach Auskunft verschiedener Quellen für das Lesen von Messen und die Abhaltung von Anniversarfeiern veranschlagt. Es hat sich außerdem das im Dezember 1678, also unmittelbar vor seinem Tod abgefasste Testament Damian Hartards erhalten.[19] Von der Errichtung des Grabdenkmals ist

---

Mainzer Zeitschrift 84/85 (1989/90) S. 105–113. – Eine Zeichnung Johann Lindenschmits mit der stadtseitigen Ansicht von St. Gangolph und der Hofkanzlei von 1814 bei Arens 1940, S. 15.

17 Franz FALK, Moguntina, 1. Die Gruft in der St. Gangolfs-Kirche zu Mainz. In: Quartalblätter des Historischen Vereins für das Großherzogtum Hessen NF 4 (1908) S. 294–298; BRATNER, Grabdenkmäler (wie Anm. 3), S. 402–406, Quelle Nr. 62.

18 So z.B. ein Kupferstich der Herzurne Damian Hartards von der Leyen in: Adam PINELL, Christliche Leich- und Lob-Predig (…). Mainz 1678. – Die 1743 von Johannes Seyfried gefertigte Herzkapsel des Philipp Karl von Eltz wird im Dommuseum aufbewahrt, vgl. 1000 Jahre Mainzer Dom (975–1975). Werden und Wandel, Ausstellungskatalog und Handbuch, hg. von Wilhelm JUNG. Mainz 1975, S. 319, Abb. 132; Sigrid BÖSKEN, Die Mainzer Goldschmiedezunft. Ihre Meister und deren Werke vom Ende des 15. bis zum ausgehenden 18. Jahrhundert (= Beiträge zur Geschichte der Stadt Mainz 21). Mainz 1971, S. 104, Nr. 149, Abb. 21d. Ein Kupferstich der Herzkapsel bei Philipp Adam SCHULTHEIS, Lob- und Trauer-Rede (…). Mainz 1743. – Weitere Kupferstiche vgl. BRATNER, Grabdenkmäler (wie Anm. 3), S. 33, Anm. 131.

19 BRATNER, Grabdenkmäler (wie Anm. 3), S. 356–358, Quelle Nr. 12. – Das Anniversarium im Mainzer Dom ist auch schon in einer Ergänzung zur Urkunde über die Einrichtung der Vikarie

darin nicht die Rede, vielleicht, da dieses ja bereits zu Lebzeiten begonnen, wenngleich auch noch nicht vollendet war. Der Erzbischof legt in seinem Testament lediglich seinen Grabplatz fest, nämlich eine Beisetzung vor dem von ihm gestifteten Altar in der Laurentiuskapelle. Der Großteil des Testaments aber widmet sich der Regelung einer ganzen Reihe von Seelenmessen. Aus seinem Privatvermögen setzt Damian Hartard neben dem, *waß beij dergleichen Churfurstlichen leichbegräbnüssen von daß Erzstift wegen zu beschehen pflegt,* 3000 unmittelbar zu lesende Seelenmessen, ein Anniversarium sowie zwei wöchentliche Messen im Mainzer Dom ein, für den Trierer Dom fünf Anniversarien, für St. Alban in Mainz eine jährliche Messe. Die Dominikanerkirche in Mainz, wo seine Schwester und sein Vater begraben sind, erhält ebenfalls einen Betrag, von dem die Abhaltung einer täglichen Seelenmesse für Damian Hartard und alle seine Familienangehörigen finanziert werden soll. Ferner werden die folgenden Bettelorden bedacht, denen eine besondere Rolle als Fürbittgemeinschaft für die Verstorbenen zukommt: die Franziskaner, Kapuziner, Karmeliten, Armen Klarissen und Augustiner in Mainz, die Armen Klarissen in Köln, die Klarissen, Dominikaner, Karmeliter, Kapuziner und Augustiner in Trier, die Franziskaner auf dem Kalvarienberg in Ahrweiler, die Kapuziner und Karmeliter in Koblenz und die Minoriten in Oberwesel. Für die Laurentiuskapelle hatte Damian Hartard außerdem schon im Mai 1678 eine Vikarie eingerichtet, mit der die Abhaltung von wöchentlich zwei Messen am Laurentiusaltar *zum Trost und Heil desselben als auch der Seelen seiner Vorfahren* verbunden war.[20]

Das Gedenken an den Verstorbenen und seine Familie ist nicht an den Ort der Beisetzung gebunden, sondern wird durch die entsprechende Anzahl der Stiftungen um einiges vervielfacht. Falls die Stiftung einer Messe zu schlecht dotiert war, wurde eine Reduktion der ursprünglich eingesetzten Anzahl von Messen vorgenommen. So wurde z.B. die von-der-Leyen-Stiftung für die Dominikaner von 1678 mit einer täglich zu lesenden Messe bereits 1690 auf drei Messen in der Woche reduziert.[21]

*

Neben den Angaben in den erhaltenen Testamenten geben vor allem zwei Quellen Aufschluss über die Anniversarstiftungen und die Verteilung der Ausgaben für die jeweilige Messe[22]: Der im 14. Jahrhundert begonnene, in Hinblick auf die litur-

---

St. Laurentius dokumentiert, S. 354f, Quelle Nr. 10. Ferner ist es im Fundationsbuch von 1789 aufgeführt, Quelle Nr. 89, fol. 49r.

20 BRATNER, Grabdenkmäler (wie Anm. 3), S. 353–355, Quellen Nr. 9, 10.

21 Isnard W. FRANK, Das Totenbuch des Mainzer Dominikanerklosters. Kommentar und Edition (= Quellen und Forschungen zur Geschichte des Dominikanerordens NF 3). Berlin 1993, S. 62f und 305.

22 BRATNER, Grabdenkmäler (wie Anm. 3), S. 47–58.

gische Verwendung kalendarisch angelegte und bis ins 18. Jahrhundert fortgeführte zweibändige Liber animarum[23] und das Ausgabenverzeichnis des sogenannten Fundationsbuchs von 1789.[24] Meist ist ein Gesamtbetrag für das Anniversarium mit neun Lesungen und der Messfeier aufgeführt. Für die Mainzer Erzbischöfe war es üblich, den Gedenktag im Totenoffizium in dieser feierlichsten Form mit den vigiliae maiores mit je neun Psalmen und Lesungen zu begehen. Ein weiterer Betrag entfällt bei den Anniversarstiftungen auf zwei bis drei Zelebranten und die Messdiener. Von großer Bedeutung ist die Aufstellung von meist vier Kerzen als „lux perpetua" und das Geläut. Ein kleiner Betrag entfällt schließlich auf den Gesang. Der Brauch einer Spende an die Armen wurde sicher auch in Mainz gepflegt. Es sind aber nur wenige Anniversarstiftungen zu finden, wo ausdrücklich ein solcher Betrag genannt wird.[25] Die meisten Erzbischöfe bedenken hingegen das Armenhaus St. Rochus in ihrem Testament.

Liber animarum und Fundationsbuch belegen, dass die gestifteten Messen bis zum Ende des 18. Jahrhunderts gehalten wurden. Ein Großteil der Anniversarstiftungen scheint mit der Säkularisation jedoch nicht mehr wahrgenommen worden zu sein, da sie nicht mehr in den Stiftungsverzeichnissen des 19. Jahrhunderts geführt werden. Es sind nur wenige Stiftungen, deren Auswahl sich bislang nicht erschließt, von Bischof Colmar 1810 wieder eingesetzt worden. Erst hier ist ein entscheidender Bruch in der Tradition der erzbischöflichen Grablege und der damit verbundenen Memorialverpflichtungen zu sehen. Die auf ewig angelegten Anniversarien wurden nicht mehr fortgeführt.

Heute ist es nicht mehr möglich, ein Anniversarium auf ewig zu stiften. Nach einem bestimmten Zeitraum von 10–20 Jahren werden die Messen kassiert und auf einen Tag zusammengelegt. Die Namen der Verstorbenen werden dann nicht mehr einzeln genannt. Im Mainzer Dom findet heute zumindest noch einmal im Jahr am Tag nach Allerseelen eine Messe für alle verstorbenen Bischöfe und Mitglieder des Domstifts statt, an die sich eine Prozession zum Domfriedhof und zur Bischofsgruft anschließt.

Das Jahrgedächtnis griff den am Begräbnistag üblichen Ritus auf. An die Feier der Totenmesse schloss sich in der aufwendigeren Form, wie sie für die Erzbischöfe üblich war, eine Prozession zum Grab an. Dazu findet sich eine detaillierte Anweisung im Missale, so auch im 1742 in Mainz gedruckten Missale Romanum-Moguntinum.[26]

---

23 Würzburg Staatsarchiv, Mainzer Bücher verschiedenen Inhalts Nr. 47 und 48: Liber animarum.

24 Mainz, Dom- und Diözesanarchiv, Best.: Dotation Nr. I/148: Fundationsbuch 1789. Vgl. in Auszügen BRATNER, Grabdenkmäler (wie Anm. 3), S. 430–436, Quelle Nr. 89.

25 BRATNER, Grabdenkmäler (wie Anm. 3), Quelle Nr. 89, fol. 55v (Dompropst Wilhelm Wolff Metternich von der Gracht) führt einen Betrag für zwölf Arme auf, die am Grab beten und dafür entlohnt werden sollen. Vgl. ferner fol. 48r und fol. 57v.

26 Ebd., Anm. 211.

Der Subdiakon, der ein Kreuz trägt, stellte sich mit den Lichtträgern am Fußende des Grabes gegenüber dem Altar auf. Dabei handelt es sich um den nächstgelegenen Altar, vor dem ein Katafalk aufgebaut war. Der Katafalk konnte aber auch direkt über dem Grab stehen. Der Zelebrant trat zwischen Altar und Grab an die Kopfseite, umschritt das Grab unter Gebeten und Gesängen und besprengte es mit Weihwasser und schwenkte das Weihrauchfass. Die abschließenden Gebete wurden am Altar gesprochen.

Die Sorge um das eigene Seelenheil, die sich in der Vielzahl von Mess-Stiftungen Damian Hartards spiegelt und in diesem Umfang ganz üblich war, findet aber auch im von-der-Leyen-Denkmal bzw. im unmittelbaren Bezug des Grabdenkmals zur Kapelle ihren Niederschlag.

Das Grabdenkmal befindet sich, wie bereits dargelegt, gegenüber der Grabkapelle. Darüber hinaus ist aber die Hinwendung der Bildnisfigur des Erzbischofs zum Altar der Kapelle entscheidend. Die Standfigur, die zwar dem repräsentativen Typus des architektonischen Wanddenkmals folgt, könnte in Ewiger Anbetung aufgefasst sein. Zwar blickt sie nicht direkt auf das Bild des von einer Laurentiusfigur bekrönten Altares, sondern nur allgemein in diese Richtung, genauer sogar auf die Trennwand der Kapelle.[27] Dies lässt sich aber einerseits mit einer nur eingeschränkt freien Standortwahl des Denkmals, andererseits mit der motivisch getreuen Übernahme einer älteren Standfigur erklären.[28] In der Römischen Kunst lassen sich seit dem 16. und vor allem im 17. Jahrhundert eine Vielzahl von Beispielen finden, wo in vergleichbarer Weise Grabdenkmäler und Altäre, insbesondere bei Familienkapellen aufeinander Bezug nehmen in einer deutlichen Hinwendung der Grabmalfigur zum Altar.[29] Im Übrigen findet auch der Architekturtypus des von-der-Leyen-Denkmals mit dem Ädikulaaltar im römischen Hochbarock seine unmittelbaren Vorläufer.[30] Durch die Übernahme eines älteren Figurentypus mit den steifen Pontifikalgewändern wird die wahrscheinlich beabsichtigte Darstellung einer Ewigen Anbetung in Mainz allerdings nicht in der wirkungsvollsten Art inszeniert verglichen mit den oft durch Gebärden

---

27 Das Thema des ursprünglichen Altarbildes ist nicht überliefert. Arens vermutet eine Darstellung des heiligen Laurentius und vielleicht auch einer Mater Dolorosa, vgl. ARENS, Mainzer Kunstwerke (wie Anm. 13); DERS., Neue Forschungen und Veränderungen an der Ausstattung des Mainzer Domes. In: Mainzer Zeitschrift 70 (1975) S. 113.

28 Die Bildnisfigur übernimmt Standmotiv und Haltung der Figur bis ins Detail der leichten Kopfwendung vom 1606 entstandenen Denkmal des Erzbischofs Wolfgang von Dalberg (gest. 1601) im nördlichen Seitenschiff. – Die Hinwendung der Bildnisfigur zum Altar wäre durch eine Aufstellung des Denkmals am benachbarten, mittleren südlichen Pfeiler eindeutiger darzustellen gewesen. Dieser Pfeiler war aber wahrscheinlich bereits durch die spätgotische, im 19. Jahrhundert stark erneuerte Kanzel belegt.

29 Leo BRUHNS, Das Motiv der ewigen Anbetung in der römischen Grabplastik des 16., 17. und 18. Jahrhunderts. In: Römisches Jahrbuch für Kunstgeschichte 4 (1940) S. 253–432.

30 BRATNER, Grabdenkmäler (wie Anm. 3), S. 141–145.

dramatisierten römischen Beispielen. Das von-der-Leyen-Denkmal ist jedoch das einzige Beispiel im Mainzer Dom, wo sich die Bedeutung der am Altar gelesenen Seelenmessen und der Teilnahme des Verstorbenen stellvertretend durch seine Bildnisfigur heute noch nachvollziehen lässt.

*

Wie bedeutsam der unmittelbare Bezug von Grabplatz und Grabdenkmal war, kann auch an einem Beispiel aus der Mitte des 18. Jahrhunderts rekonstruiert werden, am Grabmal des Erzbischofs Philipp Karl von Eltz (Abb. 4).[31] Das 5,60 m hohe Grabmal, das heute im Südquerarm zu sehen ist, war ursprünglich am fast entgegengesetzten Ende des Domes, am südöstlichen Mittelschiffspfeiler vor dem Ostchor angebracht.[32] Es wurde 1862 versetzt. Dadurch wurde der Südquerarm quasi in ein barockes Mausoleum umgewandelt, wie es schon Ende des 18. Jahrhunderts mit den Breidbach-Bürresheimer Denkmälern geplant, aber nicht mehr zum Abschluss gekommen war.

Beim Eltz-Denkmal ist die architektonische Form vollkommen aufgelöst. Es wird von einem großen schwarzen Marmorvorhang hinterfangen, der von der Personifikation des Chronos, der schnell verrinnenden Zeit, gehalten wird und mit seinen goldfarben gefassten Fransen in reichen Kaskaden herabfällt. Vor dem imposanten Vorhang steht über einem konsolengetragenen Gesims ein Sarkophag, an dem ein Inschriftentuch aufgehängt ist und der von einem in weißem Marmor gearbeiteten, überlebensgroßen Brustbild des Verstorbenen in einfacher Chorkleidung bekrönt wird. Seine bischöflichen Insignien sind zwischen den Konsolen an einem Totenschädel aufgehängt. Der Sarkophag wird von einer trauernden weiblichen Gestalt, die das Wappen des Erzbischofs hält, und einem, von einem Putto begleiteten Löwen flankiert, dem Eltzschen Wappentier. Die kleinen Wappen der Ahnenprobe sind im oberen Teil des Vorhangs angebracht, wo ein weiterer Putto die Faltenkaskaden bändigt.

Der Entwurf des Eltzschen Grabdenkmals geht auf den kurfürstlichen Oberbaudirektor Anselm Franz von Ritter zu Groenesteyn (1692–1765) zurück,[33] der allerdings in der Regel mit Bauprojekten und weniger mit Skulpturen betraut war. Nicht nur seine Stellung innerhalb der kurfürstlichen Regierung, sondern auch seine verwandtschaftliche Verbindung zum Kurfürsten – er war mit einer seiner Nichten verheiratet – mögen ihn zum Leiter dieses für den Erzbischof bedeutenden persön-

---

31 Ebd., S. 106–108, 188f und 278–290.

32 Im Domgrundriss in Johann WETTER, Geschichte und Beschreibung des Domes zu Mainz. Mainz 1835 ist das Grabdenkmal mit Nr. 19 eingezeichnet. Im Gudenusplan (wie Anm. 7), der etwa gleichzeitig mit dem Grabdenkmal entstanden ist, ist es noch nicht berücksichtigt.

33 BRATNER, Grabdenkmäler (wie Anm. 3), S. 281, Anm. 1105.

Abb. 4: Burkhard Zamels, Grabdenkmal des Erzbischofs Philipp Karl von Eltz († 1743), 1740–41, Mainz, Dom, ehem. vor dem Eltzschen Altar, heute im Südquerhaus

lichen Projektes gemacht haben. Die Ausführung des Monuments lag dann in den Händen des Hofbildhauers Burkhard Zamels (um 1690–1757), der zu den besten Bildhauern seiner Zeit zählt.[34] Er ist wahrscheinlich im Gefolge des Kurfürsten Lothar Franz von Schönborn nach Mainz gelangt und hat die Mainzer Bildhauerei im zweiten Drittel des 18. Jahrhunderts entscheidend geprägt.

Die Entstehungsgeschichte des Denkmals ist dank eines detaillierten Rechnungsbuches ungewöhnlich gut dokumentiert.[35] Demnach hat der Erzbischof das Denkmal noch zu Lebzeiten in Auftrag gegeben und sowohl seinen Grabplatz und als auch den Platz für das Grabmal bestimmt. Erste Planungen lassen sich bereits für das Jahr 1738 belegen. Das Grabmal wurde dann innerhalb eines sehr kurzen Zeitraums in den Jahren 1740–1741, noch vor dem Tod des Erzbischofs ausgeführt.

Das Vorhangmotiv wird im Mainzer Dom seit Ende des 17. Jahrhunderts bei den Grabdenkmälern beliebt und entwickelt sich im 18. Jahrhundert zum beherrschenden Element.[36] Es kann als eines der charakteristischen und einprägsamsten Merkmale der spätbarocken Kunst angesehen werden, das seine Verbreitung als Rahmung oder Rücklage eines Grabmals aber auch als Hauptelement der Gesamtkomposition durch Gian Lorenzo Bernini erfahren hat.[37] Dabei ist zwischen einer vornehmlich dekorativen Draperie und dem Vorhang als eigenständigem Bedeutungsträger wie beim Mainzer Ingelheim-Denkmal[38] zu unterscheiden, der als Enthüllungsmotiv im Zusammenhang mit der Auferstehungshoffnung steht. Beim Eltz-Denkmal ist das Vorhangmotiv mit dem Thema des Chronos verknüpft, wie es vor allem in der französischen Skulptur verbreitet ist. Er enthüllt das Bildnis des Verstorbenen, um es dem Vergessen zu entreißen und ihm Eingang in die Ewigkeit zu verschaffen. Der Chronos ist hier aber in einer Anhäufung dekorativer Elemente zum Träger einer Draperie geworden. Die Fülle lässt sich mit dem Verweis auf die gleichzeitig in Planung befindlichen Schönborn-Denkmäler erklären.

Das Überwiegen der formalästhetischen Komponente des Tuches macht auch der Blick auf den ursprünglichen Standort des Denkmals deutlich. Es war wie die meisten erzbischöflichen Grabmäler ebenfalls an einem Pfeiler angebracht. Dort konnte es eine noch größere Wirkung entfalten, da der schwarze Marmorvorhang über die Pfeilerbreite hervorstand. Somit war die unarchitektonische und im wahrsten Sinne stoffliche Wirkung des Denkmals um ein vielfaches anschaulicher. Zudem war am ursprünglichen Anbringungsort ein direkter Bezug zu einem Altar gegeben. Der nach 1692 von dem Bildhauer Johann Wolfgang Frölicher ausgeführte

---

34 Ebd., S. 96–108. Zu Zamels liegt bislang noch keine monographische Untersuchung vor.
35 Ebd., S. 386–393, Quelle Nr. 48.
36 Ebd., S. 174–193.
37 Hier ist z.B. das 1643 entstandene Grabmal für Schwester Maria Raggi (gest. 1600) in S. Maria sopra Minerva, Rom, zu nennen, BRATNER, Grabdenkmäler (wie Anm. 3), Abb. 118.
38 Ebd., S. 187 und 240–250.

Abb. 5: Johann Wolfgang Frölicher / Johann Jakob Juncker, Ecce-Homo-Altar, nach 1692, ehem. Mainz, Dom, vor dem Ostchor, heute in Bodenheim, Pfarrkirche St. Alban

Ecce-Homo-Altar (Abb. 5) war von einem Onkel des Kurfürsten, Johann Friedrich von Eltz (gest. 1686), Dompropst in Trier und Scholaster in Mainz, gestiftet worden.[39] Er bildete zusammen mit zwei weiteren Marmor-Altären den Abschluss des Mittelschiffs nach Osten hin vor dem sogenannten Eisernen Chor (Abb. S. 189). Seit 1870 befindet er sich zusammen mit seinem Pendant, dem Altar der schmerzhaften Muttergottes, in Bodenheim in der Pfarrkirche St. Alban. Der dem hl. Ägidius geweihte Altar zeigt den halbfigurigen Schmerzensmann in einem von Engeln getragenen Blütenkranz innerhalb eines Altaraufbaus, der ebenfalls von einem gewaltigen schwarzen Marmorvorhang hinterfangen wird. Das Grabmal bildete also eine ästhetische Einheit mit dem Altar, in dem es seinen Bezugspunkt hatte. Das Profilbildnis des Erzbischofs war allerdings nicht zum Altar hin gewendet. Zusammen mit dem Altar war aber eine Familiengruft angelegt worden, in der der Stifter des Altars, der Onkel des Kurfürsten Johann Friedrich 1686 und 1713 ein Cousin Philipp Karls, Marsilius Friedrich, Kanoniker in Mainz und Trier ihre letzte Ruhe gefunden hatten. Für die Beisetzung Philipp Karls 1743 wurde die Gruft eigens erweitert.[40] Die lateinische Inschrift des Denkmals hebt wiederum die Nähe zum eigentlichen Grab hervor, wie schon bei Damian Hartard von der Leyen. *Noch zu Lebzeiten hat er für sein nahegelegenes Grab seine Gebeine, sein Herz dem Vaterland bestimmt.* Durch die Versetzung des

---

39 Im Gudenusplan von 1747, vgl. BRATNER, Grabdenkmäler (wie Anm. 3), Abb. 1, unter Nr. 18 *Aegidii in Choro ferreo*. – Nicole BEYER, Das Werk des Johann Wolfgang Frölicher. Ein Beitrag zur barocken Skulptur im Deutschland des 17. Jahrhunderts. Mainz 1999, S. 111–119 und 307f.

40 BRATNER, Grabdenkmäler (wie Anm. 3), S. 279, Anm. 1097 und S. 289.

Denkmals ist dies allerdings nicht mehr nachzuvollziehen, wenngleich 1872 sämtliche noch aufzufindenden Gebeine der Eltzschen Gruft ebenfalls übertragen und wieder vor dem Denkmal im Südquerhaus beigesetzt wurden.

In seinem Testament, das er fünf Jahre vor seinem Tod abfasste, hatte Philipp Karl die bestehende Gruft vor dem Ecce-Homo-Altar zu seinem Grabplatz bestimmt.[41] Eine Regelung bezüglich eines Grabdenkmals, das zu diesem Zeitpunkt noch nicht in Planung war, trifft er darin nicht. Die Anordnung über die Aufrichtung eines *standesmäßigen Epitaphiums* ist in den erhaltenen erzbischöflichen Testamenten im 17. und 18. Jahrhundert lediglich bei Anselm Franz von Ingelheim zu finden und war offensichtlich eine Ausnahme.[42] Für den Ecce Homo-Altar gab es bereits eine ältere Stiftung des Marsilius Friedrich von Eltz über eine auf ewig zu lesende, tägliche Elfuhrmesse, die Philipp Karl mit einer Stiftung um eine tägliche Zwölfuhrmesse ergänzte.[43] An seinem Begräbnistag sollten in Mainz *so viele Messen als können gelesen werden, in allem aber dahier 4000*, in Trier 2000 Messen gelesen werden.[44] Dort hatte er als Mitglied des Domkapitels nach der Wahlniederlage gegen Franz Georg von Schönborn als Erzbischof das Amt des Dompropstes eingenommen. Für den Mainzer und den Trierer Dom stiftete Philipp Karl ein ewiges Anniversarium. Für das Anniversarium im Mainzer Dom wurden, wie aus dem Liber animarum hervorgeht 2000 Gulden angelegt.[45] Die 4000 Messen zum Begräbnis des Erzbischofs sind mit einem Betrag von 1333 Gulden beglichen worden.[46] Anhand dieser beiden Belege, zu denen die nicht bekannten, aber ähnlich hohen Beträge für die tägliche Zwölfuhrmesse und das Trierer Anniversarium gerechnet werden müssen, zeigt sich, dass für die Stiftung der Messen und die Abhaltung der Anniversarien wiederum ein wesentlich höherer Geldbetrag angelegt wurde als für die Ausführung des Grabdenkmals, das 3115 Gulden kostete.[47] Dazu kommen aber noch weitere Stiftungen der Erben, wie eine wöchentlich freitags von den Augustinern zu lesende Elfuhrmesse in der Johann-Nepomuk-Kapelle des Eltzer Hofs in Mainz.[48]

---

41 Ebd., S. 380–382, Quelle Nr. 41.

42 Fritz Arens, Die Meister von drei barocken Kunstwerken in der Aschaffenburger Stiftskirche. In: Aschaffenburger Jahrbuch 4 (1957) S. 780; Bratner, Grabdenkmäler (wie Anm. 3), S. 363f, Quelle Nr. 20.

43 Bratner, Grabdenkmäler (wie Anm. 3), S. 366f, Quelle Nr. 24; S. 380–382, Quelle Nr. 41; S. 397, Quelle Nr. 55.

44 Ebd., S. 380–382, Quelle Nr. 41.

45 Ebd., S. 396, Quelle Nr. 52.

46 Ebd., S. 402, Quelle Nr. 61.

47 Ebd., S. 386–393, Quelle Nr. 48.

48 Eltville, Gräflich Eltz'sches Archiv, Konvolut Nr. 304, 19. April 1743 und 27. Mai 1743, Stiftung und Bestätigung des Priors des Augustinerklosters Melchior Deichmann.

*

Bei der Hälfte der bekannten Beispiele des 17. und 18. Jahrhunderts im Mainzer Dom liegt das Grab vor dem Grabdenkmal.[49] Ein derart deutlich in der Wahl der Motive und in der Ausgestaltung des Grabmals hergestellter Bezug von Grabmal und Grabplatz zu einem Altar wie bei Damian Hartard von der Leyen oder Philipp Karl von Eltz ist aber nicht so leicht herzustellen.

Bei dem im Südquerhaus errichteten Grabmal des Dompropstes Heinrich Ferdinand von der Leyen[50] (Abb. 6) fällt eine weitere, bisher nicht zu erklärende Tatsache auf. Es ist belegt, dass das nicht erhaltene Grab zwar *ante Epitaphium* lag[51], aber nicht durch eine Grabplatte gekennzeichnet war.[52] Auch die lateinische Inschrift des Denkmals hebt in der zweiten, isoliert stehenden Zeile wieder die Nähe von Grab und Grabmal hervor: *Unter diesem Marmor liegt, aber liegt nicht ganz darunter*. In der Gruft wurden später auch der Dompropst Karl Emmerich Franz (1743) und Erzbischof Emmerich Josef von Breidbach-Bürresheim (1774) beigesetzt, deren Mutter bzw. Großmutter die älteste Schwester Heinrich Ferdinands war. Die Gruft lässt sich bis heute nicht genau lokalisieren. Da ein unmittelbarer Bezug zwischen Grabplatz und Epitaph besteht, ist zu fragen, ob möglicherweise das Grabdenkmal hier zugleich die Funktion der Markierung des Ortes der Beisetzung übernahm. Somit hätten die Anniversarfeiern wegen des Fehlens einer das Grab bedeckenden Platte am Epitaph gehalten werden können.

Das Grabdenkmal, das fast die gesamte Wandbreite einnimmt, ist mit einer Höhe von über achteinhalb Metern das größte und zugleich das prächtigste im ganzen Dom. Obwohl es wie fast alle Denkmäler im Dom nicht vom Künstler signiert wurde, lässt es sich sowohl stilistisch als auch durch eine zeitgenössische Quelle dem aus Westfalen stammenden Bildhauer Johann Mauritz Gröninger (1651/52–1708) zuschreiben.[53] Leider gibt es gerade zu diesem Grabmal kaum schriftliche Quellen und auch die Person des Dompropstes ist noch nicht biographisch untersucht worden. Die Inschrift gibt darüber Auskunft, dass das Denkmal zu Lebzeiten des 1714 verstorbenen Dompropstes entstanden ist. Außerdem ist es auf dem Deckel des Buches, das der

---

49 Bratner, Grabdenkmäler (wie Anm. 3), S. 54.

50 Ebd., S. 86–96 und 250–262.

51 Georg Christian Joannis, Rerum Moguntiacarum. Frankfurt/Main 1722–1727, II, S. 296.

52 Jacob Christoph Bourdon, Epitaphia in ecclesia metropolitana Moguntina. Handschrift 1727 (Abschrift im Dom- und Diözesanarchiv Mainz, Best. Domkapitel Nr. B.1.5), S. 87; Valentin Ferdinand Gudenus, Codex diplomaticus. Göttingen, Frankfurt, Leipzig 1743–1768, II, S. 850.

53 Udo Grote, Johann Mauritz Gröninger. Ein Beitrag zur Skulptur des Barock in Westfalen (= Denkmalpflege und Forschung in Westfalen 20). Bonn 1992; Bratner, Grabdenkmäler (wie Anm. 3), S. 84–96 und 250–262.

rechts sitzende Putto hält, auf das Jahr 1706 datiert. Daher ist anzunehmen, dass der Dompropst selbst der Auftraggeber war.

Über einem mächtigen, geschwungenen, über zwei Meter hohen Sockel aus schwarzem Marmor erhebt sich ein portalartiger Aufbau aus Pilastern, die einen Segmentgiebel tragen, der mit dem Wappen des Verstorbenen besetzt ist. Dazwischen ist ein riesiges schwarzes Marmortuch gespannt. Von dem Wappen herab hängt ein Vorhang aus weißem Marmor, der von herabstürzenden Putten seitlich gerafft wird. Auf dem Sockel, der durch seine Tiefe und die Architekturkulisse wie eine Bühne wirkt, ist der von Putten begleitete Dompropst gezeigt, der andächtig vor einem Kruzifix niederkniet. *Vor dem Erlöser beugt er die Knie* heißt es in der Inschrift, die zugleich betont, dass das Bildnis *nach dem Modell des Lebenden* gefertigt ist. Die Szene wird von zwei lebensgroßen Gestalten flankiert – ein ähren- und rosenbekränztes Skelett und ein alter, bärtiger Mann –, die vor den Pilastern stehen und dadurch die Wirkung der Architektur unterstreichen. Es sind die Personifikationen von Tod und Zeit, die ebenfalls in der Inschrift genannt werden: *Zwischen den Standbildern des Todes und der Zeit befindet er sich in der Mitte. [...] Von Engeln umgeben war er beinahe ein Engel.* Hier handelt es sich um einen der wenigen Fälle, in denen die Inschrift auch auf die bildliche Darstellung des Grabmals, an dem sie angebracht ist, Bezug nimmt.

Die Inschrift ist außergewöhnlich lang und hebt die Bescheidenheit und Demut des Dompropstes hervor: Er entsagte dem weltlichen Leben, was bedeutete, dass sein Familienzweig mit ihm ausstarb, und verzichtete sogar auf das Amt des Bischofs von Eichstätt. Dies mag in heutigen Augen im Widerspruch zu dem besonders aufwendigen Grabmal stehen genauso wie die Darstellung einer intimen Andachtsszene in einer gewaltigen Architektur. Im Verständnis der barocken Bildkunst widerspricht sich dies jedoch nicht, sondern ist vielmehr als ein raffiniertes Spiel mit den Gegensätzen zu deuten.

Heinrich Ferdinand von der Leyen hatte das Amt des Dompropstes 14 Jahre lang inne. 1694 kandidierte er in der Koadjutorwahl gegen Lothar Franz von Schönborn und trat mit seinem Grabmal vielleicht bewusst in einen künstlerischen Wettstreit mit ihm. Das Denkmal wurde schon bald nach seiner Errichtung als *kostspieliges Werk* gerühmt[54] und unmittelbar nach seiner Fertigstellung in Nicolaus Persons zwischen 1706–1710 erschienenem „Novum architecturae speculum" im Kupferstich festgehalten (Abb. 7). Die Abbildung des Denkmals in einer Sammlung von Architekturbeispielen weist darauf hin, dass es von den Zeitgenossen viel mehr als ein Werk der Architektur als der Skulptur angesehen wurde. Es ist zu vermuten, dass der Bildhauer eng mit einem Architekten zusammengearbeitet hat, der für den Entwurf des Ganzen verantwortlich zeichnet.[55] Im Detail lässt sich feststellen, dass die beiden Personifika-

---

54 Georg Christian JOANNIS, Rerum Moguntiacarum. Frankfurt/Main 1722–1727, II, S. 296.
55 Adolf FEULNER, Das Denkmal des Dompropstes Heinrich Ferdinand von der Leyen in Mainz. In: Zeitschrift für Bildende Kunst 62 (1928/29) S. 95f nimmt eine Zuschreibung an Maximilian von

Abb. 6: Johann Mauritz Gröninger / Johann Wilhelm Gröninger, Grabdenkmal des Dompropstes Heinrich Ferdinand von der Leyen († 1714), datiert 1706, Mainz, Dom, Südquerhaus

tionen ursprünglich mit anderen Attributen ausgestattet waren, bzw. dass diese später vertauscht worden sind. So hält der Chronos – die Personifikation der Zeit – neben der Sense auch das geflügelte Stundenglas, das heute der Tod in den Händen hält. Dieser war ursprünglich aber, wie auf dem Stich zu sehen, mit Pfeil und Bogen gekennzeichnet. Im Großen und Ganzen zeigt sich, dass der Erhaltungszustand des Denkmals trotz mehrfacher Ausbesserungsarbeiten gut ist. Was Person allerdings nicht zeigt, ist die Umzäunung, von dem eine andere Quelle von 1727 berichtet.[56] Denkbar ist allerdings auch, dass das Gitter erst einige Jahre nach Vollendung des Denkmals hinzugefügt worden war.

Abb. 7: Grabdenkmal des Dompropstes Heinrich Ferdinand von der Leyen, Kupferstich von Nicolaus Person, Novum architecturae speculum, zwischen 1706–1710, Herzog Anton Ulrich-Museum Braunschweig, Taf. 49

Eine um 1750 entstandene Zeichnung des Denkmals in der Handschrift „Thesaurus Palatinus" verändert die Proportionen wesentlich und gibt den Aufbau teilweise sehr schematisch an, bzw. vernachlässigt die Angabe von Details.[57] Das Hauptaugenmerk lag vielmehr auf der Dokumentation der allerdings nicht vollständig wiedergegebenen Inschrift, die bei Person ganz weggelassen ist. Dennoch unterscheidet sich das Werk von anderen Inschriftensammlungen, da es bemüht war, eine Vorstellung des gesamten Denkmals zu geben. Bei der Inschrift

---

Welsch vor. GROTE, Gröninger (wie Anm. 53), S. 132 möchte für den architektonischen Aufbau einen gemeinschaftlichen Entwurf von Welsch und Gröninger zugrunde legen. Die Frage nach dem Entwerfer lässt sich bislang jedoch nicht eindeutig entscheiden, vgl. BRATNER, Grabdenkmäler (wie Anm. 3), S. 91–96.

56 BOURDON, Epitaphia (wie Anm. 52), S. 87.

57 München, Bayerisches Hauptstaatsarchiv, Abt. III, Geheimes Hausarchiv, Handschrift Nr. 317, II, fol. 32, vgl. BRATNER, Grabdenkmäler (wie Anm. 3), S. 2, Anm. 6; Abb. 43.

noch besonders hervorzuheben ist das einleitende *Siste Viator et lege!*, das sich zwar häufig findet, aber nicht bei den Inschriften der erzbischöflichen Grabmäler. Mit dieser direkten Anrede an den Vorübergehenden *Halt ein Wanderer und lies!*, die am Ende der Inschrift mit einem *Abi Viator / Geh nun weiter, Wanderer* aufgegriffen wird, verknüpft sich eine Aufforderung zum Innehalten und zum Gebet, die in der Darstellung des betenden Verstorbenen gipfelt.

Im Fundationsbuch von 1789 finden sich auch die Ausgaben für das Anniversarium, das für Heinrich Ferdinand von der Leyen gehalten wurde.[58] Neben drei Kerzen taucht hier ein Betrag auf, der für eine *zweimal jährlich stattfindende Reinigung des Epitaphs* verwendet wurde. Die Reinigung des Denkmals ist sonst nur noch bei dem 1595 verstorbenen Dompropst und Bischof von Worms Georg von Schönenburg zu finden, dessen Grabmal gegenüber dem von-der-Leyenschen liegt.[59] Vielleicht wurde bei beiden Grabmälern ein zusätzlicher Betrag fällig, da es sich um sehr große und aufwendig zu reinigende Monumente handelt. Ferner sind zwei Beträge sowohl für die Reinigung und als auch für die Pflege des Epitaphs bei dem Mainzer Domherr Ferdinand von Galen (gest. 1727) aufgeführt, dessen Epitaph allerdings nicht überliefert ist.[60] Für den Mainzer Dom stiftete er die Nischenfiguren im Westchor und ein marmornes Weihwasserbecken.[61] Ferdinand von Galen könnte eine wichtige Rolle als Vermittler des Münsteraner Bildhauers Johann Mauritz Gröninger nach Mainz gespielt haben.[62]

Ein möglicher Bezugspunkt des von-der-Leyenschen Denkmals im Sinne einer Ewigen Anbetung wäre bei einer raumübergreifenden Deutung vielleicht im Hochaltar im Westchor zu suchen, auch wenn der Verstorbene in privater Andacht vor dem Kruzifix kniend gezeigt ist und nicht zum Hochaltar blickt. Dies könnte ebenso für das im Südquerhaus angebrachte Denkmal Johann Friedrich Karl von Osteins gelten, das 1764 von Heinrich Jung (1715–1766) vollendet wurde (Abb. 8)[63], zumal sich die Osteinsche Gruft im Westchor vor einem Muttergottesbild befand. Das Grabdenkmal zeigt den knienden, von der lebensgroßen Personifikation des Glaubens begleiteten Erzbischof in Chorkleidung vor einem sehr reduzierten, architektonischen Aufbau, der von einem Vorhang hinterfangen wird. Der Erzbischof hat die rechte Hand auf die

---

58   Ebd., Quelle Nr. 89, fol. 48v und 55v.
59   Ebd., fol. 57v.
60   Ebd., fol. 49r. Da er auch Domscholaster in Münster war, wurde er dort beigesetzt.
61   Es stand bis 1997/98 im Vorraum am Eingang vom Marktportal am ursprünglichen Aufstellungsort (vgl. Ludwig VEIT, Mainzer Domherren vom Ende des 16. bis zum Ausgang des 18. Jahrhunderts in Leben, Haus und Habe, Mainz 1924, S. 78, Anm. 4) und wurde dann zugunsten einer Informationstafel ans östliche Ende des Nordseitenschiffs versetzt, wo es nun seiner Funktion weitgehend beraubt ist.
62   BRATNER, Grabdenkmäler (wie Anm. 3), S. 86.
63   Ebd., S. 318–328. Zu Heinrich Jung vgl. S. 118–127.

Brust gelegt und scheint sein Gebetbuch nur für einen Moment innehaltend niedergesenkt zu haben, hält den Finger aber noch zwischen den Seiten. Auch er blickt nicht zum Hochaltar, sondern in sich hinein, bzw. zur Personifikation des Glaubens. Beide Bildnisfiguren von der Leyen und Ostein sind kniend, inbrünstig ins Gebet versunken, in einer sehr intimen Szene gezeigt. Ihre Andacht erfährt einerseits durch ihre Gebärden, andererseits durch den bühnenartigen Aufbau der Denkmäler eine wirkungsvolle und antithetische Dramatisierung.

*

Die vorgestellten Beispiele haben die Bedeutung des Bezugs von eigentlichem Grab zum Denkmal und dem nahegelegenen Altar deutlich gemacht, aber auch wie im Fall des Dompropstes von der Leyen weitere Fragen aufgeworfen. Umso erstaunlicher ist ein letztes Beispiel aus dem Mainzer Dom, wo dieses Ordnungsgefüge schon Mitte des 18. Jahrhunderts ins Wanken gerät.

Es handelt sich um das Grabdenkmal bzw. das Grab des Erzbischofs Lothar Franz von Schönborn.[64] (Abb. 9) Das Grabdenkmal wurde gemeinsam mit dem seines Onkels und Vorgängers im Amt Johann Philipp von Schönborn zwischen 1738 und 1745 nach Entwürfen Johann Wolfgang van der Auveras (1708–1756)[65] unter Aufsicht von Anselm Franz von Ritter zu Groenesteyn und

Abb. 8: Heinrich Jung, Grabdenkmal des Erzbischofs Johann Friedrich Karl von Ostein († 1763), datiert und signiert 1764, Mainz, Dom, Südquerhaus

---

64 Ebd., S. 290–295 und 305–314.
65 Zu Auvera vgl. ebd., S. 108–117; Mechthild Kranzbühler, Johann Wolfgang von der Auwera. Ein fränkischer Bildhauer des 18. Jahrhunderts. In: Städel-Jahrbuch 7/8 (1932) S. 182–219.

Balthasar Neumann errichtet, also erst fast zehn Jahre nach dem Tod von Lothar Franz begonnen. Beide als Pendants konzipierten Denkmäler befinden sich noch an ihrem ursprünglichen Aufstellungsort im Westchor und wurden auf Betreiben des Neffen bzw. Großneffen Friedrich Karl von Schönborn, Bischof von Bamberg und Würzburg in Auftrag gegeben. Dieser ließ außerdem auch in Würzburg und Bamberg zum Andenken an seine erzbischöflichen Onkel ähnliche Denkmäler errichten.[66] Es gibt eine ganze Reihe von Entwurfszeichnungen, darunter ein früher Entwurf mit der Ansicht des Westchores, der bereits die genauen Standorte der Denkmäler festlegt.[67] Das Grabmal für Lothar Franz zeigt ihn vor einem großen, geöffneten Buch kniend, im Hintergrund ein vorhangumfangener Obelisk. Ein weiterer Entwurf von 1738 kommt der späteren Ausführung schon sehr nahe.[68] Es sind die

Abb. 9: Johann Wolfgang van der Auvera (Entwurf), Grabdenkmal des Erzbischofs Lothar Franz von Schönborn († 1729), 1738–1745, Mainz, Dom, Westchor

gleichen Personen, lediglich die Auferstehungshoffnung wird durch die Darstellung des auferstehenden Christus auf einer portalartigen Rückwand unmissverständlich ins Bild gesetzt. Der in zwei Zeichnungen überlieferte Entwurf von 1739 entspricht dann dem ausgeführten Denkmal.[69]

Das dreigeschossige Grabmal zeigt einen kleinteiligen, figurenreichen Aufbau. Es wird von einer Figurengruppe bekrönt, die den halbaufgerichteten Erzbischof in Chorkleidung zwischen Chronos und Spes zeigt, davor das erzbischöfliche Wappen.

---

66 Vgl. Richard SEDLMAIER, Wolfgang v. d. Auveras Schönborn-Grabmäler im Mainfränkischen Museum und die Grabmalkunst der Schönbornbischöfe (= Mainfränkische Hefte 23). Würzburg 1955.

67 BRATNER, Grabdenkmäler (wie Anm. 3), Abb. 66. Vgl. auch Abb. 76 (Epitaph für Lothar Franz von Schönborn). Die Zeichnungen sind 1945 in Würzburg verbrannt, aber in Fotos dokumentiert.

68 Ebd., Abb. 77.

69 Ebd., Abb. 78 und 79.

Breiten Raum nimmt die lange Inschrift ein, die auf einem marmornen Löwenfell am Sockel ausgebreitet ist. Am Mittelteil sind in gleicher Größe wie die Figuren der Hauptgruppe die Personifikationen Fides und Caritas mit Adlern und Löwen um eine Kartusche mit der Darstellung des Kaisers im Kreise des Kurfürstenkollegiums platziert. Die Personifikation des Glaubens lehnt sich auf ein Relief mit der Darstellung des durch Lothar Franz vollzogenen Übertritts der braunschweigischen Prinzessin Elisabeth Christine, Gemahlin Kaiser Karls VI. zum katholischen Glauben. Dieses Ereignis wird auch in der Inschrift geschildert, ebenso wie das Ereignis, das auf der Kartusche der Personifikation der Liebe dargestellt ist: die Krönung Kaiser Karls VI.

Das Grabmal befindet sich unmittelbar oberhalb des Grabes neben der Gruft des Erzbischofs Wolfgang von Dalberg (gest. 1601) und ist im Gudenusplan sogar namentlich gekennzeichnet.[70] Das Herz Lothar Franzens wurde im Bamberger Dom, die Eingeweide in Pommersfelden beigesetzt.[71] Die prominente erzbischöfliche Gräberreihe am Ende des Westchors datiert mit Ausnahme des in der Mitte gelegenen Grabes von Kardinal Albrecht von Brandenburg aus dem 17. Jahrhundert.[72] Der Westchor scheint jedoch über alle Jahrhunderte ein bevorzugter Grabplatz gewesen zu sein, der aber nicht nur den Erzbischöfen vorbehalten war.[73]

Die Schönborn-Grabmäler waren zunächst ohne Unterbau frei an der Wand konzipiert, erhielten dann aber doch einen Sockel aus Sandstein.[74] Diese voluntengerahmte Kartusche wurde für den Einbau des virtuosen Chorgestühls in den hervorstehenden Teilen abgearbeitet und vom Chorgestühl verdeckt. Das zwischen 1760–1765, also zwanzig Jahre nach Errichtung der Grabmäler im Westchor entstandene Chorgestühl[75] des führenden Möbelschreiners Franz Anton Hermann nimmt aber ausdrücklich Bezug auf die Grabdenkmäler. Das Abschlussgesims des Gestühls wird unter

---

70 Ebd., Abb. 1.
71 Ebd., S. 313f.
72 Es handelt sich um die Gräber von Lothar Friedrich von Metternich-Burscheid (gest. 1675), Anselm Kasimir von Wambold zu Umstadt (gest. 1647), Albrecht von Brandenburg (gest. 1545), Wolfgang von Dalberg (gest. 1601) und Lothar Franz von Schönborn (gest. 1729). Zu weiteren Beisetzungen im Westchor bzw. in der Vierung vgl. BRATNER, Grabdenkmäler (wie Anm. 3), S. 456–458.
73 Fritz ARENS, Die Inschriften der Stadt Mainz von frühmittelalterlicher Zeit bis 1650, 1. Der Mainzer Dom, 2. Die Mainzer Kirchen und Profanbauten (= Die Deutschen Inschriften 2). Stuttgart 1951/58, S. [31]–[33].
74 BRATNER, Grabdenkmäler (wie Anm. 3), Abb. 68. Vgl. auch S. 385, Quelle Nr. 46: Balthasar Neumann spricht sich für Sandsteinsockel aus, damit die Epitaphien nicht vom (älteren) Chorgestühl verdeckt werden.
75 Adolf GESSNER, Das Gestühl im Westchor des Mainzer Domes (= Ergänzungsbände zum Jahrbuch für das Bistum Mainz 1). Mainz 1950; Peter Alfred WOLF, Das Werk des Mainzer Hofschreiners Franz Anton Hermann (1711–1770). In: Mainzer Zeitschrift 65 (1970) S. 1–36.

den Grabmälern herunter geführt, so dass die Inschriftenfelder und damit sämtliche aus Marmor gefertigten Teile komplett sichtbar bleiben. Nicht berücksichtigt wurde jedoch das eigentliche Grab. Es wurde vom Chorgestühl komplett überbaut.

Auch für Lothar Franz ist das Anniversarium dokumentiert.[76] Dabei fallen die Ausgaben mit 74 Gulden gegenüber den sonst im 18. Jahrhundert üblichen rund 30 Gulden deutlich aus dem Rahmen. Es gibt einen eigenen Betrag *pro tumba*, der sich auch bei weiteren Anniversarien gerade des 18. Jahrhunderts findet. So bei den Erzbischöfen Eltz, Breidbach-Bürresheim und Ostein.[77] Nun haben wie erwähnt die Grabplatten in dieser Zeit entweder keine besondere Ausgestaltung erfahren oder sind nicht erhalten bzw. nicht überliefert oder sind, wie bei Lothar Franz, kurze Zeit später überbaut worden. Hier stellt sich wiederum die Frage, ob gerade im 18. Jahrhundert der bei der Anniversarfeier gebräuchliche Katafalk, der vielleicht mit *tumba* gemeint sein könnte, zur Hervorhebung des Grabplatzes bei diesem Anlass eine aufwendige Grabplatte ersetzen sollte.

*

Wie die vorgestellten Beispiele gezeigt haben, liegt nicht nur in der Fortsetzung der Grabmäler vom Mittelalter bis zum Ende des 18. Jahrhunderts, sondern auch in der besonderen Ausgestaltung der Anniversarfeiern die Kontinuität der quasi dynastischen Reihe der Mainzer Erzbischöfe. Eine besondere Betonung liegt seit dem späten 17. Jahrhundert auf der Darstellung der Frömmigkeit. Statt in Pontifikalkleidung sind die Erzbischöfe in Chorkleidung dargestellt. Die Insignien erhalten oft den Charakter eines schmückenden ornamentalen Beiwerks. Oft sind die Verstorbenen eindringlich im Gebet versunken gezeigt. Die zudem in unübersehbarer Lebensgröße gezeigten Bildnisfiguren, fordern auf diese Weise auch den Betrachter zum Gebet auf. Da die Grabmäler meist einen direkten Bezug zum Grab und zu einem in der Nähe gelegenen Altar aufweisen, können sie nicht isoliert als reine Kunstobjekte oder gar als Monumente erzbischöflicher Selbstdarstellung gesehen werden, sondern als fester Bestandteil des Totengedenkens. Ein wirklicher Bruch dieser Tradition erfolgt erst mit Auflösung des Erzbistums und mit Aufhebung der ursprünglich auf ewig angelegten Anniversarfeiern.

---

76 BRATNER, Grabdenkmäler (wie Anm. 3), Quelle Nr. 89, fol. 56v.

77 Ebd., fol. 52r (dort auch Philipp Wilhelm von Boineburg), 52v und 56r.

Dokumentation

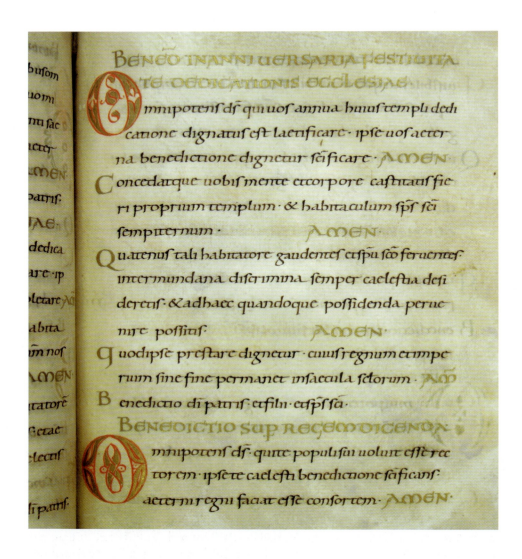

Der allmächtige Gott, der euch in seiner Güte
durch die Feier der jährlichen Wiederkehr
der Weihe dieser Kirche erfreut,
heilige euch mit ewigem Segen. Amen.

Und er gewähre euch, dass ihr mit Seele und
Leib zu einem besonderen Tempel der Reinheit
und zur ewigen Wohnstätte des Heiligen
Geistes werdet. Amen.

Auf dass ihr in der Freude über einen solchen
Gast, der bei euch wohnt,
und im Feuer des Heiligen Geistes
inmitten der Gefahren dieser Welt
immer nach dem Reich des Himmels verlangt
und dereinst in seinen Besitz
kommen könnt. Amen.

Es segne euch der allmächtige Gott, der Vater, der Sohn und der Heilige Geist. Amen.

*Segensgebet zum Kirchweihtag,
Mainzer Sakramentar, um 900.
Martinusbibliothek Mainz, Hs 1, fol. 153r*

Wo wohnt Gott?

Predigt im Pontifikalamt zur Eröffnung des 1000-jährigen Jubiläums
des Willigis-Domes am 1. Februar 2009 im Mainzer Dom

Karl Kardinal Lehmann

Lesungen: 1 Kön 8,22–23.27–30; 1 Kor 3,10–17; Joh 2,13–22

Wo wohnt Gott?, fragen schon die Kinder. Erst recht die Bibel. Er wohnt nicht wie wir Menschen, auch wenn er ganz in unserer Wohnwelt gegenwärtig ist. Mit aller Deutlichkeit sagt es Paulus in Athen: „Gott, der die Welt erschaffen hat und alles in ihr, er, der Herr über Himmel und Erde, wohnt nicht in Tempeln, die von Menschenhand gemacht sind." (Apg 17,24) Aber die Menschen haben immer die Neigung, Gott in ihrer Welt zu haben. Oft ist eine tiefe Gotteserfahrung mit einem bestimmten Ort verbunden – und wenn es die Kargheit der Wüste ist. Gott sagt zu Jakob: „Ich bin mit dir, ich behüte dich, wohin du auch gehst ... Denn ich verlasse dich nicht, bis ich vollbringe, was ich dir versprochen habe ... Wirklich – so antwortet Jakob nun Gott –, der Herr ist an diesem Ort, und ich wusste es nicht. Furcht überkam ihn und er sagte: Wie ehrfurchtgebietend ist doch dieser Ort! Hier ist nichts anderes als das Haus Gottes und das Tor des Himmels." (Gen 28,15–17)

Dies gilt auch heute für jedes Gotteshaus. Darum werden wir aber auch immer gewarnt, Gottes Unbegreiflichkeit und Herrlichkeit in ein noch so schönes Haus einzusperren. Unnachahmlich sagt es Salomo im Tempel-Weihegebet: „Wohnt denn Gott wirklich auf der Erde? Siehe, selbst der Himmel und die Himmel der Himmel fassen dich nicht, wie viel weniger dieses Haus, das ich gebaut habe." (1 Kön 8,27) Marc Chagall hat besonders in St. Stephan als gläubiger Jude durch seine wohl über 80 Blautöne diese Unfasslichkeit Gottes über alle „Himmel der Himmel" hinaus eindrucksvoll ins Bild gebracht. Schon im Alten Bund liegen sie ganz dicht beieinander: heuchlerische Verehrung und wahre Anbetung, Tausende von Opfern und Starrheit der Herzen, Wesen und Unwesen des Kultes. Immer wieder rechnet Gott ab mit der Unaufrichtigkeit und Verkommenheit der Gebete, wenn unser Handeln ihnen nicht entspricht (vgl. z.B. Amos 4,4ff). Man kann bis in die heiligsten Räume hinein schachern, am Ende dem Mammon dienen und aus dem Tempel eine Räuberhöhle machen (vgl. Mt 21,13; 6,24).

Keine Zeit ist gegen diesen Missbrauch Gottes gesichert. Auch wir nicht. Aber es bleibt wahr, und darum bauen wir Kirchen: Gott braucht kein Haus, aber wir Menschen aus Fleisch und Blut in Raum und Zeit lebend brauchen ein sichtbares

Zeichen seiner Gegenwart bei uns. Die ganze Geschichte der Offenbarung Gottes im AT und NT besteht in einem beständigen Sichherablassen Gottes zu uns. Er thront nicht einfach fern von der Menschenwelt, sondern kommt durch die Schöpfung und seine Boten zu uns, ja das Wort Gottes zeltet und wohnt in Jesus Christus ganz real bei uns. Gerade dieses Geschehen der Menschwerdung ist das Ziel des Herabstiegs: „Und das Wort ist Fleisch geworden und hat unter uns gewohnt." (Joh 1,14) Dieser Abstieg Gottes in unsere Welt geht unendlich weit: „Er war Gott gleich, hielt aber nicht daran fest, wie Gott zu sein, sondern entäußerte sich und wurde wie ein Sklave und den Menschen gleich. Sein Leben war das eines Menschen; er erniedrigte sich und war gehorsam bis zum Tod, bis zum Tod am Kreuz." (Phil 2,6–8)

Darum bauen wir trotz aller Mahnungen und Bedenken mit Freude und Begeisterung für Gott ein Haus. Damit setzen wir uns freilich einem hohen Anspruch aus, der Maß und Richtschnur über unser Leben wird: Wir dürfen Gott nicht an den Rand unseres Lebens schieben, sondern räumen ihm einen Platz ein, mitten in unserer Welt, neben unseren Häusern, zwischen den Hütten und den Wolkenkratzern. Wehe aber, wenn wir dann erst recht unehrlich sind und ihm einen wirklichen Platz in unserem Leben verweigern. Es wäre nicht das erste Mal, denn er kam in sein Eigentum, aber die Seinen nahmen ihn nicht auf, er wird unterwegs geboren in einem Stall (vgl. Joh 1,11; Lk 2,7).

Hier liegt wohl auch der Grund, warum schon im Alten Bund beim Bau der Tempel um Verzeihung gebeten wird. „Höre sie (die Menschen) im Himmel, dem Ort, wo du wohnst, und verzeih!" (1 Kön 8,39) Deswegen ergeht immer bei jeder Kirchweihe und erst recht bei einem Jubiläum die flehentliche Bitte: „Halte deine Augen offen über diesem Haus bei Tag und bei Nacht, über der Stätte, von der du gesagt hast, dass dein Name hier wohnen soll. Höre auf das Gebet, das dein Knecht an dieser Stätte verrichtet ... Höre sie im Himmel, dem Ort, wo du wohnst. Höre sie, und verzeih!" (1 Kön 8,29f) Auch wir bekennen mit unseren Vorfahren, dass wir dem Anspruch, den Gott an unser Leben stellt, so oft nicht gerecht geworden sind.

Jedes Zeitalter, alle Menschen und jeder für sich wissen, dass wir vor diesem Anspruch versagen: Ich bin der Herr, dein Gott. So fliehen wir auch zu den vielen Götzen unseres Lebens und opfern oft unseren Glauben für ein Linsengericht. In unseren Tagen spüren wir ganz besonders, dass wir im Blick auf die Wahrheit und die Gerechtigkeit, die Barmherzigkeit und die Friedfertigkeit versagen. Wir haben uns in vielem übernommen, große Türme wie in Babel erbaut, Warnungen unseres Gewissens in den Wind geschlagen, guten Rat missachtet, sind überheblich und gierig geworden.

Aber der Anruf und der Anspruch bleiben über uns. Also können wir im Grunde nur *umkehren*, wenn wir denn bereit dazu wären. In diese Situation gehört das Leitwort unserer Jubiläumsfeier: „Wisst ihr nicht, dass ihr Gottes Tempel seid und der Geist Gottes in euch wohnt? Wer den Tempel Gottes verdirbt, den wird Gott verderben. Denn Gottes Tempel ist heilig – und das seid ihr!" (1 Kor 3,16f) Die Bibel

Offizielle Erstbesichtigung eines 25 Tonnen schweren Modells des Willigis-Domes aus Kalkstein (gebrochen im alten Steinbruch der Firma Dyckerhoff bei Nierstein) auf einem Lastschiff beim Mainzer Fischtor am 28. August 2009 im Rahmen des Handwerkermarktes. Der Bauplan wurde von Studierenden des Bauingenieurwesens an der Mainzer Fachhochschule entwickelt und von Steinmetzen der Dombauhütten Mainz, Basel, Freiburg, Köln und Xanten realisiert.

treibt es auf die Spitze: Wir dürfen uns nicht zufriedengeben und betören lassen durch großartige Steine, wertvolle Kunstschätze und kostbare Gewänder. Ein Jubiläum, gerade ein Jubiläum, kann uns auch, weil wir ja so viel veranstalten, betäuben. Deshalb nimmt uns Gottes Wort durch den hl. Paulus noch mehr auf den Prüfstand. Gott wohnt nicht nur durch unsere Kirchen in unserer Lebenswelt, sondern er wohnt – und dies ist zum Erschrecken! – in uns selbst, wenn wir uns ihm öffnen und ihm wirklich entsprechen. Und dies gilt nicht nur in unserer inneren Gesinnung und in den guten Absichten, sondern soll sich auch in unserem konkreten weltlichen Verhalten zeigen. Wir sind gerade auch mit unserem Leib und allen seinen Aktivitäten Gottes Tempel. Der Geist Gottes wohnt in uns – ein fast vergessenes Lehrstück unseres Glaubens.

Diese Worte werden uns schon 2000 Jahre zugesprochen, doppelt so lang als das Alter des Domes. Jede Generation hat dabei den Auftrag, das Wohnen Gottes in unserer Welt nicht zu einer Farce zu machen. Die 1000 Jahre mahnen, dass wir auf unserer Wegstrecke, die ja im Vergleich zum Ganzen nur spärlich ist, unsere Aufgaben erfüllen und Gottes Gegenwart in unserer Welt nicht Lügen strafen. Wo sind unsere besonderen Aufgaben, wo sind die Imperative heute für uns? Ich möchte gerade zu dieser Eröffnung des Jubiläumsjahres *drei Akzente* setzen:

- *Gottvergessenheit*: Es geht dabei nicht nur oder in erster Linie um die Leugnung Gottes, auch wenn es heute einen neuen militanten Atheismus in unserer Welt gibt. Mit Gottvergessenheit meine ich eher das Austrocknen einer religiösen Sensibilität überhaupt. Wir schließen unsere Welt über unseren Köpfen und glauben, alles selbst entscheiden und machen zu können. Wir merken die Gottesfinsternis in unseren eigenen Herzen nicht. Wie sind gerade in unserer Zeit die Verantwortung im Blick auf die Verehrung und das Zeugnis Gottes in unserer Welt, der Besuch und die Beteiligung am Gottesdienst dramatisch gesunken?!

- *Lebensfeindlichkeit:* Wir führen uns immer wieder als Herren über Leben und Tod auf. Wir vergreifen uns dauernd am Leben der anderen, und dies ganz besonders bei den Schwachen am Anfang und am Ende des Lebens. Wir brauchen Jahre und Jahre, um wirklich einige lebensfeindliche Skandale zu vermeiden oder wenigstens zu verringern, z.B. die Spätabtreibungen. Aber auch sonst sind wir in allen unseren Fragen der Wirtschaft und auch der Wissenschaft rücksichtslos, wenn es um unser eigenes Leben, das Leben unserer Generation geht. Klimapolitik ist ein weiteres Sichtwort dafür, aber auch das Anwachsen vieler Süchte. Wann entdecken wir eine neue Lebensdienlichkeit für unser Tun?

- *Ungerechtigkeit/Entsolidarisierung*: Lebensdienlichkeit verletzt man auch, wenn man die Lebenschancen von Menschen nicht wahrnimmt, besonders wenn man sie verkürzt. Dies geschieht nicht nur durch grobe Ungerechtigkeit, nicht zuletzt durch Betrug, sondern auch wenn die Solidarität zwischen arm und reich, überhaupt zwischen den verschiedenen Schichten, immer mehr abnimmt, wie dies offenkundig bei uns in letzter Zeit mehr und mehr der Fall ist. Dabei geht es nicht um die Beseitigung der Freiheit, des Wettbewerbs oder um irgendeine Gleichmacherei. Aber manche Gruppen von Menschen haben es besonders schwer, den Anschluss an den durchschnittlichen Wohlstand der meisten Menschen zu finden. Es sind nicht zuletzt gerade auch Alleinerziehende, Langzeitarbeitslose und kinderreiche Familien. Sie brauchen in unserer Gesellschaft kräftige Fürsprecher und eine mutige Lobby.

Die Bibel verheißt uns für diesen Einsatz den höchsten Lohn. Ich bin mir dabei bewusst, dass diese Akzente in einem Dreiklang zusammengehören und dass sie im Lauf dieser 1000 Jahre immer wieder hier und anderswo von der Kanzel ausgerufen worden sind. Es ist auch immer wieder viel von dieser Botschaft verwirklicht worden. In einer wunderbaren Sprache sagt es uns der Prophet Jesaja für gestern, heute und morgen: Gesegnetes Tun findet man in folgenden Situationen und Aufgaben: nämlich „die Fesseln des Unrechts zu lösen, die Stricke des Jochs zu entfernen, die Versklavten freizulassen, jedes Joch zu zerbrechen, an die Hungrigen dein Brot auszuteilen, die

Wo wohnt Gott?

obdachlosen Armen ins Haus aufzunehmen, wenn du einen Nackten siehst, ihn zu bekleiden und dich deiner Verwandten nicht zu entziehen. Dann wird dein Licht hervorbrechen wie die Morgenröte, und deine Wunden werden schnell vernarben. Deine Gerechtigkeit geht dir voran, die Herrlichkeit des Herrn folgt dir nach. Wenn du dann rufst, wird der Herr dir Antwort geben, und wenn du um Hilfe schreist, wird er sagen: Hier bin ich. Wenn du der Unterdrückung bei dir ein Ende machst, auf keinen mit dem Finger zeigst und niemand verleumdest, dem Hungrigen dein Brot reichst und den Darbenden satt machst, dann geht im Dunkel dein Licht auf und deine Finsternis wird hell wie der Mittag." (Jes 58,6–10) Dies, zusammen mit Gotteslob und Lebensfreundlichkeit, ist wohl das, was uns im Kern das geschenkt hat, was in den 1000 Jahren Kontinuität sowie Identität gewährt hat. Darum bitten wir auch für heute und morgen. Amen.

Besuch des originalen Mainzer Dom-Engels aus dem 13. Jahrhundert, der früher auf dem Nordgiebel des Westquerhauses über dem Marktplatz stand (heute im Dom- und Diözesanmuseum), im Mainzer Dom am 11. September 2009. Am 9. November wurde die mittlerweile dritte Kopie dieses Engels, gefertigt von Frank Schärf in der Mainzer Dombauhütte, mit Hilfe eines Krans auf den Nordgiebel des Mainzer Domes transferiert.

Besuch des Bundespräsidenten

Hoher Besuch im Mainzer Dom am 11. September 2009: Bundespräsident Horst Köhler mit Gattin Eva Luise neben Domdekan Heckwolf (rechts). Die Vesper wurde von SWR und HR live übertragen. – Im Anschluss wurde dem Bundespräsidenten im Kreuzgang von Kardinal Lehmann der neue Dombildband „Bilder einer Kathedrale" (vgl. S. 296f) überreicht (siehe unten; rechts Markus Schächter, Vorsitzender des Vorstandes der Stiftung Hoher Dom zu Mainz und ZDF-Intendant, links der Innenminister von Rheinland-Pfalz, Karl Peter Bruch).

Hier ist Geschichte greifbar

Grußwort aus Anlass des Jubiläums „1000 Jahre Mainzer Dom"
am 11. Oktober 2009 in Mainz

Bundespräsident Horst Köhler

In Mainz versteht man zu feiern. Ob Fasnacht, ob Bundesliga-Aufstieg oder ob bei einem Fest wie heute, wenn wir auf 1000 Jahre Mainzer Willigis-Dom blicken.

Meine Frau und ich feiern heute gerne mit.

Ein Jahrtausend Mainzer Dom: Ein solches Jubiläum lässt sich nicht an einem einzigen Tag würdigen. Deshalb steht das ganze Jahr im Zeichen dieses Jubiläums. Es gab Konzerte, wissenschaftliche Vorträge oder Festtage für Kinder. Es bedeutet etwas, dass so viele dabei mitmachen: aus der Stadt, aus dem Bistum, von überallher.

Eintausend Jahre – das ist eine sehr lange Zeit, in der hier in Mainz wichtige Kapitel der deutschen Geschichte und der Kirchengeschichte geschrieben wurden.

Ein wahrhaft historischer Ort. Denken wir zunächst an seinen Erbauer: Erzbischof Willigis, der den Dom als Krönungskirche für Könige errichten ließ. Als Erzkanzler war der Mainzer Erzbischof eine der einflussreichsten Personen im Reich, nach dem Kaiser der zweite Mann und einer der Kurfürsten, die den Kaiser wählten. Eine so enge Verbindung von Kirche und Staat ist für uns heute unvorstellbar geworden. Es hat beiden, der Kirche und dem Staat, gut getan, dass sie nach unserer Rechtsordnung voneinander getrennt sind und eigenständig ihren je eigenen Aufgaben nachgehen.

Die Gesellschaft kann immer wieder etwas gewinnen von den Kirchen und den Gläubigen. In diesen Zeiten, in denen so viele ängstlich in die Zukunft schauen, in denen sie sich anklammern an das Gegenwärtige und Gewohnte – gerade in solchen Zeiten ist es so wichtig, dass die Kirchen Zuversicht ausstrahlen und Mut – Zuversicht und Mut, die aus Gottvertrauen kommen. So kann man Neues wagen und unverzagt nach vorn gehen.

Ein anderes Beispiel für den Dienst der Kirchen an der Gesellschaft verkörpert einer der ganz großen Mainzer Bischöfe: Wilhelm Emmanuel Freiherr von Ketteler, der hier im Dom begraben liegt. Er war Bischof und Abgeordneter im Paulskirchenparlament und Mitbegründer der Katholischen Arbeiterbewegung und sogar der Zentrumspartei. Vor allem sein Einsatz für die Rechte der Arbeiter in der großen Sozialen Frage des 19. Jahrhunderts ist bis heute richtungsweisend für die Soziallehre der katholischen Kirche. Davon hat auch der moderne Sozialstaat profitiert: Solidarität, Subsidiarität und der Einsatz für das Gemeinwohl sind der Werkstoff, aus dem in einer Gesellschaft Zusammenhalt entsteht.

Das Beispiel Bischof Kettelers zeigt: Christen treten immer für die ein, die sich nicht selber helfen können, und sie sind Anwälte derer, die keine Stimme haben. Sie helfen dabei nicht nur individuell und punktuell – sondern sie organisieren auch Hilfe, sie schaffen Institutionen der gelebten Solidarität.

In 1000 Jahren haben der Dom und die Stadt das Auf und Ab der Zeitläufe erlebt. Der Dom ist siebenmal abgebrannt, wurde von den französischen Besatzern Ende des 18. Jahrhunderts als Lazarett und Kaserne und sogar als Viehstall benutzt. Die Mainzer haben sich aber nie entmutigen lassen und den Dom immer wieder als Gotteshaus zurückerobert. Und als im Zweiten Weltkrieg die Bomben auf die Stadt fielen, fanden viele Mainzer Schutz in den Mauern des Domes. Gerade von Mainz weiß ich: Der Dom ist ein Stück Heimat; die Freude daran ist bis heute lebendig.

Ich will, bei all der Schönheit und Ehrwürdigkeit des Gebäudes, das Wichtigste nicht vergessen: In diesem Dom wird seit eintausend Jahren gebetet und Gottesdienst gefeiert. Hierher bringen die Menschen ihre Sorgen mit und ihre Freude. Hier werden Kinder getauft, Hochzeiten gefeiert und Totenmessen gelesen. Das ganze Leben, alles, was die Menschen bewegt, tragen sie hier vor Gott hin. Sie werden getröstet, gestärkt und ermutigt. Ob das auch in tausend Jahren noch so sein wird? Ich wünsche mir – und ich habe es auf der evangelischen Zukunftswerkstatt vor kurzem genau so gesagt –, dass die Kirchen sich immer wieder auf ihr Eigentliches besinnen, auf die letzten Fragen, die unser Leben bestimmen, die Fragen nach dem Woher und Wohin unseres Menschseins, die Fragen nach dem Sinn unseres Lebens, die Fragen nach dem Grund unserer Hoffnung. Dass diese Fragen nicht aus unserer Welt verschwinden, dafür stehen die christlichen Kirchen – und ihre Dome!

Ich freue mich, dass in Mainz viele Menschen zusammenstehen, um den Dom im Jubiläumsjahr leuchten zu lassen und ihn auch in Zukunft zu erhalten. Es gab und gibt viele Ideen und viele Menschen, die anpacken, die sich einsetzen und helfen. Ihnen allen möchte ich danken. Und wenn einer fragt, ob es sich lohnt, viel Geld und Kraft in ein so altes Bauwerk zu investieren, dann können wir antworten: Wer nicht in die Erinnerung investiert, der spart an der Zukunft. Wir aber wollen Zukunft, eine Zukunft, die Orientierung auch aus der Herkunft gewinnt.

In diesem und den kommenden Jahren blicken wir auf weitere Jubiläen bedeutender Dome und Kirchen: 800 Jahre Magdeburger Dom, 1000 Jahre St. Michael in Hildesheim, 950 Jahre Kaiserdom in Speyer. Diese Jahrestage betreffen nicht nur die Kirchen und ihre Mitglieder. Denn wir feiern und erhalten ein unschätzbares Gut, das uns allen gehört, unserer Kulturnation Deutschland. Darauf können wir stolz sein.

Wenn wir uns vor Augen führen, wie lange Zeit es gebraucht hat, um ein solches Gotteshaus zu bauen, wenn wir uns klarmachen, dass die Generation, die die Pläne machte oder den Grundstein legte, in der Regel die Fertigstellung nicht mehr erlebte, dann erkennen wir, was langer Atem ist. Wir brauchen auch heute den Sinn und den Mut, über uns selbst und unsere Gegenwart hinaus an eine Zukunft zu denken, die den folgenden Generationen gehört!

Es geht beim Bewahren des kulturellen Erbes nicht nur um das Bewahren von Steinen. Es geht auch darum, dass der Geist und die Haltung, aus dem die alten Werke entstanden, lebendig bleiben. Der Mainzer Dom ist Zeichen für die Tatkraft und Solidarität der Bürgerinnen und Bürger. Und er ist ein Symbol für ein Denken und Handeln über den Tag hinaus. Hier ist Geschichte greifbar. Hier wird Geschichte lebendig. Und hier wird an einer guten Zukunft gebaut. Gott segne unser Tun, damit wir weiter bauen an dieser guten Zukunft in einer besseren Welt.

Wir sind selbst lebendige Steine

Grußwort des Papstes
zum Abschluss des Jubiläumsjahres am 15. November 2009[1]

Papst Benedikt XVI.

Meinem verehrten Bruder Karl Kardinal Lehmann, Bischof von Mainz

Mit Freude habe ich davon Kenntnis erhalten, dass das Bistum Mainz seit Anfang des Jahres das Jubiläum „1000 Jahre Mainzer Willigis-Dom" mit vielen Gottesdiensten, zahlreichen kulturellen Veranstaltungen und einem beträchtlichen Echo in der Öffentlichkeit gefeiert hat. Eine festliche Eucharistiefeier im altehrwürdigen Dom verleiht diesem Jubiläumsjahr nun seinen gebührenden Abschluss. Zu diesem Anlass übersende ich Ihnen, Eminenz, den hochwürdigsten Herren Weihbischöfen, den Priestern, Diakonen und Ordensleuten, den Mitarbeitern und vielen Ehrenamtlichen sowie allen Diözesanen herzliche Segensgrüße.

Ihr seid zu Recht dankbar, dass der dem heiligen Martin geweihte Dom – als erste der repräsentativen romanischen Kathedralbauten am Rhein und in wichtigen Teilen dem alten Petersdom in Rom nachempfunden – seit einem Jahrtausend trotz so vieler Zerstörungen erhalten geblieben ist. Der Dom mit seinen Vorgängerkirchen steht auch für die große Geschichte des alten Erzbistums Mainz mit ihren bedeutenden Gestalten wie dem heiligen Bonifatius und verbindet Euch sozusagen mit den Anfängen des Christentums in Deutschland, die schon bei Irenäus von Lyon im zweiten Jahrhundert Erwähnung finden (vgl. Adversus haereses, 1,10,2). Es ist nicht gleichgültig, dass wir in denselben Kirchen beten, in denen unsere Vorfahren im Laufe der Jahrhunderte ihre Bitten und ihre Hoffnungen vor Gott hingetragen haben.

Doch wissen wir schon aus der Heiligen Schrift, dass bei aller menschlichen Kunst und Schaffenskraft es zum Bau eines Gotteshauses vor allem des Geistes, des Heiligen Geistes bedarf. In der Tat baut Gott sein Haus zuerst selber. Schon der Tempel ist ein Zeichen dieser wirkmächtigen Präsenz Gottes, welche der Sehnsucht des Menschen entgegenkommt, Gott als Mitwohner zu haben, bei Gott wohnen zu können und von ihm zu einer Gemeinschaft aufgebaut zu werden. „Ihr seid Gottes Ackerfeld,

---

[1] Beim Abschlussgottesdienst des Mainzer Domjubiläums am 15. November 2009 mit Fernsehübertragung des ZDF wurde das Grußwort von Karl Kardinal Lehmann verlesen mit folgender Vorbemerkung: „Ich habe den Hl. Vater, Papst Benedikt XVI., gebeten, uns ein Grußwort zum Abschluss unseres Jubiläums zu senden. Es kam in den letzten Tagen an und hat folgenden Wortlaut ..."

Gottes Bau." (1 Kor 3,9b). Wo Menschen sich durch den Herrn versammeln lassen, wo er ihnen in Wort und Sakrament seine Gegenwart gewährt, da ist Gott so nahe bei uns wie nie.

Es ist ein Beleg für das von Jesus Christus her im Neuen Bund entstandene Verständnis von Kirche, wenn immer mehr auch auf unseren Beitrag zu diesem Bau aufmerksam gemacht wird. Wir sind selbst die Steine, denn es sind lebendige Steine. „Lasst euch als lebendige Steine zu einem geistigen Haus aufbauen", sagt der Erste Petrusbrief (2,5). Dies geschieht nicht von selbst. Wir werden nur zusammengehalten durch den Schluss- und Eckstein Jesus Christus, der freilich von den Menschen verworfen wird (vgl. Apg 4,11; Eph 2,20; 1 Petr 2,7).

Die Kirchenväter kannten das schöne Bild, die Steine müssen, um Bau zu werden, aufeinander hin behauen werden, und dies bleibt auch den Menschen nicht erspart, die heute ein Haus werden wollen. Wenn Ihr im Glauben einem solchen gut gefügten Bau ähnlich werdet, könnt Ihr reiche Frucht bringen, Zeugnis des Glaubens, der Hoffnung und der Liebe in Kirche und Gesellschaft, in Ehe und Familie und in allen Euren Gemeinschaften.

In Eurem tausendjährigen Dom hat sich eine große Geschichte des Glaubens und des Betens niedergeschlagen und erhalten. Entsprecht diesem Bau in seiner reichen Bedeutung für Kirche und Welt durch die Suche nach Wahrheit, Gerechtigkeit und Frieden in unserer Zeit. Ihr habt selbst schon ein solches Maß für das Jubiläum aufgestellt durch das Leitwort dieses Festjahres, das Ihr dem Apostel Paulus entnommen habt: „Der Tempel Gottes ist heilig – und das seid ihr!" (1 Kor 3,17)

Für den Abschluss Eures Jubiläumsjahres und die Zeit danach, die dadurch gewiss inspiriert wird, erbitte ich Euch allen die Ermutigung im Glauben, damit dieser fruchtbar werde für das Leben der Welt. Dazu erteile ich Euch auf die Fürbitte des heiligen Petrus und des heiligen Martinus, des Patrons des Domes und des Bistums Mainz, von Herzen den Apostolischen Segen.

Aus dem Vatikan, am Hochfest Allerheiligen 2009

Benedikt XVI.

Dank von Karl Kardinal Lehmann

In Ihrem Namen danke ich dem Hl. Vater für dieses ermutigende Wort. Es ist uns Hinweis auf die Bedeutung und Kostbarkeit unseres Domes, woraus uns Segen und Sendung geschenkt werde für unser Zeugnis in Kirche und Welt.

„Gottes Tempel ist heilig – und das seid ihr ..."

Predigt im Abschluss-Pontifikalgottesdienst zum 1000-jährigen Domjubiläum im Dom zu Mainz am 15. November 2009

Karl Kardinal Lehmann

Am Ende des Jubiläumsjahres wollen wir mit dem Kirchenjahr auf die Vollendung des Menschen schauen. Es geht wie bei den tausend Jahren um einen Weg, um den Menschen als Pilger zwischen den Zeiten. Wir leben ja nicht im Wahn, als ob wir ewig existierten. Wir leben auf ein Ziel hin, das wir erreichen möchten.

Das Ziel erreicht man nur aus bestimmten Situationen und mit gewissen Mitteln. Wie beides zusammengehört, zeigen uns die Heiligen. Wir dürfen nur kein Zerrbild und keine Karikatur von ihnen machen. Was heilig bedeutet, lässt sich nicht in erster Linie durch die Aufzählung bestimmter Eigenschaften klären. *Heilig* ist Gott, und das, was zu ihm gehört. Das ist bereits für das Alte Testament der Tempel, das sind Geräte für den Gottesdienst, das sind die Priester im Dienst; dies gilt im gewissen Sinne auch für Israel als Volk.

Zum Heiligsein gehört vor allem, dass etwas – und gar Personen – ganz Gott geweiht ist. Wir sind durch Gott von den Verstrickungen in die Sünde befreit und sollen uns nicht mehr vom Zauber des Bösen und der Bosheit gefangen nehmen lassen, auch nicht uns verführen lassen durch Reichtum, Macht und Prestige. Darum wird im Alten und Neuen Testament zu uns gesagt: „Seid heilig, denn ich, der Herr, euer Gott, bin heilig." (vgl. Lev 19,2; vgl. Mt 5,48; 1 Petr 1,16) Diese Heiligkeit wird besonders verwirklicht in einer Reihe sozialer Gebote, die von Regeln für das Recht der Armen zur Nachlese auf Äckern und im Weinberg, über Vorschriften zur gerechten Lohnzahlung bis hin zum Gebot der Liebe zu den Nächsten und zu den Fremden reichen. Diese Heiligung ist nicht ein Werk der Menschen, sondern die Befreiungstat Gottes. Nur durch diese Rettung können wir den bösen Mächten in uns und um uns herum entkommen und so leben, wie es Gottes Willen entspricht. Aber gerade wenn wir in diesem Sinne geheiligt sind, sind wir auch immer zur Verwirklichung des neuen Lebens in unserem Alltag aufgerufen. So nennt das Neue Testament die lebenden Christen „Heilige" (z.B. Röm 1,7; 1 Kor 1,2; Kol 3,12; 2 Kor 1,1; Phil 1,1 usw.).

Darum kann man aber auch in jedem Stand zur Heiligkeit berufen werden. Es gibt heilige Bettler und heilige Könige, Frauen und Männer, Junge und Alte. Die bekannten und die unbekannten Heiligen machen uns Mut, das Dasein eines Christen in allen Lebenssituationen zu verwirklichen. Jesus Christus ist kein unerreichbarer

"Gottes Tempel ist heilig – und das seid ihr"

*Originalstatue des Bettlers aus der Martinsgruppe des Mainzer Domes
(Kopie auf dem Dachsattel des Domwestbaus)
zu Besuch beim Bistumsstand auf der Rheinland-Pfalz-Ausstellung im März 2009*

Idealmensch, kein Göttersohn, der uns ganz ferne ist. Der Glaube ist kein hohles Versprechen, keine schöne Utopie, keine unerreichbare Vision, „zu schön, um wahr zu sein". Vielmehr sind alle Heiligen ein realer Erweis dafür, dass Gottes Reich ganz in unsere Nähe gekommen ist und auf viele Weisen durch unser Glaubens- und Lebenszeugnis verwirklicht werden kann. Die namentlichen und die anonymen Heiligen zeigen uns also die elementare Wahrheit des Pauluswortes, das wir zum Leitmotto des Jubiläumsjahres gemacht haben: „Denn Gottes Tempel ist heilig – *und das seid ihr!*" (1 Kor 3,17b). Die Heiligen zeigen uns, dass wir wirklich zur Änderung unserer Welt berufen und befähigt sind, wenn wir uns nur selbst dazu ändern lassen.

Deswegen wollen wir dieses Jubiläumsjahr auch ausmünden lassen mit einem Blick auf die Heiligen unseres Bistums. In den Fürbitten werden wir sie besonders zu unserem Schutz anrufen. Der Mainzer Heiligenschrein erinnert uns an sie. Wir können unschwer ihre Namen verbinden mit einem Auftrag des Christen auch in unserer heutigen Zeit. Es sind heilige Bischöfe und heilige Frauen, Kontemplative und Aktive, Männer und Frauen, verborgene Einsiedler und bekannte Fürsten. Immer wieder erinnert uns die Bibel an die große Zahl derer, die sich vor dem Bösen bewahrt haben und dadurch Heilige geworden sind. Der Hebräerbrief erinnert uns daran: „Sie haben aufgrund des Glaubens Königreiche besiegt, Gerechtigkeit geübt,

Verheißungen erlangt, Löwen den Rachen gestopft, Feuersglut gelöscht ... sie sind stark geworden, als sie schwach waren. ... Andere haben Spott und Schläge erduldet, ja sogar Ketten und Kerker. Gesteinigt wurden sie, verbrannt, zersägt, mit dem Schwert umgebracht; sie zogen in Schafspelzen und Ziegenfellen umher, notleidend, bedrängt und misshandelt. Sie, deren die Welt nicht wert war, irrten umher in Wüsten und Gebirgen, in den Höhlen und Schluchten des Landes." (Hebr 11,33.34.36–38).

In der Mitte der vielen Mainzer Heiligen steht der hl. Martinus. Er ist auch der Patron dieses Domes und des Bistums. Eine einfache Tat vor 1600 Jahren hat ihn weltberühmt gemacht. Seine Geschichte geht um die Welt und beeindruckt Große und Kleine, wie wir wieder in diesen Tagen an den Martinsumzügen der Kinder beobachten konnten. Mit einem Schwertstreich teilt er in der Kälte seinen Soldatenmantel und gibt dem frierenden Bettler am Stadttor von Amiens die Hälfte seines Mantels.

Damit hat er für alle Zeiten gezeigt, worauf es in unserem Leben ankommt, dass wir nämlich die Güter unserer Erde und unser Eigentum, buchstäblich bis auf das letzte Hemd, zu teilen bereit sind. Das Ursymbol der Mantelteilung betrifft alle Güter und Chancen unseres Lebens. Gerade in unserer heutigen Welt brauchen wir dringend diese Grundsolidarität unter den Menschen, und dies international und im Horizont der Menschheitsfamilie. Übersehen wir aber in unseren Milieus die Armut nicht. Die Solidaritätsaktion „Eine Million Sterne" hat uns die Augen geöffnet auch für die Not bei uns: Viele Kinder bekommen nicht jeden Tag eine warme Mahlzeit.

Das Leben des hl. Martinus zeigt uns, dass diese Grundhaltung des Teilens nicht selbstverständlich ist. Sie kommt aus dem Glauben an Gott, dem höchsten Gut und Garanten der Würde eines jeden Menschen. Dazu bedarf es immer wieder der Abkehr von den Bosheiten unseres täglichen Lebens und der Umkehr zu Gott und zum Nächsten. Der Aufruf zu dieser Umkehr ist nicht nur die Befreiung aus Sünde und Schuld, sondern auch ein Freispruch zu einem Leben, das nicht mehr nur uns selber gehört. Martinus hat es uns nacheinander in vielen beruflichen Situationen vorgelebt: als Soldat und Offizier, als Einsiedler und auch als Bischof, der in der schwierigen Zeit gegen Ende seines Lebens gegen seinen Willen ein Stück öffentlicher Verantwortung übernehmen musste. So wundert es uns nicht, dass Martinus auch im Frankenreich zu einem beliebten Heiligen und für sehr viele Kirchen zum Patron wurde. Wie wichtig er über ein Jahrtausend gelebtes Christentum überzeugend vermittelte, zeigen auch die über 30 Martinus-Darstellungen in unserem Dom, z.B. von weit her schon erkennbar als Reiterstandbild mit dem bedürftigen Armen hoch am Dom über unseren Häusern, aber immer noch in unserer menschlichen Welt.

Sage niemand: „Dafür bin ich nicht geeignet, davon bin ich weit entfernt". Oft geschieht das Gute, ohne dass wir es immer merken. Aber zum Heiligsein gehört immer auch der Kampf zwischen Gut und Böse. Er tobt sogar in unserem eigenen Inneren. Den allermeisten Menschen wird die Heiligkeit nicht einfach naiv strahlend geschenkt. Erst vor kurzem konnten wir überrascht entdecken, dass eine Ikone

„Gottes Tempel ist heilig – und das seid ihr"

*Caritas-Spendenaktion „Eine Million Sterne – damit Kinder leben"
am 14. November 2009 vor dem Mainzer Dom*

der Heiligkeit unserer Tage, die hl. Teresa von Kalkutta, ein Leben lang – wie ihr bisher unbekanntes geistliches Tagebuch erweist – gegen Anfechtungen und Zweifel, Versuchungen und Verdunkelungen des Glaubens gekämpft hat. Dann können auch wir viele Sinnlosigkeiten und Ungerechtigkeiten, Hoffnungslosigkeiten und Gewaltausbrüche in unserem Leben wenden und zu beherrschen lernen, auf jeden Fall sie vermindern.

Dazu sind wir alle gerufen, ohne oder mit Heiligenschein. Darin mündet auch unser Domjubiläum. Es hört nicht einfach auf. Es muss übergehen in eine noch überzeugendere Gestalt unseres christlichen Lebens heute. Insofern entlässt uns das Ende des Jubiläumsjahres in die neu erfahrene Normalität unseres Lebens. Wir sind hoffentlich nun noch besser in unserem alltäglichen Leben angekommen. Amen.

Der hl. Martinus im Kreis der Mainzer Heiligen

Fürbitten zum Pontifikalamt
Äußere Feier des Festes des Heiligen Martinus

Kardinal Lehmann:

Geschichte und Gegenwart des Domes und der Diözese Mainz sind eng verbunden mit dem Leben vieler heiliger Frauen und Männer. Wenn wir unsere Sorgen und Bitten Jesus Christus anvertrauen, dann dürfen wir auf die Fürsprache der Heiligen die Erhörung durch Gott, den Vater, erhoffen:

Lektor/in:

1. Auf die Fürsprache des heiligen Martinus bitten wir, dass wir die Not unserer Mitmenschen erkennen und die Kraft finden, die Güter des Lebens mit anderen zu teilen.

V: Christus, höre uns.   A: Christus, erhöre uns.

2. Auf die Fürsprache des heiligen Bonifatius, des Apostels der Deutschen, bitten wir um den Mut, allen Menschen die Botschaft des Evangeliums kraftvoll und aufrichtig zu verkünden.

3. Auf die Fürsprache der heiligen Bilhildis, der heiligen Hildegard von Bingen und der heiligen Lioba bitten wir, dass sich immer wieder Frauen finden, die der Kirche – so wie viele Ordensschwestern – durch ihren Glauben und ihre Tatkraft den Weg zu Gott weisen.

4. Auf die Fürsprache des heiligen Gottfried von Kappenberg und des heiligen Rupert von Bingen bitten wir um den Geist des Gebetes und darum, dass die Menschen auch in der Hektik unserer Welt die Zeit für Stille und Anbetung finden und die Nähe Gottes erfahren.

5. Auf die Fürsprache des heiligen Bischofs Rabanus Maurus, des „Lehrers Deutschlands", bitten wir um den rechten Geist für alle, die Glaube und Wissen zueinander bringen und ehrlich nach Gott fragen, nicht zuletzt für alle Wissenschaftler, besonders auch Theologen und Künstler.

6. Auf die Fürsprache des seligen Titus Brandsma bitten wir für alle, die sich in den Medien um eine aufrichtige Berichterstattung und um ihren verantwortungsvollen Einsatz in unserer Gesellschaft sorgen.

7. Auf die Fürsprache der heiligen Märtyrer Marcellinus und Petrus, Alban und Ferrutius bitten wir um Menschen, die mit Rat und Tat Zeugnis von der Wahrheit des Evangeliums ablegen und getreu sind bis in den Tod.

8. Im Blick auf das Leben von Menschen, die sich im Bistum Mainz vorbildlich für Arme und Kranke eingesetzt haben, wie zum Beispiel Bischof Joseph Ludwig Colmar, Bischof Wilhelm Emmanuel von Ketteler, Mutter Maria La Roche und Pfarrer Franz Adam Landvogt, bitten wir um den Geist tatkräftiger Liebe zum Nächsten.

9. Auf die Fürsprache aller heiligen Bischöfe von Mainz und Worms aus diesen 1000 Jahren bitten wir für alle unsere Verstorbenen, dass Du sie aufnimmst in das Reich des Ewigen Lebens.

Kardinal Lehmann:

Allmächtiger, barmherziger Gott, Du hast uns in den Heiligen leuchtende Vorbilder geschenkt. Lehre uns, ihrem Beispiel zu folgen, durch Christus, unseren Herrn. Amen.

Der Goldene Schrein mit Reliquien der Mainzer Heiligen (Richard Weiland 1960) in der Ostkrypta des Mainzer Domes

Dank zum Abschluss des 1000-jährigen Jubiläums des Willigis-Domes in Mainz

Ansprache im Erbacher Hof am 15. November 2009

Karl Kardinal Lehmann

Vor mehr als zehn Monaten haben wir das Jubiläum des Mainzer Willigis-Domes eröffnet. Mit dem feierlichen Gottesdienst, den wir soeben begangen haben, geht das Jubiläumsjahr zu Ende. Ich will jetzt nicht so etwas wie Bilanz ziehen. Ich möchte es aber auch nicht zu Ende gehen lassen, ohne einen tiefen Dank abzustatten.

Zunächst danke ich den vielen Menschen innerhalb und außerhalb der Kirche, die in Mainz und Umgebung, aber auch in unserem Bistum und darüber hinaus einfach froh und dankbar mitgefeiert haben. Sie kamen einzeln und in Gruppen. Wir haben uns immer gewünscht, dass nicht nur die Höhepunkte dieses Jahres, sondern auch die zahlreichen Besucher von überallher das Gedenken mitgestalten und auch wieder mit nach Hause nehmen. Wir haben uns gefreut über den Besuch des Herrn Bundespräsidenten und seiner Ehefrau am 11. Oktober. Es war ebenso eine große Freude, dass die Ministerpräsidenten und die Mitglieder der Landesregierungen sowie die Präsidenten der Landesparlamente in Rheinland-Pfalz und Hessen immer wieder, wie auch am heutigen Tag, zugegen sind. Zu diesen Höhepunkten gehören auch die Übergabe der Sonderbriefmarke am 14. August und der Besuch der Teilnehmer der Konferenz der Ministerpräsidenten der ganzen Bundesrepublik Deutschland im Dom am 30. Oktober sowie hochrangige musikalische und kulturelle Glanzlichter.

Besondere Freude hatten wir an dem frohen Mittun vieler Gemeinden aus dem Bistum, vieler Gruppen aus den Vereinen und Verbänden. Es gab Tage für die pastoralen Berufe, für die Religionslehrer, für die Räte im Bistum, aber auch ganz besonders für die Kinder, zweimal aus den Kindertagesstätten der Diözese. Künftig müssen ja sie für den Dom sorgen und ihn weiter begleiten.

Ich möchte allen, die auf diese Weise das Jubiläum mitgestaltet haben, ein herzliches Vergelt's Gott sagen. In erster Linie gilt dies dem Herrn Domdekan, der unermüdlich gegenwärtig war, den Herren Weihbischöfen und dem Domkapitel sowie dem Domstift, ganz besonders aber auch dem Herrn Generalvikar mit allen Mitarbeiterinnen und Mitarbeitern, auch im Bischofshaus. Sie sind alle, von der Sakristei über unsere wunderbaren drei Domchöre mit Domkapellmeister Prof. Mathias Breitschaft, Herrn Kantor Karsten Storck und Herrn Domorganist Albert Schönberger bis zu allen, die mit der Sauberkeit und der Ordnung im Dom befasst sind, ganz außerordentlich in Anspruch genommen worden. Ich habe nie Klagen

Dank

Im Jubiläumsjahr fand eine Fülle von kulturellen Veranstaltungen im Dom statt. Für die Großen z.B. das ZDF-Festkonzert am 17. Mai mit (von rechts) den Solisten Matthew Polenzani (Tenor), Diana Damrau (Sopran), Elina Garanča (Mezzo-Sopran) und Alison Balsom (Trompete) sowie der Deutschen Kammerphilharmonie Bremen unter der Leitung von Louis Langrée (ganz links) und den Mainzer Domchören unter Leitung von Domkapellmeister Mathias Breitschaft und Domkantor Karsten Storck.

Für die Kleinen gab es z.B. am Welttag des Buches (23. April) eine Vorlesestunde u.a. mit Weihbischof Werner Guballa. 500 Kinder lauschten im Dom.

Viel Jugend im und um den Dom:
Rund 2.200 Erstkommunionkinder kamen am 5. Juli zum Tag der Kommunionkinder zusammen. Am Nachmittag präsentierten Schüler/innen des Gymnasiums Theresianum in Mainz sechs Szenen aus den verschiedenen Epochen der Domgeschichte, hier: „Willigis" erhält ein Modell seines geplanten neuen Domes.

Unter dem Motto „1000 Kinder feiern 1000 Jahre Mainzer Dom" war der Dom am Tag des Kindertagesstätten nicht nur am 13. Mai ein Ort bunten Lebens.
Wegen des übergroßen Andrangs wurde die Veranstaltung am 30. September wiederholt.

gehört. Dabei denke ich auch an unsere Mitarbeiterinnen und Mitarbeiter hier im Erbacher Hof, die viele eigene Termine zu bewältigen hatten. Zu erinnern ist nicht zuletzt an die Organisation von vier Dichterlesungen im Dom mit Monika Maron, Patrick Roth, Arnold Stadler und Peter Bichsel in Kooperation mit dem SWR.

Viele haben uns in diesem Jahr geholfen, den Dom in das Licht öffentlicher Aufmerksamkeit zu lenken. Es waren vor allem die Medienpartner, die das Bild des Domes in so viele Häuser getragen haben! Viele Menschen, die nicht unmittelbar am täglichen und kontinuierlichen Leben unserer Kirche teilnahmen, bekamen so die Möglichkeit der Begegnung mit dem Dom. Er ist noch sehr viel mehr Wahrzeichen für alle Bürger in Mainz und um Mainz herum geworden. Der Dom ist neu und noch tiefer in den Herzen der Mainzer verwirklicht. Dies ist unsere Jubiläums-Botschaft.

Deswegen möchte ich einen ganz herzlichen Dank sagen an den Intendanten des Zweiten Deutschen Fernsehens, Herrn Prof. Markus Schächter, der zugleich auch der Vorsitzende des Vorstandes der Stiftung Hoher Dom zu Mainz ist und dem wir mit seinen vielen Mitarbeiterinnen und Mitarbeitern für zahlreiche Produktionen (z.B. die Aufzeichnung einer Aufführung des „ballett mainz" unter Martin Schläpfer am 14. Juni) und Förderungen, besonders auch für die Übertragung am heutigen Vormittag danken. Nicht minder danke ich dem Intendanten des Südwestrundfunks, Herrn Prof. Peter Boudgoust, und der Landessenderdirektorin Frau Dr. Simone Sanftenberg. Hinzu kommen die hervorragend gelungenen Sonderbeilagen der Allgemeinen Zeitung, der Mainzer Rhein-Zeitung, unserer Kirchenzeitung „Glaube und Leben" und überregional der WELT AM SONNTAG aus dem Springerverlag. Wir danken den Vorsitzenden der Aufsichtsgremien, den Vorstandsvorsitzenden dieser Organe, vor allem aber den Chefredakteuren und den Mitarbeiterinnen und Mitarbeitern für den ungewöhnlichen Einsatz. Man darf wohl sagen, dass dieses weit überdurchschnittliche Engagement der Medien in unserem Domjubiläum erstmalig und einmalig war bei der Feier des Geburtstages eines solchen Denk-Mals. Dabei denke ich auch an das wunderbare neue Dombuch mit den Bildern von Martin Blume und Bernd Radtke, in einer hervorragenden Gestalt verlegerisch und technisch betreut vom Verlag der Universitätsdruckerei H. Schmidt Mainz, vor allem ermöglicht durch eine großzügige Unterstützung der ZDF Enterprises GmbH. Bei dieser Gelegenheit möchte ich auch unserer Pressestelle mit Herrn Tobias Blum und Herrn Alexander Matschak Dank sagen für die stetige Berichterstattung, Herrn Jürgen Strickstrock und früher Herrn Prof. Hermann Kurzke für die Gestaltung der „Domblätter" und nicht zuletzt auch Frau Theresia Bongarth für die Erstellung mehrerer Bände der Presse-Dokumentation „1000 Jahre Mainzer Willigis-Dom" – eine wertvolle Quelle für Gegenwart und Zukunft. Vielen Damen und Herren aller Medien möchte ich für ihr großes und kompetentes Interesse meine hohe Anerkennung aussprechen.

Dieses Jubiläumsjahr hat uns allen den Dom mit seinen Kostbarkeiten näher gebracht. Wir schätzen neu die Renovierungs- und Sanierungsarbeiten, die seit Jahren und noch bis in die mittlere Zukunft hinein vorgenommen werden, besonders von

Der Dom kommt auf seine Kosten:

Benefizveranstaltungen mit beträchtlichem Spendenaufkommen zur Erhaltung des Mainzer Gotteshauses gab es im Jubiläumsjahr reichlich, z.B. beim Fundraising-Dinner am 24. März im Favorite-Parkhotel mit dem Ehrengast, Bundesligatrainer Jürgen Klopp (Mitte, hier zusammen mit ZDF-Moderator Steffen Seibert und Generalvikar Giebelmann).

„Do wackelt de Dom" hieß es am 10. Februar bei einer Open-air-Benefiz-Fastnachtssitzung des MCV, die vom ZDF live übertragen wurde. Auch Kardinal Lehmann gab sich lachend die Ehre.

Zum Auftakt der Benefiz-Reihe gastierte am 22. Januar 2009 der amtierende Bundesliga-Meister FC Bayern München zu einem Match mit dem 1. FSV Mainz 05. Präsident Wolfgang Strutz und Stadionsprecher Klaus Hafner überreichten Generalvikar Giebelmann den veritablen Scheck.

den Mitarbeitern unserer Dombauhütte. Was man besser kennt, das liebt man mehr. Dies gilt auch für unseren Dom. Darum möchte ich allen Referenten unserer Domvorträge und aller Veranstaltungen zur vertieften Kenntnis ein Wort der Anerkennung zukommen lassen. Ich hoffe, dass wir alle Vorträge 2010 im kommenden Jahrbuch des Bistums Mainz nachlesen dürfen, betreut von Frau Dr. Barbara Nichtweiß. Für die Organisation dieser Vorträge und viele Führungen danke ich Frau Dr. Felicitas Janson. Herr Dr. Hans-Jürgen Kotzur sowie seine Mitarbeiterinnen und Mitarbeiter, unter denen ich im Blick auf das Dombuch besonders Frau Bettina Schüpke nenne, haben ein großes Verdienst für die kunstgeschichtliche Vertiefung unserer Kenntnisse. Wir werden in einer eigenen Ausstellung im Jahr 2011 einzelne Bauabschnitte unseres Domes näher beleuchten.

Nicht nur der Dom, sondern auch ein solches Jubiläumsjahr braucht viele Freunde. Wir haben sie reichlich gefunden. Dies gilt für den Dombauverein und die Stiftung Hoher Dom zu Mainz. Ich danke allen Stiftern aus ganz unterschiedlicher Herkunft, die uns durch ihre Gaben und Spenden geholfen haben, vor allem auch zur Anhebung des Stiftungskapitals. Sehr verschiedene säkulare Gruppierungen haben uns dabei geholfen. Ich nenne das Benefizspiel zwischen Mainz 05 und Bayern München im Januar, aber auch die schon drei Jahre durchgeführten Golfturniere unter maßgeblicher Förderung von Herrn Prof. Wolfgang Strutz, das Fundraising-Essen im März diesen Jahres, das kleine und große Modell „1000 Jahre Mainzer Willigis-Dom". Dabei denke ich an alle Unterstützungen der in Mainz ansässigen Banken, nicht zuletzt auch der Sparkasse und der VR-Bank. Ich will dies alles nur beispielhaft erwähnen. Aber ich möchte auch die Menschen nennen, die uns ihre Freude und Hilfsbereitschaft gezeigt haben, indem sie uns gelegentlich kleinere Geldsummen einfach in die Hand drückten. Wir durften Silbermünzen in Empfang nehmen, die 1975 bei einem früheren Gedenken des Dombaus geprägt worden sind und die wir im Info-Laden zum Verkauf anbieten. In Sicherheitsfragen wurden wir von der Polizei des Landes und der Stadt, aber auch vom Bundes- und Landeskriminalamt diskret unterstützt, ganz besonderer Dank gilt dabei Herrn Polizeipräsident Weber, Herrn Polizeidirektor a.D. Ebeling und Herrn Oberstaatsanwalt Hofius.

Wir haben in dieser Zeit bemerkt, dass dieser Dom trotz so vieler Schicksalsschläge, Brände und Beschießungen immer wieder aufgebaut worden ist, weil die Menschen ein Haus Gottes mitten in unserer Welt haben wollten. Das, was in diesen 1000 Jahren auch diesem Haus am meisten Halt und Kontinuität geschenkt hat, waren die Gebete und Gottesdienste der vielen Menschen, die jeden Tag und besonders an den Festtagen zu diesem Haus Gottes kommen. Deshalb möchte ich auch allen treuen Betern und Besuchern sowie nicht zuletzt den Priestern am Dom und allen, die sich um den Erhalt des Domes kümmern, besonders den engagierten Mitarbeiterinnen und Mitarbeitern unserer Dombauhütte, ein herzliches Vergelt's Gott sagen. Hier darf ich auch an unsere Domschweizer, an die Damen und Herren der Domaufsicht und nicht zuletzt an die Arbeit unserer Sakristane erinnern.

Meine sehr verehrten Damen und Herren, liebe Brüder und Schwestern, es wäre zu viel verlangt, wenn ich jetzt schon alle nennen würde und könnte, denen wir am heutigen Tag und zum Abschluss des Domjubiläumsjahres herzlichen und innigen Dank sagen für ihren Beitrag. Es sind noch viel mehr, als ich Ihnen in dieser schon längeren Ansprache mitteilen konnte. Ich möchte jedoch am Ende auch daran erinnern, wie viele einzelne Menschen in ganz verschiedenen Zusammenhängen mit dem Dom verbunden sind. Ein Wissenschaftler mit einem bekannten Namen schrieb mir im Lauf der letzten Monate einen Brief aus dem Ausland, in dem er schon länger wohnt, dass er seit 1942 in jedem Jahr nach Mainz kommt und es nie unterlässt, im Dom einen Besuch zu machen. Er hat gerade in schwierigen Jahren – nämlich des Krieges und der unmittelbaren Nachkriegszeit – hier immer wieder Ermutigung und Trost erfahren, nicht zuletzt auch in der Stille des Gebetes, der Besinnung und der Anbetung.

Von Anfang an war es ein wichtiges Anliegen, dass wir bei aller Kostbarkeit nicht alte Steine und hehre Mauern feiern. Wir wollen uns über deren 1000-jährige Existenz freuen, aber wir wissen auch, dass diese Steine nur Symbole dafür sind, dass wir uns als lebendige Zeugen und Bausteine des Glaubens in diesen Bau einfügen. Es kommt auf uns an, dass wir auch in Zukunft diesen Bau zum Zentrum des katholischen Glaubens in unserem Bistum machen und dass wir selbst in unserem Glaubens- und Lebenszeugnis durch dieses Jubiläum überzeugter und überzeugender geworden sind. Darum kommt es immer wieder auf die lebendigen Steine an, die zu diesem Dom gehören. So danke ich besonders, dass das Motto, das wir dem hl. Paulus für das Domjubiläum entnommen haben, so reich aufgenommen worden ist und hoffentlich auch in Zukunft noch nachwirkt: „Denn der Tempel Gottes ist heilig – und das seid ihr!" (1 Kor 3,17)

Diözesan-Ministrantentag am 27. September im Mainzer Dom

Auswahlbibliographie zum Mainzer Dom

(siehe außerdem die Hinweise in den Anmerkungen der einzelnen Beiträge dieses Bandes sowie die Spezialbibliographien S. 103f, 156–158, 244)

Publikationen vor dem Domjubiläum 2009

Anton Philipp Brück (Hg.), Willigis und sein Dom. Festschrift zur Jahrtausendfeier des Mainzer Domes (975–1975) (= Quellen und Abhandlungen zur mittelrheinischen Kirchengeschichte 24). Mainz 1975

Wilhelm Jung (Hg.), 1000 Jahre Mainzer Dom (975–1975). Werden und Wandel. Ausstellungskatalog und Handbuch. Mainz 1975

Fritz Arens, St. Martin, der Mainzer Dom und das Erzstift. In: Neues Jahrbuch für das Bistum Mainz 1982, S. 9–56

Wilhelm Jung und August Schuchert, Der Dom zu Mainz. Ein Handbuch, 3. Auflage. Mainz 1984

Friedhelm Jürgensmeier (Hg.), Die Bischofskirche St. Martin zu Mainz. Mit Beiträgen zur Geschichte des Domes und einer bibliografischen Handreichung. Festgabe für Domdekan Dr. Hermann Berg. Frankfurt/Main 1986 (Bibliografie von Regina E. Schwerdtfeger, Der Dom zu Mainz, S. 109–314)

Diethard H. Klein und Heike Rosbach (Hg.), Mainz. Ein Lesebuch. Husum 1987, S. 26ff

Friedhelm Jürgensmeier, Das Bistum Mainz. Von der Römerzeit bis zum II. Vatikanischen Konzil. Frankfurt 1988, S. 49ff

Hermann Schreiber, Unsere frühen Bischofssitze (= Deutschland – das unbekannte Land 8). Frankfurt 1989, S. 64ff

Helmut Hinkel (Hg.), 1000 Jahre St. Stephan in Mainz (= Quellen und Abhandlungen zur mittelrheinischen Kirchengeschichte 63). Mainz 1990

Jens Frederiksen (Hg.), Mainz. Lesebuch. Frankfurt 1992, S. 86ff (Dom)

Dethard von Winterfeld, Die Kaiserdome Speyer, Mainz, Worms und ihr romanisches Umland. Würzburg 1993, S. 119ff

Ernst Dassmann, Die Anfänge der Kirche in Deutschland. Von der Spätantike bis zur frühfränkischen Zeit (= Urban-Taschenbücher 444). Stuttgart 1993

Barbara Nichtweiss (Hg.), Lebendiger Dom. St. Martin zu Mainz in Geschichte und Gegenwart. Mainz 1998

Barbara Nichtweiss (Hg.), Vom Kirchenfürsten zum Bettelbub. Das heutige Bistum Mainz entsteht. 1792–1802–1830. Mainz 2002 (bes. S. 66ff zu Bischof Colmar und dem Dom)

Friedrich Prinz u.a., Säulen der Mainzer Kirche im ersten Jahrtausend. Martinus, Bonifatius, Hrabanus Maurus, Willigis (= Mainzer Perspektiven aus der Geschichte des Bistums, hg. von Barbara Nichtweiß). Mainz 1998

Jens Frederiksen (Hg.), Mainz. Ein literarisches Porträt. Frankfurt 1998, 113ff (Dom)

Auswahlbibliographie

Der Dom in Zeitungen, Büchern und Bildern

Herausgeber und Redakteure der Medienpartner des Domjubiläums (Allgemeine Zeitung Mainz, Mainzer Rheinzeitung) präsentieren Kardinal Lehmann die Sonderbeilagen ihrer Zeitungen.

Eröffnung der Ausstellung „Dom im Buch – Buch im Dom" mit Landeskonservator Dr. Joachim Glatz und Dr. Helmut Hinkel in der Martinus-Bibliothek

Ausstellung im Mainzer Eisenturm mit modernen Dom-Gemälden

Kardinal Lehmann und Generalvikar Giebelmann im Gespräch mit den beiden Fotografen des neuen Dom-Bildbands, Martin Blume und Bernd Radtke

Auswahlbibliographie

Friedhelm JÜRGENSMEIER (Hg.), Handbuch der Mainzer Kirchengeschichte, Bd. I/Teil 1. Würzburg 2000, S. 223–280 (Ernst-Dieter Hehl)

Dethard von WINTERFELD, Felicitas JANSON und Winfried WILHELMY, Dom St. Martin Mainz, Reihe: Kleine Kunstführer des Verlages Schnell&Steiner, Nr. 608, 23. vollständig neubearbeitete Auflage. Regensburg 2002 (Erstausgabe 1955, vgl. auch 20. Auflage von Wilhelm Jung, München 1990)

Richard W. GASSEN, Romanik zwischen Speyer, Mainz und Heidelberg. Fulda/Petersberg 2007, bes. S. 83ff

Fritz ARENS, Der Dom zu Mainz. Neubearbeitet und ergänzt von Günther Binding, 3. Auflage. Darmstadt 2007 (neuestes Literaturverzeichnis: S. 154ff)

Diana ECKER, Das Mainzer Dom-Museum. Geschichte und Geschichten. Mainz 2008

Hans-Jürgen KOTZUR (Hg.), Dommuseum Mainz. Führer durch die Sammlung. Bearb. von Alexandra König, Diana Ecker und Bettina Schüpke. Mainz 2008

Ulrike und Joachim GLATZ, Der Mainzer Dom. Die Kathedrale der Erzbischöfe. Ein kunsthistorischer Hörführer. Audio-CD und Begleitheft (= Kunstreise 6). Bad Homburg 2008

Publikationen aus dem Jubiläumsjahr 2009

Sonderbeilage der Allgemeinen Zeitung vom 31. Januar 2009, Nr. 26: 1000 Jahre Mainzer Dom, 32 Seiten

Sonderbeilage der Mainzer Rhein-Zeitung vom 5. Februar 2009: 1000 Jahre Mainzer Dom. Seine Menschen. Seine Geschichten. Seine Geheimnisse, 32 Seiten

Sonderbeilage von Glaube und Leben. Kirchenzeitung für das Bistum Mainz. Extra zu Nr. 35 vom 30. August 2009: 1000 Jahre Mainzer Willigis-Dom, 64 Seiten

Sonderbeilage der Welt am Sonntag vom 11. Oktober 2009, Nr. 41: 1000 Jahre Mainzer Dom, 19 Seiten

Joachim GLATZ, Dom im Buch – Buch im Dom. Die Mainzer Bischofskirche und die Bücher. Begleitbuch zur Kabinettausstellung in der Martinus-Bibliothek. Wissenschaftliche Diözesanbibliothek, vom 9. September bis 13. November 2009 in Zusammenarbeit mit der Landesdenkmalpflege (= Aus der Martinus-Bibliothek Heft 7 / Publikationen Bistum Mainz). Mainz 2009 (Lit.)

Der Dom zu Mainz. Bilder einer Kathedrale, hg. von der Stiftung Hoher Dom zu Mainz. Universitätsdruckerei H. Schmidt. Mainz 2009 (128 großformatige Farbfotos der Fotografen Martin Blume und Bernd Radtke)

1009–2009. 1000 Jahre Mainzer Dom. Verlagsgruppe Rhein-Main. Broschur 65 Seiten

DVD Die Jahrtausendkathedrale. Der Mainzer Dom. Dokumentation aus der Reihe „Terra X" mit Rundgang durch den Mainzer Dom. 45 Min. (Erstausstrahlung ZDF 1.11.2009)

Domansichten. Kalender für das Jahr 2010 von der Mainzer-Rheinzeitung

Mainz. Gemälde einer schönen Stadt. Mainzer Stadtansichten – gestern und heute. 1850–1950, Mainz 2009 (mit mehreren Dom-Ansichten)

Auswahlbibliographie

Domblätter. Forum des Dombauvereins 11 (2009), hg. von Jürgen Strickstrock (mit einer Chronik aller Veranstaltungen zum Domjubiläum, vielen Bildern und rückblickenden Beiträgen)

Weitere Publikationen

Emil HÄDLER, Dethard von WINTERFELD, Isabel NAEGELE (Red.), Dom Rekonstruktionen. Ein Werkstattbericht aus der Fachhochschule Mainz (= Forum Sonderausgabe 1). Mainz 2010

Juliane SCHWOCH, Die spätromanische Bauzier des Mainzer Domes. Regensburg 2010, 397 Seiten mit zahlreichen Abbildungen

Neue Informationsseiten im Internet: http://www.dom-mainz.de/

http://www.1000-jahre-mainzer-dom.de/

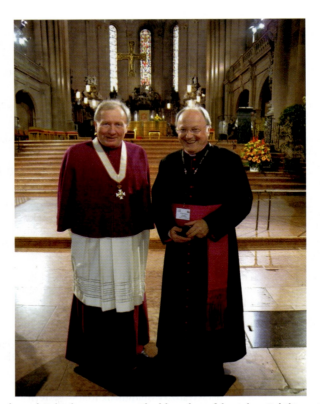

Freude und Erleichterung zum Abschluss des erfolgreichen Jubiläumsjahres am 15. November 2009 bei den Domkapitularen Generalvikar Giebelmann und Domdekan Heckwolf

Nachweis der Abbildungen
(Angaben nach Seitenzahlen)

Einrichtungen und Arbeitsstellen des Bistums Mainz:

Bischöfliches Dom- und Diözesanarchiv Mainz: S. 192, 194
Bischöfliches Dom- und Diözesanmuseum Mainz (Alberto Luisa, Sensum Graphikbüro Bernd Schermuly u.a.): S. 36, 37, 57, 162 Nr. 1; 170 Nr. 9; 173, S. 180 und 181, 187, 191, 193
Publikationen Bistum Mainz (Barbara Nichtweiß): S. 6, 10, 17, 19, 21, 22, 71, 77, 80 Nr. 1, 87 unten, 135, 136, 142, 144, 145, 150, 201, 215, 221, 235, 236 Nr. 4, 239, 243, 246, 269, 273, 275, 276 oben, 278, 283, 287, 290 oben, 292 Mitte; 296 u. links, 298. (Magrit Hankel): S. 127, 234, 242 (beide)
Pressestelle Bistum Mainz / Mainzer Bistumsnachrichten (Tobias Blum, Alexander Matschak): S. 9, 12, 276 unten, 285, 289 (beide), 290 unten, 292 oben u. unten, 294, 296 (obere vier)
Martinus-Bibliothek Mainz (Barbara Nichtweiß): S. 55, 61 rechts, 205, 219, 225, 227, 270. (Thomas Füchtenkamp): S. 303

Neue Pläne, virtuelle Modelle und Zeichnungen:

Dethard von Winterfeld: Technische Ausführung von Prof. Manfred Koop, Architectura virtuales, Technische Universität Darmstadt (2009): S. 110, 111, 116, 120

Clemens Kosch: Nach Angaben des Verf. von Olga Heilmann (Paderborn) gezeichnete Pläne auf der Grundlage von verschiedenen Veröffentlichungen der Literaturauswahl S. 156ff. Vorabdruck aus dem im Sept. 2010 erscheinenden Kunstführer von Clemens Kosch, Die romanischen Dome von Mainz, Worms und Speyer. Architektur und Liturgie im Hochmittelalter. Regensburg 2010 (mit frdl. Erlaubnis des Regensburger Verlags Schnell&Steiner): Plan S. 138/139, Legende S. 140

Hans-Jürgen Kotzur (Bischöfliches Dom- und Diözesanmuseum Mainz): Für die grafische Umsetzung seiner Raumbilder dankt der Verfasser herzlich Frau Bettina Schüpke und Herrn Hermann Bader (studio Bader, Triefenstein): S. 164 Nr. 5; 168, 169, 174, 183, 184, 188, 189, 196, 197

Abbildungen anderer Einrichtungen und Archive:

Akademie der Wissenschaften und der Literatur, Inschriften-Kommission (Thomas Tempel 1998), Mainz: S. 248 Nr. 3; 256, 262, 265, 266
Archivio Fotografico Gall. Mus. Vaticani, XVIII.39.4: S. 81
Bayerische Staatsbibliothek München: S. 14
Bayerische Staatsbibliothek München bzw. Faksimile-Verlag der wissen media GmbH Gütersloh/München: S. 64, 65
Bildarchiv Foto Marburg: S. 89 Nr. 8 und 9 (Details S. 90); 236 Nr. 5
Deutsche Fotothek – Sächsische Landesbibliothek Dresden: S. 236 Nr. 6
Digitale Edition, MGH-Bibliothek: S. 42
Dombibliothek Köln: S. 34
Forschungsbibliothek Gotha: S. 39
Generaldirektion Kulturelles Erbe, Direktion Landesdenkmalpflege Mainz: S. 240 (beide), 248 Nr. 2
Germanisches Nationalmuseum Nürnberg: S. 61
Herzog Anton Ulrich-Museum Braunschweig (Bernd-Peter Keiser): S. 263
Hirmer Fotoarchiv: S. 83 (beide), 94
Landesamt für Denkmalpflege Hessen (Christine Krienke): S. 92 Nr. 11
Römisch-Germanisches Zentralmuseum Mainz: S. 85
Sächsische Landesbibliothek – Staats- und Universitätsbibliothek Dresden: S. 48
Saatsarchiv Bamberg: S. 24
Staatsbibliothek Bamberg: S. 29
Stadtarchiv Mainz: S. 102

Außerdem:
Luzie Bratner: S. 258
Clemens Kosch: S. 154 Nr. 10
Hermann P. Lockner, Würzburg: S. 92 Nr. 10

Reproduktionen aus:

Fritz Arens (Bearb.), Die Kunstdenkmäler der Stadt Mainz IV, Teil 1: Kirchen St. Agnes bis Hl. Kreuz. München/Berlin 1961 (S. 426): S. 119

Fritz Viktor Arens und Konrad Friedrich Bauer, Die Inschriften der Stadt Mainz von frühmittelalterlicher Zeit bis 1650 (= Die deutschen Inschriften 2). Stuttgart 1958 (S. 7): S. 87

Ludwig Becker und Johannis Sartorius, Baugeschichte der Frühzeit des Domes zu Mainz. Mainz 1936 (Tafel I und III): S. 106, 107

Anton Ph. Brück (Hg.), Willigis und sein Dom. Festschrift zur Jahrtausendfeier des Mainzer Domes 975–1975 (= Quellen u. Abhandlungen zur mittelrheinischen Kirchengeschichte 24). Mainz 1975 (S. 176, 142): S. 112 Nr. 9 und 10

Erika Doberer, Ein Denkmal der Königssalbung. Die symbolische Bedeutung der Gewölbefigur am ehemaligen Westlettner des Mainzer Domes. In: Wandlungen christlicher Kunst im Mittelalter (= Forschungen zur Kunstgeschichte und christlichen Archäologie 2). Baden-Baden 1953: S. 162 Nr. 2

Karl Heinz Esser, Mainz. Aufnahmen von Helga Schmidt-Glassner. München 1961: S. 153 Nr. 9

Dom St. Martin Mainz (= Schnell Kleine Kunstführer Nr. 608). Regensburg 2002 (Neubearbeitung); Bauphasenplan nach Baugeschichte D. von Winterfeld/Grafik: k-design, Harun Kloppe: S. 105

Adolph Goldschmidt, Die deutschen Bronzetüren des frühen Mittelalters. Marburg 1926 (Tafel 10): S. 80 Nr. 2

Emil Hädler, Dethard von Winterfeld und Isabel Naegele (Red.), Dom Rekonstruktionen. Ein Werkstattbericht aus der Fachhochschule Mainz (= Forum Sonderausgabe 1). Mainz 2010 (S. 66, 67, 41): S. 114, 122, 123 (gezeichnet von Kirsten Hermann 2009)

Rudolf Kautzsch und Ernst Neeb, Der Dom zu Mainz. Die Kunstdenkmäler im Freistaat Hessen, Provinz Rheinhessen, Stadt und Kreis Mainz, Bd. 2, Teil 1. Darmstadt 1919 (S. 36, 35, 32, 29, 103, 54, 77, 83): S. 108, 109, 118, 124 (beide), 129, 132, 133

Adrianus M. Koldeweij/P.N.G. Pesch, Het blokboek van Sint Servaas. Facsimile (= Clavis. Kunsthistorische monografieen1). Utrecht/Zutphen 1984: S. 154 Abb. 11

Werner Noack, Mittelrheinische Lettner des 13. Jahrhunderts. In: Dritter Bericht über die Denkmäler deutscher Kunst. Berlin 1914 (Tafel I u. VII): S. 170 Nr. 8; 172 Nr. 10

Annegret Peschlow-Kondermann, Rekonstruktion des Westlettners und der Ostchoranlage des 13. Jahrhunderts im Mainzer Dom (= Forschungen zur Kunstgeschichte und christlichen Archäologie 8). Wiesbaden 1972 (Plan 2): S. 164 Nr. 4; 172 Nr. 11

Hans Reinhardt, La Cathédrale de Strasbourg. Grenoble u.a. 1972 (Plan 1): S. 112 Nr. 11

Friedrich Schneider, Der Dom zu Mainz. Geschichte und Beschreibung des Baues und seiner Wiederherstellung. Berlin 1886: S. 148, 178 Nr. 14 und 15

Aloys Strempel, Die Rettung des Mainzer Domes 1924–30 und 1942–44. Mainz 1944 (Tafel 77): S. 163

Dethard von Winterfeld, Die Kaiserdome Speyer, Mainz, Worms und ihr romanisches Umland. Würzburg 1993, ²2000: S. 126; 153 Nr. 8

Alle anderen wie an Ort und Stelle angegeben. Zum Umschlagmotiv siehe Angaben S. 4 und 6.

Wir danken den Einrichtungen, Fotografen und Autoren herzlich, die Abbildungen zur Verfügung gestellt bzw. deren Abdruck genehmigt haben. Sollte uns trotz allen Bemühens ein Versäumnis unterlaufen sein, sind wir dankbar für eine entsprechende Benachrichtigung.

Autorinnen und Autoren

Dr. Luzie Bratner, Mainz: Kunsthistorikerin mit Schwerpunkt Barockplastik und Mainzer Kunstgeschichte; 2000–2005 Wiss. Mitarbeiterin am Museum für Angewandte Kunst Köln; außerdem Tätigkeiten für die Skulpturenabteilung des Musée du Louvre, die Landesdenkmalpflege Rheinland-Pfalz und die Dombauverwaltung Köln

Prof. Dr. Franz J. Felten, Mainz: Lehrstuhl für Mittelalterliche Geschichte am Historischen Seminar II der Universität Mainz; Leiter des Instituts für geschichtliche Landeskunde in Mainz

Prof. Dr. Ernst-Dieter Hehl, Mainz: Wiss. Mitarbeiter der Akademie der Wissenschaften und Literatur Mainz; apl. Prof. am Historischen Seminar II der Universität Mainz

Dr. habil. Verena Kessel, Bonn: Kunsthistorikerin mit Schwerpunkt Spätmittelalter

Dr. Clemens Kosch, Paderborn: Kunsthistoriker; Kurator der Stiftung Kloster Dalheim, LWL-Landesmuseum für Klosterkultur

Dr. Hans-Jürgen Kotzur, Mainz: Kunsthistoriker; Direktor des Bischöflichen Dom- und Diözesanmuseums Mainz, Dom- und Diözesankonservator

Dr. Ursula Mende, Nürnberg: Kunsthistorikerin und Archäologin; bis 2003 tätig in der Bibliothek des Germanischen Nationalmuseums in Nürnberg und Spezialistin für mittelalterlichen Bronzeguss

Prof. Dr. Stefan Weinfurter, Heidelberg: Lehrstuhl für Mittelalterliche Geschichte am Historischen Seminar der Universität Heidelberg; Direktor des Instituts für Fränkisch-Pfälzische Geschichte und Landeskunde

Prof. em. Dr. Dethard von Winterfeld, Mainz: bis 2003 Lehrstuhl am Kunstgeschichtlichen Institut der Universität Mainz; u.a. Mitglied des Wiss. Beirats und Kuratoriums für den Dom in Speyer

Neues Jahrbuch für das Bistum Mainz
Beiträge zur Zeit- und Kulturgeschichte der Diözese

ISSN 1432-3389

DIE ORGEL ALS SAKRALES KUNSTWERK, Band I, hg. von Friedrich W. Riedel, 336 Seiten mit zahlreichen Abbildungen, Mainz 1992

DIE ORGEL ALS SAKRALES KUNSTWERK, Band III, hg. von Friedrich W. Riedel, Orgelbau und Orgelspiel in ihren Beziehungen zur Liturgie und zur Architektur der Kirche, 300 Seiten mit zahlreichen Abbildungen, Mainz 1995 (Band II vergriffen)

Christof Feußner/Anja Schneider, FLEHLAPPE, KÄSBROT UND BATZEKUCHE: Wallfahrten und Andachtsstätten in der Stadt Mainz, 152 Seiten mit zahlreichen Farb-Abbildungen, Mainz 2000
ISBN 978-3-9805496-4-6 (Broschur)

GOETHEKULT UND KATHOLISCHE ROMANTIK: Fritz Schlosser (1780–1861), hg. von Helmut Hinkel. Mit Beiträgen von Thomas Berger, Kurt Flasch, Sabine Gruber, Helmut Hinkel, Roland Kany, Hermann Kurzke, Karl Kard. Lehmann, Helmut Mathy, Renate Moering, Johannes Salzwedel, Rebecca Schmidt, Klaus-Bernward Springer, Norbert Suhr und Elsbeth de Weerth; 398 Seiten mit zahlreichen Farb- und Schwarzweiß-Abbildungen, Mainz 2002
ISBN 978-3-934450-07-3 (Broschurausgabe Publikationen Bistum Mainz)
ISBN 978-3-8053-2838-8 (Hardcoverausgabe Philipp von Zabern)

Achim Seip, ALTE UND NEUE ORGELN IM BISTUM MAINZ, unter Mitarbeit von Thomas Adelberger, Thomas Drescher, Gregor Knopp, Klaus Minden, Nicolo Sokkoli, Manfred Wittelsberger und Dan Zerfaß, Mainz 2003, 128 Seiten, 53 Farb- und 5 Schwarzweiß-Abbildungen, mit einem Register der Orgelbauer, Mainz 2003
ISBN 978-3-934450-14-1 (Broschur)

NIBELUNGEN SCHNIPSEL: Neues vom alten Epos zwischen Mainz und Worms, hg. von Helmut Hinkel. Mit Beiträgen von Busso Diekamp, Alban Grimm, Mathilde Grünewald, Joachim Heinzle, Helmut Hinkel, Klaus Klein, Annette Lang-Edwards, Martina Pauly, Bernd Schirok und Kurt Hans Staub, 336 Seiten, 38 Farb- und 131 Schwarzweiß-Abbildungen sowie Transkriptionen aus alten Handschriften, Mainz 2004
ISBN 978-3-8053-3303-0 (Hardcoverausgabe Philipp von Zabern)

BONIFATIUS IN MAINZ, hg. von Barbara Nichtweiß. Mit Beiträgen von Stephanie Haarländer, Felicitas Janson, Linda Maria Koldau, Karl Kardinal Lehmann, Michael Ling, Barbara Nichtweiß und Mechthild Schulze-Dörrlamm, 448 Seiten mit 47 Farb- und 93 Schwarzweiß-Abbildungen, Mainz 2005
ISBN 978-3-934450-18-9 (Broschurausgabe Publikationen Bistum Mainz)
ISBN 978-3-8053-3476-1 (Hardcoverausgabe Philipp von Zabern)

HRABANUS MAURUS. Gelehrter, Abt von Fulda und Erzbischof von Mainz, hg. von Franz J. Felten und Barbara Nichtweiß. Mit Beiträgen von Karl Kardinal Lehmann, Mechthild Dreyer, Marc-Aeilko Aris, Franz J. Felten, Michele C. Ferrari, Wolfgang Haubrichs, Ernst-Dieter Hehl, David Luscombe, Stephanie Haarländer und Rudolf Schieffer, 196 Seiten mit vier Farbabbildungen, Mainz 2006
ISBN 978-3-934450-26-4 (Broschur)

WEIHBISCHOF JOSEF MARIA REUSS (1906–1985) zum 100. Geburtstag, hg. von Peter Reifenberg und Anette Wiesheu. Mit Beiträgen von Hermann-Josef Braun, Karl Kardinal Lehmann, Joseph Möller †, Philipp Müller, Johannes Reiter, Klaus Schatz, Horst Schneider, Michael Sievernich, Peter Walter u.a.; 216 Seiten mit zahlreichen Abbildungen, Mainz 2007
ISBN 978-3-934450-28-8 (Broschur)

FRIEDRICH SCHNEIDER: Ein Mainzer Kulturprälat (1836–1907), hg. von Helmut Hinkel. Mit Beiträgen von Claus Arnold, Hermann-Josef Braun, Joachim Glatz, Mathilde Grünewald, Helmut Hinkel, Hans-Jürgen Kotzur, Gabriele Lambert, Hermann-Josef Reudenbach, Winfried Wilhelmy; 240 Seiten mit 121 Abbildungen, Mainz 2008
ISBN 978-3-934450-34-9 (Broschur)

BASILICA NOVA MOGUNTINA. 1000 Jahre Willigis-Dom St. Martin in Mainz. Beiträge zum Domjubiläum 2009, hg. von Felicitas Janson und Barbara Nichtweiß. Mit Vorträgen zum Mainzer Dom von Luzie Bratner, Franz J. Felten, Ernst Dieter Hehl, Verena Kessel, Clemens Kosch, Hans-Jürgen Kotzur, Karl Kardinal Lehmann, Ursula Mende, Stefan Weinfurter und Dethard von Winterfeld, 304 Seiten mit 162 (Farb-)Abbildungen, Mainz 2010 (= Jahrbuch für 2009/2010)
ISBN 978-3-934450-43-1 (Broschur)

Weitere Veröffentlichungen in Auswahl:

Das Seminar. 200 Jahre Mainzer Priesterseminar in der Augustinerstraße und Perspektiven der Priesterausbildung heute, hg. im Auftrag des Priesterseminars von Helmut Hinkel. Mit Beiträgen von Karl Kardinal Lehmann, Horst Schneider, Clemens M. Löcher SJ, Hubertus Brantzen, Thomas Berger und Helmut Hinkel, 160 Seiten mit zahlreichen Schwarzweiß-Abbildungen, Mainz 2005
ISBN 978-3-934450-23-3 (Broschur)

Stephanie Haarländer, Rabanus Maurus zum Kennenlernen. Ein Lesebuch mit einer Einführung in sein Leben und Werk, Broschur, 184 Seiten mit 30 Schwarzweiß-Abbildungen, Mainz, 1. und 2. Auflage 2006
ISBN 978-3-934450-24-0 (Broschur)

Barbara Nichtweiß (Hg.) unter Mitarbeit von Thomas Füchtenkamp und Marius Reiser, Paulus, Apostel der Völker, in Buchillustrationen aus sechs Jahrhunderten (= Aus der Martinus-Bibliothek Mainz, Heft 6), Mainz 2009, 80 Seiten mit zahlreichen Abbildungen
ISBN 978-3-934450-36-3 (Broschur)

Joachim Glatz, Dom im Buch – Buch im Dom. Die Mainzer Bischofskirche und die Bücher (= Aus der Martinus-Bibliothek Mainz, Heft 7), Mainz 2010, 48 Seiten mit zahlreichen Abbildungen
ISBN 978-3-934450-42-4 (Broschur)

www.bistum-mainz.de/publikationen

Willigis legt den Grundstein zum Mainzer Dom.
Nach einer Zeichnung von Conrad Sutter 1906, aus: Alfred Börckel, Aus der Mainzer Vergangenheit. Historische Schilderungen. Mainz 1906, S. 1 (Martinus-Bibliothek)